戦後日本スタディーズ

2 「60・70」年代

岩崎稔◉上野千鶴子◉北田暁大
小森陽一◉成田龍一［編著］

田中美津◉吉川勇一

瓜生吉則◉小熊英二◉北原みのり
今防人◉新城郁夫◉杉田敦
福岡愛子◉松井隆志◉道場親信◉室井尚

紀伊國屋書店

戦後日本スタディーズ②

――60・70年代

装丁・本文デザイン――天野　誠

はじめに——小森陽一×成田龍一——005
ガイドマップ60・70年代——上野千鶴子×小森陽一×成田龍一——009
五五年体制——政党政治の喪失　杉田敦——047
反復帰反国家論の回帰——国政参加拒否という直接介入へ　新城郁夫——061
日本にとっての「文革」体験——「朝日新聞」「産経新聞」の報道比較を通して見る日本への影響　福岡愛子　085
地域闘争——三里塚・水俣　道場親信——103
六〇年安保闘争とは何だったのか　松井隆志——125
問題としての女性革命兵士——永田洋子と総括空間　北田暁大——143

高度成長期と生活革命　上野千鶴子――165
コミューンはどこへ行ったのか？　今防人――185
「唐十郎」という視点から見る戦後日本演劇――「アングラ」から遠く離れて　室井尚――201
「少年マンガ」の発見　瓜生吉則――223

インタビュー
吉川勇一「国境をこえた『個人原理』」――［聞き手］小熊英二――239
田中美津「未来を掴んだ女たち」――［聞き手］上野千鶴子・北原みのり――279

年表［一九六一〜一九八〇年］道場親信――335

はじめに

「戦後」という時間と空間は、いったい何であったのであろうか。「『戦後』後」という意識を誰もが持つようになった二〇世紀末から二一世紀にかけての時期、「日本」の動きはとどまるところを知らぬ「ゆらぎ」と「流動化」のなかに入り込んでいる。状況はあまりにめまぐるしく、社会は不安感を表明してやまない。

そのなかで、いま・ここでの判断を迫られるが、現在進行形で生起している出来事への対応が急で、歴史的な射程があまりにも無残にないがしろにされている。

＊

二〇〇七年九月一二日に安倍晋三、二〇〇八年九月一日には福田康夫――「日本」という国で二人の首相がまったく同じように、突然政権を投げ出した。異常な事態の、しかしあまりにも類似した反復のなかに、「日本」という国の行き詰った状況の要因が刻まれている。

とともにアメリカの遂行する戦争の戦場に、自衛隊を派遣するかどうかが、二つの政権の政権投げ出しの背後にあったことも見逃してはならない。二〇〇七年九月八日、シドニーでブッシュ大統領との首脳会談を行った際、アフガニスタンでの治安維持活動のための自衛隊派遣継続を、安倍首相は強く求められていた。福田政権は二〇〇八年六月に、アフガニスタンに自衛隊を派遣するための調査団を送り込んでいた。

自由民主党との対決姿勢を示している小沢一郎民主党代表も、アフガニスタンへの自衛隊の派遣には積極的である。この政治家が、湾岸戦争のとき、それまで憲法違反とされていた自衛隊の海外派兵に道を開いた自由民主党の幹事長であったことも忘れてはならない。だからこそ、「テロ対策特措法」の期限が切れたその日に、福田・小沢党首会談で「大連立」構想が打ち出されたのだ。しかも、こうしたなかに東アジアの状況も深く関連している。

だが、「大連立」と言えば、朝鮮戦争を契機とした再軍備路線のなかで改憲を遂行するために、保守合同が行われ自由民主党が結党された一九五五年を、記憶から想起しなければならなくなる。アメリカとソ連を中心とした冷戦体制から、アメリカ一国中心の世界となり、それがいま、目の前で崩れ去ろうとしているなか、「戦後」の記憶があらためてためされる。「冷戦」と重なるようにしてあった「戦後」の矛盾の重畳のうえに、現在の「日本」が抱える問題があり、「戦後」の時間と空間を考えることなくして、いまの問題を把握し解決することは不可能である。

このことは、しかし「戦後」の擁護ではない。「戦後日本」の歴史的な検討であり、歴史的な射程で「戦後日本」を把握する試みである。「戦後」はこれまで、あまりにも「戦後」を担った世代によって論じられてきた。肯定するにせよ、批判するにせよ「戦後日本」は即自的に語られすぎてきた。いまこそ、「戦後日本」を歴史化する試みが必要であろう。そして、その知力が、いまに向き合い、いまを解明する力となるはずだ。

戦争前夜とも言えるいま、あらためて「戦後日本」を総体として捉え直し、一つひとつの事実を、二一世紀の視点から歴史化する営みが、これからを生き抜くうえで不可欠だと判断したゆえんである。ここに、私たち編者は『戦後日本スタディーズ』全三巻を、読者のみなさんへ発信する。

＊

『戦後日本スタディーズ』は「戦後日本」を年代により区分し、「①40・50年代」、「②60・70年代」、「③80・90年代」とした。政治・外交から社会運動や生活・文化におよぶ論文とともに、問題の所在を開示する鼎談や、その時代を象徴する方に証言をいただく構成を持つ。また、詳細な年表も付した。

第二巻では、世界的な規模で生起した「六〇年」と「六八年」の地殻変動を軸としながら、この時期の政治・経済・社会の激動の様相を探る。このとき、さまざまな共同体論が登場したことにも着目した。また、この地殻変動は「近代」と「文化」の深部に届く問いであるとともに、「若者」を中心とした動きでもあり、サブカルチャーの動向にも目を配った。

編者を代表して　　小森陽一・成田龍一

二〇〇九年五月

ガイドマップ60・70年代

上野千鶴子×小森陽一×成田龍一

◉一九六八年は戦後史の切れ目か

小森　六〇年代と七〇年代はウォーラステイン❖に即して言うと、世界的な規模での六八年革命を挟む前後の一〇年と捉えることができます。同時代の世界史的な流れのなかで、あらためてこの国では何が起こっていたのかについて議論を進めたいと思いますが、最初に成田さんから問題提起をお願いします。

成田　小森さんが言われたように、この時期を考えるときに、一九六八（昭和四三）年は世界的にも、日本の戦後史においても象徴的な年のひとつであり、重要な切れ目であると思います。これは後でお話ししますように、いくつかの提言が出てきているということとともに、同時代的にも戦後民主主義への問いがなされた時期であったことに拠ります。今回の議論も一九六八年前後をいかに捉えるかが焦点になるでしょう。ただそのときにどの出来事に着目するのか、その出来事にどういった評価を与え、向き合うのかによって浮かび上がる時代像はずいぶん違ったものになってくるはずです。

　近年刊行された、一九六八年前後の出来事を描き、年号を冠したふたつの書物があります。ひとつが絓《すが》秀実❖さんの『1968年』（二〇〇六年）、もうひとつが坪内祐三❖さんの『一九七二』（二〇〇三年）です。いずれも一九六八年前後に焦点を当てながら、どの出来事に着目するかに差異を見せています。絓さんは表題通り一九六八年の学生運動を発端に社会運動を経て「学生革命」に至る過程に焦点を当てますが、坪内さんは連合赤軍問

絓秀実『1968年』筑摩書房、二〇〇六年

❖**イマニュエル・ウォーラーステイン**　一九三〇〜。アメリカの社会学者。『近代世界システム』など。

❖**絓秀実**　一九四九〜。文芸評論家。『1968年』など。

❖**坪内祐三**　一九五八〜。文芸評論家・エッセイスト。『一九七二』など。

題にかなりのページを割いている。つまり、消費社会や大衆社会の爛熟の一方で社会運動が終息していく時期として位置づけようとしています。しかし、考えてみればこの二人の認識に留まらない視点もあって、たとえば（絓さんは触れていますが）、一九七〇（昭和四五）年前後には市民社会に着目し、なんらかの形で接点は持ちつつ批判していくというスタンスによった動き——べ平連（ベトナムに平和を！　市民連合）や当時はウーマン・リブと呼ばれたフェミニズムの運動——が出てきます。また革新自治体も各地につくられていく。こうした動きを捉えるには、政治史的な局面のほかに社会史的、文化史的な局面など、多層・重層的に考える必要があるだろうと思います。

上野千鶴子

　一九六八年以前は高度経済成長の時代である一方で、戦争の記憶がまざまざと残っていた時代でもあります。敗戦から二〇数年ですから、ベトナム戦争が起こったときにも、アジア・太平洋戦争の戦時の記憶と重ね合わせるように捉えられたはずです。経済の発展のなかで戦争の記憶も薄れていきますが、以後も戦争の記憶を見せつけられるかのような、たとえば一九七二（昭和四七）年にグアムで❖横井庄一さんが、あるいは七四（昭和四九）年にルバング島から❖小野田寛郎さんが「出現」するといった出来事も起こります。

　特に、一九六八年以前を考えるときには、東アジアのなかでの高度成長を捉える視角が欠かせないと思います。六〇年安保闘争後の政府の対策として、所得倍増計画が策定されますが、その背後にはベトナム戦争特需がある。つまり、私的・経

坪内祐三『一九七二』文藝春秋、二〇〇三年

済的生活が政策の直接の対象とされるとともに、いってみれば戦後という価値観を基にした生活保守を政権が担っていくことが可能となった。その一方で、高度経済成長期の一九六五（昭和四〇）年に日韓基本条約が締結され、東アジアへの戦争責任や植民地責任が忘却され消されてもいく。

この時代を象徴する人物として田中角栄❖がいます。田中角栄は日本列島改造を旗印に、高度成長をさらに推進させようと図り、地元への利益誘導という形で開発を進め、戦後型の統治を指向する。もう一人、この時期を考えていく際に象徴的な人物として考えられるのが吉本隆明❖さんでしょう。当時、カリスマ的な位置づけをされて著作が広く読まれていましたが、吉本隆明さん自身が国家批判の立場をとりながら、やがて消費社会を論じていく、そのプロセスも、戦後史を考えていく上で重要な問題になるだろうと思います。

次に一九六八年以降ですが、何に焦点を当てて考察するのか、そのコンセンサスがいまだに固まっていない時期であるように思います。世界史的にいえば、デタント、つまり緊張緩和と呼ばれる転換点に当たっており、東西問題が比重を有しながらも、南北問題が浮上してきています。同時に、この時期には近代への問いが持続して行われていて、近代を相対化する新しい知ともいうべきものが出てきている。たとえば歴史学の場合でいえば、それは社会史ということになるでしょうし、文化人類学や言語学が、新しい知として力を持ってきます。既成のものが塗り替えられていく試みがなされたのが一九六八年以降になるだろうと思います。

この時期の象徴的な人物としては、そうした新しい知とそれを唱える人物たちとともに、司馬遼太郎❖が欠かせないと思います。司馬遼太郎に関しては後で議論することになるかと思いますが、一九六八年の状況を経て、新たに戦後をつくりなおそうとする作家として登場する。司馬遼太郎は戦時を逸脱の時期と捉え、この一九六八年以後にも継続して保守の側から戦後的な価値を主張していくことになります。以上、簡単な見取り図ですが、議論の入り口としたいと思います。

上野　最初にお二人の年齢を確認させて下さい。

❖**横井正一**　一九一五〜九七。元日本兵。終戦を知らず、グアム島に潜伏。一九七二年に発見され、帰国。『明日への道』など。

❖**小野田寛郎**　一九二二〜。元陸軍少尉。終戦を知らず、ルバング島に潜伏。一九七四年に救出され、帰国。『わが回想のルバング島』など。

❖**田中角栄**　一九一八〜九三。政治家。元首相（一九七二〜七四）。

❖**吉本隆明**　一九二四〜。評論家。『共同幻想論』など。

❖**司馬遼太郎**　一九二三〜九六。作家。『国盗り物語』など。

私は一九四八（昭和二三）年生まれで、今年六一歳になります。

成田　年齢ですか（笑）。僕は上野さんより三歳下の一九五一（昭和二六）年生まれです。今年、五八歳ですね。

小森　私は一九五三（昭和二八）年生まれで、五六です。

上野　六八年世代とご自身を定義されますか。

小森　私はしません。

成田　僕もしないです。

上野　二人ともレイトカマーにあたりますね。この『戦後日本スタディーズ』の編者のなかでは六八年世代は私だけですか。岩崎稔さんは……。

小森陽一

成田　岩崎さんは一九五六（昭和三一）年生まれだから、上野さんだけですね、六八年世代と言えるのは。

上野　そうでしたか。とはいえ、ポスト団塊世代やレイトカマーも含めて、一九六八年に大きな思い入れを持ち、過剰な意味づけをする人々が編集に当たっているという感じがします（笑）。

成田さんの歴史家らしい問題提起はよくわかりました。今回、編者として戦後史を俯瞰的に見るチャンスを与えられたので、それとは違う切り口を出してみたいのですが、私は、一九六八年が果たして成田さんの言うように「戦後史の切れ目」だったのかと言うと、意外とそうではないんじゃないかと思うんです。「戦後史の切れ目」と言うとき、誰にとっての切れ目だったのか。つまり世界的に見て六八年世代を自称している人々にとっては大きな切れ目だったと思いますが、世代経験を抜きにして——成田さんのまとめ方は比較的、政治史寄りだったので——大きく戦後史を、政治・経済・社会・文化・生活史と五つの局面に分け、もう少し長いタイムスパンで緩やかな変化として捉えたときには、果たしてどうでしょうか。

一九五五（昭和三〇）年の経済白書が「もはや戦後は終わった」と言い、高度経済成長が始まりますが、五五年当時にそれを実感している人たちはまだいなかったでしょう。戦後から四〇年たった八〇年代の半ばに、「あなたにとっても最も記憶に残っている戦後の出来事は何ですか」という

成田龍一

世論調査がありましたが、回答のトップが、なんと六〇年安保でもなく、一九六八年の大学闘争でもなく、六四（昭和三九）年の東京オリンピックでした。国民的規模でいうと最も記憶に残っているのは一九六四年。それはテレビの圧倒的な普及と直接に結びついていて、国力の増進と豊かさを国民が実感した出来事でした。

そういうことを考えてみた上で、もう一度、六〇年安保という日本における大きな社会運動の波と、一九六八年の大学闘争に象徴される社会運動の波のふたつを振り返ってみると、実はこのふたつとも経済が上げ潮のときの豊かな時代の社会運動であって、逼迫したときの経済闘争ではないことに気づきます。一九六〇（昭和三五）年は政治的な闘争でしたし、七〇年はもっと実存的な、いったい何が獲得目標なのか、どこに着地点を見出すのかが当事者にもわからないような闘争で、経済的な逼迫や生活上の切実さから生まれた、追い詰められた人たちの闘争ではなかったのです。六〇・七〇年代という二〇年ごと

の区切りではなく、戦後史を繋げてみると驚くほどの社会史上の連続性を感じます。つまり、六〇年代から八〇年代にかけては日本国民が、中産階級的な生活と近代家族という、それまでの時代のなかで望んできたものをそのまま大衆レベルで獲得した時代でした。成長期型の社会構造とメンタリティがバブル崩壊まで連続性を持っているように思えます。一九六八年が本当に切れ目だったのかということが、その点で疑問に思えてきます。

成田さんのお話にこのところ一九六八年、七二年への回顧が出てきたとありましたが、大嶽秀夫❖さんの『新左翼の遺産』（二〇〇七年）など、六〇年安保とは何だったのかということを含めた、戦後の反体制運動、学生運動を振り返る著作も出てきています。その時代に特徴的なのは、経済が上げ潮だったときの生活保守主義の担い手だった人々が実は同時に、社会運動・市民運動の担い手だったということです。当時もっとも政治的に急進的だった国鉄労働組合青年部でさえ、安定雇用と賃金上昇のなかにいたわけですから。

一九七三（昭和四八）年に高度経済成長に終わりを告げるオイルショックが起こります。本来なら、七三年が経済史の切れ目になるはずでしたが、回顧的に考えたとき、戦後経済史上の転換点とは見なされずにきました。それというのもこの時期に、世界の先進工業諸国がおしなべて経験した産業構造転換期を、日本は労使協調路線によって雇用を守る形で、ソフトランディングしてしまったからです。二〇年後になってこのツケが、九〇年代に来ました。ヨーロッパはこの時期に、構造改革にハードランディングしました。そのとき、サ❖ッチャー政権によりネオリベ（ネオリベラリズム／新自由主義）改革を成し遂げたのがイギリスです。日本はイギリスから二〇年遅れて保守革命をスタートさせますが、それでも九〇年代に至るまでの二〇年間、政権交代は一度も起きていないわけですから、保守政権を安定的に維持してきたともいえます。そのことによって六八年世代と後になって呼ばれるような人々が、対抗勢力として成熟する、あるいは十分な政治的影響力を持つ可能性が塞がれたのではないかという気がします。ヨーロッパにもアメリカにも日本にも、世界的な

大嶽秀夫『新左翼の遺産』東京大学出版会、二〇〇七年

同時性を持った六八年世代がいたと考えると、この六八年世代がその後、政治的な対抗勢力としてどういう力を持ち得たかということを、今日において歴史的に評価できるところまで来ています。ドイツでは六八年世代が「緑の党」の中核となり政治的影響力を持ちましたし、アメリカでは一九四六（昭和二一）年生まれのビル・クリントン❖が政権を取るなど、海外では例がありますが、日本の六八年世代が政治的な対抗勢力として影響力を持ったことがあったかというと、一度もないんですね。一九六八年は、日本の政治史の上では、少しも切れ目とはならなかった。

　そう考えると、九〇年代のグローバリゼーションのもとでのネオリベ改革という変動のほうが、日本社会の戦後レジームと言われるものに、もっと根本的に大きな揺さぶりをかけたのじゃないでしょうか。

◉豊かな時代の闘争

小森　討論のまとめのようなお話を最初にいただいてしまいましたが、そのことを探究していくためにも、いまの上野さんの問題提起に従いながら、それぞれの出来事を政治・経済・社会・文化・生活史的に辿りながら、話を進めていきたいと思います。

　四〇・五〇年代の議論と重なりますが、あのときは政治史的な位置づけが強かったのであらためて一九六〇年の安保闘争と岸信介❖内閣総辞職、池田勇人❖内閣の成立から、所得倍増計画という名のもとにおける新たな高度経済成長への仕切りなおしを、いまの段階でどう捉えることができるのか、というところから始めましょうか。

成田　四〇・五〇年代の議論では、安保闘争を五〇年代の延長として見たわけですが、今回は六〇・七〇年代の入り口として見る形になると思うんですね。そのときに、日高六郎❖さんの捉え方は示唆的です。日高さんは、『戦後思想を考える』（一九八〇年）で、「軍国主義の時代」―「民主主義の時代」（慎重に、「民主主義へ向かおうとした」とも言いますが）―「経済主義の時代」という見取り図を提出します。二度目の変化は「一九六〇年前後に生じた目に見えにくい散文的な変

❖**大嶽秀夫**　一九四三〜。政治学者。『現代日本の政治権力・経済権力』など。
❖**マーガレット・サッチャー**　一九二五〜。イギリスの政治家。元首相（一九七九〜九〇）。
❖**ビル・クリントン**　一九四六〜。アメリカの政治家。元大統領（一九九三〜二〇〇一）。
❖**岸信介**　一八九六〜一九八七。政治家。元首相（一九五七〜六〇）。
❖**池田勇人**　一八九九〜一九六五。政治家。元首相（一九六〇〜六四）。
❖**日高六郎**　一九一七〜。社会学者。『戦後思想を考える』など。

化」とされ、「滅私奉公」から「滅公奉私」という管理社会への移行を見出すのですね。

同時に日高さんは、安保闘争を韓国やトルコにおける学生・市民による政権交代の動きと並べた上で、韓国の運動（四月革命）と日本の運動（安保闘争）がその後の日韓関係に何をもたらしたかと問いかけます。「最高支配者層相互のあいだ」で「腐敗した経済的癒着」が進行するとともに、一九六〇年以降には「民衆間の連帯」という意識が伸長してきたとの両面を論じます。さらに、日高さんは、韓国の4・19は「継承」されているが、日本の6・15は「統一したイメージとしては残っていない」ことも指摘します。

五〇年代の延長と六〇年代の入り口としての安保闘争とその後を、アジア的な拡がりのなかで把握した、実にみごとな認識だと思います。

上野　うまいまとめかたですね、さすが成田さん。

小森　私は一九六〇年に小学校に入学したのですが、当時、校庭で安保ごっこをして遊んでいたんですね。みんなで「安保反対！」と叫んだりして、デモの真似をしていました。だから、国会前で行われている政治運動が子ども社会にまで、ある種の遊びとして伝わってきていたわけです。

上野　当時、家にテレビはありました？

小森　なかったですね。ラジオで聞いていました。卓袱台《ちゃぶだい》の裏に隠れて、ラジオから流れてくるデモの実況中継の真似をしていた記憶があります。

成田　僕のところもラジオでした。

上野　なるほどね。日本ではメディア普及からいうとピークが二期あって、第一期は一九五八（昭和三三）年の皇太子成婚❖でモノクロテレビが、第二期は六四年の東京オリンピックでカラーテレビが圧倒的に普及したと言われています。

小森　一九六〇年当時は下々の者のところには、まだテレビはなかったですね。白黒テレビのある家に近所の人たちや親戚が集まったりして観ていましたから。

成田　安保闘争を六〇年代の入り口に立って俯瞰すると、政治的な立場によって大きな違いがありますが、最大公約数的には民主か独裁かが焦点となった運動という形で総括されたと言えるのではないかと思います。自民党や警官隊の暴挙が指弾

日高六郎『戦後思想を考える』岩波新書、一九八〇年

されるという市民的な立場からの把握であり、戦後的な価値があらためて確認された。こうした認識は実況中継として臨場感を持って入り込み、日常生活の場からの反応を呼び起こしたのではないでしょうか。

上野　成田さんが先ほど言われたように、たしかに一九六八年までは戦争の記憶が残っていた。そういう意味で安保闘争は、民主主義の危機という手続き問題以前に、戦争の記憶に対するリアクションだったと思います。アメリカの戦争に巻き込まれるのはイヤだという、非常に強い反戦感情ですね。ただし、そういった政治的な感覚を担った人たちが、同時に経済成長のパイの分け前に与っていました。だからこの闘争は政治闘争でしたが、経済闘争ではありません。五〇年代までの暴力的な実力行使を伴う労使闘争はどんどん消えていきましたよね。

小森　五〇年代の終わり頃から家で三井三池炭鉱の争議が話題になっていて、なかでも一九六〇年三月に労組の組合員が暴力団に刺された事件は強烈な記憶として残っています。同じ年の六月一五日に「全学連」が国会に突入して樺美智子❖が亡くなったときの騒動の発端にも右翼がいた。それが連続したことで、右翼や暴力団は怖いという恐怖心が宿って、一〇月一二日に日比谷公会堂で演説中の日本社会党委員長の淺沼稲次郎❖が一七歳の右翼少年に刺殺されたことで結実してしまった。ここで何かが変わったという気がします。

上野　五〇年代までは、そういったいわば左右が激突する、右翼や暴力団を巻き込むような闘争が現実にあったのに――日本の労働運動は決して最初から労使協調だったわけではありません――六〇年代からは高度経済成長の分け前に与かる形で形骸化されていきました。

一九六〇年、岸政権の後に誕生した池田政権が所得倍増計画を打ち出して、当時はありえないことだと「嘘つき勇人」と言われました。池田勇人自身は喉頭がんで一九六五年に亡くなりましたが、結局、彼は嘘はつきませんでした。一九七〇年までに実質成長・名目成長ともに伸び、平均賃金も倍近くまで増えて、所得倍増は本当に達成されました。そう考えれば、この時点からひと繋がりに

❖**天皇明仁**　一九三三～。在位一九八九～。

❖**樺美智子**　一九三七～一九六〇。六〇年安保闘争で死亡した東大文学部自治会の活動家。

❖**淺沼稲次郎**　一八九八～一九六〇。政治家。元日本社会党委員長。日比谷公会堂で演説中に一七歳の右翼少年・山口二矢に暗殺された。

見える保守革命の第一歩は始まっていたのだと思います。保守革命にみごとに巻き込まれていったのが、豊かな時代の労働者たちでした。

小森　先ほど上野さんが世論調査の結果で、いちばん印象に残る出来事として、一九六四年の東京オリンピックが挙がっていたと指摘されましたが、それはたしかにそうで、実際に私が通っていた文京区立青柳小学校は、私が入学した一九六〇年に新校舎に移転するんですよ。

上野　この時代を語ると、やっぱりパーソナル・ヒストリーが出てきますね（笑）。

小森　移転前の校舎が首都高五号線の護国寺インターの予定地だったからですが、ということは、すでにそれ以前に東京オリンピック絡みの首都高などの建設の利権をめぐる一連の動きは行われていて、小学校を移転させるといったことまでも、話がついていたわけです。

上野　移転して、校舎がピカピカにバージョンアップして、変化をみんなウェルカムしたわけでしょ。

小森　そう、ウェルカム。上野さんの言われたパイの分配に預かっていたわけです。

成田　つまり東京オリンピック開催を前に東京改造が行われたわけだけれども、言ってみれば日本列島改造の先駆けになるわけですよね。

小森　東京改造は生半可なものではなかったですよ。

成田　生半可どころか、それは徹底したものでした。

上野　そのときの改造のハンパさのツケが残ったのがいまの首都高速道路だとも言えますね。首都高速は東京オリンピックに先立って建設されたものですが、ドイツのアウトバーンをモデルにしようと招いた技術者が将来のモータリゼーションを見越して三車線にせよというのを、当時の通産官僚が、こんな狭い日本ではモータリゼーションが進むことはないと考えて、二車線どまりにしたという逸話が残っています。

小森　それでも、一九六〇年頃までは戦争中から風景が連続していたのです。大人と一緒にどこかを歩くと、ここが空き地なのは空襲で全部焼けてしまったからだよと話に聞いたりして。つまり、その空白を記憶とともに語ることがまだできたのに、父の仕事の関係で日本を離れて一九六五年に帰国すると、その空き地がすべて建物で埋まっていた。

上野　橋本治❖が――彼は六八年世代ど真ん中ですが――『ぼくたちの近代史』（一九八八年）で言っている「〝原っぱ〟のある世代」ですね。戦後復興がまだ途上にあった頃を記憶している最後の世代です。

小森　そう、『ドラえもん』の土管の置いてある原っぱは、一九六五年頃を境に消えてしまったのです。

成田　先ほどの上野さんの「保守革命」という指摘は、いま高度経済成長を歴史的に考案するときに斬新ですね。

上野　そうですか？

成田　五〇年代にはみなが一様に「共有」しており、可視化されていた貧困を脱却することが「国民」すべてのエネルギーになっていて、その途上に六〇年安保闘争を経ての所得倍増政策が出てくる。すでに多くの指摘がありますが、政治的な対抗が経済的な問題に吸収されていくわけです。つまり近代化優先といったコンセンサスがつくられて、そこで貧困を脱却するための政策―政権が登場し「保守革命」の素地がつくられた。別の言い方をすると、戦前的ではなく戦後的な政治、つまりは現在の保守本流に至る体制ができあがる。

上野　政治学者が戦後の投票行動の分析を継続してやっていますが、一九九三（平成五）年に連立政権ができるまで、保守党優位は一貫して動きませんでした。自民党に投票して

ぼくたちの近代史
橋本治

橋本治『ぼくたちの近代史』主婦の友社、一九八八年

新《あたら》しいあやとりだよ。ぼくが考《かん》えたの。
こうやって、こう…。

藤子・F・不二雄『ドラえもん』てんとう虫コミックス二四巻、小学館、一一三頁より。©藤子プロ・小学館

❖**橋本治**　一九四八〜。小説家・評論家。『「三島由紀夫」とはなにものだったのか』など。

きたマジョリティのなかにある政治思想を、政治学者たちは生活保守主義と名づけています。その生活保守主義を担った人々が同時に安保闘争にも参加したと思います。

小森　たしかに安保のデモに出ていた、出られた人たちはそれなりに裕福だったのではないでしょうか。たとえば地方から出てきたばかりの工員さんたちは、運動靴が買えないからデモに出られなかったという話もありますね。視点をずらすと、草履やサンダルを履いた連中がデモを周りで見ていた景色が広がってくる。

成田　貧困の問題は六〇年代前半にまだ残っていたわけですね。パイの分配という意識が出てきたのはその後であって、当時はいまから見ると敗戦直後よりは裕福になっていたでしょうが、依然として貧困からの脱却が問題意識としてあった。だからこそ、経済成長に舵がきられていくのでしょう。たしかに「保守」ではあるけれど、貧困から脱却するというポジティブな姿勢であえて政策に乗っかっていった層もいたと思います。

上野　悲願としての戦後復興と貧困からの脱却ということですね。六〇年代の高度成長は、年率一〇%を超えていて、ものすごい数字です。恵まれたのはまずは安定雇用を確保した大企業雇用者ですが、二重労働市場と言われるようなその下請けの下請けといった隅々の毛細血管にまで、成長の分配が行き渡った。だから、「オレにもパイの分け前を寄こせ」という風潮はあったと思います。

成田　その通りだと思いますが、いまから見てそうなのであって、同時代的にはどうだったのか。たとえば東京オリンピックの後に反動で不況になるでしょう。

上野　それは一時的ですね。

成田　一時的です。だけど同時代的にはとても強いショックがあって、このまま経済成長が続くのだろうかという懐疑があったはずです。いったん上昇した生活水準が下降するのはではないかという恐怖は強いと思います。

上野　そこでの私の解釈は成田さんとは違っています。望んだものを獲得していく歴史の移行期に、好況不況の波はあったでしょうが、何を望むか、何に価値を置くかについて、バブル崩壊まで大きな断絶はないと思うんです。次第にほしいものがわからなくなっていくというだけで。

その恩恵を世代的に最も大きく被ったのは、いまから思えば団塊世代でした。私自身は堺屋太一❖さんが命名した「団塊」という呼び名はキライで、ベビーブーム世代と言いたいところですが。ベビーブーム世代は敗戦後、復員して帰って来たお父さんたちが仕込んだタネから生まれた子どもたちでした。今日、「格差」ということが言われるようになってから後知恵で回顧してみると、世代経験として、親世代よりも子世代がなんの個人的な能力や努力もなしに集団として学歴・収入・生活水準の上昇を経験したのが、ベビーブーム世代です。同じことが世代間社会移動の上で、次の団塊ジュニア世代にも起きるだろうと思っていたら、そうはならずに、今度は親世代と同じような経済水準を子世代が持てるとは限らない時代が来てしまいました。上げ潮の時期に大きいパイの分け前を努力せず手に入れたのは団塊世代だったからこそ。レイトカマーからルサンチマンを受けるのは当然ですが、生まれ合わせを自分で選ぶことはできませんからね。

小森　そして団塊世代は年金を使い果たしてこの世から去っていく。ポスト団塊世代からすれば許しがたいことです（笑）。

◉生活革命と中産階級の成立

小森　ここまで政治・経済史的に見てきたわけですが、生活史的にはどうでしょうか。先ほど東京オリンピックを契機にカラーテレビが一斉に広がるという話が出ましたが……。

上野　生活史ではここで「女」が登場するんです。生活革命の担い手は女たちですからね。六〇年代を「生活革命」と呼んだのは色川大吉❖さんですが、戦後の物質文化の上では、最大の転換期でした。それ以降、電化が電子化に変わった九〇年代の情報革命を除けば、細部《ディテール》のイノベーションはあるけれど、物質的なインフラのパッケージは六〇年代にすべて登場しています。

成田　ただ大きなスパンから言うと、一九三〇年代にはすでにその前兆がありますね。冷蔵庫にせよ電気洗濯機にせよ、それが一挙に大衆化して裾

❖**堺屋太一**　一九三五〜。作家・経済評論家。『団塊の世代』など。
❖**色川大吉**　一九二五〜。歴史学者。『明治精神史』など。

野を大きく広げていくのが六〇年代なのでしょう。

上野　新製品が出たときの普及率が九割に達する市場飽和は、いわゆる「三種の神器（テレビ・洗濯機・冷蔵庫）」で言うと、六〇年代の一〇年間に、ものすごい速さで達成されています。

成田　近代家族が一般化して、営まれていくこととパラレルなわけですね。

上野　パラレルです。メンタリティは何も変わっていないのに、人口学的な現象として、親世代と同居をせずにすむ次男、三男坊ら都市移民たちによる核家族が急速に増えていきます。同時に六〇年代半ばになると雇用者比率が自営業者比率を追い越します。

成田　農村人口が都市人口を下回るのも五〇年代半ば以降ですから、ほぼそれと平行しています。

上野　五〇年代までは農業人口比率が三割、農家世帯率が五割を越しています。農業人口が一割台に落ちるのに一〇年ちょっとしかかかっていません。さきほど言ったように、雇用者比率が半数を超すのも、配偶者選択の方法が見合いから恋愛へ逆転するのも、六〇年代半ばです。こういった変化がすべて同時期に起きているので、六〇年代は日本人の生活シーンを一変させました。一〇〇年ぐらいのタイムスパンで考えれば、この一〇年間の変化は、ものすごく大きい変化だと思います。

成田　それ以上ではないでしょうか。網野善彦流❖に言うと、日本民族の転換点のひとつである応仁の乱の次の変化としての高度成長時の大きな変化ですね。いま、上野さんが言われたような変化は人と人との関係を変えるとともに、人と物との関係や人と自然との関係を徹底的に変えてしまった。景観も一挙に変わって、日本列島の川あるいは海が次々に埋め立てられ、そこに工場や住宅がつくられる事態も進行します。

上野　それを補強すると、社会史にはロング・デュレという概念があります。ロング・デュレとはアナール派の社会史の用語で、二〜三〇〇年ぐらいのタイムスパンで継続する変わりにくい現象を指します。歴史人口学から言うと、西欧では近代家族の成立におよそ三〇〇年かかったのが、日本では五〇年ぐらいの急速なタイムスパンで成立している。この六〇年代の生活革命で起きたのが、生活保守主義の担い手である、層としての中産階級の成立です。景観が変わるという点では、成田さんが言われたように、埋立地に工場ができる一方で、郊外に住宅が大量につくられました。住宅は生産を排除した住むためだけの家です。生産を除外した住空間が広がっていき、それが景観も変えていく。ニュータウンの景観です。このときにできた景観が今日に至るまでの連続性を持っています。それが九〇年代以降、空洞化しつつあるわけですが。

小森　アメリカのテレビドラマのような、リビングがあって、テレビと冷蔵庫と電気洗濯機のある新しい生活の夢が現実として描けるようになったのは、日本住宅公団が供給した鉄筋コンクリート装、何LDKという団地が発端になりますね。

成田　そうですね。ただ、厳密に言うと、「団地族」という言葉が登場してたのは一九五八年です。『週刊朝日』（一九五八年七月二〇日号）が「ダンチ族」として報じました。それが急速に広がったのは六〇年代になりますが。

小森　「もはや戦後ではない」と言われた一九五五年以後、朝鮮戦争特需を媒介として最初の好景気の軌跡が六〇年代半ばに結実して、多くの人々の生活実感として共有されるようになったわけですね。

上野　住宅について付け加えると、住宅のプロトタイプもこの時期に確立して半世紀変わっていません。戦後の住宅難の一九五一年に計画された国庫補助住宅C型、いわゆる「51C」は三五平米の最小限住宅です。これをダイニングキッチンと寝室に分割して四人家族が暮らした。一九五五年に団地が生まれて以降、六〇平米、七〇平米と基本モジュールが広くなって、いまは八〇平米が標準になりましたが、フロアプランのプロトタイプは変わっていません。

成田　なるほど。ただ、そこになかなか難しい問題もあって、つまり、団地の発想のもとになっているのは機能性ですよね。nLDKといって、部屋を区切ることで、機能的にするのですが、その原型を辿っていくと、戦時期に行き当たる。住宅営団にいた西山夘三❖さんが考えた住宅のモデルは戦時期に原型があるとされています。

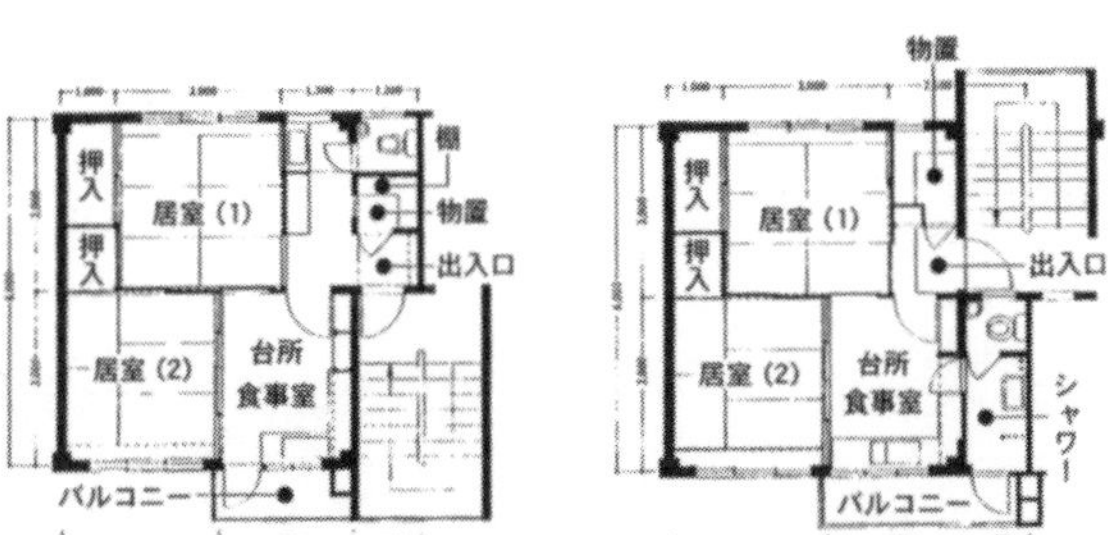

51C型（51年度国庫補助住宅C型基本設計・原案）

❖**網野善彦**　一九二八〜二〇〇四。歴史学者。『異形の王権』など。
❖**西山夘三**　一九一一〜九四。建築学者。『住み方の記』など。

上野　労働者住宅ですね。

成田　そうです。そうなると戦時に発想された物が高度経済成長期にひとつの開花点をつくりだすという連続性も見えてくることになるだろうと思いますね。

上野　戦時体制は、近代化を促進する維新体制でした。戦時下に提案されたさまざまなプランが実現したのが戦後で、その点でも連続性があります。機能的といっても、寝て食って子育てするというだけの空間で、近代家族の縮図です。

成田　もうひとつ、話がそれるようですが、一九五六年の「もはや戦後ではない」という地点から保守革命が始まって、六四年のオリンピックぐらいまでがひとつのまとまりだとすると、これはようするに「昭和三〇年代」なんです。

上野　たしかにそうですね。西暦より昭和にすると繋がりがよくわかる。

成田　「昭和三〇年代」とする方が妙にリアリティを持ってしまうということは、いまの昭和三〇年代レトロブームも単に団塊世代の回顧というより、やはりそこにひとつの時代の切れ目があったという認識になると思うんですね。

上野　当時生まれた生活のプロトタイプが崩れつつある今日、失われた過去としてノスタルジーを寄せているわけですね。

小森　同時に、昭和三〇年代、つまり一九六五年あたりまではあったけれど、その後、なくなったものがあまりに多かったこともあるのではないですか。たとえば、子供の感覚で言うと、一九六五年までは家庭のなかで、子どもから生産主体である大人になるためのプロセスとして、家庭内の労働をめぐる「お手伝い」という領域があった。それから、お使いに行くこともそうです。地元の商店街に行って、「豚肉の細切れを幾らください」と言葉でお店のおじさんやおばさんに伝えて、包んでもらうという、ある種の社会的なコミュニケーションが必要だったわけです。

上野　竹皮に包んでもらいました。

小森　そう、でもそれがスーパーマーケットの出現によって、沈黙したまま買い物ができるようになった。買い物ひとつとってもそうです。洗濯でも洗濯機を回すのか、それとも金だらいで洗うのかは大きく違う。

上野　簡単に言うと、家族が生産単位から消費単位に変わってしまった。消費単位に変わったときに、専従者としての専業主婦が生まれます。専業主婦が生まれたら、子どもの手伝いもいらなくなったということでしょう。

◉生活保守主義と労働者

小森　それでは、次に、冒頭で成田さんが問題提起された一九六五年の日韓基本条約について議論したいのですが、この条約締結に伴い、日本の戦争責任の問題が日本においては不問に付されたような状況になるわけですね。一九六五年は佐藤栄作❖政権のもとでアジア外交に重点を置いた年ですが、この年に象徴的なこととしてはもう一点、家永❖三郎による教科書検定の裁判が挙げられます。日本の侵略戦争あるいは植民地支配の加害責任について教えるかどうかが焦点でしたが、たとえば私の中学校では教えられなかった。当時のことはよく覚えていますが、そんな学校の姿勢を疑問に思っていましたね。

上野　そんなに早熟な中学生だったんですか。

小森　いや、当時、そういった雰囲気がありましたよ。先生によって家永教科書裁判に関わっている人とそうでない人がいたりして。

上野　なるほど。そうでもなければ子どもは自分からそんなこと考えないですよね。

小森　そういった歴史認識の問題と、かつての侵略戦争や植民地支配をなかったことにしようとするせめぎあいは、この時期の非常に大きな問題になると思います。当時はまさにベトナム戦争のさなかで、朝鮮戦争に次ぐ日

❖佐藤栄作　一九〇一～七五。政治家。元首相（一九六四～七二）。
❖家永三郎　一九一三～二〇〇二。歴史学者。『日本思想史に於ける否定の論理の発達』など。

本の第二次戦争特需景気が起こっていた。当時の韓国朴正熙《パクチョンヒ》政権はベトナムに派兵していたわけですから、日本からベトナム駐留のアメリカ軍へ輸出の形で送り込んだ家電製品を、生き延びた韓国兵が持って帰るという構図もあったはずです。

成田　朝鮮戦争が朝鮮特需としてしか記憶されなかったように、東アジアの冷戦が逆に、戦争責任と植民地責任とを不問に付してしまうような構造をつくりだしていたとも言えますね。厳しい冷戦の体制と状況とがありながら、それが冷戦として意識されず、ひたすら生活保守つまりは経済的な生活向上に目的を定めてしまう様相が存在していた。

上野　ここで、ベトナム戦争当時、対抗勢力がどういった政治的な力を持ち得たかを、問いとして立ててみたいのですが。このとき保守政権はアメリカの極東支配戦略のなかに日本をがっちり組み込む選択をしたわけですね。その一環として、一九七二年の密約込みの沖縄返還もあったことになります。

小森　対米従属体制のなかにがっちり組み込まれながら日本の高度経済成長を実現していくという流れですね。

上野　それに対して、政治的な対抗軸を誰がどのように打ち出したかを考えてみると、事後的に考えても、ベ平連以外にはなかったと思います。ベ平連も政治闘争という形をとりませんでしたから、政治的な組織力や結集力を持ちませんでした。社会党と共産党は互いに対立していましたし、政治的な求心力を持ち得ませんでした。結果として、冷戦構造のもとで日本がアメリカを中心としたグローバル戦略のひとつの拠点になっていくという外交的なシナリオも、このときに確立されたまま変わってないわけですよね。

成田　そうですね。この時期につくられた構造が、さまざまな側面である種のプロトタイプになっていった。ただ、問題は先ほど上野さんの話にもあったように、その状況下で五〇年代的な対抗、つまり政治的な対抗がこの時期に廃れたことだと思います。

上野　労働組合運動が骨抜きになっていきます。

成田　大企業の労働組合が春闘方式を採り、労働条件の改善ではなく、経済的な問題を追求する方向に転換していく。

小森 労使協調で企業のおこぼれをもらうために、イデオロギー的な部分はすべて組合から排除していくという方向ですね。

上野 労働組合は経済闘争しかやらなくなっていく。一九八七(昭和六二)年に連合こと全日本民間労働組合連合会が誕生して、そこに合流するために総評(日本労働組合総評議会)が解散したときが、日本の戦後労働運動の最終的な解体だったと思います。労働組合はそれ以降、弱体化していきましたからね。

小森 これは東京に典型的に現れますが、一九六七(昭和四二)年に社会党と共産党が共闘して美濃部亮吉❖都政を実現するといった形で、あたかも何かが変わったような空気が生まれたけれど、そこから社共が日米安保条約を破棄するという流れには繋がらない。その少し前の一九六四年に公明党ができて、一九七八(昭和五三)年の党大会で日米安保と自衛隊を容認することで、社共共闘に突き刺さって分裂させる役割を果たしていきます。

上野 おもしろいですね。保守革命が結果的に成功してしまったいまになって考えると、同時期に成立した革新都政(東京都)や革新市政(川崎市)はどう評価されるのでしょう。

成田 生活保守であるがゆえに、生活をよりよくするための革新を選択するという流れのなかに起ったことだと思います。イデオロギー的な対立はむろん存在するのですが、そこが決定的な対決点とはならない状況にもなってくる……。

上野 「分配の政治」という点で、革新地方自治体も、実は生活保守主義を基盤としていたと言わざるを得なくなりますね。京都の革新府政も長く続きましたが、同じことですね。

成田 「明るい革新都政をつくる会」が社共共闘で生まれたのが、都知事選を前にした一九六七年。その後、大阪をはじめ各府県で出てくるのが七〇年以降ですから、生活保守革命がすでに定着していて、貧困からの脱却というモチベーションよりは上野さんが指摘するように、分配に関心が向かっている。経済大国という意識を持ちはじめたこの時期に社会福祉政策の充実を政策の大きな柱と

❖**朴正熙** 一九一七~七九。韓国の軍人・政治家。元大統領(一九六三~七九)。

❖**美濃部亮吉** 一九〇四~八四。経済学者。元東京都知事(一九六七~七九年)。『苦悶するデモクラシー』など。

する革新自治が出てきたことの関連性は追究する必要があります。

上野　この後、本来ならば高度経済成長の終わりを告げるはずだった一九七三年のオイルショックに際して、日本は政財界を挙げて雇用保障を最優先し、失業率を上げないことで、産業構造の転換にソフトランディングしました。それ以降産業構造の転換は進行し、日本は脱工業化を達成して、第三次産業就業者が五割を越す時代が来ます。EU諸国は同時期に、構造的な慢性高失業率、しかも若年層の高失業率を経験しています。ヨーロッパでは、当時すでに日本の九〇年代と同じことが起きていたわけです。日本はそのとき抱えていた膿を、バブル崩壊までの二〇年間、持ちこたえてしまったことになります。

成田　そうですね。ソフトランディングしたということは、逆に言えば、日本的経営——つまり終身雇用や年功序列が定着したということです。

上野　はい、日本型経営が延命してしまいました。

成田　そうして、乗り切っただけではなく、バブル景気に進んでいったわけですから、欧米のハードランディングした側から見ると、日本的経営は成功したように見えた。日本の経済大国化は日本的経営にこそあるのだと、それまでの日本特殊性論の価値が逆転したわけですよね。日本的慣行とされていたものを意識的に強化もしていくわけです。

上野　それが八〇年代の「ジャパン・アズ・ナンバーワン」の自負に行き着くわけです。

小森　一九七三年にいわば対決構造ではない形でソフトランディングしていったのは、六八年当時にある種の社会的な現象として喧伝されていた対決軸が薄まっていたこともあると思います。非政治の季節というか。一九六八年に革命を叫んでいた連中が企業に入って、労使協調路線をまさに担っていたわけですよね。そのことは非常に大きい意味を持っていると思います。文化史的にいうと、私にとっての「反革命四人組」がいるんですが……。

上野　誰のことですか？

小森　❖吉田拓郎、❖井上陽水、❖小椋佳、それに❖松任谷由実（笑）。この「反革命四人組」が垂れ流した、あの徹底して自己完結した私生活主義的な歌の世界が、一気に社会全体を覆ったじゃないですか。「傘がない」（一九七二年）とか「中央フリーウェイ」（七六年）とか。雪崩を打って若者たちが非政治化していくようなきっかけに、逆に一九六八年が使われたような感じがしないわけではないのです。

日本型企業の労使協調路線と擬似的な一九六八年の空騒ぎはある意味でリンクしていたのではないかと思います。あのときにヘルメットを被って、角材を持っていたような学生たちが平気な顔で大企業に就職していったわけですよね。当時、文京区の大塚セツルメントが入っていた貧民窟に住んでいましたから、東大や教育大の学生が身近にいて、学生時代には偉そうなことを言っていたのが、みごとに大企業に就職して、「こいつら、なんだ?」というのが中学生としての思いでした。

上野　本当に?　私は京大出身ですが、職業人になってから知り合いになった人以外には、周りに一部上場企業に就職した友人なんていませんでしたよ。マジョリティはノンポリだったから企業人になっていきましたが、必ずしも「転向」とは言えないでしょう。

成田　いずれにせよ企業が持っている統合能力がすごいということでしょう。

小森　日本の大企業が朝鮮戦争時代に確立したノウハウですよね。復員してきた団塊世代の親たちがそのまま軍隊的に企業のなかに復員の場所を求めて、それがある種の小天皇制空間として機能していた。そのシステムが一〇年間鍛え上げられ、六〇年代後半にある一定の基盤を打ち立てて、そこに学生運動をしていた連中が吸い込まれていったと。

成田　五〇年代においてはまだ企業のなかでも、労働者あるいは労働者階級というものがリアリティを持って存在していた。やはり当時の貧困は深刻であったと思うんですよ。それが先ほどから話題にしている高度経済成長によって、労働者すら生活保守を唱える形になり、企業と労働者が一体化していった。つまり企業社会が成立していくわけですね。そうすると、企業が学生運動をしていた連中を労働者としてつくりかえることが可能に

❖**吉田拓郎**　一九四六〜。シンガーソングライター。
❖**井上陽水**　一九四八〜。シンガーソングライター。
❖**小椋佳**　一九四四〜。シンガーソングライター。
❖**松任谷由実**　一九五四〜。シンガーソングライター。

なる。

上野　つくりかえる必要なんてないですよ。つまり、一九六〇年に闘争をしていた人も七〇年に闘争していた人も、どちらも生活保守主義の持ち主であるという点においては、つまり中産階級的な生活を欲望する点においては共通性があったと思います。だって、当時の大学生の出身階層は、ほとんどが中産階級でしょう?

小森　それだけすんなりと一体の構造をつくったということですね。

◉一九七二年と対抗文化の脱政治化

上野　こういった政治的な保守革命が進行していくなかで文化史を考えたとき、かつて対抗文化（カウンターカルチャー）と呼ばれたものが、いったいどんな役割を果たしたのだろうかを考えてみたいと思います。先ほどの小森さんの話にあった「反革命四人組」という呼び名からいうと、私生活主義や内面の詠歎に人々を誘導するような装置として働いたにすぎなかったのでしょうか。

小森　そこへ急激に転換したのではなく、いろいろなことと構造的に連動しているのだと思います。当時、私が通っていた都立竹早高校は建て直しで新宿高校の旧校舎を借りていましたから、新宿騒乱も、その翌年に新宿駅西口で❖岡林信康や❖高田渡らが❖フォークゲリラをしていたのも目の当たりにしたんですね。西口地下広場に吉田拓郎が来ると、「帰れコール」が沸き起こっていた。だけど、警察は道路交通法で「西口地下広場」の名称を「西口通路」に変え、歩くところだから立ち止まってはいけないと、集会を禁止する手に出た。最終的には歩きながら歌っていましたけどね。

上野 フォークゲリラは反警察闘争でしたよね。

小森 だけどそれが一気に制圧されて、美濃部都政のもとで歩行者天国になってしまう。ここで新宿の空間的構造が決定的に変わりました。新宿御苑でも機動隊がデモを防ぐために通路を堰きとめていて、権力というか行政によって、市民の憩いの場がもたらされている。同じ新宿にいた者としては、これ自体が病理ではないかと感じました。対抗的だったものが、ある日を境にして、なし崩し的に生活保守を支える装置に転換させられてしまった。

上野 対抗文化が脱政治化していった契機には、一九七二年があったと考えざるを得ません。あさま山荘事件の起きた一九七二年は、見田宗介❖さんの用語を借りれば、「理想の時代の終わり」でした。この事件で、理想主義の息の根を止められてしまった。革命的連帯を叫んでいた人たちのあいだで、合意によるリンチ殺人が行われてしまったわけですから。この事件が偶発的な出来事だったのか、それとも共同体主義あるいは理想主義の辿る必然だったのか。つまり「理想の時代の終わり」は、遅かれ早かれなんらかの形で来るべくして来るものだったのか。もし「総括なき連合赤軍」というものが存在するとしたら、彼らはその後もヒーローとして生きつづけただろうかと問いを立ててみると、やはり一九七二年のトラウマが対抗文化にもたらしたショックは無視できないでしょう。

成田 たしかに、総括なき連合赤軍があったとしたら、対抗文化の様相は異なっていただろうという思いはあります。体制に、距離こそあれ「ノー」と言っていた姿勢が、以後、サーッと引いて行ってしまいました。これまで対抗としての意味を押し出していたものが、自閉したり脱政治化していきました。カウンターカルチャーではなく、サブカルチャーという言い方がなされてきたのもこの頃のことではないでしょうか。同時に、「総括なき連合赤軍」というif《イフ》はスターリニズムの問い方に関わり、左翼的文化や心情のなかにおける新左翼の登場の意味を考察することに連なっているでしょう。編者のひとりの岩崎稔さんがしき

❖**岡林信康** 一九四六〜。フォークシンガー。
❖**高田渡** 一九四九〜二〇〇五。フォークシンガー。
❖**フォークゲリラ** 反戦フォーク集会。
❖**見田宗介** 一九三七〜。社会学者。『現代日本の感覚と思想』など。

りに提唱する、レフト・スタディーズの中心的な課題のひとつですね。

上野　このシリーズの編者のひとりである北田暁大さんが、『嗤う日本の「ナショナリズム」』（二〇〇五年）を一九七二年から説き起こしていることに、いささかショックを受けました。考えてみればたしかに、一九七二年の連赤トラウマはその後の文化的なシニシズムの、たとえば全共闘的なものから❖糸井重里的なものへの転換点になっています。糸井重里も含め六八年世代はそれ以降、理想に対してシニカルな距離を置く形でしか生き延びることができなかった。そのスタイルのシンボルだった糸井重里が生んだコピーにはシニシズムが満ちています。このシニシズムが脱政治化の基調をつくってしまったわけです。極左テロリズムはヨーロッパでも起きているけど、たとえば❖ネグリはシニシズムには陥っていないように見えます。むしろテロに批判的ですね。

小森　先ほどの新宿西口広場が奪い去られたのは、ある種の象徴的な比喩になると思いますが、対抗する新たな文化が生まれても、表現がきわめて限定されて、まさに文化財ではなく、消費財化させられていく事態が一気に進行したように思います。

上野　対抗文化をも消費財化していくことが消費社会の爛熟と結びついたということですね。けれど対抗文化のなかにはもうひとつ、オルターナティブな生活文化を希求する運動が一方であって、これがエコロジーと生協でした。ところが結局、いずれも少数派の運動にとどまっています。消費社会化のなかで、消費は素敵なことだという価値観を超えられなかったわけです。いまから思えば、エコ系の人たちは自分たちが消費社会を「拒絶する」という言い方ではなく、たとえば安全や美味しさ、栄養といった付加価値において消費社会にあるものより「優れている」と主張したんですね。基本的に消費社会の価値そのものを拒絶するというイデオロギーではなかったと思います。

成田　そうですね。消費に着目すること自体が生産を軸にして考えられてきた近代社会に対する批判の意味を持つわけで、よりよい消費の追求は生産中心の社会への批判になるという思い込みがあった。そのため現状の社会に批判的な人たちも、

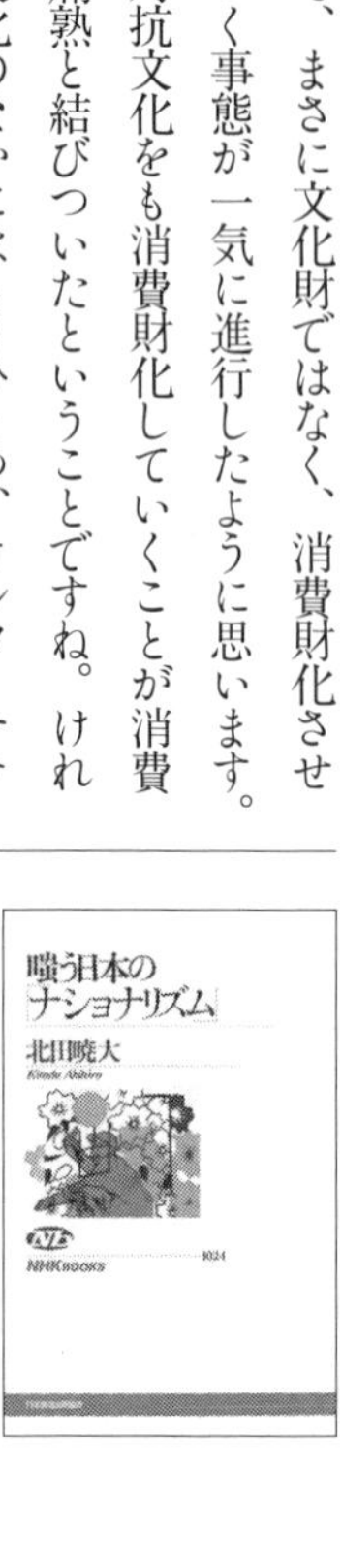

北田暁大『嗤う日本の「ナショナリズム」』ＮＨＫ出版、二〇〇五年

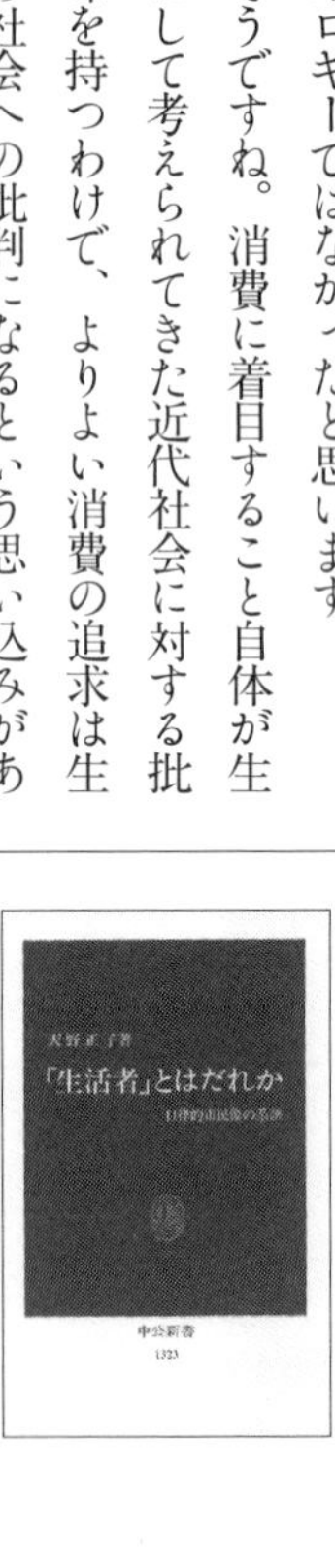

天野正子『「生活者」とはだれか』中央公論社、一九九六年

消費に関しては肯定的で、むしろよりよい消費生活を希求するとしてふるまってきたと思います。生産に階級関係を見出すことに関しては議論の蓄積があったけれども、消費に関してはそれがなかった。消費はジェンダーの観点により問題点が摘出された過程がありますね。

上野　よりよい消費がよりよい生産を生むわけだから、使えば使うほど、つくるところに繋がっていったわけでしょう。消費社会を根本から拒否する思想は対抗文化からは生まれなかったと思う。

小森　結果として、対抗思想は生まれていないわけです。

成田　消費そのものを政策として打ち出すことにより合意をとりつける事態が進行しており、消費に関しては大きなコンセンサスができあがってしまっている。これはこの時期に顕著になったのですが、歴史的にみれば戦時期――総力戦下の総動員体制のもとで開始されたことです。主として女性たちが、消費の面においても主体化されて総動員体制に参入‐参画していきました。

上野　六〇年代的な生活文化のなかで生活者が見事に消費者に誘導されていった気がしますね。女性も自ら進んでそれを選びました。❖天野正子さんは『「生活者」とはだれか――自律的市民像の系譜』（一九九六年）で、「新しい社会運動」は生活者の思想として希求されたものだったが、結局、実を結ばないまま消費者のほうに回収されてしまったと言っていますが、消費以外に日本の女が望んだものはなかったのか。❖大塚英志が『「彼女たち」の連合赤軍――サブカルチャーと戦後民主主義』（一九九六年）で連合赤軍を分析して、❖永田洋子が言説化できず、後にフェミニズムと呼ばれるようになった思想とは消費社会の感性だったと言いました。フェミニズムは消費社会に回収されたわけではなく、ほかにもオルターナティブはあったのに、大塚さんの分析に私は同意できませんでした。だけど、それとは別に、マジョリティの女性が消費社会の方向に誘導されていったことはたしかです。

　八〇年代頃だったと思うけど、よく外国人に、日本の女は会社にも入れず、入っても出世できないような抑圧的な社会にいるのに、なぜ抗議もし

大塚英志『「彼女たち」の連合赤軍』文藝春秋、一九九六年

❖**糸井重里**　一九四八〜。コピーライター・エッセイスト。「おいしい生活。」（コピー）など。

❖**アントニオ・ネグリ**　一九三三〜。イタリアの哲学者。『〈帝国〉』（共著）など。

❖**天野正子**　一九三八〜。社会学者。『「生活者」とはだれか―自律的市民像の系譜』など。

❖**大塚英志**　一九五八〜。評論家・漫画原作者。『「彼女たち」の連合赤軍』など。

❖**永田洋子**　一九四五〜。連合赤軍中央委員会副委員長。リンチ殺人事件の首謀者として逮捕され、一九九三年に死刑が確定した。

ないんだと言われた。その度にあなた方にはわからないだろうけど、自己実現には生産を通じての自己実現と、消費を通じての自己実現とがあって、日本の女性は消費を通じての自己実現を選んだのだと答えても、どうしても通じなかった。消費を通じての自己実現を選ばされたという誘導の回路のせいでもありましたが。

◉高度経済成長期の司馬遼太郎ブーム

小森　一九七二年を連合赤軍の問題だけで括ってしまうわけにはいかないと思います。この年には、それまで自明だった国際的かつ国内的状況が大きく転換する出来事が連動して起きています。ひとつは沖縄返還、それから日中国交正常化です。事態の決着のさせ方が、結果としてこの国のそれまでの論争や対立の問題をなかったことにしてしまった。

　まず、沖縄返還に関しては、一九七〇年に日米安保条約の自動延長に反対する手段として、反安保・沖縄返還運動が起こりましたが、結果、安保が延長され、沖縄も返還されることで日本列島全体が沖縄化して、運動自体が論理矛盾のなかに巻き込まれていった。

　それから日中国交回復の際には、日本の民衆の戦争責任は問わない、すべての責任はA級戦犯が背負うというサンフランシスコ講和条約と同じ路線の共同声明の際の周恩来発言に象徴されるように、むしろ中国によって過去の戦争責任と戦後責任が免責された。そのなかでゲリラ闘争路線まで模倣した中華人民共和国革命への憧れが日本国内で転換していく。戦後が終わったということと同時に、戦後的なものを支えていたメンタリティが、実際の政治的な出来事によって、深く受け止められないまま構造的に転換させられてしまうということが一九七二年に一挙に起こったわけです。

成田　沖縄復帰も日中共同声明も、これでようやく戦時から脱却することができると説明された出来事ですね。冷戦体制の変化のなかでの出来事であるとともに、アジア・太平洋戦争と接合して事態が把握され説明されました。戦時からいかに脱却して、戦後の新しい構造に入り込んでいくことができるかが政策的にはさしたる反省も現状へ

司馬遼太郎『竜馬がゆく』文藝春秋、一九六三―六六年（書影は文春文庫新装版、第一巻、一九九八年）

の思慮もないままに遂行されました。そのために❖新川明さんたちによる「反復帰」の議論が出され、❖竹内好さんは、日中共同声明前文の「反省」という語句にこだわりぬいた一文を記しました（「前事不忘、後事之師」『朝日ジャーナル』一九七二年一二月二九日）。

小森　それからもうひとつ、一九六八年から七二年までの間にこの国で起こった問題を振り返る上で、冒頭で成田さんが司馬遼太郎の名前を挙げましたが、『竜馬がゆく』（一九六三―六六年）が高度経済成長期にブームとなったことも象徴的です。いわゆるナショナリズムと個人のビルドゥングスロマンが並行していて、そこにサラリーマンがアイデンティティを求めることができるような人間像が打ち出された。そして『坂の上の雲』（一九六九―七二年）のブームで明治までの大日本帝国はよかったのだというような空気が支配する。

上野　当時、❖山岡荘八の『徳川家康』（一九五三―六七）もベストセラーになりました。どちらの部数の方が多いのですか？

成田　各巻累計で三〇〇〇万部とも言われていますから、山岡荘八の方が圧倒的に多いと思います。ただ、山岡荘八の場合は経営のモデルとして徳川家康を見るという話ですよね。司馬遼太郎の場合ももちろん、経営や組織のなかでの生き方といった読み方もありますが、司馬がなぜ特化されていったのかというと、それはちょうどこの時期に日本近代の成立を描いていたからだと思います。売上部数よりもむしろ、高度経済成長の時期に明治維新を問題化し、追及したことに司馬遼太郎作品の意味がある。

小森　ちょうど一九六八年に明治百年祭を迎えて、日本の近代をどう評価するのかということが大きな問題になり、❖ライシャワーによる日本近代化論なども展開されましたからね。それでも高度経済成長を遂げ、一九七一（昭和四六）年には一ドル＝三六〇円体制も崩れて、変動相場制になったことで、アジアにおいて日本が突出していることに次第に自信を持ちはじめる。つまり政治史的にも経済史的にも文化史的にも、一九七二年は大きな転換点で、それが一九七三年のオイルショックで崩れたはずの日本社会が持ち越してしまったのは、

司馬遼太郎『坂の上の雲』文藝春秋、一九六九―七二年（書影は文春文庫新装版、第一巻、一九九九年）

山岡荘八『徳川家康』講談社、一九五三―六七年（書影は講談社文庫、第一巻、一九八七年）

❖**周恩来**　一八九八〜一九七六。中国の政治家・革命家。中華人民共和国初代首相（一九四九年〜七六年）。
❖**新川明**　一九三一〜。ジャーナリスト。『新南島風土記』など。
❖**竹内好**　一九一〇〜七七。中国文学者・評論家。『日本とアジア』など。
❖**山岡荘八**　一九〇七〜七八。小説家。『徳川家康』など。
❖**エドウィン・ライシャワー**　一九一〇〜九〇。アメリカの外交官・東洋学者。『ザ・ジャパニーズ』など。

このあたりに要因があるんじゃないかという気がするのですが。

上野　私が大学院在学中の一九七二年にアルバイトをしていたシンクタンクに、小松左京❖さんが関係しておられました。当時、未来学がブームで。

小森　未来学！

上野　そう、フューチャオロジィ。いまから思えば、一九七三年のオイルショックまでは「未来」があったんです。現在の上昇気流の延長上に二〇年、三〇年後があることに対する無邪気な確信があったことに、オイルショックの後に気がついて愕然とした記憶が残っています。その直前まで用意していたレポートがパーになってしまった。

小森　右肩上がりの経済成長は半永久的に続くと思い込んでいたわけですね。

上野　為替が固定相場から変動相場に変わったことだって、日本の経済的な自立を意味したわけでしょう。

小森　そうですね。一九六四年の海外旅行自由化以来、海外渡航者数が増え、日本企業の海外進出も可能になるわけですし。帰国子女という言葉が生まれたのもちょうどこの頃です。

成田　でも、オイルショックがあったにも関わらず、日本近代への信頼はこのとき、揺らいではいませんね。

上野　だからこそオイルショックのときに、そのショックがショックとならずに乗り切ってしまったことのツケが、後になって問題化してきました。

成田　オイルショック以前にもそうした契機はあったわけです。たとえば、一九六八年にばい煙規制法に自動車排出ガスの規制を盛り込む形で大気汚染防止法が制定されたように、公害問題が表面化する。このまま政財官中心の社会でいいのだろうか、生活を脅かす車を放置していいのだろうかといった近代に対する疑いが出てきていますよね。しかし、オイルショックを乗り切ったことによって、近代への疑念が逆になくなったのではないでしょうか。日本の近代化のやり方には多少まずいところがあるかもしれない。しかし近代そのものは価値を有しているということが、確認されるような状況が他方にあった。

上野　それでも、成長と進歩の神話は崩れなかった。

成田　はい。ただ、崩れずにあるというのはひとつの極だと思うんですね。他方の極では、成長と進歩の神話を持つ近代を相対化するような考えが出てきたのがこの時期だろうと……。

上野　事実出ましたが、それが力を持ったかどうかです。

成田　近代を相対化するものが力を持ったのは、後のことになると思います。たとえば社会史や文化人類学といった学知を念頭に置いていますが。

上野　知的な方向にだけいったわけですかね。対抗的な政策や政治文化は……。

成田　いえ、それは生んでいないだろうと思います。オイルショックは一九七三年だけではなく、もう一度、七九年にもありました。それも乗り切ってしまい、その結果、上野さんが言われたように、右肩上がりの幻想は九〇年代まで持続していった。

上野　八〇年代後半のバブル景気のときに、こんなにもわかりやすい物質主義の時代が来たことに驚きました。それまでの対抗文化や対抗的な価値はなんだったのかと。消費とブランドへの欲求が全面的に開花して、誰もそれを疑わない時代だったでしょう。たとえばモータリゼーション（自動車の大衆化、車社会化）に対するエココンシャスな思想や批判も生まれたけれど、それではその人たちがモータリゼーションを食い止めたか、車を捨てたか。たとえば有機農業をやっているような人たちが、ガソリン車を使わずに農業やっているかと言ったら、あり得ないもの。

成田　むしろ加速されたのですね。一九七二年のあさま山荘事件以降、対抗文化は回収され、現在の言い方でいえば、癒しの文化に変貌しました。そして群生する価値である近代の神話は依然として生き延びていった。

上野　癒しは補完物ですね。ここまでの議論だと、対抗文化が骨抜きにされてしまって、癒しの文化が補完物化されてしまったという結論になります。

成田　いやはや、そうですね。別の方向からこの点を検討してみたいのですが、現在の司馬遼太郎論はネイション・ビルディングを描いた作家として捉えるのが一般的です。実際その通りなのです

❖**小松左京**　一九三一〜。ＳＦ作家。『日本沈没』など。

が、第一にはそこに覆いつくせない局面があり、しかし、第二にはそのことの評価をめぐってです。司馬はオイルショック後の一九七六（昭和五一）年頃に現在の資本主義が異常であると言い、土地公有論を唱えはじめます。土地は公共財であり、私有や投棄の対象ではなく、所有権は国にあるとした。

上野　社会主義国家ですね。

成田　そう。あるいは徹底した近代国家論です。大胆なことを提言し、その持論をもとに専門家たちと議論を交わしていきます。たとえば野坂昭如❖さんとは、農業がこの時期すでに疲弊していましたから、それを盛り返すために土地の公有化を進めるという議論をする。他方、ぬやま・ひろし❖という元共産党員の詩人とは社会資本のあり方といった観点から議論する。松下幸之助❖とも対談をし、健全な資本主義育成のためには土地が公共財とされねばならないと結論づけた。つまり、司馬はあらゆる手段を使って土地公有論を説き、この時期の資本主義あるいは日本社会の異常さを浮かび上がらせようとしている。しかし、その議論がまったく問題にされなかったこと自体が、逆に対抗文化の不在を証明していると思うのですね。

上野　まったくリアリティのない議論ですね。保守革命を近代化の流れのなかに置くとすると、生活保守主義に最大の基盤をもたらしたのは一九四七（昭和二二）年の農地改革でしょう。それに加えて日本政府の持ち家政策。家と土地を私有化した人々が保守政権の支持基盤となったわけですから。

小森　中産階級がつくられた。

成田　そうした人たち——司馬の場合は、サラリーマンが主でしたが——を読者としているはずの司馬が根底をひっくり返すようなことを言ったのですね。

上野　裏返しにいうと、司馬遼太郎の国家性善説ともいえる、国家や公共性に対する過大な期待がありますね。

小森　あるいは、司馬遼太郎があらゆる業界の人と対等に語り合えるスーパー文化人になったがゆえに、ほかの人なら「アホかいな」と片付けられてしまうような理想論を吐くことができて、それが社会のガス抜き装置として機能していたとも言えるのではないですか。

上野　哲学者の廣松渉❖が晩年になって、「東亜共栄圏」を唱えたのと同じように、超越的な価値を奉るようになって理想主義に傾いたのでは。

成田　そこまで言う（笑）。

上野　牽強付会な気がします。

成田　純文学／大衆文学という七〇年代頃までは厳然と存在していた枠組みでは、司馬遼太郎といえども対抗文化に位置づけられていました。僕自身もここに期待を込めて紹介しているのではなく、司馬遼太郎のような生活保守主義の延長にいる人でさえ、現状の資本主義はおかしいと言わざるを得ないような状況があったということです。小森さんの言い方を借りれば、彼は昇りつめた自分の立場を利用して、ある批判的なメッセージを送ったけれども、それすらも不発に終わってしまった。ここに対抗文化の七〇年代がうかがえるのではないかということです。

上野　それは市場の限界を倫理主義で乗り越えようという、繰り返し出てくるパターンとも言えますね。

成田　そうですね。ただ、倫理主義でもこれはかなり生活保守の根本に触れる問題だと思います。

上野　市場社会の限界や欠陥はみんなが知っているけれど、だからといって、それに代替するシナリオはもう消えてしまっている。最近の公共性ブームが胡散臭いのは、それをどう乗り越えるかというときに、突然、超越的な倫理主義を持ってくるという議論が、繰り返し違うパターンで現れているからです。司馬の場合も同じにしか聞こえませんね。

◉カウンターカルチャーの担い手

上野　私が逆に問題にしたいのは、八〇年代の議論に入ってしまいますが、一時期あれだけ活力があったのに、いつの間にか骨抜きになって、脱政治化してしまった対抗文化とサブカルチャーとの関係をどう見るかについてです。つまり、対抗文化がサブカルに変化したのか、それとも担い手が完全に変わって違うものに置き換わってしまったのか。それでは対抗文化はどこへ行ったのか、ま

❖**野坂昭如**　一九三〇〜。小説家。『アメリカひじき』など。
❖**ぬやま・ひろし**　一九〇三〜七六。詩人・社会運動家。本名・西沢隆二。『編笠』など。
❖**松下幸之助**　一八九四〜一九八九。経営者・松下電器創業者。
❖**廣松渉**　一九三三〜九四。哲学者。『存在と意味』など。

たは、消えてしまったのか……。サブカルは小森さんの得意分野ですよね。

小森　まず、対抗文化をどう規定するかが大事ですね。たとえばベトナム戦争のときのベトナム反戦に連帯していく形でつくりだされたミュージックシーンには、対抗文化のある種のストリームが見えやすい形で生まれたけれど、これが潰されていくわけですよね。対抗文化としてのフォークが出てきたときにはグループ・サウンズが出てくる。さらにその後ニューミュージックが出てきて、最終的には「反革命四人組」に行き着く（笑）。

上野　文化の商業化・消費財化ですね。

小森　短期的でもいいから、大市場をつくって熱狂をつくりだすような、「今年はこれ、来年はこれ」といった毎年のトレンドが移り変わって進んできた六〇年代でいうと、その消費財も対抗文化との拮抗関係において成り立っていたと思うんですね。消費財を出す側も対抗文化を如何にして潰すかといった意識が働いていた。

上野　拮抗ではなく、回収じゃないですか。

小森　❖井筒和幸さんの『パッチギ！』（二〇〇四年）ではないけれど、やっぱり「イムジン河」（一九六八年）を如何に潰すかといったような拮抗はそれなりにあったと思いますよ。先ほども話に出たように、そもそも対抗文化という領域が消えてしまったのは七〇年代ですから。

上野　その担い手たちはどこへ行ったんですか？

小森　商業化のもとで消費財を担うようになったんじゃないですか。

上野　それぞれ商業主義的な成功者になっていったということ？

小森　吉田拓郎の軌跡を考えればそうですね。表に名前は出ないけれど、アレンジやプロデュースの側にいった人もいるでしょう。高田渡の路線で細々と続けていった人もいるけど（笑）。

上野　対抗文化、つまりカウンターカルチャーにはふたつ意味があって、ひとつは政治的に対抗すること。もうひとつは、支配的文化《ドミナント・カルチャー》という存在があるからこそ、カウンターが意味を持つ。たとえばロックはメジャーカルチャーがあるから意味を持つのであって、ロックがメジャーになって、マスマーケットになってしまったら、ロック自体がもうカウンターではあり得ません。

他方、サブカルチャー（下位文化）はどうかというと、サブカルの出自はメディア支配が確立した後で、マスメディアに寄生する文字通りの下位領域として登場します。

小森　ちょうど私が大学に入った頃に、少年漫画雑誌が喫茶店に置かれて、大学生の必読書になっていきます。

上野　その背後には、たとえば一九七一年に『週刊少年ジャンプ』の部数が一〇〇万部を超えて、七三年に『週刊少年マガジン』の発行部数を抜くようなメディアのマスマーケットが前提としてあって、そこからそのパロディとしてのサブカルが登場してきた。メディア環境の成熟という前提なしには、サブカルは存在しない。やはりカウンターカルチャーとは担い手の世代も出自も完全に違うと思います。そうなるとやはり六八年世代としては、カウンターカルチャーの担い手たちがどこへ消えたのかっていう疑問が残る。どこかで細々と市民演劇とかしているんだろうか（笑）。

小森　やはり先ほど言ったように、その世代もまさに消費財的な領域へ転向しているのだと思います。文学だけでいえば、そもそもドミナントカルチャーとカウンターカルチャーとの関係自体が構造転換していきましたよね。戦前までの日本近代文学に対して、戦後派による戦後文学がある種のカウンターカルチャーだとすると、私が受験した七〇年代には❖大岡昇平の『野火』（一九五二年）が入試問題として出ていたぐらいですから、すでに戦後文学がある種ドミナントカルチャーになっていた。書き手の側も大岡さんであれば『レイテ戦記』（一九七一年）を書くなど、集大成に入り、大家になっていった。そういった文化状況のシフトチェンジが起きていたのではないですか。

上野　状況がシフトチェンジしてもカウンターカルチャーは成立可能ですよね。でも、その可能性が消えてしまっている。

成田　そうですね。それはとても大きなことだと思います。❖唐十郎さんは六〇年代からずっといまに至るまで活動を続けています。たいへんなエネルギーだと思います。ただ状況劇場は唐組となり、唐さんを除く役者たちは入れ替わりましたし、観

大岡昇平『野火』創元社、一九五二年

大岡昇平『レイテ戦記』中央公論社、一九七一年

❖**井筒和幸**　一九五二〜。映画監督。『パッチギ！』など。
❖**大岡昇平**　一九〇九〜八八。小説家・評論家。『レイテ戦記』など。
❖**唐十郎**　一九四〇〜。劇作家・演出家・小説家。劇団「唐組」主宰。

客層も交替しました。可能性が消えたということでは、ミニコミがそうですね。ミニコミは、互いに顔が見えるような範囲でコミュニケーションを行う媒体で、六〇—七〇年代には相当な数の発行がなされていました。だけど、いまやインターネット上で、自分も匿名、対象も誰かわからないところに一挙に送り出す形が多数派になっています。上野さんの指摘のように、メディア環境の変化は決定的で、誰が受け止めるのかが見えずに、自分が発したメッセージがカウンターになっているのかどうか危うくなるといった状況になっています。カウンターカルチャーという概念自身が成り立たなくなってしまった。

上野　概念はなくなっても、当時の担い手は生きていますからね。まだ六〇歳くらいだから、何をしているのかと思って。農業をやっているのかなあ。

◉九〇年代の始まりとしての一九七九年

小森　ここまで七〇年代後半を振り返ってきましたが、一九七六年に、七〇年代のひとつのあり方をつくった田中角栄がロッキード事件で逮捕されます。ここで、七〇年代前半にあったある種の幻想が崩されて、その本質が段々と見えてくる。そして、一九七九（昭和五四）年のイラン革命をはじめとする中東問題を契機に、それまである意味でわかりやすかった冷戦構造的な東西の対立が見えにくくなっていきます。世界を支えてきた各種の前提条件が崩れるなかで、日本は第二次オイルショックに突入する。

一九七九年にはイラン革命が起こり、カンボジアにベトナムが、ベトナムに中国が侵攻し、パク・チョンヒが暗殺され、そしてソ連がアフガニスタンに侵攻するといった、それまでの安定的かつ冷戦構造的なシステムがすべて崩れた年——の意味を問いたいのですが。この年に、かつての植民地帝国のイギリスにサッチャー政権が成立して、「新自由主義」と「新保守主義」の時代に転換するわけです。その路線にアメリカも日本も追従します。一九七九年に何が変わってしまったのかはとても大事だと思います。

成田　一九七九年のもつ意味は大きいですね（第

三巻を参照のこと）。ただ、その前に、一九七六年のロッキード事件について。この事件は、政界の裏には暗闇があり、そこでさまざまな取引がなされているだろうと思われていた事態が次々に明らかにされていった劇的な出来事でしたよね。

小森　児玉誉士夫❖と児玉機関の問題とか、六〇年安保のときに当時の岸信介首相が児玉を通じて右翼を動員したことなどが、次々と目の前に現れましたからね。松本清張❖が『日本の黒い霧』（一九六〇年）で書いていたようなことの一端がくっきりと浮かび上がった。

成田　それまでアメリカとの癒着と抽象的に言われていた事柄が、具体的に誰と誰が結びついて何をしていたのか、裏でどれだけ巨額な金が動いていたのかが見えてきた。ロッキード事件は問題になったけれど、同時期に戦闘機購入に関して起きたダグラス・グラマン事件の方はいつの間にか闇に消えてしまうということも含めて、ドラマが一挙に目の前に見えてきましたよね。しかし現在では、同じようなことが起こっても、これを明らかにすることによってさらに得をするヤツがいるんだと、裏の裏のさらに裏を勘繰ってしまう。一九七六年を経て、いまやそこまで来てしまった。

一九七九年も実は同じであって、たとえばイラン革命にせよ、社会主義の神話の崩壊にせよ、薄々感じていたことが起きたように見える点と、しかしそれにはさらに裏があるのではなかろうかと裏目読みをしてしまうような事態の出現の年でした。今日の議論は六〇年代と七〇年代は連続しているという話でしたが、七〇年代から続くものが九〇年代には切れるわけで、その切れ目の始まりが一九七九年に見えてきたのだと思います。

上野　アフガン戦争の種は、ソ連のアフガン侵攻から始まっています。ソ連邦の最終的な崩壊は一九九一（平成三）年で、ポスト冷戦は九一年以降と言われていますが、もっと早くからソ連邦の内部崩壊は始まっていて、それがほかの人の目にも明らかになってきたのが、七九年でした。つまり、一九七九年をポスト冷戦の始まりと思えばいいのでしょう。

成田　そうですね。ここまで論議してきた六〇・七〇年代は池田勇人内閣から始まって、佐藤栄作、

松本清張『日本の黒い霧』文藝春秋、一九六〇年（書影は文春文庫新装版、上巻、二〇〇四年）

❖**児玉誉士夫**　一九一一～八四。右翼運動家。
❖**松本清張**　一九〇九～九二。小説家。『点と線』など。

田中角栄の内閣へと代わっていきます。田中内閣が倒れた後、一九七四年に❖三木武夫が首相になって、ロッキード事件が表に出た後は短命内閣が続きますが、八〇年代に入るやいなや、❖中曽根康弘が登場してくる。いままでは戦後の価値の上に乗っかって、生活保守を維持する政策を打ち出す政府であったのですが、以後は戦後を政府の側が総決算しはじめ、後には❖小泉純一郎・❖安倍晋三に至るような流れが生まれた。

上野　総決算ではなく、継承でしょう。中曽根は保守本流じゃないですか。

成田　そこは難しいと思うんです、保守本流といえるかどうか。❖大平正芳・中曽根康弘あたりはネオリベラリズムの始まりですよね。

上野　なるほど。

小森　保守本流というよりもむしろ、田中角栄的なものとはまったく違う方向へ政策の切り替えが始まったのだと思います。

上野　たしかに産業構造転換期を日本はソフトランディングしたけれど、そのもとで実はネオリベ改革が進行していたということですね。八〇年代の中曽根政権下で、国鉄分割民営化が達成されました。労使対決の一番の焦点になったのは国鉄民営化ですから、その国鉄民営化に中曽根政権が成功したということは、その後の郵政民営化にも続いていくわけで、その限りにおいてはネオリベ路線はこの時期から連続性を持っています。

成田　そうですね。

上野　激突や暴力によって犠牲者を出したという点では、国鉄労働組合の闘争は日本の労働運動史における最後の直接的な労使対決でした。郵政民営化では全逓信労働組合はそういう動きを起こしませんでした。❖野田正彰さんの『生きがいシェアリング』（一九八八年）に「国鉄マンよ、もう死ぬな」という論文が収録されています。国労闘争当時、人材活用センターへ配置替えさせられた人たちのなかに二桁台の自殺者が出ました。その遺族一人ひとりを訪問したドキュメントです。だから、この労使対決は死者をも出したと言える。国鉄の最終的な解体は何年でした?

成田　最終的な解体は結構遅いんですよ。JRが誕生したのは一九八七年で、各路線の処遇が最終

野田正彰『生きがいシェアリング』
中公新書、一九八八年

的に決着したのは一九九〇（平成二）年ですから。

上野　もう少し前だと思っていました。

小森　解体のプロセスはもちろん、一九八二（昭和五七）年に臨時行政調査会による国鉄分割の基本答申が出されてからですから、もっと早かったわけですね。

成田　一九七九年の第二次オイルショックを越して始まるわけですね。

小森　そういう意味で言うと、日本も実質的にはハードランディングしたイギリスと同じように、新自由主義的な方向でやらざるを得なかったのだけれども、八〇年代にバブルに入ったから、経済的には痛みや影響が感じられない。ぬるま湯で茹でられているカエル状態だった。

上野　だからこそ、犠牲者は労使対決による暴力によってではなく、自死という形で現れたんですね。

小森　そういう時代になっていくわけですね。

上野　その後、異議申し立てや対抗の時代から自傷の時代へと移行します。やはりこの時代が大きな転換点でしたね。

❖**三木武夫**　一九〇七〜八八。政治家。元首相（一九七四〜七六）。

❖**中曽根康弘**　一九一八〜。政治家。元首相（一九八二〜八七）。

❖**小泉純一郎**　一九四二〜。政治家。元首相（二〇〇一〜〇六）。

❖**安倍晋三**　一九五四〜。政治家。元首相（二〇〇六〜〇七）。

❖**大平正芳**　一九一〇〜八〇。政治家。元首相（一九七八〜八〇）。

❖**野田正彰**　一九四四〜。精神科医・評論家。『喪の途上にて』など。

五五年体制——政党政治の喪失

杉田　敦

——まずは、五五年体制とは。

一九五五（昭和三〇）年の保守合同で、吉田茂などの自由党と鳩山一郎などの民主党が結合して自由民主党が生まれます。それと相前後して、講和問題で左右に分裂していた社会党が再統一する。自由民主党は以後の選挙で、おおむね過半数を獲得し続け、獲得できなかった際にも連立等によって政権を担当します。他方で、社会党をはじめとする野党勢力は、政権には手が届かないものの、一定の発言権を保ち、とりわけ憲法改正の発議を妨げるに十分な、三分の一程度の議席を占めてきたわけです。政治学者の升味準之輔氏が、こうした政界構造とその背景にある日本社会の状況に注目して「一九五五年の政治体制」という論文を一九六四（昭和三九）年に書き、メディアなどを通じてこの呼び方が広まったとされています。

——それはいつまで続いたのでしょうか。

九〇年代の「政治改革」によって大きくゆらいだことは間違いないでしょう。五五年体制を可能にした一つの条件として、中選挙区制がありました。一つの選挙区で二人以上、場合によっては五人も当選するというわけで、自民党と社会党が二対一くらいの割合で議席を分けることができました。これは多様な意見を反映する点で、比例代表制的な性格をもった選挙制度であって、私などはよい面のある制度だと思っていたのですが、「政治改革」の過程では、そこ

❖**吉田茂**　一八七八〜一九六七。政治家。元首相（一九四六〜四七、一九四八〜五四）。
❖**鳩山一郎**　一八八三〜一九五九。政治家。元首相（一九五四〜五六）。
❖**升味準之輔**　一九二六〜。政治学者。『日本政治史』など。

に批判が集中しました。小選挙区制の導入によって、それまでの政党のあり方が大きく変わった。少数政党は比例区でわずかな議席をとることしかできなくなった半面、ある程度大きな野党ができれば政権交代が以前よりは制度的に容易になったわけです。ただ実際には、まだ政権交代にまでは至っておらず、五五年体制が終わったとは言えないのではないでしょうか。

いずれにしても、私は日本政治史の専門家ではないので、この半世紀の具体的な経緯や個別の選挙結果などについて、詳しく把握しているわけではありません。ここでは、これまでの日本政治が長期にわたって政権交代を経験せず、本格的な政策論議を戦わせてこなかったことが、政治の現在と未来について考える上でどのような影響を及ぼしているかを、私なりに考えてみたいと思います。

ところで、一九五〇年代前半には、社会党の伸張が著しく、遠からず社会党政権が誕生しかねないとの恐れが、財界などを中心に生じ、これが保守合同を促した側面があると言われています。もっとも、実際には、その後の社会党は思ったほどには伸びなかったわけですが、これが保守合同の結果なのか、つまり、強力な保守党ができたので他の政党の出る幕がなくなってしまったということなのか、それとも社会党自体の問題なのか、ということについては意見が分かれるところです。

――六〇年代に構造改革路線への転換をしなかったことが、社会党の命運を決めたとも言われますね。

そういう言い方がされることが多いのですが、まず、社会党の内部には転換をするだけの素地がなかったのではないかと思いますね。社会主義革命を標榜する勢力が、党組織のほとんどを押さえていたので。もっとも、そうした勢力が本当に日本で革命ができるとずっと考えていたかどうかはよくわかりません。しかし、旗を下ろすことには非常な抵抗があった。構造改革路線というのは、ヨーロッパ型の社会民主主義政党を目指す考え方でしたから、ヨーロッパの事情などを知る学者やジャーナリストの中に、社会党が早くからそうした政党になっていれば、と思う人々がいるのは当然です。しかし、社会党の内部事情だけでなく、当時の一般の人々も、必ずしも社会党にそういう転換を求めてはいなかったのではないでしょうか。

と言うのも、社会党の後身である社会民主党は、今では十数人しか国会議員のいないミニ政党になってしまいましたが、そうなるにあたっての大きな転回点の一つが、社会党の村山富市❖さんを首班とする、自民・社会・さきがけの連立政権でした。政権に入るにあたって、社会党は自衛隊と日米安保❖を容認するという方針を唐突に発表し、これが社会党支持者たちの反発を招いたわけです。九〇年代ですら、社会党の支持者たちは、社会党に安保も自衛隊も認めてもらいたくはなかった。まして、それ以前の段階では、もっとそうでしょう。人々が社会党に期待したのは、何よりもまず、防波堤としての役割、歯止めとしての役割であり、政権をとることではありませんでした。だからこそ、皮肉なことに、政権に加わった時が、社会党の「終わりの始まり」になったのです。

――自衛隊や安保を否定したまま政権をとる、ということはできなかったのですか。

私はその可能性も否定しませんが、日本国民のほとんどは不可能と考えていた、ということですね。いや、そう信ずるに足るだけの色々な事情があったのかもしれません。やはり冷戦の時代でしたので。それ以上に、仮に野党が政権をとって、公約通りに自衛隊を解散し、アメリ

❖**村山富市** 一九二四〜。政治家。元首相(一九九四〜九六)。
❖**日米安保** 日米安全保障条約。

力に安保の廃止を提案したりしたら、おそらく国民は「そんなつもりではなかった」と言ったのではないでしょうか。

この点を考えるのが非常に難しいのは、先ほどの社会主義革命についてと同様、防衛・安保についても、口で言っていることを額面通りには受け取れない面があるからです。かなり多くの人々が、自衛隊を否定し、安保の廃棄を目指すと称する政党に投票しました。しかし、その一方で、世論調査などでは、自衛隊の存在はかなり前から広く容認されており、日米安保についてもその存続を前提にしているのです。このギャップをどう考えるか。単に矛盾している、ということではないと思います。

日本人は物を買う時は値切ることはあまりせず、正札で買うのを好みますが、政策については目標を高めに設定しておかないと安心できないようです。本当は、自衛隊はあっても構わないし、海外に出るのだけは困るくらいに考えているのだが、「それなら自衛隊があってもいいんですね」と言われると反対する。「自衛隊廃止」くらいに言っておけば、自衛隊も遠慮するだろうし、ちょうどよい、という感覚だと思います。

――なぜ、「正札」ではだめなんでしょうか。

おそらく、政府に対する不信感から来るものでしょうね。デパートは信じられるけど、政府は信じられない。軍隊に関してはもっとそうでしょう。戦前の経験が尾を引いていると思います。信じていたら、無限に暴走してしまった、という経験なので。

ただ、事態をさらに複雑にしているのは、こうした「歯止め」の必要性を感じているのは、野党やそれを支持する側だけではない、ということです。政権与党側もそれを必要としてきたわけです。

――与党が、なぜ歯止めを求めたんですか。

それは、五五年体制というものが、日本国内の対立構図ではなく、アメリカとのつき合いのためのものだからです。そもそも、五〇年代前半には、主力の自由党以外に、改進党など、さまざまな保守勢力がありました。それらは、日本政治の常として人脈的なつながりでもありましたが、経済的な自由をより重視するか、それとも平等性を重視するかといった対立軸もそこにはありました。ところが、そうした対立軸を越えて、とりあえずアメリカ側につく人々は大同団結だ、ということになった。他方で、講和のあり方をめぐって左右に割れていたはずの社会党の方もくっつくことになった。

こうして、親米対反米という構図になったのが五五年体制なわけです。しかし、それでは与党はつねにアメリカの言うことを聞いていられるのか。吉田の路線は、よく知られているように軽武装・経済重視路線です。防衛はアメリカに依存して、日本は経済復興に専念しようとするものでした。彼は、現憲法をめぐって、第九条は防衛戦争も含めてあらゆる武力行使を一律に否定したものだと国会で答弁しています。

つまり、アメリカと仲よくするのは経済に専念するためなので、日本の再軍事化のような方向性は、当面は、一定のおつき合い以上にはできない、ということですね。むしろ、吉田と対立していた鳩山の方が、憲法改正に積極的で、これは究極的には安保の見直しにも通じる方向性でした。

自民党は「自主憲法制定」を党の基本方針として来ました。しかし、これも、先ほどの社会党の話と似ていて、多分に「看板」のところがあったと思います。党内でも、ほとんどの期間、吉田路線とそれを継承する路線が主流であって、一部に、それにあえて対抗することで存在感を示そうとする勢力があったにすぎないのではないか、と思います。

ところが、そうした吉田路線で行くためには、社会党のような反米基調の政党が野党としてそれなりの存在感を示していることが、非常に都合がよい。自衛隊の性格の変更や、対米軍事協力などで、アメリカに過大な要求をされそうになったら、「われわれはいいのですが、彼らが騒ぐのでできません」と言えるわけですから。

さらにもう少し踏み込んで言えば、自民党自体が、自分たちが暴走する危険性を多少は意識していたのかもしれません。少なくとも、自民党内の非主流的な人々の中には、そういうことを恐れる感受性があったと思います。

――社会党も、自分たちの役割を意識していたのでしょうか。

それは微妙なところでしょうね。しかし、先ほどもふれたように、九〇年代の村山政権の成立はきわめてスムーズで、政策変更もあっという間に、ほとんど抵抗らしい抵抗もなしに行われました。五五年体制下で、いわゆる強行採決など、議場での激しい対立構図の裏側で、与野党の国会対策委員たちがきわめて密接なやり取りをしていたことも明らかになっています。お互いに、それぞれの役柄を認め合い、一緒に芝居をしている面があったとしても、驚くにはあたらないでしょう。

——有権者はどうだったのでしょう。

そこは、さらに難しいですね。しかし私は、有権者がほぼ半世紀にもわたって、一党が統治し、それに野党が「歯止め」をかけるという政治形態を選び続けてきた、という事実に注目したいと思います。これは、世界にそう類例があることではないでしょう。

一つの説明は、国民は二つに分かれており、一方は自民党に政権をとらせたい人々であり、他方は社会党などに政権をとらせたい人々であった。たまたま前者の方が多かったため、結果的に自民党の長期政権が続いただけで、それ以上でもそれ以下でもない、というものです。しかし、戦後日本政治を見てきた人々で、この議論に説得力を感じる人は少ないのではないでしょうか。実際に、近接した選挙で、衆議院で自民党が大勝した後に、参議院で大敗を喫する、といったことが何度も起こっています。もしも、単純に自民党を勝たせたいのなら、こういうことにはならない。結局、自民党主体の政権を続けさせたいが、自民党があまり図に乗ると困るので、時々「お灸をすえる」という発想の人がかなりの程度いるということでしょう。いつでも、与党と野党が絶妙なバランスを保つように、投票し続けるわけです。

これは、先ほどふれたアメリカとのつき合い方とよく似ています。アメリカとつき合うしかないが、「歯止め」は欲しい。同じように、自民党とつき合うしかないが、「歯止め」は欲しいということなのかもしれません。

——それは、政党政治と言えますか。

いい質問ですね。私の答は、ノーに近いです。戦略的な投票というのはどこの国でもありますが、ここまで政党の役割分担を意識していては、対等な政党間の選択をめぐる投票ということにはならないからです。ただ、日本の有権者のそういう考え方が、私はそんなに嫌いではありません。

――ある種の「馴れ合い」的な政党関係を国民が選んだ、というお話ですが、そのことの功罪をどう考えたらよいのでしょうか。

「罪」としてまず挙げられるのは、政権交代がなかったことでしょう。政権交代を自己目的とするのは間違いですが、政権交代がゼロというのはやはり問題が多い。第一に、いわゆる政官業の癒着が非常に進むという弊害があります。常に自民党が与党だということになれば、官僚は自民党にしか情報を伝えないし、自民党の言うことばかり聞くようになる。経済界も、もっぱら自民党に資金を提供します。これに関連して第二に、腐敗の摘発が困難になるという弊害もあります。司法権は独立しているから問題ない、と言うかもしれませんが、そんなことはないでしょう。警察・検察は行政権の一部ですから、政権与党の意向を慮《おもんぱか》らないはずはない。半永久的な政権の下では、現場からの内部告発的な情報も出てきにくい。こうしたことを考えれば、政策以前の問題として、規律という面で、政権交代が時々あることは重要だと言えます。

次に政策についてですが、普通に考えれば、長期政権の弊害としては、社会の特定の部分の利益が代表されるような一定の政策が継続される、ということが挙げられるでしょう。しかし、五五年体制については、必ずしもそうした指摘はできません。と言うのも、自民党は、安保・憲法についても、経済政策についても、さまざまな意見をもつ勢力の集合体であったため、その時々に、色々な政策を出してきた。何度も豹変したわけです。ですから、政策の硬直化という弊害は割に少なかった。むしろ、中途半端に与党内部で政策変更することで、本格的な政策論議を不可能にしてきた点が問題だといえるのではないでしょうか。

——派閥間の擬似政権交代の限界ということですね。

その通りです。自民党は、基本的には経済界からの献金を主たる財源として活動してきたので、そちらに足を向けては寝られない。経済界の意向を尊重して、市場経済重視の政策を実施する。本来であれば、これに労働側に立つ政党が対峙し、政権を賭けて争うということになるでしょう。しかし、池田内閣❖が所得倍増論を打ち出して、経済成長は一部の人々の利益ではなく、国民全体にとっての利益になる、という説明をし、これが広く受け容れられてしまったわけです。実際には、所得が倍になっても物価も倍になれば意味がないわけですが、高度成長の過程では国民に次第に豊かになりつつあるという実感があったので、そうした路線は支持された。これに対して社会党は、所得が倍増することは貧富の格差も倍増することだから反対だという、空気の読めない対応をしてしまいました。三井・三池など、労働現場での激しい抵抗もありましたが、労働組合運動や社会運動は、経済成長論の中に呑み込まれて行ってしまったわけです。

また、自民党には、田中派❖から橋本派❖に至る、よく言えば地域間の平等化を重視する勢力、悪く言えば無駄な公共事業を行う勢力もまた存在しました。六〇年代以降の日本では、急速な産業化の中で農業人口が激減し、地方では過疎化と潜在的な経済的危機が進行するわけですが、こうしたリスクを自民党が吸収し、かえって自らの支持基盤の確立につなげたわけです。戦後すぐの段階では、社会党が農民層に浸透する可能性がありましたが、うまく行かず、結局農協を通じて自民党の支持基盤にされてしまった面もあります。さらに、急速な工業化に伴う影の

❖**池田勇人**　一八九九〜一九六五。政治家。元首相(一九六〇〜六四)。
❖**田中角栄**　一九一八〜九三。政治家。元首相(一九七二〜七四)。
❖**橋本龍太郎**　一九三七〜二〇〇六。政治家。元首相(一九九六〜九八)。

部分としての公害問題についても、最初に取り上げたのはいわゆる革新自治体や野党でしたが、自民党もそれにある程度対応します。

市場重視の系譜は吉田から福田派へと受け継がれ、小泉・安倍政権にまで至るわけですが、他方で田中派の系譜が市場に取り残された「外部不経済」の部分を担当し、この両者の間で政権が回されてきたわけです。

——社会福祉についても、同じことが言えますか。

そうです。国民年金や国民健康保険をつくったのは岸信介です。岸は安保改定を強行したタカ派という側面が主として記憶されているので、彼がなぜ福祉国家的な政策を行うのかいぶかしむ人もいるかもしれません。しかし、考えてみれば「福祉‐戦争国家」という言葉もあるように、欧米でも福祉国家化は、元々は総力戦の遂行と表裏一体の形で進められました。国民に戦争で死ぬことを求めるには、それ相応の待遇が必要になる、ということでしょう。それに岸は満州国の経営に関係しましたが、植民地経営と社会福祉とはきわめて密接な関係にあります。ミシェル・フーコーは、人々の生命や健康を守るという、国家理性論から福祉国家に至る流れを、「生権力」という一種の権力のあらわれと見なしました。そうした観点からすれば、内務官僚や植民地官僚の系譜が福祉国家化を担ったとしても不思議ではないでしょう。

問題は、社会党など、本来、社会民主主義的立場から本格的に福祉国家論を展開してもおかしくない部分が、そうした役割を十分に果たしてはこなかったことです。一つには、後でまたふれたい憲法の問題とも関連しますが、社会党は自らを護憲政党と規定し、それに安住してしまったということでしょう。憲法以外の政策については展開しなくなってしまった。もう一つには、社会主義革命という目標を捨てることができなかったために、福祉国家化などは、かえって資本主義の矛盾を隠蔽しそれを延命させることだ、といった発想になってしまったのかもしれません。そして第三に、福祉国家では、どうしても高福祉を支えるものとして、高い税金などの高負担が必要になりますが、そうした議論を提起することができなかったのでしょう。この第三の点は、今日の民主党にまで受け継がれている傾向です。いずれにしても、社会民主主義政策は、自民党に中途半端な形で「横取り」されてしまいました。

——自民党の派閥間対立が、政権交代のような役割を果たしていたので問題ない、という議論もありますが。

もちろん、一枚岩的な政党が半永久的に政権を担当するという、最悪の事態に比べればはるかにましでした。しかし、やはり本格的な政策論議にはならなかった。一番問題なのは、どのような政治にすべきかについて、国民の選択の機会が奪われたことです。一つの政党の中で、必ずしもはっきりしない形で政策の重点をずらして行くというやり方では、どこにどのような政策的な対立軸があるのか、国民には見えないし、従って明示的に選ぶこともできません。

たとえば経済的自由を明確に擁護するような政党と、再配分による平等化を前面に出す政党とが並び立っていれば、有権者はその時々の状況に応じて、どちらの政策を実現させたいかを判断し、それによって政権政党を選べるわけです。実際、欧米の政党政治はおおむねそのような構図になっているわけで、もちろん、そこにも限界はありますが、そのようなものと比べても、五五年体制は、政策選択をあいまいにするものでした。

❖**福田赳夫**　一九〇五〜九五。政治家。元首相(一九七六〜七八)。
❖**岸信介**　一八九六〜一九八七。政治家。元首相(一九五七〜六〇)。
❖**ミシェル・フーコー**　一九二六〜八四。フランスの哲学者・思想家。『監獄の誕生』など。

——だからこそ九〇年代には政治改革が叫ばれて、小選挙区制も導入されたわけですよね。

そうなのですが、いくつかの問題が残されていると思います。最大の問題は、二つの有力な政党である自民党と民主党が、重要な政策的対立軸を示すような形で割れていない、ということです。経済的自由を重視する政治家が、どちらの政党にもいますし、平等化を強調する政治家についても同様です。

——二つの政党を割り直す、いわゆる政界再編が必要だということですか。

しかし、そういうことをやる動機付けがはたして政党、とりわけ自民党の側にあるかどうかが問題です。さまざまな勢力を抱えて、その間で政権を回しながら微妙に政策変更を繰り返すことで政権を維持してきた自民党は、政策的に純化することを「本能的」に危険と見なすのではないでしょうか。

小泉純一郎元首相は、郵政民営化に反対する候補者は公認しないばかりか、それを落とすための「刺客」さえ送るという、徹底した粛清策をとりましたが、これはまさに自民党の純化を目指すものでした。田中派＝橋本派的な部分を追い出して、自民党を経済的自由一本槍の政党に変えようとしたわけです。その意味では、それは保守合同の解消、五五年体制の終焉を意図したものだったと言えるかもしれません。しかし、それに続く安倍晋三・福田康夫・麻生太郎政権の下では、そうした純化は部分的に撤回されました。

このように言うからといって、小泉氏のやり方を褒めているわけではないのですが。

――小泉さんの後の安倍首相は、「戦後レジームからの脱却」を唱えていましたが、これは五五年体制からの離脱ということではないのですか。

そこがなかなか微妙なところです。安倍さんは、国家主義的な方向での教育基本法の改正や、憲法改正のための国民投票法の制定などを推し進めました。また、アメリカとの軍事協力を強めるために、集団的自衛権をめぐる憲法解釈の変更の可能性について、検討を命じたりしました。五五年体制が、これまで述べてきたように、与野党の「馴れ合い」によって軽武装・経済重視路線を進めるということであったとすれば、それとは最も遠い方向に進んだようにも見えます。

しかし、先ほどから言っているように、五五年体制では、与野党の「馴れ合い」はまさに憲法・安保での「激突」を劇場化することによって、維持されてきたわけです。このことを忘れてはなりません。そうした見方からすれば、安倍さんも、従来の自民党の政策的振幅の中で、国家主義的な方向の極に寄っただけであり、その外に出たと見なくてもよいのかもしれません。

安倍さんの退場後、あっという間に調整型の福田首相が選ばれて、安倍さんとは方向性の違う対応を次々に打ち出し、しかもそれに対して党内はもとより、ジャーナリズムからも国民からもほとんど批判がなかったことを見ると、われわれはまだ五五年体制の中にとどまっているのかな、という気もしてきます。

――うかがっていると、五五年体制というのは一種の迷宮のようなものですね。どうやったらそこから出ることができるでしょうか。

私自身は、五五年体制がそれほど悪いとは思っていませんが、すでにふれたように、政権交

❖**小泉純一郎**　一九四二～。政治家。元首相(二〇〇一～〇六)。
❖**安倍晋三**　一九五四～。政治家。元首相(二〇〇六～〇七)。
❖**福田康夫**　一九三六～。政治家。元首相(二〇〇七～二〇〇八)。
❖**麻生太郎**　一九四〇～。政治家。現首相(二〇〇八～)。

代がないことは、それ自体として腐敗や癒着をもたらすので、やはり時々は政権交代をする必要があるのでしょう。

政権交代になかなかならないということで、いわゆる政界再編への期待がありますが、その際、憲法や安保についての考え方を対立軸にすべきだという議論をよく見かけます。しかし、私にはそれは、全く筋違いの議論としか思えません。端的に言って、それは五五年体制を強化する議論でしかないからです。憲法や安保という見かけ上は華々しいけれど政策選択に結びつかない争点を表に出して、対立したふりをするというのは、まさに五五年体制の「馴れ合い」構造そのものです。五五年体制において、自民党内の疑似政権交代の際にも、実際に問われていたのは、ほとんどの場合、政府の役割をどこまで大きくするか、すなわち福祉や公共事業などが争点であり、こちらが主たる争点であると言わなければなりません。自民党は、この主たる争点を政党間対立に結びつけないことによって、長期政権を維持したわけですし、野党も結果的にはそれを助けたのです。

もしも日本の政党が、経済的自由をより重視する勢力と、平等をより重視する勢力とに再編成され、両者の間で政策論争が行われ、有権者に対して選択を迫るようになったとすれば、その方が日本の政党政治にとっては有益でしょう。しかし、主たる争点を隠し、副次的な争点を表に出す方がやり易い、という行動様式を、政治家たちがここまで身につけてしまった現在、そのような方向に向かうかどうかは不透明と言わざるをえません。

反復帰反国家論の回帰——国政参加拒否という直接介入へ

新城郁夫

1 反復帰反国家論の契機——「日米共同声明」と国政参加拒否

国家への帰属という呪縛そのものを拒否し、その拒否に基礎づけられた社会政治的主張において、沖縄の固有性を思想的な水準において創出していく試み。そこに、一九七〇（昭和四五）年前後、沖縄から発信された、幾多の反復帰反国家論の問いが存在する。むろん、時に拡散的ですらある反復帰反国家論を、明確な方向性や党派的意図を持った思想的傾向として概括することはおよそ困難と思われるのだが、そこには、現在にまで至る沖縄における反復帰反国家論の系譜が、あまりに多岐にわたるという事情が関わっている。たとえば、❖新川明、❖川満信一、❖岡本恵徳といった、戦後沖縄文学・思想を代表する三人の批評家たちのこの当時の言説はもとより、そこに限定されない、数多くの論者や無名の人々による反復帰反国家論があり、そして、文学テクストからビラや新聞投稿などのなかにもまた、反復帰反国家論の豊かな水脈が発見されることは再確認されて然るべきだろう。

そこでこの小論では、琉球王国復活願望に基盤を持った❖山里永吉らの琉球独立論や、占領米軍政との経済的協調に政治利権的基盤を持った❖西銘順治らの復帰尚早論については措《お》き、「異民族の支配から解放され、祖国日本九千万同胞の下へかえることを叫び訴え」[1]ていくというス

●1——一九六〇年四月二八日、沖縄県祖国復帰協議会結成大会における「米国政府及び上下院に対する沖縄返還要請決議」。沖縄県祖国復帰闘争史編纂委員会編『沖縄県祖国復帰闘争史資料編』沖縄時事出版、一九八二年、五七頁所収。

❖**新川明**　一九三一〜。ジャーナリスト。『新南島風土記』など。

❖**川満信一**　一九三二〜。元沖縄タイムス取締役。『沖縄・根からの問い』など。

❖**岡本恵徳**　一九三四〜二〇〇六。近現代沖縄文学研究者・思想家。『現代文学にみる沖縄の自画像』など。

❖**山里永吉**　一九〇二〜八九。画家・作家。『沖縄人の沖縄』など。

❖**西銘順治**　一九二一〜二〇〇一。政治家・元沖縄県知事（一九七八〜九〇）。

ローガンのもとに構成された復帰運動に違和を唱え、その復帰運動に内在する「本土思考」と日本国家への同化主義を批判した思想的系譜を、今に繋がる反復帰反国家論として捉え、その思想の現在的可能性を考察していくこととしたい。

その試みを始めるにあたってまず確認しておきたいのは、反復帰反国家論が沖縄において決定的に重要な意味を担ってくる契機として、一九六九年一一月のニクソン・佐藤日米首脳による沖縄施政権返還協定に関する「日米共同声明」、そして翌七〇年八月の「沖縄住民の国政参加特別措置法」に基づく、国政参加選挙という二つのターニングポイントを挙げることができるということである。ベトナム戦争激化のなか、日本国憲法適用例外地域としての沖縄を、拡大する東アジア戦線の前線基地として恒久的に戦場化していくことを狙った、この一連の日米同盟再編の政治日程によって、「核抜き本土並み」という復帰運動における要求の一切が押し潰されていく。この現実を見据えながら、復帰運動そのものに内在していた日本国家への同化と沖縄の自律性放棄を徹底的に批判していく過程において、反復帰反国家論は、みずからが敵対する対象を、国家そのものと、その国家に同化していこうとする沖縄内部のあらゆる政治的動向へとみさだめていったと言えるだろう。

こうした反復帰反国家論の最も先鋭的な思考を言語化していくのが新川明だが、その新川の「『非国民』の思想と論理」[2]のなかに次のような言葉が見出せる。

佐藤・ニクソン路線の「七二年沖縄返還」のあり方に対して、沖縄現地ではげしい反対と不容認の姿勢があればこそ、きたるべき返還協定の締結とその国会承認に沖縄代表を参与させることで、返還のあり方自体に沖縄の意思を参画せしめようということにほかなら

●2——新川明「『非国民』の思想と論理——沖縄における思想の自立について」『叢書わが沖縄第六巻　沖縄の思想』木耳社、一九七〇年

ない。さらには選挙戦によって促進される日本各政党・団体との系列化の中で、沖縄のたたかうエネルギーを分断しつつ、議会主義の幻想のもとで体制内にそれを埋没せしめようということにほかならない。そこで自民党沖縄県連が積極参加の姿勢をみせるのは当然すぎることながら、少なくとも佐藤・ニクソン流の「返還」に反対し、抗議する「革新」党までも足並みを揃えて盲目的に積極参加の姿勢をみせ、選挙告示をまたずに保守党顔負けの事前運動に浮き身をやつした姿は、佐藤訪米にあたって警察権力の暴力的なデモ規制によって血を流したおおくの民衆に対する破廉恥な裏切り以外の何物でもないといえるだろう。

ここでの新川の言葉で注目されるべきは、国政参加という「議会主義の幻想」への強固な警戒と批判であり、同時に、こうした国政参加に積極的に参加し必然的に国家に取り込まれていくしかない❖屋良朝苗《やらちょうびょう》琉球政府主席を先頭にする革新政党や、「前衛党」によって推進されていく「復帰運動」への拒否の強度であるだろう。ここにおいて、反復帰反国家論は、日本と沖縄とをめぐる「文化問題」●3といった範疇をはるかに超えて、極めてラディカルな政治思想的抗争性を日本国家との関係のなかに創出していくことになる。事実、こうした新川の思考と呼応するようにして、たとえば、「沖縄における復帰運動が、国家の政治への自己回復としての国政参加に、思想的にも、政治運動としても、のぼりはててしまうものとしてしかなかったのだという総括」を下していく❖松島朝義の批評●4が提示され、そして、「『国政参加』選挙というものはこれまで沖縄の大衆運動が持ちえたすぐれて直接民主主義的な武器を放棄し、解除し、整序的な窓口一本化をはかるために数名の国会議員を本土国会に溶解＝無化せしめつつ、民主主義

●3――大城立裕「〝挫折〟を憂える」『世界』一九七一年六月号

●4――松島朝義「復帰運動の終焉」『情況』一九七一年一月号

❖**リチャード・ニクソン**　一九一三〜九四。アメリカの政治家。元大統領(一九六九〜七四)。

❖**佐藤栄作**　一九〇一〜七五。政治家。元首相(一九六四〜七二)。

❖**屋良朝苗**　一九〇二〜九七。教育者・政治家。元琉球政府主席・元沖縄県知事。

❖**松島朝義**　一九四七〜。陶芸家。

の擬制を制度化すると同時に、異民族支配によって『国家』の虚像と実像を徐々に透視しはじめ、極度に政治的猜疑心にさいなまれている沖縄県民の感情を中和し、これまでの復帰運動に内包された変革の魂を完全に無毒化するという体制的狡智から発想されている以上、現時点での国政への参加を拒絶することこそが、これまでの運動の論理必然的な帰結でなければならなかった」[5]といった仲宗根勇の批判が書き継がれていったのでもあった。

その意味で、一九六九年のニクソン・佐藤日米両首脳による「日米共同宣言」と、それに連動し沖縄の「日本復帰」を政治的に円滑ならしめる懐柔策として、「オフザーバー」としての資格しか付与されない沖縄選出の「国会議員」を決定するための国政参加選挙が挙行＝虚構されるという二つの政治的事件は、「復帰運動」そのものの政治的限界を露呈させる契機となり、反復帰反国家論に、国家とその国家再編に呑み込まれていく復帰運動に対する、明確な批判性を現出させたと言えるだろう。このとき新川たちによって主張された国政参加拒否という政治意思こそは、政治的に代理表象されることを拒否するという行為を通じて、逆に国政に直接的に介入していく政治の創出であったという点において、いま再評価されるべき思想的実践といえるだろう。

こうして熱を帯びていく反復帰反国家論の高揚を前にして、対抗的にいくつもの反論や否認が提示されたのは当然であった。「民族統一」というテーゼにおいて、反復帰反国家論を徹底して批判した日本共産党機関誌『前衛』の論調は、そのナショナリズムの平板さにおいて、反復帰反国家論者たちにとってこれと対抗的関係を構築していくことがさほど困難であったとは思われないし、また、日本政府寄り保守系団体「南方同胞援護会」側からの「国政参加は直接民主主義による大衆運動抑圧のための謀略にすぎないとし、拒否ないし粉砕すべきだとの主張

●5——仲宗根勇「変革の核としての沖縄」『現代の眼』一九七〇年七月号

が一つ。これは議会政治の否定、ひいては憲法否定の暴論というべきものであり、幸いにその共鳴者は一握りの過激分子に過ぎない」[6]といった幼稚な批判にいたっては、予想範囲内の短絡的反応として閑却してかまわないものであったとも考えうる。むしろ反復帰反国家論者にとって厄介な問いであったのは、「『反国家論』とか『非国民の思想』を展開する人びとも、大正時代の沖縄の先達がまさにそうであったように、未来を切り開く明確な展望の下に沖縄のあるべき位置づけをなしているわけではない」[7]といった、反復帰反国家論にある程度理解を持った側から提示されてくる、反復帰反国家論における「沖縄の位置づけ」の要請であったと考えられる。

2 「異質性」という争点

むろんのこと、国家を拒否する思考と実践において、なぜ目的論的志向性をもった「沖縄のあるべき位置づけ」が必要なのか、考えてみるとその問いにもさしたる根拠などないのだが、しかし、少なくとも当時の新川が、反復帰反国家論における思想的根拠としての沖縄の位置づけを模索し、そこで、ある種の回答を提示しようとしていたことは確かだろう。だがこのとき看過しえないのは、国家拒否の論理のなかで、思想的根拠探しが始動するとき、沖縄をめぐるいささか奇妙な論理的自己撞着《どうちゃく》が始まっているという点である。先走って言うなら、国政参加拒否という極めて具体的な政治的かつ思想的実践において沖縄の固有性を開示しえながら、その実践を、沖縄の地域歴史性の特殊性に還元されることのない無根拠性において展開していくことを潔しとせず、新川明あるいは川満信一をはじめとする反復帰反国家論者たちが、脱政治

●6——大浜信泉『私の沖縄戦後史——返還秘史』今週の日本社、一九七一年、一五四頁

●7——大田昌秀「沖縄の転機」『世界』一九七一年八月号

❖仲宗根勇 一九三一〜。評論家。『沖縄少数派』など。

的とも見える沖縄の古代への遡行を幻想し、その起源的イメージを根拠として沖縄の「異質性」を反復帰反国家論の思想的根拠として対抗的に提示しようとしているように見えてしまうのである。このとき、反復帰反国家論は、日本国家に対する周縁からの相対化という、それ自体国家像再編の力学に取りこまれるしかない文化的多様性のなかに沖縄を「位置づけ」るという危険に繋留《けいりゅう》されていたのではないかと、そう怪しまれるのだ。たとえば、新川明は先述した論考「『非国民』の思想と論理」のなかで次のように指摘していた。

> 歴史時代を遥かに溯って、それ以前から近代まで、日本に対する沖縄（あるいは沖縄に対する日本）の異質性＝「異族」性を現実認識として知覚してきた沖縄人が、明治のいわゆる「琉球処分」❖のあと、百年そこらの同化への努力によって、その表層はともかく、意識の深層に深く刻印されているそれ（異質性＝「異族」性）を、あたかも化学洗剤で曝した白布のようにことごとく洗い落とすことが不可能なことは、けだし当然だと思われる。（中略）沖縄人が日本（人）に対して根強く持ち続ける「差意識」を、日本と等質化を願う日本思考の「復帰」思考を根底のところから打ち砕き得る沖縄土着の、強靱な思想的可能性を秘めた豊穣な土壌と考えるのである。

歴史「以前」にまで溯って見出される沖縄の日本に対する「異質性」こそが、日本国家への沖縄（人）の拒否の根拠となり、そして同化志向の縮図たる復帰運動への拒否の根拠となるという思考は、この論考に限らず他の論考のなかでも、新川によって繰り返されるモチーフとなっている。あるいは、古代沖縄における「オナリ神信仰」に天皇制国家主義への相対化の契機を見出していく川満信一「沖縄における天皇制思想」[8]にもこうした思考との明らかな連動性を見ることができる。つまり、沖縄および沖縄人が日本に対して否応なく感じる「異質性」にこそ、国家なるものへの「相対化」の基盤を見出そうとするところに、新川らの反復帰反国家論の特徴があったとひとまずは言えるようなのである。なるほど、日本という国家は、異質であることをやめない沖縄という「壊疽」[9]を包摂することで相対化されるかもしれないのだが、相対化される国家が、その相対化によって痛手を負うかと言えば、楽観は許されないように思える。というのも、まさにこの「相対化」を受けとめた他ならぬ日本国家が、次のような『報告書』を作成しているという事実があるからである。

一九七一(昭和四六)年六月、国立国会図書館調査立法考査局によって書かれた『沖縄復帰の基本問題——昭和四十五年度沖縄調査報告』は、その奥付に「本資料は、国会審議の参考の用に供するために印刷されたもので、一般に公刊するものではありません」と但し書きされていることからも了解されるとおり、沖縄の「日本復帰」を直前に控え、日本政府がその事態にどう備えたかを明らかにする報告書であるが、このなかの「第一部」の「沖縄の復帰思想」項目は、そこに「七 反復帰論の台頭」という細目を配置しているという点において注目されなければならない。ここには、日本政府が「反復帰・反国家論」をどのような形で把握しようとしたかの一端が示されている。

反復帰論を、目下、もっとも先鋭、大胆かつ鮮明に表現しているのが、国政参加拒否運動のリーダーであり、沖縄の戦後世代を代表する知識人の一人の新川明氏である。その氏が悲願とするのは、「復帰」を支えた心情的ナショナリズムの克服にある。それは第一に、

●8——前掲、『叢書わが沖縄第六巻 沖縄の思想』所収

●9——この言葉が新川の反復帰反国家論における最も重要なイメージであることは確認しておきたい。なぜなら、壊疽は「異質性」に還元されない感染と転移性を持って、国家における同質性と異質性の境界線を絶えず書き変えていくはずだから。

❖琉球処分 明治政府が武力を背景に強制的に琉球王国を日本へ統合した過程のこと。一八七九年に沖縄県が設置された。

国家志向そのものを否定する必要があると考え、みずから「非国民」の思想の鬼となろうと決意される。（中略）異質感は、「従来ともすれば、沖縄人の自己卑下と被差別意識にもとづいた、否定すべきマイナス面と考えられてきた。それをマイナス要因として恥じ、退けるのではなく、プラス要因として思想的に取り込むことによって、国家権力に対する〈被害者〉から、国家権力に対する〈加害者〉へと転嫁させる契機にすべきではないか」（「沖縄の七〇年代」）というのである。この視座の転換は、沖縄史上のいわばコペルニクス的大転換で、沖縄自立への新たな思想的発展の兆しと見られる。●10

ここでの新川への高い評価のなかに、日本政府のいわば権力論的「取り込み」の機制が示されていることは看過されてはならないだろう。「異質感」を「国家権力にたいする〈加害者〉へと転嫁させる契機にすべき」という新川の切迫した思考は、このとき、日本政府によって、「沖縄自立への新たな思想的発展」という国家内部におけるいわば抗体化によって地域的自立構図のなかに解消されようとしてはいないだろうか。「琉球処分」以降、制度的に沖縄という「異質」をみずからの同質性構築のための否定的媒介として必要とし、沖縄を他ならぬその異質性において能うかぎり呑み砕いてきたのが日本国家である以上、国家に対する文化的、民族的、歴史的な〈異質性＝加害者〉を必要としているのは国家そのものかもしれないということが、反復帰反国家論においてはいっそう警戒される必要があると思われる。たとえば、〈内なる外部〉として措定《そてい》される「異質性」を媒介に、国民国家の同質性を再生産していく統治技術について言えば、この当時の入管法強化における、「非国民」管理政策にも明らかなのであって、その点から言っても、異質性の主張は、諸刃《もろは》の剣《つるぎ》となりうる。つまり、沖縄の「異質性」

●10——国立国会図書館調査立法考査局『沖縄復帰の基本問題——昭和四十五年度沖縄調査報告』一九七〇年、三三二頁

を対日本という関係のなかに固着してしまうとき、他ならぬその「異質性」という否定的媒介を動員することで、日本が、その統合性を強化していく危険が存在しうるということである。

そこで注目したいのが、そうした反復帰反国家論が内在する「異質性」をめぐる危険について、執拗な思考を巡らせ、反復帰反国家論をまた別の角度から切り開こうとしていた岡本恵徳の批評である。沖縄を古代や民族といった水準において語ることをせず、異質性において顕揚《けんよう》することもしなかった岡本は、むしろ、国家意思を深く内面化してしまった沖縄の現在を思考することで、反復帰反国家論に新たな可能性を導き入れているように思われる。その岡本が論文[11]のなかで、次のように書いていることは重要である。

最近、沖縄で広く支持されている理論として「異族の論理」があるが、ここで改めてその「異族性」は再び検討される必要がある、という気がする。その考え方は、新川明によれば、／「沖縄人が日本（人）に対して根強く持ち続ける『差意識』を、日本と等質化をねがう日本志向の『復帰』思想を根底のところから打ち砕きうる沖縄土着の強靱な思想的可能性を秘めた土壌」としてとらえ、「この土壌を丹念に耕し、掘り起こすことによって、そこに反ヤマトウ＝反国家の強固な堡塁を築き」それによって、日本志向の「『復帰』思想を破砕しようと」という論理である」（「非国民の思想と論理」『沖縄の思想』木耳社刊所収）

新川氏のこの思想的モチィフにはわたしも強く共感するものであり、また沖縄の近・現代の歴史の歪みを日本志向に求めようとするその視点の確かさについても高く評価したい。それだけに、沖縄の人間の持つ意識、あるいはその「異質感」については、もっと広く深く検討を加えなければならない。（中略）この異質感は、「本土」に対しては効果を持つか

●11——岡本恵徳「沖縄の『戦後民主主義』の再検討」『新沖縄文学』一九七一年、第一九号（特集　続・反復帰論）

らである。

も知れないが。その他の「アメリカ」や「中国」に対するより大きな異質感に向きあうとき、あるいは最も大きな「日本人意識」を作り上げる拠点となりかねないと考えられるからである。

ここでの岡本の議論は、直接的には、大阪府教育委員会が配布した副読本『にんげん』において、部落問題と同質の差別として沖縄差別が記述された事に関して、大阪沖縄県人会が抗議し沖縄選出の「国会議員」沖縄議員クラブや屋良琉球政府主席が当該書の使用禁止を要請した事件について開示された思考であるが、この事件についての岡本の批判が反復帰特集号のなかにおいて提示されていることは注目されてよい。ここでは、「異質感」を根拠にして「沖縄人意識」が規定されることに対する岡本の警戒を、❖吉本隆明「異族の論理」●12に対する距離感とともに読み取られなければならないだろう。つまり、異質性を根拠として主体化される沖縄人〈意識〉こそが、日本という同一性のなかの〈内なる外部〉として「沖縄人」そのものを吸収していく日本国家の統治技術によって再生産されているかもしれないという危機感を、岡本の指摘のなかに感知していく必要があるのではないかということである。岡本は、同論文のなかで次のように論を展開していた。

〝異質感〟を根拠に偏見と差別を強行しようとする支配に対して、〝異質感〟の存在を積極的肯定的に突出させることは、ある程度の効果は持ち得ても、決定的なものとはなりえない。むしろ、さらに大きな〝異質感〟を根拠に〝日本人意識〟をかき立てることで新たな海外進出を企図するものに、それは容易に吸収されかねない。(中略)〝沖縄人意識〟を

●12——吉本隆明「異族の論理」(『情況』一九六九年一二月号)。このなかで吉本は「琉球・沖縄の存在理由を、弥生式文化成立以前の縄文的、あるいはそれ以前の古層をあらゆる意味で保存しているところにもとめたい」とし、沖縄の「古層」性において天皇制国家を「相対化」することを主張している。

強烈に自覚させる〝異質感〟が、逆に「民主主義」の理念を腐蝕させているかにみえるところに、問題がありはしないか、と考えているのである。

一九四〇年代の❖安里延《あさとのぶ》らによる「沖縄海洋民族の海外進出」論から一九七〇年前後における❖高坂正尭らによる海洋国家日本の構想を批判的に踏まえているとも読めるここでの岡本の思考が、「民主主義の理念の腐蝕」に言及するとき、そこで国政参加選挙のことが念頭にあることは間違いない。それは、この文章の後段に見出せる「現在は『代議制』が前提とされているが、その『代議制』は、あくまで『直接民主主義』が現実に障害をうけたときにのみ機能する補完物であって、それが自己目的化され物神化されたところに、現在『デモクラシー』の形骸化を招く原因があると言えよう」という言葉によっても推定されうる。つまり、民主主義の「補完物」に過ぎない代議制システムによる国政参加という虚構のもと、復帰運動が「異質感」をその梃子《てこ》としながら容易に国家意思のもとに呑み込まれていく陥穽《かんせい》をこそ岡本は批判していると、そう読めるのである。もし沖縄がその固有性において国家統合に距離を置き自律しうるとするなら、それは危うく国家的統合の拠点へと転化しうる「異質性」という文化的民族的特殊性においてではなく、直接民主主義という社会政治的実践によって実現されていく過程においてこそ可能となることを、岡本は示唆しているように思えるし、「異質性」という既存の根拠によってではなく、直接的政治行為によってこそ反復帰反国家の固有性が新たな根拠として創造されうるはずだという岡本の思索をそこに読むことができると思われるのである。

❖**吉本隆明**　一九二四〜。評論家。『共同幻想論』など。
❖**安里延**　一九一三〜五〇。沖縄史研究家。『沖縄海洋発展史』など。
❖**高坂正尭**　一九三四〜九六。国際政治学者。『海洋国家日本の構想』など。

3 岡本恵徳の「水平軸の発想」――「集団自決」と復帰運動との葛藤から

その岡本にとって、論文「水平軸の発想」[13]こそは、この当時の彼自身の揺動《ようどう》する思考を丹念に言語化しようとした軌跡と言えるわけだが、この論のなかで、たとえば次のような石田郁夫❖の言説が、まさに、「異質感」を根拠に沖縄人意識を語ることで、反動的に「日本人意識」をかき立てるたぐいのものとして意識されたのは、けだし当然といえるだろう。まずは、岡本が引用している石田の言葉を見てみよう。

> 飢餓が、また極限にいきつかなかったときに、渡嘉敷島の集団自決は行われたのであるから、日本軍隊の「口べらし」のための虐殺では、少なくともなかったようだ。沖縄本島から、さらにへだてられた、この孤島の、屈折した『忠誠心』と、共同体の生理が、この悲劇を生み出したと、私は考える[14]

こうした言説との葛藤を経て、岡本の思考が、復帰運動と、一九七〇年「現在」において、戦時渡嘉敷《とかしき》島に駐屯した日本軍元隊長の赤松嘉次[15]の来島とそれを契機とし議論の焦点となった「集団自決」を一繋《ひとつな》がりのものとして論じていく過程において、この「水平軸の発想」という論考に反復帰反国家論として極めて特異な相貌を刻印していくことは、重要なこととして確認しておきたい。[16]

岡本は、この石田の文章のなかに見出せる「共同体の生理」という言葉に立ち止まり、まさ

●13――岡本恵徳「水平軸の発想」谷川健一編『叢書わが沖縄第六巻 沖縄の思想』木耳社、一九七〇年

●14――石田郁夫『沖縄――この現実』三一新書、一九六八年

●15――沖縄戦当時の渡嘉敷島における日本軍隊長。「集団自決」に至る戦闘の過程で、赤松に率いられた日本軍によって島民と朝鮮人軍夫がスパイ容疑によって虐殺されている。渡嘉敷島虐殺事件。

●16――この「水平軸の発想」に限らず、復帰運動と「集団自決」との連動性を指摘する重要な論考として、同じ岡本恵徳による「沖縄に生きる思想――『渡嘉敷島集団自決』の意味するもの」(『沖縄』に生きる思

に「共同体的生理」こそがみずからのなかに存在するものとして対象化されなければならないとして、続けて次のような石田の文章を引用していた。

　沖縄戦争体験論のミニチュアが、この離島にはある。戦争に協力した主体の検討にまで至らず、戦争責任論を、そこまで思想的、人間的につきとめることなくすべて日本軍の悪業の被害者として自分を位置づけることにのみ熱心だつた沖縄の戦後の問題の、むごたらしい縮図がここにある。

　この石田の指摘は、言うところの「共同体生理」から演繹される「戦争に協力した主体」の問題を、「沖縄戦争体験論」という特殊限定性において思考する点で、「集団自決」を孤島である渡嘉敷島という外部から隔絶された（と石田が思いこんでいる）閉じられた時空間に生起した一回性の事件として捉え、そこに沖縄「共同体生理」の特殊な発現を見ていると言えるだろう。岡本は、こうした把握のあり方をこそ批判し、「集団自決」という「悲劇」を介して沖縄が特殊化され異質性に還元されることに強い違和を感知しているように思われる。それは、「集団自決」を通して、沖縄の「共同体生理」を特殊なものとして束ね、その生理によって必然化される「悲劇」としての「集団自決」を沖縄共同体という一般性に還元し、その〈特殊－一般化〉を介して「集団自決」の問題圏からその出来事を語るみずからの位置を消し去るような、沖縄の「異質性」創出に関わる認識論的布置《ふち》への、岡本の強い違和と言ってもいいだろう。

　この違和を通して、岡本は、「集団自決」を現在なおみずからがそこに繋ぎ止められている政治社会的暴力として捉えつつ、そこから「復帰運動」に「集団自決」の再現を見出していく

想』未来社、二〇〇七年）があり、ほかにまた、伊礼孝・川満信一・中里友豪・嶺井政和による「討論　沖縄にとって『本土』とは何か」（吉原公一郎編『沖縄　本土復帰の幻想』三一書房、一九六八年）、上原生男「私の得たもの」（『沖縄タイムス』一九七〇年五月一四日）、あるいは友利雅人「あまりに沖縄的な〈死〉」（『現代の眼』一九七一年八月号）などがある。上原そして友利らの論については本論では論及できなかったが、これらの論は今なお強い説得力を持つ。なお、こうした思考を現在において深めていく論及として、屋嘉比収「『水平軸の発想／私的覚書―『集団自決』を考える視点として』」（『琉球アジア社会文化研究』二〇〇三年、第六号）、我部聖「岡本恵徳試論――戦争・記憶。沈黙をめぐって」（法政大学沖縄文化研究所編『沖縄文化研究』二〇〇八年第三四号）、阿部小涼「『集団自決』をめぐる証言の領域と行為遂行性」（『沖縄・問いを立てる3・攪乱する島』社会評論社、二〇〇八年）、徳田匡「『反復帰・反国家』の思想を読みなおす」（『沖縄・問いを立てる6・反復帰と反国家』社会評論社、二〇〇八年）などがあり示唆的である。

❖**石田郁夫**　一九三三～九三。ルポルタージュ作家。『沖縄・土着と解放』など。

のである。「『慶良間諸島の集団自決事件』と『復帰運動』は、ある意味では、ひとつのもののふたつのあらわれであったといえよう」という、この時期岡本によって繰り返し記述される思考は、反復帰反国家論のなかに、沖縄の歴史的現在において反復的に発動されつづけている自己破壊的暴力の問題を顕在化させていくのだ。たとえば、岡本が、みずからもまた「集団自決」を実行したかも知れぬという当事者性への思索のなかから次のような言葉を開示していくとき、反復帰反国家論は、沖縄の「現在」がまさに「集団自決」の反復のなかにあり、国家への帰属が強迫的に求められるとき、人は既に「集団自決」の構図のなかを生き直しはじめているかもしれぬという思考の深みに降りていこうとしている。

本来、共に生きる方向に働く共同体の生理が、外的な条件によって歪められたとき、それが逆に、現実における死を共にえらぶことによって、幻想的に〝共生〟を得ようとしたのがこの事件であった。だから問題は、〝共生〟へとむかう共同体の内部で働く力を、共同体自体の自己否定の方向に機能させた諸条件と、そういう条件をあらがい難い宿命のようなものとして認識した共同体成員の認識のありかたにひそんでいるといえるだろう。むろんそういう認識のありかたには「共同体の生理」によって大きく規定されているにちがいはないのだが、それは「共同体の生理」そのものから必然的に生まれるものではなく、共同体の歴史的体験と、共同体を構成する成員の歴史意識によってどのようにでもかわりうるものである。だから、渡嘉敷島の悲劇の真の原因は、「共同体生理」にあるといってしまうと誤りをおかしかねない。むしろ、〝戦争〟を不可避の宿命のように受けとり、それを相対化することができずに、島が孤立しているというような自然的条件と、共同体に加えられる権力の意思や〝戦争〟などを同じように考え、あらがい難いものとした共同体成員の認識のありかたに原因は求められなければならず、「共同体の生理」をそのような方向に巧みに機能させた支配のあり方こそ問われなければならないといえよう。

わたしが、「共同体の生理」をそのように考えたのは、渡嘉敷島の事件に示されるように「共同体の生理」は機能することもあるが、必ずしもそればかりでなく、それが沖縄の戦後二十余年もの大衆運動としての祖国への「復帰運動」の基盤になっているのではないかと考えたからである。(『水平軸の発想』)

ここでの岡本の思考が動的な振幅を持つのは、それは、岡本が、一つの言葉のなかに全く相反する意味を滑りこませているが故である。たとえば、「共同体の生理」という言葉。これについて岡本は、「共同体の歴史的体験と、共同体を構成する成員の歴史意識によってどのようにでもかわりうるもの」と明言したうえで、「集団自決」に見出せる「共同体の生理」について、「そのような方向に巧みに機能させた支配のあり方こそ問われなければならない」と指摘している。つまり岡本は、「共同体の生理」を権力的支配との関係のなかで可変なものとして捉えているのであり、渡嘉敷島の「集団自決」のなかに「本来、共に生きる方向に働く共同体の生理が、外的な条件によって歪められたとき、それが逆に、現実における死を共にえらぶことによって、幻想的に〝共生〟を得ようとした」暴力の転倒的な共同化を見ているのである。そうした「支配のあり方」への「共同体成員」のいわば強制された参加という「共同体の生理」を、一九七〇年当時の「復帰運動」という「集団自決」の反復のなかに重ね見ていく岡本の思考は、「復帰運動」が内在化している国家権力支配への自発的統合を批判するものとして、最も厳しい批判となりえていると言えるだろう。
　しかしそうした岡本の思考が、復帰運動＝「集団自決」という形で、「共同体の生理」を単純化してはいないことも看過されてはならない。岡本はここで、「集団自決」が「共同体の生理」から必然的に導き出されるものではなく、全く逆に、「共に生きる方向に働く共同体の生理」がありえるし、それが他ならぬ「復帰運動」のなかにこそありえたのではないかということを示唆している。ここにおいて、「復帰運動」という言葉もまた、既にして両義性を持ち、この両義性において、岡本は、「集団自決」的自己破壊の暴力として顕現《けんげん》している「復帰運動」が、しかし同時に、そうした国家暴力にこそ抗する、暴力に拠ることのない共同体の新たな創出を現勢化する可能性をも潜在させていたことを指摘しているのである。ここで注目されるべきは、「復帰運動」そのもののなかに反復帰反国家論に繋がる思考の基盤を見出そうとしている点であり、反復帰反国家論が、「復帰運動」と必ずしも敵対し退け合うものではなく、それらが連繫を持ちうることを岡本の思考が告げていることであるだろう。いっけん二律背反的とも見えるこうした思考は、現実化してしまった「集団自決」とその反復としての「復帰運動」に、「〝共生〟へとむかう共同体」への回路が未然の可能性として潜在していたことを見ようとする試みから導かれるものであると言えよう。岡本は、言葉を続けている。

「祖国復帰運動」を支えていたのは、単純な「本土志向」ではなかったと考える。それを支えていたのは、沖縄の人間が沖縄の人間であることを出発点としたところの、だから自分たちが自分たちであることによって、自分たちを自分たちで支えないかぎり、生きぬくことをえない、という〝共同体的本質〟であり、国家をも権力をも社会的な条件として相対化しえたところに、「復帰運動」のエネルギーを触発する契機が潜んでいたといえる。そして、自分たちの手でどうにかしなければならないのだという〝共生〟の希求が、直接民主主義的に運動形態としてあらわれたと考える。(中略)「復帰運動」のかつての発展は、そのような、生活の次元における危機感と、アメリカに対する異質感という「共同体生理」の機能する方向に沿って運動を組織化しえたところにあったが、七二年返還をむかえ、新しい国家体制への組み込みが現実化されようとするとき、その組織化の指標は有効性を持たなくなっている。日常生活における危機感は、巧みな支配の形態をとることによって隠蔽させられ、支配に対する抵抗の核となりえた「異質感」は、明治以降の歴史に見られたように、「進歩への幻想」とひきかえに、同質化の方向での自己否定として解消することが要求されてくることは明らかなのである。

ここで岡本が指摘している、「集団自決」と「復帰運動」の連動性は、「沖縄の人間が沖縄の人間であることを出発点としたところの、だから自分たちが自分たちであることによって、自分たちを自分たちで支えないかぎり、生きぬくことをえない、という〝共同体的本質〟であり、国家をも権力をも社会的な条件として相対化しえたところに、『復帰運動』のエネルギーを触発する契機が潜んでいた」可能性が、「国家体制への組み込み」たる「七二年返還」というせまり来る政治的日程のなかで潰滅されていき、「異質感」そのものが、反動的な形態において動員させられ、国家統合としての「復帰」に取り込まれていった結果として捉えられていると言える。とするならば、ここでの岡本は、復帰運動や「集団自決」を、沖縄という異質性に還元されて了解されるような「共同体生理」の問題としては思考していないと言えるはずである。むしろ、その遍在性と反復において、国家意思として顕在化する死の共同化という「巧みな支配の形態」において、誰もが強いられそして参加してしまう可能性を持った不断に更新される現在的危機として、「集団自決」は思考されていると言うべきである。この点を更に踏み込んで読むならば、ここでは、可変体としての「共同体の生理」を死に向けて束ね、共同体成員を自発的に「集団自決」へ赴かせるような国家意思それ自体を厳然として拒む新たな共同体の可能性こそが問われていると言えるはずである。そして、国家に拠ることのない「自分たちが自分たちであることによって、自分たちを自分たちで支えないかぎり、生きぬくことをえない、という〝共同体的本質〟」を獲得する、来たるべき共同体の新しい生活様式こそが予示されていると言えるだろう。岡本は、「復帰運動」の変質を厳しく見据えながら、「復帰運動」そのもののなかに潜在していた反国家としての共同体を、岡本自身の言葉を借りるならば、「〝共生〟の希求が、直接民主主義的に運動形態としてあらわれ」る、そうした出来事のなかにこそ再発見しようとしていたと、そのように考えられるのである。その意味において、同じ「水平軸の発想」のなかで、次のような言葉が見出されることは、やはり大切なことである。

もともと国家（祖国）や「異民族」という観念は、日常生活においては、それほど現実的なものとしては存在しているわけではない。今日をどのようにすごし、明日をまたどのようにむかえるかという日常性のなかでは、それはどうでもよい。

「復帰運動」を根底で呪縛していた「異民族支配から解放されて祖国にかえる」という意識そのものの前提が、ここでは明瞭に退けられている。そればかりではない。国家そして民族という観念もまた、根底的な疑義に付されている。それらについて「どうでもよい」と断言する岡本の思考において重要なのは、国家あるいは民族という統合の暴力の基盤が、必ずしもいつでもどこでも「現実的なものとしては存在しているわけではない」という言葉の投企を通じて、国家に吸収されることのない「日常性」が現に存在しているという事態を、そのいっけん投げやりとも見える言語行為遂行性において露出させていることである。ここで求められているのは、国家を、観念論と実在論という見なれた対立のなかで思考することではもとよりなく、集合的観念によって実体化された国家権力そのものが、日常生活のなかで機能不全なものとして失効する現実が既にあるということを感知していくことであるに違いない。このとき、反復帰反国家論は、国家あるいは民族という前提から離脱しうる共同体への希望にむけて、思考の射程を広げていくのである。

むろんのこと、こうした思考がユートピア的であることは疑いようがない。だが、いかなるユートピア思想も資本主義システムへの社会批判としての性格を持つように（ルイ・マラン『ユートピア的なもの』）、このユートピア的思考もまた現実から遊離してはいない。遊離どころか、極めてリアルな認識のなかで反国家あるいは非国家が再発見されていることは重要である。それは同じ「水平軸の発想」のなかの次のような言葉にも明らかである。「アメリカ軍の軍事占領とその支配のもとで沖縄は『無から出発しなければならなかった』とよく言われるが、その『何もない』という沖縄の状況は、国家さえもあたえられていないという状況であったのだ」（二六八頁）と。そのうえで、「敗戦と戦後の体験は、その『共同体』に加えられる外的な諸条件が、社会的なものであって、可変的なものであることを自覚させたのである。先にふれたように、人間を生まれながらに規定している国家でさえ、自然条件（いかにもそのように見える）のように絶対的なものではないこと、さらにその自然条件そのものでさえある程度かえうるものであることを沖縄の人々は理解した」と岡本によって言い及ばれるとき、戦後沖縄において展開されてきた多元的な抵抗運動がおのずと想起されてくる。復帰運動はむろんのこと、幾多の自治権獲得運動、❖教公二法阻止闘争、❖全軍労をはじめとする波状的時限ストライキ、完遂される一歩手前まで行った❖二・四ゼネスト、そして国政参加拒否闘争、などなど。それらは、まさに国家を含む諸条件が、可変的なものであり絶対的なものでないことを、直接民主主義そのものの実践において示しうる運動であった。それこそ、❖ベンヤミンの『暴力批判論』が開示する、「国家がストライキにおいて何より怖れているものは、暴力のもつある機能」であり、そのストライキという暴力（批判）が「法関係を確定したり修正したりすること」を可能とし国家暴力を解体する契機たりえるという思考の実現性[17]が、沖縄の反復帰反国家の実践に直接的に関わることを想起することはやはり重要であり、この想起の連繫を介して、国家が機能不全化する自律空間や属性を問われることのない人間の繋がりが、「戦後」沖縄において既にしていくつもの場所と時間において生成していたことが再発見されてくるはずである。このとき、「今日をどのようにすごし、明日をまたどのようにむかえるか」という日常の積み重ねのなかに立ち現れる共同体は、沖縄という前提にさえ限定されない広がりのなかで「『ともに生きよう』とする意思を、どのように具体性において生かしうるか」という課題とともに実現されていく現実の目標となりうるだろう。

●17——ヴァルター・ベンヤミン『暴力批判論』野村修訳、岩波文庫、三七―三八頁

4　ふたたびの国政参加拒否のために

岡本が記述する「ともに生きようとする」意思、それが実現されるとき、沖縄における反復帰反国家論は、「復帰運動」が内在化してしまった「集団自決」に繋がる自己破壊的暴力を内在的に批判していく過程を必要とすることは既に見てきたとおりである。しかも、その批判の先見性は、一九八四（昭和五九）年の「家永教科書裁判」❖で、国の要求によってこそ「集団自決」が「自発的」な住民の「殉死」という記述において歴史教科書に記載されていったという事態から振り返ってみても明らかとなる。沖縄という異質性において「集団自決」を捉えそこに自己批判が欠如するならば、「集団自決」の悲劇化を介して、国家による異質なるものの死の供犠《くぎ》化は果てることなく続くだろう。沖縄の人間の死を、国民の物語として執拗に求め続けているのは、国家そのものであることを今に想起しつつ、この死の共同化に抗う「ともに生きようとする意思」の共同化こそが、反復帰反国家論の現在として再発見されていかねばならない。そのためには、先にも引用した「人間を生まれながらに規定している国家でさえ、自然条件（いかにもそのように見える）のように絶対的なものではない」という岡本の思考を、いくつもの社会的文脈のなかに再発見していく必要があるだろう。たとえば、新川明の次のような指摘は、そうした岡本の思考との深い応答のなかにおいて、「国家」という前提の不在を明瞭に言語化していたはずである。

沖縄におけるすべての運動は（個人的な思想の営みも含めて）、いうならばアメリカ軍

❖**教公二法阻止闘争**　教職員の政治活動を制約し、争議行為の禁止等を盛り込んだ「地方教育区公務員法」「教育公務員特例法」制定の阻止闘争。一九六七年二月二四日、教職員二万人が議会前に集結、廃案に追い込んだ。

❖**全軍労**　全沖縄軍労働組合

❖**二・四ゼネスト**　一九六九年、米軍のB52爆撃機撤去と原子力潜水艦寄港阻止を直接的要求にかかげた政治ゼネストで、「復帰」直前の日米返還協定路線に拒否をつきつけた島ぐるみの運動。この反戦反基地の抵抗に対し、日本政府、屋良主席、総評や同盟などの本土労組指導部が回避工作を重ね、ついに頓挫させられた。

❖**ヴァルター・ベンヤミン**　一八九二〜一九四〇。ドイツの文芸批評家・思想家。『ドイツ悲劇の根源』など。

❖**家永教科書裁判**　一九八四年に提訴された第三次訴訟で、沖縄戦での住民犠牲（集団自決と住民虐殺）について争われた。

事占領権力者による分断支配という「国家不明」の状態の中で逆に、国家そのものと対峙をつづけてきたともいえるわけだが、それが運動の中で自覚的にとらえられることがなかったといえるだろう。／つまり、「国家不明」の状態によって国家そのものと向きあっているにもかかわらず、そこでわたしたちを拘束して「国家不明」のまま抑圧の状態におとしめている元兇が、国家それ自体であるにもかかわらず、分断支配による「国家不明」の状態は、その元兇である国家を否認する方向にではなく、より強固に国家の拘束を受けたいと願望する方向に大衆運動を推進させてきたものである。[18]

ここでの新川の極めて示唆的な言葉には、「歴史時代を遥かに溯って、それ以前から近代まで、日本に対する沖縄(あるいは沖縄に対する日本)の異質性＝「異族」性を現実認識として知覚してきた沖縄人」といった、対日本という認識枠に囲繞《いじょう》されかねない根拠は不在である。だが根拠の不在によってこそ、逆に、国家あるいは国家が措定維持する法の根拠なき暴力に抵抗しつつ、この国家という現実から自律した共同体の別の現実が活写されようとしている。ここでの新川の言葉は、私たちに、「戦後」沖縄においては、ながく国家が不明であったという事実を想起することを促している。軍隊という具体的国家暴力が剝き出しのまま存在している沖縄において、しかし、社会政治的に言えば、国家という体《てい》をなさない統治組織下において、沖縄の人間は、新川の言葉を借りれば「自覚的にとらえられることがない」まま、国家不在の共同体を生きてきたと言えるはずである。そうしたとき沖縄の人々が所謂《いわゆる》「万人による万人に対する闘争」という「自然状態」に陥ったという話は寡聞にして知らない。ただ、コザ暴動❖(一九七〇年)において、何らの組織的統括もなしに口伝えによって人身攻撃回避という形で暴

●18——新川明『沖縄と70年代——その思想的分析と展望』沖縄タイムス社、一九七〇年、三九四頁。新川はこの中で、復帰運動と「集団自決」の連動性を指摘する岡本の論述を高く評価している。

動そのものが秩序化されたといった例を知るのみである。こうした「戦後」沖縄の出来事が今に伝えるのは、「国家不明」という状態を生きたという沖縄の経験においてこそ、国家不在の共同体への模索において、これも新川の的確な言葉を借りれば「国家そのものと向きあっている」状態をいつでもどこでも構築しうるということだろう。

言うまでもなく、そこでなされるべきは、国政参加拒否という形において最も明晰に国政に直接介入することであり、拒否という行為の徹底を通じて国家との直接的な抗争関係を「ともに生きよう」とする人々の意思において更新していくことである。そうした政治が動きはじめるとき、反復帰反国家論は、つねに現勢化されていくだろうが、このとき必ずしも、国家との破壊的衝突や条件闘争的交渉が必要とされていないことは確認しておいていいだろう。国家は「どうでもよい」という基本に復帰すること。そして、国家との全面対決といった国家が望むような強いられた内戦の傍らをすり抜けつつ、政権奪取といった目的に決して還元されることのない政治的抗争を常に創出していくこと。反復帰反国家論の現在的展開において求められているのはそのことではないか。そこでは、強制的自発という形で国家が差し出してくる、申請と許可あるいは要請と救済という「集団自決」に繋がる構図とは全く異なる、拒否から始まる政治的日常の生成が求められてくるに違いない。しかもそうした日常は、たとえば、米軍新基地建設反対運動が続けられている辺野古《へのこ》や高江で座り込むという動作のなかにおいて、既にして始まっているはずである。

岡本が、一九七〇年前後沖縄における反復帰反国家論のうねりという分脈のなかにおいて、極めて原則的な形で言語化した「ともに生きようとする」という意思は、国家という統合に地域が動員されていく際に組織化される共同体の暴力に抗い、そして、抵抗の分断を通して共同

❖**コザ暴動**　一九七〇年一二月二〇日未明、米兵が起こした交通事故処理への不満を契機に、多数の米兵車両が焼き討ちされた事件。

体を死に向けて束ねていく国家の論理を根底において拒否する思想となりうる。もし、沖縄という時空間に固有性があるとするならば、それは、既存のイメージにおいて召喚される「異質性」という多文化主義的な相対化によってではなく、「ともに生きようとする」ことが無条件に肯定される共同体の創出によってこそ可能となる思想=運動体となって現出してくるものの謂《いい》となるだろう。しかも、それは、非現実的なものではなく、「戦後」沖縄という時間のなかで、幾多の人々によって、遍在するいくつもの場所で、既に実現されてきた非国家的な生の形式であるに違いない。国家との抗争のただなかにおいて、国家統治の及ばぬ空隙《くうげき》を作りそこにいくつも仮寓《かぐう》(かりずまい)をしつらえ占拠していく。そうした生の形式の再発見と不断の創出を通じてこそ、反復帰反国家論の現在は更新されつづけていくだろう。

日本にとっての「文革」体験

『朝日新聞』『産経新聞』の報道比較を通して見る日本への影響

福岡愛子

六〇年代を振り返る言説の一つに、「文化大革命」(以下「文革」[1])をめぐるメディアの過熱報道[2]や、「サンケイ新聞以外のあらゆる中央紙」の中国偏向[3]を指摘するものがある。本稿ではそのような言説の検証を兼ねて、まず『朝日新聞』(以下『朝日』)』『産経新聞』(以下『産経』)』二紙の文革報道を比較し、他のメディアや文献、当時の学生訪中団の記録やインタビューを参照しながら、日本における文革観を通して六〇年代後半の政治・社会状況を探ってみたい。

❶『朝日』『産経』における文革関連記事の比較分析

◉対象と方法

『朝日』『産経』両紙に文革の発端とみなしうる記事が載ったのは、一九六六(昭和四一)年五月一日のことであった。[4]これを起点として、両紙が文革の終結を報じるまでの「文革関連記事」を対象に、以下のような定義と方法に基づく比較分析を行う。

ここでいう「文革関連記事」とは、記事中に文革を意味する運動[5]や紅衛兵[6]への言及があること、それらの原因もしくは帰結と直接関係があること、読者の文革認識に影響を与えたと思われること——以上の三条件を満たすものとする。文革についてのニュースや解説のみならず、文革との関連において伝えられた国内外の他の事象に関する記事も含まれる。これら全数を、

●1——当時の中国では「無産階級文化大革命」と称された。文革終結後の公式見解によれば、一九六六～一九七六年にわたる「一〇年の動乱」、あるいは「指導者によって誤って発動され、反革命集団に利用されたものであり、党・国家と各民族人民に重大な災難をもたらした内乱」とされている。中共中央文献研究室『关于建国以来党的若干历史问题的决议注释本(修订)(建国以来の党の若干の歴史問題に関する決議注釈本(改訂版))』人民出版社、一九八五年。加々美光行監修『中国文化大革命事典』中国書店、一九九七年、九七八—九七九頁

●2——富士正晴「私法・中国展望」『展望』一九七六年七月、四七頁

●3——曽野綾子『辛うじて「私」である日々』集英社文庫、一九八三年、四頁

●4——『朝日』はそれを「社会主義文化革命は国運にかかわる」という周恩来首相の演説を伝えるRP電として三面に小さく掲載し、『産経』は同じニュースを「整風運動を強力に/党と国家の運命かける」とい↖

掲載紙面や種類別に単純集計し、テーマやキーワードに注目した質的分析を加える。[7] また読者への影響力を考慮すれば、「ニュースとしての文革」と「論点としての文革」の違いや、記事の大小の差にも留意する必要がある。とりわけ各面一段目に掲載された四段抜き以上の大型記事に注目して文革の解釈や論じ方を対比させ、両紙の差異化の過程を明らかにする（以下、［ ］内の漢数字は記事の掲載された朝・夕刊の月日を、—はその間に連日、〜はその間に断続的に掲載されたことを示す。またAは『朝日』、Sは『産経』を表わす。署名記事については執筆者名を記載。なお「外電等」には、内外の通信社から配信される海外ニュースが含まれる）。

『朝日』『産経』の報道に見る限り、「社会主義文化革命」や「整風」[8]として登場した文革は、一九六九（昭和四四）年四月の九全大会（第九回共産党全国代表大会）[9]を「締め括《くく》り」として紙面から消え去る。同月末には「文革後」の政策が語られ［A四・二八］、「文化大革命のあらしを経て」の新しい国づくりが期待されるのである[10]［A四・三〇］。従って本稿では、一九六六年五月から一九六九年四月まで三年間の、『朝日』二四〇七件、『産経』一七八八件、合計四一九五件の文革関連記事を対象とする。[11]

◉時期区分

文革関連記事の月別集計の推移を見ると、増減の基本的パターンは『朝日』『産経』にほぼ共通のものが見られる（グラフ1参照）。最初のピークは一九六六年八、九月で、その要因は紅衛兵の出現である。それにより両紙の文革記事は、大型化においても報道写真掲載頻度においても突出する（表1参照）。第二のピークである一九六七年一、二月は、❖劉少奇《りゅうしょうき》国家主席への

↙う四段見出しで一面に大きく報じた。RPとは、ラヂオプレスの略で、国外（主に共産圏）の放送を視聴し、その情報を元に作成した記事を報道機関や官庁に配信していた日本の財団法人の通信社。一九四六年に外務省情報部ラヂオ室から独立したもの。

●5——当初は、両紙ともに呼称が一定せず、「文芸批判」や「整風運動」「文化革命」としても報じられたが、一九六六年七月半ば以降は「文化大革命」という呼び方が増え、それが八月八日〜一〇日の間にほぼ決定的となって定着する。

●6——「紅衛兵」とは、一九六六年五月二九日清華大学付属中学生（日本の学制では高校生レベル）数名が、秘密裏に結成したのが最初とされ、その後北京市内の他の学校や全国に広がった学生運動組織のことをいう。同年八月一七日毛沢東は天安門楼上で全国各地から集まった紅衛兵に対して第一回の接見を行い（百万人集会）、その二日後林彪が「四旧打破」を呼びかけて、紅衛兵運動は旧社会を象徴するもの、ブルジョア的なものをターゲットに激化した。

●7——文革報道開始当初の両紙の一日あたりの総ページ数は、通常『朝日新聞』が朝刊一六面、夕刊一二面、『産経新聞』が朝刊一四または一六面、夕刊八または一〇面であった。文革関連記事は、『朝日』朝刊

批判が公然化した後の批判闘争や抗争の記事が大半を占める。この最大のピーク期を象徴するのは、「要人つるし上げ」の衝撃写真である［S一・二七］［A二・三］。三年間にわたる量的質的変化に基づいて五つの時期区分を設定し、以下に各時期の特徴を記述する。

(1)第一期　一九六六・五・一～八・八――懐疑と模索

一九六六年五月一日、国運にかかわる「社会主義文化革命」なるものが伝えられ「郭沫若《かくまつじゃく》の●12

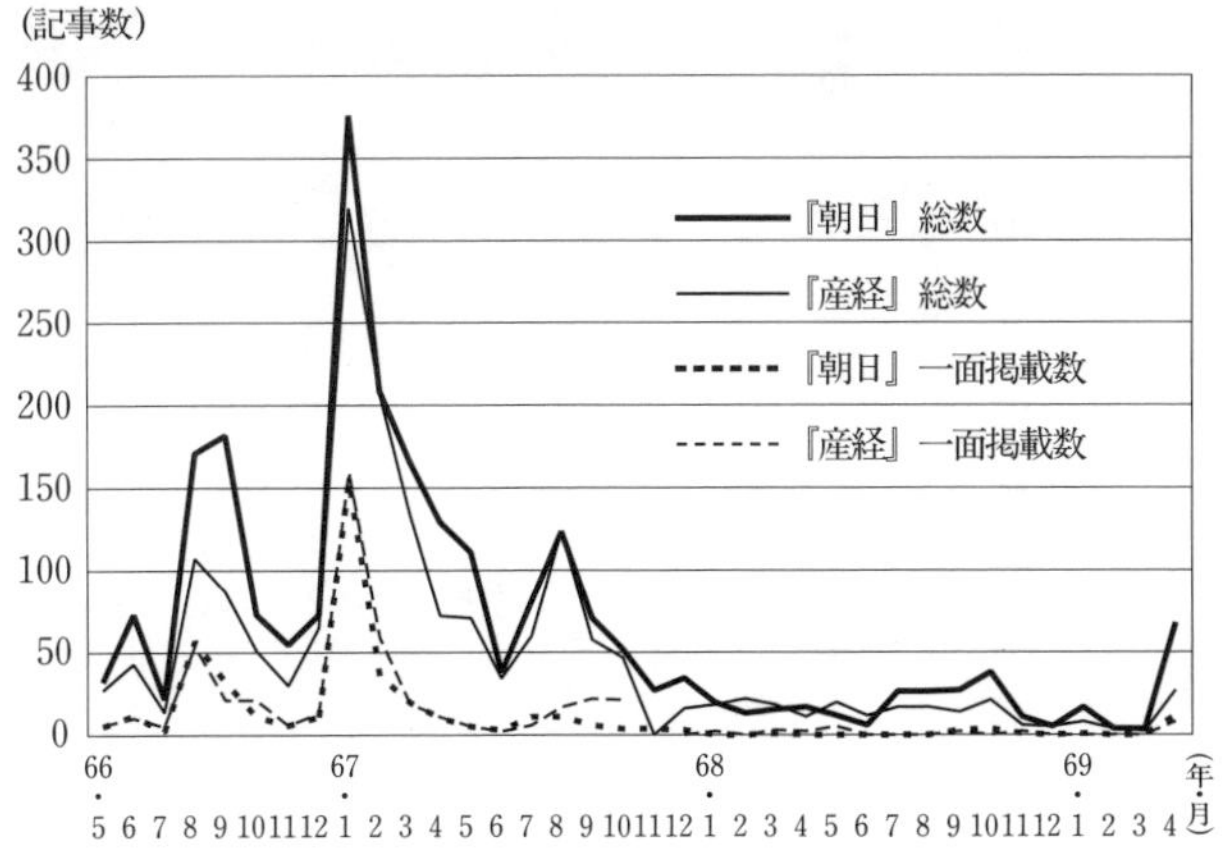

グラフ1　『朝日』『産経』文革関連記事数の変遷

注：『産経』は、1967年4月1日～8日、20日～22日、及び1967年11月のデータが欠落。

時期区分	第一期 1966.5.1～8.8		第二期 66.8.9～11.30		第三期 66.12.1～67.9.10		第四期 67.9.11～68.9.30		第五期 68.10.1～69.4.30	
新聞名	朝日	産経	朝日	産経	朝日	産経	朝日	産経	朝日	産経
文革記事総数	135	88	473	271	1335	1105	317	251	142	73
報道写真	1	4	76	45	120	77	39	35	22	9
疑問符付き見出し	3	0	20	3	12	2	11	6	2	4
大型記事	34	32	137	67	305	144	83	55	50	26

表1　各期ごとの報道写真、疑問符付き見出し、大型記事の数

第三面、『産経』朝刊第二面の国際面に登場することが最も多いが、論壇・コラムや社会面、テレビ欄や投書欄に登場するものも含める。

●8――思想や活動態度を点検し正すこと。

●9――この会議で、継続革命思想が「社会主義の歴史段階すべてにおけるわが党の基本路線」として規定され、林彪が毛沢東の「後継者」と明記された。前掲、加々美光行監修『中国文化大革命事典』三一八頁。

●10――一九七〇年になると、「文革時」を振り返る視点がとりわけ明らかで［A一九七〇・一・七］、「文革後」の映画や中国芸術が報じられている［A一九七〇・三・二七、一九七一・一〇・二六］。また研究者の間での見解についても、一九六六年から七四年までに日本で出版された、文革に関する調査研究報告・研究論文・解説書全七一冊を見る限り、日本では文革は「一九六五年一一月に始まり一九六九年四月をもって一応終結した」という見方が強かったことがわかる。

●11――この数値は、東京大学情報学環附属社会情報研究資料センター所蔵の、『産経新聞』原紙、及び『朝日新聞縮刷版』に対し、既述の↖

❖**劉少奇**　一八九六～一九六九。中国の政治家。元国家主席（一九五九～六八）。

自己批判にまで及んだ文芸整風運動」と定義されたが、その意図や全容は図りしれなかった。それが『朝日』においては、大衆運動の高まりなどに関する「異常」〔五・一、六／六・四、一八〕や「奇妙」〔六・二八〕、「あらし／アラシ」〔五・一一／六・一五、二八、二九〕といった表現に現れている。また文芸批判の並々ならぬ厳しさも、「ヤリ玉」〔五・一一／六・一〇、一四、一六〕という語の多用などにうかがえる。「中国の『文化大革命』とは何か」と題する四回シリーズ〔六・二八～七・三〕をはじめ、社内記者座談会〔六・一〕、米国の三学者インタビュー〔七・一〕などを通して、その解明と見通しを模索する記事がかなりの紙面を占める。一方『産経』では「粛清」〔五・七／六・五、六、一六〕や「ラク印」〔五・一〇／六・五／七・一、二、四〕といった表現が目立ち、早くも単なる文芸整風ではない動きを察して、「反党分子の摘発」〔五・九〕や「大衆動員で反革命打倒」〔六・一六〕が強く印象づけられている。その社説は、反右派闘争以上の空前の事件として「ふきすさぶ中共整風」に注目し〔五・一〇〕、その原因を、国際的に孤立化し国内外政策をめぐって中共（中国共産党）内部に意見の対立が生じたことにあるとみなす〔六・五〕。

しかし暗中模索を免れないこの時期、両紙の論調に際立った違いはない。一つあげるとすれば、八月八日の夕刊で『朝日』のみが報じた、❖安藤彦太郎早稲田大学教授の帰国報告である。大字報という壁新聞に上部批判を自由に書けるようになり、一般大衆にとっては祭りのような騒ぎで、「整風」とはいってない、と強調された。

(2)第二期　一九六六・八・九～一一・三〇——紅衛兵出現による高揚と減衰

そしてその翌日、「プロレタリア文化大革命に関する重要決定」（「十六条」）が発表されたことが、一面トップで報じられた〔AS一九六六・八・九〕。これにより両紙は文革理解の拠り所を得てそのめざすところを称え、紅衛兵の出現とともに文革関連記事は量・質ともに膨張する。

↙定義に基づく「文革関連記事」を、目視により手作業でカウントした結果である。同紙の索引や電子データベースによる検索結果とは一致しない。

なお、この数値を文革開始以前の中国ニュース一般の記事数と比較すると、その急増ぶりが著しい。たとえば『朝日』において、中華人民共和国が成立した一九四九年一〇月でさえ、中国関係の報道は一ヶ月に三〇件程度しかなかった。以来、核実験と国境紛争の時以外は注目されることもなかったかに見えた中国は、一気に文革／紅衛兵の国として日本のメディアに登場したといえる。一ヶ月に二、三百件という規模はベトナム戦争報道に匹敵する。

●12——郭沫若（一八九二—一九七八）四川省出身の文学・史学家、社会活動家。一九一四年日本に留学。帰国後二七年に中国共産党に入党するが、国共分裂後日本に亡命。抗日戦争のため帰国。

一九六六年当時中国科学院院長、中日友好協会名誉会長などの要職にあった郭沫若が、四月一四日に激しい「自己批判」をしたことが日本の各紙で報道され、中国で起こりつつあることの尋常ならぬことを示すものとして論議を呼んだ。

『朝日』は文化革命小組等の新機構とパリ・コミューン的性格を紹介し、文革は「一段落」して「永続的な日常闘争へ」と落ち着くものと期待する〔八・一〇〕。そこから一転して紅衛兵による「アラシ」が起こっても、「革命（的）」という表現がポジティヴに多用される〔八・二三、二五、二六、二七、二八、三一／九・二、三、七、一三〕。『産経』も劣らず「大衆の総力を結集した『人間の魂の革命』」について報じ〔八・九〕、社説は「十六条」の発表を高く評価して「これで文化大革命を単なる権力闘争であるとの外国筋の見方は、多くの程度まで修正されるであろう」と楽観する〔八・一〇〕。

八月下旬以降は主に外電等の情報として紅衛兵の暴力的な実態も伝えられるが〔S八・二三、二四、二七、二八〕、それでも『産経』社説は「〝ソ連修正主義〟の途を歩まないようにするには、このように徹底するほかはないであろう」と、「紅衛兵旋風」の果たす役割に理解を示す〔八・三〇〕。『朝日』も、中国の公式メディアでの発表をそのまま事象の解釈にあてはめて、事態は中共中央や❖毛沢東《もうたくとう》によって掌握されており行き過ぎは承知の上なのだという特派員の報告を伝える〔八・二三、三〇／九・二〕。

しかし、引回しやつるし上げ〔A八・二五、二七〕、殺傷事件〔AS八・二八、A一〇・四、一一・一三〕、紅衛兵同士の対立〔A九・四／一〇・二四／一一・二〕〔S九・一、一六／一〇・二二、二七、三〇／一一・四〕、衝突〔A八・三一／九・一、一〇、一二、一三、一四／一〇・三〇／一一・二〕〔S九・六、一二、一四〕などのネガティヴな報道が増し、各国からの痛烈な文革非難の声も度々伝えられて、文革報道は減衰する。行き過ぎ是正の指示や〔A九・一／一一・二二〕〔S八・二九〕、本格調整の動き〔A九・七、一六／一〇・二七／一一・一〇、一八〕を伝える記事も出始める。また、『産経』は紅衛兵出現直後の記者座談会の特集記事に「照準は劉少奇だった」という大見出しをつけていたが〔八・二四〕、

❖**安藤彦太郎** 一九一七〜。中国史学者。『中国語と近代日本』など。
❖**毛沢東** 一八九三〜一九七六。中国の政治家。中華人民共和国中央人民政府主席（一九四九〜五四）、初代国家主席（一九五四〜五九）。『矛盾論』など。

『朝日』紙上でも劉少奇国家主席への攻撃が決定的に明らかとなる［一一・一八］。

(3)第三期　一九六六・一二・一～六七・九・一〇——批判と抗争の激化

一九六六年一二月に入ってからの記事には、批判大会や自己批判、自殺などの報道が続く［A一二・六—一一、一三、一六、一九、二〇、二三、二四—二六、二九、三一］。同様に一九六七年に入ると、主流派・反主流派、革命派・反革命派の抗争に関する情報の断片が大量に配信され、まさにそのために文革関連記事は激増する。ついに人民解放軍が初出動したことが伝わり［AS一九六七・一・二四］、革命派の大連合を求める訴えやその成果が盛んに報じられる［A二・一—三、二四／三・三、九、一五、一八、二三、二六］。行き過ぎの是正に向かう報道が勢力を増し［A二・一、一〇、一六、一八、二二、二三—二六／三・三、二〇、二二、二四］、学校教育の復活を示す記事も現れる［A二・九、一三、一五／三・二、七、一二］。主流派による様々な機関の接収管理や奪権も進んだ模様である［A一・一二、一五、一九、二〇—二五、二七、二九、三一／二・一、二、三、六、一五、一八／三・一三、一六、一九］。闘争のあまり「春耕」をおろそかにしてはならない旨の呼びかけも増える［A二・二五／三・四、五、九、一三、一六、二二、二三、二四、二八］。

にもかかわらず他方では、紅衛兵がソ連修正主義との闘いを全面に打ち出した結果として、中ソ紛争が一層過激となる。以来中国は、三月にソ連大使館員に、四月にユーゴのタンユグ通信支局長に、それぞれ退去命令を下し、六月にインド大使館書記官をスパイ容疑で追放した他、七月にはカナダ記者の留置、スウェーデン記者への暴行、日本人商社員への暴行とスパイ容疑など、『朝日』の言う〝八ツ当り〟的暴挙に出た。インド、ビルマ、インドネシア、モンゴル等の在北京公館にはデモ隊が押し寄せ、それぞれの国からの抗議を受けては反駁し、『産経』はこれを〝造反外交〟と称した。国内的には「反毛派」の存在と抵抗が明かされ［A二・一、一

八、一二五／三・六、八、九、一二、一四〕、「ほど遠い劉（少奇）・鄧❖（小平）一掃」〔A一一・一八〕、「厚い権力派のカベ」〔A一一・二四〕が報じられる。そしてまた劉・鄧への集中的な攻撃が再燃する〔A二・二八／三・六、一五／四・二、三、五―八、一〇、一二〕。こうしたせめぎ合いが延々と続くのである。一九六七年五月、壁新聞が各地の武闘を生々しく伝え始め、再三の禁止令にもかかわらず六、七、八月も武闘が後を絶たないことが明らかとなる。

外電・特派員報告とともに北京市内の壁新聞が最大の情報源であったこの時期、『朝日』『産経』はその動向を反映して、ニュースとしての文革報道に関する限り、似たような移り変わりを見せる。反面、社説やコラムや特集などにおいては、両紙が呼応・対抗しあい、その対照性が顕著になっていく。

たとえば一九六七年に入って、国内と中ソ間における二重の紛争が、先行きの見えない激しさを加えるにつれ、それとはますます乖離《かいり》する感のある一連の記事が『朝日』に目立つようになる。「中国の激動をどう見る／各界の識者にきく」〔一・一五〕、「激動・中国8／北京コンミューン宣言」〔一・三〕、「文化大革命をどうみるか」〔菊地昌典／一・七〕、「激動する中国／講演会から」〔一・八〕、「中国によみがえるパリ・コミューン」〔一・九〕などである。それに対して『産経』は、極めて対照的な「コミューンの再検討」〔金沢誠／一・九〕を載せ、「実際は市民の生活体系がコミューンの完全な管理下におかれ監督され」、その寿命もわずか一ヶ月だったと明言する。それでも『朝日』は「中国コミューン」〔新島淳良／一・一一〕、「パリ・コミューンと文化大革命」〔河野健二／一・一五〕と続けて、コミューンの理念を論じ続けた。パリ・コミューンの偉大と悲惨を説きながらも、今や文革は、マルクス❖が透察しレーニン❖が総括した「真の人民革命」を指向するものとして理念化されている〔一・一二〕。

❖**鄧小平**　一九〇四～九七。中国の政治家。元国家中央軍事委員会主席（一九八三～九〇）。

❖**カール・マルクス**　一八一八～八三。ドイツの経済学者・哲学者・革命家。『資本論』など。

❖**ウラジーミル・レーニン**　一八七〇～一九二四。ロシアの革命指導者。ソビエト連邦初代最高指導者（一九一七～二四）。『国家と革命』など。

(4)第四期　一九六七・九・一一〜六八・九・三〇——日本人特派員追放後の停滞

北京駐在の日本人記者は、得意の中国語を生かし、必要に応じて中国人の中に溶け込んで、毛筆・達筆の多い壁新聞を読み回っていた。各国の新聞雑誌は、ますます比重の大きくなる中国報道に大いに日本の新聞を引用したという●13［A一九六七・一一・二〇］。しかし、壁新聞に各地の惨劇が伝わり始めると、取材環境は厳しさを増した。そして一九六七年九月一〇日、毎日新聞、産経新聞各一名、及び西日本新聞、東京新聞など地方四紙連合の記者一名、計三名が、突然中国外務省から国外退去を通告された●14［AS九・一二］。

『産経』はこの退去命令を伝える記事の解説において、今回の措置は報道の偏向が原因ではなく、❖佐藤栄作首相の訪韓・訪台などを契機とした中共の対日強硬政策及び文革下の厳しい報道管制の表われである、との見解を示した。その後約一週間の沈黙を経て、九月一九日から❖柴田穂前支局長による連載「わたしは追放された」が開始され、一〇月一四日までの二四回にわたって朝刊の一面に一〇段抜きで掲載された。それによると「文革の正体」は、劉少奇打倒と毛沢東個人崇拝を楯の両面とする党内闘争に他ならず、武闘は「起るべくして起った」のであった。

一九六七年一〇月一日文革下二回目の❖国慶節《こっけいせつ》式典において劉少奇・鄧小平の姿はなく、二人の失脚が現実のものとなった。以後の紙面では、「収拾」や［S一九六七・一二・八／一九六八・五・二九］、文革の「仕上げ」［S一九六八・三・一五］、「最終段階」［S三・九、五・六］といった表現が現れ、九全大会開催の見通しへとつながっていく。造反派紅衛兵の大連合に関する記事が目立ち［S一九六七・九・二二、二三、二四、二五、二八、一二・一一、一九六八・一・四、一七、二・一一、一四］、革命委員会の成立が全土へと広がっていく様子も伝えられた［S一九六八・二・七、一八、二三、三・八、一

●13——またそうした功績により、日本人記者九人全員に対しボーン賞が贈られた［S一九六七・一・三一］。ボーン賞とは「ボーン・上田記念国際記者賞」のこと。UPI通信社副社長マイルス・ボーンと元電通社長の上田碩三の死を悼み、国際報道に貢献した報道者を表彰するため、一九五〇年に設けられた賞。

●14——一九六七年一〇月には、読売新聞の特派員もその資格を取消され、六八年六月には日本経済新聞北京支局長がスパイ容疑で逮捕・抑留された。

一、二五、四・一〇、一七、二〇、五・一三、六・二、八・一五、二二」。

一九六八（昭和四三）年九月全省に革命委員会が成立すると、『朝日』社説は、文革のねらいが新旧の官僚主義と戦う「意識と組織の革命」という点にあることからすれば、革命委員会はそのねらいを具体化させようとしたものであると評価する［九・一六］。それとは対照的に『産経』は、速成の感をまぬかれず前途はなお多難であるとし［九・七］、革命大衆組織の代表・革命的幹部・軍代表（三結合）によるべきプロレタリア革命派の権力機構が、実質的には一種の軍事管制機構となっていることに批判的である［一〇・三］。

『朝日』も三記者退去命令について、一九六七年九月一一日朝刊の一面左トップ一〇段を割いて、野上❖特派員電と解説を掲載した。このような措置は初めてであり、残った日本記者団の今後の行動に対する警告と解する見方が強いとしている。そうした影響はあらゆる報道機関に及んだのであろう。一九六八年の国慶節が過ぎると、『朝日』の文革報道も『産経』と大差なく著しく減少する。

(5)第五期　一九六八・一〇・一～六九・四・三〇――文革の締め括り

劉少奇の全権剝奪・党除名が報じられると［A一九六八・一〇・一六／一一・二］、『朝日』社説は「民衆と密着した、清新な中国共産党の建て直し」を評価し［一九六八・一〇・一七］、秋岡❖特派員は、その厳しい処分も劉が大衆の批判を受け入れずに至った事態であると見た［一一・二二］。ようやく実現した九全大会については、香港や米国の特派員から否定的な観測が伝わったが、『朝日』紙面には大会実現に対する祝賀的な記事が優勢である［一九六九・四・二、三、六―九、一一、一五、二五、二六、二九］。このため一九六九年四月の文革記事数は久々に増加する。写真が大きく載り一面掲載記事数も二桁に及んだ。

❖**佐藤栄作**　一九〇一～七五。政治家。元首相（一九六四～七二）。

❖**柴田穂**　一九三〇～九二。元産経新聞取締役・論説委員長。『毛沢東の悲劇』など。

❖**国慶節**　中華人民共和国の建国記念日。

❖**野上正**　一九二一～二〇〇一。日中記者交換制度にもとづいて派遣された二人目の『朝日』北京特派員。『現代中国の探究』など。

❖**秋岡家榮**　一九二五～。野上特派員の後任で三人目の『朝日』北京特派員。『北京特派員――文化大革命から日中国交回復まで』など。

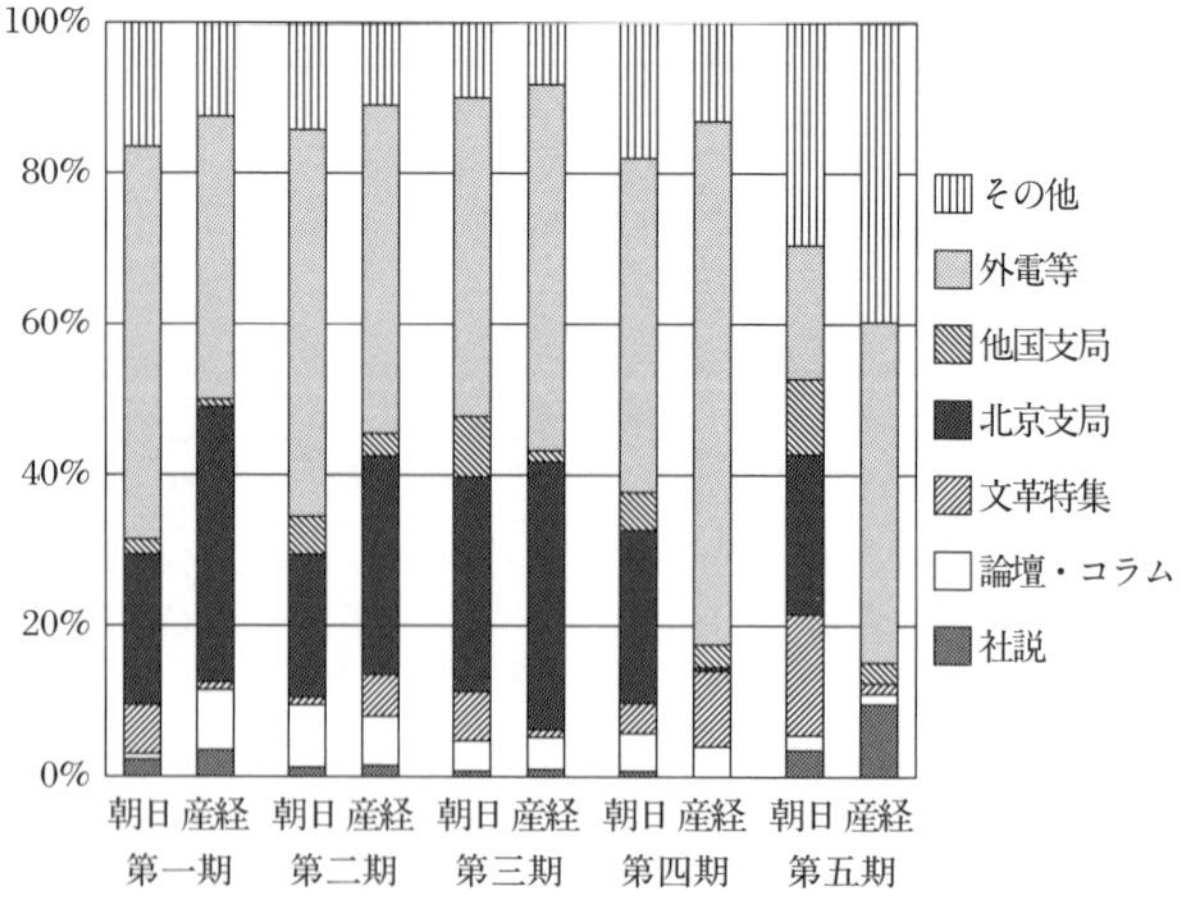

グラフ2　記事分類の比率変化比較
注：「その他」には、主に社内記者による記名・無記名の一般記事が含まれる。

九全大会をめぐる評価において両紙の差異は極まる。『朝日』は「毛体制の確立」と「壮大な実験」を積極的に打ち出して、「新人の進出」を党の面目一新と評価し、文革による混乱を理由に対中関係の再検討を先延ばしにしてきた日本政府に対し、中国承認問題の見直しを求める●15［四・二六］。『産経』の方は、毛沢東「神格化」と「民主路線否定」を強調し［四・一五］、「意外に少ない若手造反派」と報じて［四・二五］、実権派を切り捨てたあげくに実権派の政策路線を踏襲するならば、文革は「権力闘争以外の何ものでもなかった」と論断する［四・三］。

量的には、『産経』の文革記事も一九六九年四月に久々の増加を示すが、その数は『朝日』の半数にも満たない。両紙の対極的な結論は今までにない量的な差となって現れ、それは『産経』が北京特派員を失って外電等への依存度を高めたこととも、外電そのものが途絶えがちになる中で『朝日』が依然として大型の特集を組んで文革を論じ続けたこととも関係している（グラフ2参照）。

●15――但し『朝日』社説「毛思想を絶対化した林彪報告」［四・二九］では、「裏切り者」「外国の回し者」と断定された劉少奇一派が何故に長年権力を握っていたのか、労働者・農民が文化や教育の指導権を握るということが果してやり通せるか、「三年余にわたる文化革命の大動乱」で経済はどうなったか、といった率直な疑問が提起されている。林彪報告がそれらに答えていないことに対する不満の色が明らかで、文革の「締め括り」にあたっての『朝日』の立場に複雑なものが見える。

◉『朝日』『産経』に共通する読者像と中国観

前節で述べたような対照性にもかかわらず、『朝日』『産経』にはある共通性も見られた。たとえば、特派員帰国報告に特徴的な、日本側の無知・無理解に接してあらためて「ありのままの」中国の姿を伝える必要を痛感した思いや［S一九六六・一一・七―一〇、一二］、紅衛兵の言動について、かつての日本の軍国少年や「贅沢は敵」と結びつけられてしまうことへの懸念［A一九六六・八・二六］［S一九六六・八・三〇］、「日本はまだ日中戦争のあとしまつをつけていないこと、中国は激しい革命のさなかにあるということ」を忘れては、日中関係や中国を論じることはできないという意識［A一九六七・一二・七］――こうした表現からは、短絡的な解釈に走りがちな読者や中国に無理解な態度への焦慮がうかがわれる。

その背景には、当時の中国の国際的な立場や日中関係の特殊性がある。一九四九（昭和二四）年に成立した中華人民共和国を日本政府は承認しておらず、戦後処理や講和条約は台湾当局との間で行なわれていた。国連には台湾が中華民国として加盟し、「二つの中国」を認めない中華人民共和国は、国際社会の外にあった。日本のマスコミの多くに使われた「中共」とは中国共産党のことで、国家としては認めないことを意味する蔑称ともいえた[16]。「中国」が使われるのは、「中国問題」「中国論争」としてであり、そのような扱い自体に対する反発も強かった。そして程度の差こそあれ、全期を通して『朝日』『産経』の端々に隣邦への関心の高さと憂慮の深さが共通して見られ、文革の「一段落」や「収束」への期待と憶測がくり返されていた。ようやく迎えた九全大会は、「三年余にわたって展開された文化大革命の総決算」であり［A一九六九・四・二］、「四年越しの文化革命」［S四・二］を締め括るものと認識され、この点だけは両紙においてまぎれもない一致をみたのである。

●16――『朝日』や『読売』が文革当初から「中国」を使用していたのに対し、最初に追放された『産経』『毎日』『東京』はともに「中共」を使用していた。『産経』は、座談会などにおいて参加者が「中国」と発言しても、記事中では「本社の用語統一で」「中共」を使用するとことわっている［S一九六六・一一・七］。『産経』紙上で「中国」という呼称が使われ始めるのは、一九六九年二月一日以降である。この前後の内外情勢に見られる変化としては、一九六九年一月公明党大会において日中復交を推進することが決議され［S一・二一］、イタリアが中国承認を決定したこと［S一・二五］などがあげられる。「中国を国際社会へ」［S二・九］という機運も盛り上っていた。

2 文革評価をめぐる分裂

◉政党内部の対立

東西冷戦の枠組のもとでは、とかく右・左、保守・革新の二分法が支配的になりがちであるが、少なくとも中国に関する限り関係はもっと複雑であった。そんな中で『朝日』『産経』の文革評価は分かれたが、日本の様々な領域でさらに深刻な対立が生まれた。

最も激烈な非難の応酬が見られたのが、かつて兄弟党であった日・中共産党間においてであり、その結果日本共産党は親中国派を多数除名することになった。それが日中友好協会の分裂を招き、乱闘事件を巻き起こし（二・二八善隣学生会館事件）、日共（日本共産党）系関係者が引き上げた後の中国では、残った親中国派が「日本人紅衛兵」となって急進化していった。[17]

一方社会党では、主流派の文革支持表明が、反主流派から厳しい批判を受けてトーンダウンするが、それでも文革評価をめぐる対立が尾を引いていることが報じられ続けた。

与党自民党の「アジア問題研究会」（A研）にとっては、文革による中国の混乱が佐藤内閣の政策に自信を強める格好の材料となった。これに対し同党内の「アジア・アフリカ問題研究会」（AA研）を中心とする親中国グループは、守勢に立ちながらも積極的に訪中団を派遣し、文革下の中国の明るい素顔を伝えて擁護に徹していた。両者は文革評価のみならず、中国の国連加盟をめぐっても強く反発しあっていた。「自民党内に中国問題を研究するのは〝アカ〟だといった考え方があるのは全く時代錯誤である」という藤山経済企画庁長官の発言も伝えられた。

両者は、一九六八年四月に初めて意見交換を行ったが、A研の「危険な考えを持った国は相手

●17――日本共産党前北京駐在代表の砂間一良幹部会員候補と紺野純一『赤旗』前特派員は、北京を去る際北京空港で紅衛兵や毛沢東支持の日本人紅衛兵らに暴行を受けたと報じられた［A一九六七・九・二七］。

●18――後年出版された回顧録などに、頑ななまでの文革擁護の姿勢がうかがわれる。たとえば岡崎嘉平太『私の記録――飛雪、春の到るを迎う』（東方書店、一九七九年）では、「中国脅威」論への批判とともに、長年の圧政から農民を救った毛沢東への崇拝的なまでの評価が、文革の否定的な面に目を向けさせなかったことが明らかである。また、川勝傳『友好一路――わたしの「日中」回想記』（毎日新聞社、一九八五年）では、文革を「権力闘争であったにもかかわらず、毛沢東主席が築いたシステムには復元力があった」と評価し、同時に「軍部に国を滅ぼされた日本人はとやかくいえない」という思いも吐露されている。

●19――LTとは、「日中総合貿易

にしないことだ」との態度は変わらなかった。
経済界にも、欧米重視の経済政策の下で日中貿易促進のために奮闘する人々がいた。[18] LT貿易と呼ばれた独特の日中貿易取り決めが一九六七年末に期限切れとなり、ようやく六八年春に新たな覚書協定に基づくMT体制が開始されたが、[19] その交渉の難航以前から、友好・反友好の色分けの下、駐在商社員には大きなプレッシャーが課された。『産経』に掲載された前述の特集「私は追放された」には、毛語録（毛沢東語録）・毛バッジ必携で中共流に徹しながら、商売だから仕方ないと嘆く日本人商社員の姿が紹介されていた。他のアジア人記者から揶揄されながらも、「そうやらなければすまないような空気」が彼らを支配していた。[20]

◉一般読者にとっての文革

一九六七年六月に実施された共同通信世論調査によると、中国は「日本と国交がない国」「国連に入っていない国」（ともに五四・一%）としてよりも、文革をやっている国（六九・四%）として認知されていたことがわかる。そして文革は「指導者の権力争い」（二四・八%）というよりも「毛沢東の社会主義を徹底するため」（四五%）と考えられていた。中国を「嫌い」（二四・五%）が「好き」の倍以上に達し、その理由は「共産党が支配している国だから」「侵略的、好戦的だから」「紅衛兵があばれるような国だから」の順であった。そして、中国を好きな人の比率が最も低いのが二十代であった。[21]
紅衛兵の出現後の『朝日』「声」欄には、二十代の若者の紅衛兵に対する賛否両論と、同世代として紅衛兵の政治・社会的関心の高さに感銘を受けた高校生の投書が載っていた。その後の社説では、都立高校の歴史教諭が教室で紅衛兵の話をして生徒らの失笑をかったことが紹介

に関する覚書」の交渉にあたった中国側廖承志、日本側高崎達之助の頭文字をとったもの。その経緯については、日中友好協会「日中友好運動五十年」編集委員会編『日中友好運動五十年』（東方書店、二〇〇〇年）の第五章に詳しい。また、LT協定が一九六七年末に期限切れとなり、翌六八年二月に日本側代表古井喜実、中国側代表劉希文の間で交渉が行われて、難航の末成立したのが「覚書貿易（MT）協定」である（MT＝memorandum trade）。天児慧ほか編『岩波現代中国事典』岩波書店、一九九九年。

また、日中記者交換と日中貿易の不可分な関係やその背後の事情を批判する文献として、以下のものがある。

三好修「調査報告 新聞はこうして北京に屈服した」『経済往来』一九七二年四月、一二六―一四二頁

同「中国報道と新聞の偏向」『日本文化会議月例懇談会収録 第三十八集』一九七二年六月

●20――日中貿易商社員の蒸発が多発していることを報じる記事もある［S一九六八・六・二三］。

●21――本郷一二「若者は中国嫌い？――共同通信の世論調査から」『中国』一九六八年一二月

❖**藤山愛一郎** 一八九七～一九八五。政治家・実業家。

されていた。また一九六六年行われた社会学者による調査からも、大多数の高校生の間で無関心と揶揄と反発、一部の意識的関心と批判、さらに少数の心情的共感とが混在していたことがうかがわれる。そしてそれを引き合いに、日本の若者の主体性欠如が問題視された。[22] 後年、文革のスローガン「造反有理」が与えた強烈な影響力が回顧されるが、当時の紙面からは、全く異なる若者の一面もうかがえる。

◉知識人・研究者にとっての文革

ここでは詳述のゆとりはないが、研究者や知識人たちの文革観についてもふれておきたい。当時の週刊誌・月刊誌の多くが、一時文革に多大な紙面をさき、文革特集号や臨時増刊も多数出された。[23] それらを概観すると、当時文革に反応を示した知識人らの態度は、以下のように分類できる。

第一に、文革批判を明示したもの。すなわち、文革抗議アピールを表明した川端康成や三島由紀夫などの文化人、文革を「ジャリ革命」とこきおろしたジャーナリスト大宅壮一、文化の破壊を憂えた村松暎や権力闘争説を展開した中島嶺雄らの研究者、また日本共産党系の理論家・研究者などである。第二に、文革への高い評価や共感を示したもの。この中には前節でも言及した安藤彦太郎、新島淳良らの研究者や、高橋和巳らの作家が含まれる。両者の間には論争が行われる場合もあったが、[24] むしろそのような場が失われて、雑誌の性格ごとに論者が区分けされ、論壇が二分されていく傾向がみられた。そして第三には、いずれの態度も表明しないものである。竹内好は、文革について「発言するつもりはない」と明言したが、[25] ただただ「わからない」と戸惑う知識人も少なくなかった。[26]

●22――『中央公論』一九六六年一一月の「特集・激動する中国をどう理解するか」の中で見田宗介は、以下の五グループを対象とした調査結果「日本の高校生は紅衛兵をどう見るか」を報告している。①公立のいわゆる一流高校生、②私立女子高校生、③夜間部の工業高校生、④共産党系の民青の高校生、⑤創価学会の高校生(自衛隊の若者たちとの会見も希望したがついに許可されなかった)。

見田は、関心や意識の高い若者ほど素朴な反応を控え、紅衛兵をそれ自体としてとりあげて批判することはできないという主張が強いことを指摘し、「そこではまさしく価値判断が、無限に状況の函数として相対化され」、「人間が歴史によって作られる側面だけが明らかに認識されて、歴史を作る主体としての人間は姿をみせない」ということを問題視する。

●23――『朝日』『産経』の論壇でも度々とりあげられたが、文革開始から日中国交正常化までの七年間にわたって、日本の総合誌を中心に中国関連記事の歴年推移をたどった成果として、以下の論文がある。馬場公彦「文化大革命在日本――その衝撃と波紋(上・下篇)」『アジア太平洋討究』第一〇号、第一一号。

●24――以下の例があるが、いずれも論争は深まらなかった。安藤彦このように「わからない」と表明することと、情報に限りがある中で自らの認識を打ち立て主張することとの間には、どのような過程があり何が作用するのか。次節では、具体的な事例の中にその答えとなる鍵を探ってみたい。

3 ある学生訪中団の記録と記憶

◉「斉了会」の活動

国交のない中国への渡航は、文革以前から極めて困難であった。しかし一九六五年、日中青年友好大交流が行なわれたのを機に、学生参観団が中国を訪問する機会を得た。団員は帰国後「斉了《ちーら》会」を結成し、毎年学生友好参観団を派遣する運動を開始した。参加者は、「誤った中国認識」と闘う意識の形成と煩雑な渡航手続きとを経て、事前学習会を開いて訪中に備えた。毛沢東思想や文化大革命（「プロ文革」とも呼ばれた）に関する参考文献を紹介され、旅行中も事あるたびに討論を重ねた。

筆者は、「斉了会」による第五次友好参観団に参加した当時の学生の一人であるI氏にインタビューし、参加者の有志が帰国後作成した『延安・井崗山』という文集も拝借することができた。「革命」「人民」「大衆」「主体（性）」という語の氾濫するその文集の内容とI氏の記憶にもとづいて、当時の学生の認識のあり様を以下に記述する。

大学生・語学学校生から成る第五次参観団一二〇名は、九全大会開催後の一九六九年夏、三週間にわたって中国各地を旅した。中国革命の二大聖地を訪ね、上海や北京で毛沢東思想の「活学活用」を学習し、中国人民との交流を通して自己変革を起こしていったという。何回目

太郎・村松暎・竹内実「文化大革命は破壊か建設か」『中央公論』一九六六年一一月。中島峰雄・新島淳良「討論・人間復権の巨大な試み」『朝日ジャーナル』一九六八年九月二九日。

●25——『週刊読書人』一九六七年一月二三日

●26——一九六七年四月『中央公論』緊急増刊号の「文化大革命についての私の感想」において、率直な感想を求められた専門外の作家・文学者らは、以下のように答えている。「本当のところ、何もわからない」（石川達三）、「真相などはとてもわかりません」（中野好夫）、「百年↖

❖**川端康成**　一八九九〜一九七二。小説家。『雪国』など。

❖**三島由紀夫**　一九二五〜七〇。小説家。『金閣寺』など。

❖**大宅壮一**　一九〇〇〜七〇。評論家。『炎は流れる』など。

❖**村松暎**　一九二三〜。中国文学者・評論家。『毛沢東の焦慮と孤独』など。

❖**中嶋嶺雄**　一九三六〜。国際政治学者・評論家。『北京烈烈』など。

❖**新島淳良**　一九二八〜二〇〇二。中国研究者。『歴史のなかの毛沢東』など。

❖**高橋和巳**　一九三一〜七一。小説家。『わが解体』など。

❖**竹内好**　一九一〇〜七七。中国文学者・評論家。『日本とアジア』など。

かの訪問になる学生は、一九六七年の時のような武闘の形跡や街頭集会が全くなく、壁新聞の貼り方が整然としていることを「文革の勝利」と見た。「文革後の中国」という表現が使われる一方、「プロレタリア文化大革命下の意外な静けさ」という書き方も見られる。参加者の間には少なからぬ温度差があり、様々な疑問や反発も吐露されている。しかしそれに対して、「批判されるべきは我々自身」「私達の側の問題」という自省の仕方に、一つの典型が見える。

◉当時の学生の認識形成——I氏の場合

第五次友好参観団に参加したI氏にとって、当時最大の関心はベトナム戦争であり、「べ平連」❖に参加して反戦・反米の立場から中国を理解していた。「ブル新」(ブルジョア新聞)の報道には不信感を抱いており、武闘の記事なども鵜呑みにはできなかった。暴力的な側面があっても闘争とはそういうものだと考え、不当な感じは受けなかった。一九六九年当時は文革勝利後とはいえ革命継続中ともいえる時期だったため、渡航前は戦時体制の中国へ行くのだという意識が強かった。滞在中に会った中国の人々には、その後知ることになる文革の暗さや翳《かげ》りは微塵も感じられなかった。旅行中は、中国の人々の話を聞くたびその純真さや熱心さに打たれたが、誰からも同じ答えしか返ってこないところに、「精神革命」の程度が知れる気がした。

それでもI氏は行って良かったと言う。帰国後何人かで集まったときに全員が深く実感したことは、「自分達は生きている限り決して中国人に銃を向けまい。誰かが銃を向けようとしたときにはその時こそ命がけでそれを阻止しよう。それくらいなら自分たちにもできる」ということだった。その気持ちは今でも変わらない。

帰国後は第六次募集活動に加わり、「中国には自由がないんでしょ?」といった紋切り型の

↙かかっても、完全にはその意味を消化し切れないだろう」(柴田翔)、「その成り行きがこわい」(三鬼陽之助)、「わからないということを大事にしたい」(山口瞳)、「下から盛り上がった運動とはとても考えられない(中略)パンドラの筐のようになにがとび出してくるかわからない」(松本清張)、「いろいろな報告を読めば読むほどわからなくなってくる」(岡本太郎)……

反応に接して、自分の見た中国について肯定的な感想を中心に述べた。しかし一九七二（昭和四七）年の日中国交回復は、自分達の運動の空しさを感じさせた。あんなに反目し合っていた中国政府と自民党政権がいとも簡単に結びつく。成果は体制側に持って行かれてしまう——そんな裏切りに遭ったような感じだった。

◉現在の視点から振り返る文革の時代

「斉了会」は二〇〇二（平成一四）年九月、かつての訪中メンバーの文集『斉了！ちいら！』を刊行した。[27] その中には、当時の時代性にふれた回想がある。就職試験で「『中国へ行ってきました』と能天気に言うたびに面接の相手にびっくりされてだめになった」という話や、中国人教師による会話教室に通うだけで、公安調査庁や外事課刑事の尋問を受けたという証言などである。個人的な関心事としての中国に、「当時の社会情勢、日中関係などがそれ以外の『意義付け』を勝手にしてくれた」のである。

先述のように紅衛兵の言動が戦時中の日本と容易に結びつけられたこの時代、「大東亜」戦争は「太平洋」（日米）戦争へと改名され、日本における戦争の語りからはアジアと中国侵略が巧みに排除されていた。[28] 中国に関する否定的要因が多い中で、文革はもう一つの大きなマイナスを加えるできごとであった。[29] そしてそのようなマイナスに抗して文革を評価しようとした人々にとって、無知・無理解な大衆の上には「中国敵視政策」をとる佐藤政権があり日米安保体制があり、文革肯定は体制批判と同義ともなった。日本共産党が中国共産党と決裂して文革批判の論陣を張った時、それは中国研究学会において、体制側を利する行為として激しく糾弾されたという。[30]

●27——その冒頭の説明によると『斉了！ちいら！——文化大革命期に中国を旅した若者たちの三〇年』は、一九六五年から七二年の間に「斉了会」のメンバーとして中国を訪れた日本人学生の回顧録を中心とした文集である。中国を旅行中「皆さん揃いましたか？」「揃いました！」と声をかけ合う度に使われた最も忘れがたい中国語「斉了」が、そのまま表題となった。

●28——キャロル・グラック「記憶の作用」『近代日本の文化史8 感情・記憶・戦争』岩波書店、二〇〇二年、一九七頁

●29——「毛沢東に憑かれた人」であった新島淳良にとっても、文革は「魂を引き裂かれ」るほどの「大きな試練だった」という。新島淳良「毛沢東に憑かれた人々」『中国研究月報』一九八三年一二月

●30——「中国のプロレタリア文化大革命と日本人の中国観について」現代中国学会誌『現代中国』一九六八年、第四三号

❖**ベ平連**　ベトナムに平和を！　市民連合

そのため、国交樹立が体制側のペースで進められ「降って湧いたような中国ブーム」が訪れると文革肯定論者の間に「微妙な転向」が進んだ、とする見方もある。[31] しかし「斉了会」の学生募集状況には、官製の国交正常化を先取りする変化が現れていた。一九七〇、七一年には応募者が増加して中国からの招待枠を超え、受付けの時点で断るほどになったのである。いずれにせよ、文革の大衆路線を信奉した知識人らは、「中国」が大衆化し始めると沈黙していった。彼らの認識と大学自体の大衆化という現実との間にこそ、深い溝が広がりつつあったのかもしれない。

以上、『朝日』『産経』の記事を中心に、メディアが報じた文革と学生が見た文革を通して、当時の日本の政治・社会状況の一端を記述してきた。本稿では「林彪事件」❖を対象外としたが、この件は、単なる事実の正誤や隠蔽の問題としてではなく、国交のない体制の異なる国で取材するということに伴う「規範」、さらに「日中国交正常化」や「アジアの平和」といった「価値」との関係において、問い直すべき重要な問題である。[32] また本稿は、新聞報道を中心にした記述であるため、学生運動を「紛争」や「乱闘」、「ゲバ」として現象的にとらえる当時の報道の限界を免れていない。今後は関係者への聞き取り調査を進め対象文献を広げて、文革が与えた思想的・運動論的な影響についても研究を深めたい。

●31――中嶋嶺雄『北京烈烈(下)転換する中国』筑摩書房、一九八一年、四二三頁

●32――「林彪事件」とは、一九七一年九月毛沢東暗殺を企て失敗した林彪がソ連へ逃亡途中、モンゴルのウンデルハンに墜落死亡したとされる事件。この事件が毛沢東に与えた打撃は大きく、その後失脚幹部の一部を名誉回復し周恩来への信任を高めるなどの変化が現れる。その結果、国民経済の立て直しや外交路線の転換が進み、一九七二年の米中共同声明、日中国交樹立が実現することになる。

一方、前掲の三好修「調査報告 新聞はこうして北京に屈服した」では、記者交換制度と貿易協定とが不可分にされたことによる自主規制の一例として、林彪事件の報道制限があげられている。衛藤瀋吉「中国報道・日本と世界の新聞」『文藝春秋』(一九七二年四月)においても、日本人記者の「自主規制的『無能』」ぶりが批判された。林彪事件報道の遅れなどの「偏向」については、朝日新聞東京本社編集局報「えんぴつ」に、「反省」的な文面が掲載された。『朝日新聞社史 昭和戦後編』一九九五年、四七七―四七八頁。

❖林彪　一九〇六～七一。中国の軍人・政治家。前掲注9参照。

地域闘争——三里塚・水俣

道場親信

① 「地域闘争」の時代

本稿表題に掲げられた課題[1]に取り組むために、三つの点について述べておきたい。まず第一に、本稿では、熊本水俣病を含む「四大公害」の問題が提起され、また国家権力に自らの身体をもって抵抗する三里塚農民の姿が注目を浴びた一九六〇年代後半から、これら公害・開発問題に危機意識を喚起され、その「予防闘争」としての反公害・反開発住民運動が多様に噴出し相互にネットワークが模索された七〇年代への連続線に視点を設定したい。一九六〇年代後半における激甚な公害被害の告発とそれへの異議申し立てに向かう多様なことばと行動は、多くの人々に勇気と「他人事《ひとごと》ではない」という意識、そして異議申し立てのための手がかりを与えることになった。一九七〇年代前半は「住民運動の時代」ともいうべき多様な異議申し立てと行動が取り組まれた時代となったが、「住民運動」「市民運動」と呼ばれた人々の直接行動の噴出に対し、徐々に行政や財界の側から「対策」が練り上げられていくことにもなった。一九七〇年代中盤から「まき返し」は始まり、一九七〇年代後半には早くも「冬の時代」が語られるようになる。こうした時代の転換の中で、運動のネットワーク化、それまでに蓄積された経験や記録を共有しようという動きも始まっていく。本稿ではこの動向の中で「三里塚」「水俣」

●1——最初からいきなり言い訳めいていて申し訳ないのだが、この論文のタイトルは編者からの要請によっている。三里塚闘争と水俣病闘争という、相互に異質で、闘争の質を検証するためにも相当のページを費やさなければならない大きなテーマを二つ抱えた上に、これを「地域闘争」という観点からまとめよ、というのである。もちろん、そのような言い訳をしながらも引き受けて書いている以上、書き手としての責任は解除されないことは重々承知しつつ、ここでは本稿がそのような限定された課題に取り組むものであることをあらかじめ了解されたい。

を考えていくことにしたい。

それゆえ、第二に、本稿では三里塚闘争や水俣病事件・水俣病闘争の細部に立ち入った議論ができない。これらの闘争が〝何であったか〟を論じるためには、数多くの前提と当事者の経験に即した検証を必要とする。この作業については他日を期すことにしたい。

第三に、一九六〇年代後半以後噴出してきた多様な社会運動、異議申し立て、既成の社会制度・構造を組み替えようとする自発的な動きに対し、「市民運動」「住民運動」「地域闘争」「住民闘争」などさまざまな名前が与えられ、そうすることでこの多様な動き(movement)をとらえようとする試みがなされてきた。この時期に普及した概念であり、現在も広く用いられていることばとして、「住民運動」「市民運動」があるが、両者を区別する際には、前者に地域に居住するという当事者性と一定のコミュニティ的紐帯《ちゅうたい》を想定する一方で、後者には地域性が希薄で個々人の自発的参加と普遍的テーマへの取り組みを特徴として理念型化されることが多い。それは運動の担い手に即した分類法であるにとどまらず、運動に関わる人々の関係性の規定原理となり、また自らの組織や運動スタイルを理念化する手がかりともなる。●2 仮にここで「『地域闘争』の時代」と名付ける一九六〇年代後半から七〇年代は、人々が生活の場で、あるいは生活の場を焦点として多様な自律的運動を展開した時代である。それまで「労働者」「農・漁民」「学生」といった、階級的ないし職能的なカテゴリーを軸に集権的に展開されてきた運動——「革新」運動——とは異なる形で、「市民」「住民」「消費者」「生活者」(さらには発言の機会を与えられなかったり、周辺化されたマイノリティの名)等々の、それまで人々が社会運動の主体として名乗ったことのない集合的なアイデンティティに仮託して新たな社会問題の告発や異議申し立てが行われた時代であり、名乗ることにおいて主体のあり方が問われ、他者と

●2——この点については、中村紀一「紐帯と連帯」中村編『新版 住民運動〝私〟論——実践者からみた自治の思想』(創土社、二〇〇五年)、および拙稿「一九六〇—七〇年代『市民運動』『住民運動』の歴史的位置——中断された『公共性』論議をつなぎ直すために」(『社会学評論』二〇〇六年第二二六号)を参照。この二つの概念は単純に斥力で結びつけられている、つまり論理的に排他的な関係にあるものではなく、入れ子細工的に重なり合っていたり、運動内の振れ幅として観察されることもある。元横浜新貨物線反対同盟の宮崎省吾は、「市民」概念には地域的利害をより広範囲の政治的社会的目標に照らしてつねに低次のものとする暗黙の前提が伴い、地域住民の異議申し立てに対して抑圧的な役割をもつことがあるのに対し、「住民運動」は徹底して「住民」の利害に徹するのであって高次も低次もない、という形で「住民運動」固有の論理と主体のあり方を規定した。この宮崎の論理は、今日に至るも「住民運動」概念を最も鮮明に定義するものである。この点については、宮崎省吾『新版 いま、「公共性」を撃つ——ドキュメント・横浜新貨物線反対闘争』(創土社、二〇〇五年)および、同書に寄せた私の解説(道場「新版解説」)を参照されたい。

の関係性が問い直される、そうしたダイナミズムをもった時代であった。●3

本稿で取り上げる三里塚闘争も水俣病闘争も、「住民運動」ないし「市民運動」といった単一の概念で括《くく》ることのできない複合的主体の運動である（後述）。またとくに、水俣病闘争においては何よりも公害被害者、公害病患者の異議申し立てを軸とした運動であり、この点に即していえば「住民運動」「市民運動」の理念型には当てはまりにくい。だが、水俣病闘争ばかりでなく、公害被害者（さらには薬害・汚染食品被害者）の運動は、さまざまな地域住民運動や市民運動、一部の労働運動に支援され、または相互に支援しあう中で展開された。被害の地域性は住民としての当事者性と重なる形で住民／被害者運動としての規定性をもち、すでに被害が発生している地域と、被害の発生を防ごうという地域の運動は、反公害住民運動として共通の枠組みをもちえた。本稿の関心もこの点にあり、そのため概念的な峻別によって連関を断ち切ることよりも、人々が直面する問題への対決を通じてつながろうとした、その連関の方に目を向けてみたい。

2 三里塚闘争と水俣病闘争

武藤一羊❖は、この時代の地域闘争をめぐる状況について、次のような興味深い指摘を行なっている。

この時期、三里塚と水俣という二つの強力な、しかし性格においてまったく違う闘いの焦点が存在し、この二つの中心をもつ楕円として、自立した無数といえる地域住民闘争の

●3――前掲、拙稿「一九六〇―七〇年代『市民運動』『住民運動』の歴史的位置」参照。この点で「新左翼」の党派運動と住民・市民運動は共通の批判意識、つまり既成の批判政党・反体制政党はあてにならない、という問題意識を共有しつつ、それゆえ真の革命政党を、と論をすすめる「新左翼」党派に対し、運動固有の目的から考え、運動のメンバーによる自己決定を原理とする住民・市民運動とは決定的に相反することになる。いかなる住民・市民運動であれ、運動固有の目的と運動主体の自己決定を尊重するかぎりにおいてのみ、「新左翼」党派の支援を受け入れた。「支援」の問題がセンシティブな問題になるのは、ひとつにはこの党派と市民・住民運動の論理の相違がしばしばあいまいになるからである。

❖武藤一羊　一九三一～。社会運動家。『〈戦後日本国家〉という問題』など。

社会的空間が構成されていた。（中略）この空間を特徴づけていたのは闘う主体と支援者の関係であった。三里塚の空港反対同盟農民たちと党派から無党派にいたる支援グループ、水俣の被害者たちの運動と現地・全国の支援グループなどの関係は、社会的な運動空間を成立させる本質的な契機であった。●4

三里塚の場合も水俣の場合も、当事者による最も激しい闘争が組まれたのは一九六〇年代末から七〇年代初頭にかけてである。闘争の渦中で、これを支える全国的な支援の枠組みが作られ、多くの学生たちがこれに参加し、さらには現地に住みついて日常的にサポートする体制が作られていった。武藤のいう「無数といえる地域住民闘争」がネットワークを作っていくのは、一九七〇年代に入ってからのことである。その際、三里塚と水俣は住民運動の結節点となっていった。たとえば、水俣における未認定患者運動のリーダーの一人であった（のちに同運動から離脱し独自の思想的立場から水俣病問題をとらえていく）❖緒方正人は次のように述べている。

〝西の水俣、東の三里塚〟なんてことばがあったぐらいで、水俣は九州の人権運動や住民運動のネットワークの中心になっていた。いろんな運動家が訪れてきたもんです。三里塚は勿論、大分の火力発電所建設問題、鹿児島の石油備蓄基地建設問題、長崎の干拓問題、カネミ油症問題など、開発や公害をめぐるさまざまな住民闘争と横のつながりをもっていたし、また部落解放運動に学ぼうということで、映画上映会をやったり、解放同盟と交流したりしてました。●5

●4——武藤一羊「社会運動と分水嶺としての六八年」フォーラム90ｓ研究委員会編『20世紀の政治思想と社会運動』社会評論社、一九九八年、八一—八二頁

●5——緒方正人『常世の舟を漕ぎて——水俣病私史』（世織書房、一九九六年、八〇—八二頁）。緒方は自らの運動参加の「決定的な転機となったのはその頃続々と外部からやってきていた支援者と接触した時」だったと語っている（同、七一頁）。

●6——以下、三里塚闘争の経過については次の文献（刊行順）を参照されたい。朝日ジャーナル編集部編『三里塚——反権力の最後の砦』（三一新書、一九七〇年）、朝日ジャーナル編集部編『闘う三里塚』（三一

九州では「九州住民闘争交流団結合宿」という地域住民運動、公害被害者運動の「横のつながり」の場が一〇年にわたって継続されたが、その発端となったのは水俣在住の支援者青年たちであった。緒方の挙げる住民運動は皆この合宿運動に関わりをもっている。こうした「横のつながり」を考えるためには、まずそれぞれの闘争の蓄積を見ていく必要がある。三里塚闘争と水俣病患者運動のアウトラインを確認しておきたい。

まず三里塚闘争であるが[6]、これは千葉県成田市三里塚に計画された新東京国際空港（成田空港）建設に反対する現地住民の闘争であると同時に、三派全学連や反戦青年委員会をはじめとする新左翼、のちには数多くの全国の支援団体や住民運動団体と共闘関係を結び展開された大きな運動である。この運動の中では、開発とは何か、空港をはじめとする開発と経済発展の「公共性」の陰に窒息させられようとしていた「農業」の意味、ひいては強権的にプロジェクトを推し進める国家のあり方が問われていった。

一九六六（昭和四一）年六月二二日、それまで政府が候補地として建設を進めようとしていた隣の富里村（現富里市）と八街町（現八街市）にまたがる二三〇〇ヘクタールの土地に滑走路五本の大空港を建設する計画が放棄され、面積を約半分の一〇六〇ヘクタールに減らした「暫定空港」案として突如提案されたのが三里塚空港案であった。建設を急ぐ政府は七月四日には三里塚案を閣議決定して用地の買収に向かう。現地住民は空港北側の成田市住民による三里塚空港反対同盟と南側の芝山町民による芝山町空港反対同盟を結成し、両組織はのちに三里塚・芝山連合空港反対同盟となる。当初は社会党・共産党・労働組合の支援を受け、従来の基地闘争と同様の組み方がなされていた。ベトナム戦争で羽田を米軍が使用したことなどから新空港を「軍事空港」と規定し、「軍事空港反対」の論理を「農地死守」に接合して地権者を組織し、

新書、七一年）、東京新聞千葉支局・大坪景章編『ドキュメント成田空港——傷だらけの15年』（東京新聞出版局、七八年）、宇沢弘文『「成田」とは何か——戦後日本の縮図』（岩波新書、九二年）、宇沢弘文編『三里塚アンソロジー』（岩波書店、九二年）、成田空港問題シンポジウム記録集編集委員会編『成田空港問題シンポジウム記録集』（成田空港問題シンポジウム記録集編集委員会、九五年）、福田克彦『三里塚アンドソイル』（平原社、二〇〇一年）、のら社同人編『増補版新版 壊死する風景——三里塚農民の生とことば』（創土社、〇五年）、航空科学振興財団歴史伝承委員会編『土・くらし・空港——「成田」40年の軌跡 1966-2006』（航空科学振興財団歴史伝承委員会、〇六年）。中でもとくに福田克彦著は三里塚闘争を担った農民世界が深く分析されており、現時点では最もすぐれた三里塚闘争論である。同書については、拙稿「三里塚闘争への社会運動論的アプローチのために——『三里塚アンドソイル』への応答として」（『社会学論叢』二〇〇二年第一四四号）を参照されたい。

❖**緒方正人**　一九五三〜。漁師・本願の会会員・元水俣病認定申請患者協議会会長。『チッソは私であった』など。

一坪共有[7]などの抵抗手段を駆使しながら、政府に計画を断念させるという見通しであった。だが、富里案を断念した政府は、三里塚では当初から土地収用法の発動を示唆しながら、地元の同意よりもスケジュールを優先して力づくで建設を進めようという姿勢が顕著であった。空港予定地内には、裸一貫で土地を開墾してきた開拓者たちが多く住んでいた。[8]予定地の外側には数百年来稲作を営んできた古い農村共同体がいくつも存在していた。政府としては、予定地の三分の二は国有地（御料牧場）と県有林などであり、民有地の買収を最小にできるという表向きの理由以外に、営農の不安定な開拓農民に保証金を積めば、その民有地の確保も容易である、という思惑をもっていた。カタカナの「ユ」の字に似た空港の形状は、買収が容易ではないと判断された古い村を外し、国・県有地と開拓地を囲んだ形になっている。そのことは地域住民にとって一目瞭然であった。

当初は県や運輸省、宮内庁[9]への陳情と集会・デモといった制度内的行動に徹していた反対同盟（以下、「同盟」）は、一九六七年秋から新左翼との共闘を選び、「実力闘争」の時代を迎えることになる。発端は、空港公団による工事実施計画作成のため空港予定地の外郭を測量する際、これに反対して座り込んだ農民を二〇〇〇名の機動隊で排除したことによる。空港公団は土地収用法に基づく「立ち入り通知」を出したため、同盟は国家が実力で農民を排除し強制収用を発動するものと受け止め、これを阻止するためには実力闘争に出るしかないと考えた。ちょうどその頃、同盟支援のイニシアティブをめぐって社会党と共産党との間に葛藤があり、また新左翼との共闘を選んだ同盟に対し、「幹部が土地を売った」などのデマ宣伝をしてまで影響力を確保しようとした共産党が、同盟から絶縁状を突きつけられる。以後、一九六八年以降は主として新左翼の学生運動、青年労働者運動に支援されつつ闘争は続いていった。だが、こ

●7——一坪の土地を多数で共有登記し、土地収用の手続きを複雑にすることで抵抗する手段。場合によっては手続きに時間がかかっている間に世論を喚起し、土地収用の不当性をアピールする余地も作り出しうるというメリットがある。

●8——三里塚の戦後開拓については拙稿「『戦後開拓』再考——『引揚げ』以後の『非／国民』」（『歴史学研究』二〇〇八年第八四六号）参照。

●9——空港予定地の約四分の一と移転者用の代替地に転用される御料牧場（天皇家専用の牧場）が移転しなければ空港は建設できないため、この時期宮内庁への陳情が繰り返し試みられた。また、この地域に育った人々、とりわけ地付きの老人たちにとって、「明治大帝」が創設した御料牧場に対する誇りと愛着はひとかたならぬものがあった。そのことは、戦後に牧場を割譲して成立した開拓地の住民に対する不信をも伴っており、旧住民たる古村農民と新住民たる開拓民の間に存在する緊張の一つの要因でもあった。御料牧場をめぐる住民感情と反対運動との関わりについては、前掲、福田克彦『三里塚アンドソイル』に詳しく述べられている。

の時期は支援者は同盟の決定に従う、という共闘原則が固く守られていた時期であった。支援者の動員があるとはいえ、日常的な闘争は農民自身が体を張って測量阻止や土地収用委員会への抗議などを重ねていったのであり、その頂点が一九七一（昭和四六）年二〜三月と九月の二度にわたる土地収用のための強制代執行への抵抗闘争であった。収用予定地には砦と地下壕が構築され、農民は立ち木やバリケードに鎖で体を縛りつけ、あるいは穴にこもって抵抗をした。その様子はテレビニュースや記録映画を通して多くの人々に伝えられ、そしてこれを見た人々の大半は農民に同情した。砦には、土地を売って移転した元住民も訪れ、カンパを渡したり、反対派農民の手を握って「俺の分も闘ってくれ」と言い残していったという。●10 一九七一年九月の第二次代執行の際には、反対派と支援のゲリラ部隊と衝突した神奈川県警派遣の機動隊から三名の死者を出す結果になった。数日後、「今日は代執行をしない」と知事が宣言した日に、機動隊は予定地内に住む一人暮らしの老婆・大木よね❖の家を「強制収用」しバラバラに破壊して彼女を放り出した。同日夜、支援のゲリラ部隊は空港建設の作業員宿舎二〇棟を焼き払った。このような憎悪の応酬の中で、二週間後、青年行動隊員三ノ宮文男❖さんが自死を遂げる。

代執行後、予定地内農家の移転が相次いだ。一方、警官三名が死亡した衝突事件の容疑で、青年行動隊員が続々と逮捕された。●11 働き手を失った農家に「援農」として、また同盟としての動員力が低下した反対運動に実力部隊として、これ以後支援セクトの影響力が大きくなり、「代行闘争」的色彩を強めていく。二度の代執行で第一期工区（A滑走路と第一ターミナルおよび付属施設）の用地は建設者の側に渡った。同盟の目標は「開港阻止」へと転換するが、その開港を阻む工作物として同盟が建設したのが、A滑走路南の鉄塔であった。飛行機の進入表面に突き出した鉄塔は、離発着を確実に妨害するものであった。同盟はこの鉄塔を全国の支援

三里塚闘争・土地の強制収用に対し、身体を張って抵抗する農民（毎日新聞社提供）

●10——同。

●11——一九八六年一〇月、千葉地裁は「被告たちは攻撃に直接関与したものとは認められない」として、逮捕された青年行動隊員・支援者のいずれの殺人容疑も否定し、無罪三名、執行猶予四九名の判決を下した（確定）。

❖**大木よね**　一九〇七〜七三。三里塚農民。『大木よね——三里塚の婆の記憶』。

❖**三ノ宮文男**　一九四九〜七一。三里塚青年行動隊員。

者とともに共有登記し、また、「闘う農業」をスローガンに、農業の基盤を確立して長期持続的な闘争を組むことを志向した（「闘う農業」の模索の中から有機農業運動も始まっていく）。●[12]この間、一九七四年の参議院選全国区に立候補した同盟委員長・戸村一作❖の選挙を支える中から全国の支援者が組織され、「三里塚闘争に連帯する会」が成立した。同会は地域ごとの組織の連合体であり、連帯する会を通じて支援者の全国的なネットワークが形成された。だが、同盟の取り組みとは別なところで開港は大幅に遅延した。というのも、空港に航空燃料を輸送するための手段が確保されておらず、燃料輸送のためのパイプラインは計画がずさんであったため沿線住民の同意取り付けに難航し、暫定手段としての鉄道輸送、暫定パイプラインなどを併用しながら燃料輸送ルートが確保できたのは、実に一九七七年九月のことであった。強制代執行から六年、何のための強制力の行使であったのかが問われる年月であった。同年五月には鉄塔が抜き打ち的に撤去され●[13]、四日後、これに抗議する集会で機動隊が発射したガス弾を頭部に受けた支援者・東山薫❖が殺害される事件が起きていた。一一月、政府は開港を翌年三月三〇日と発表するが、その開港を四日後に控えた一九七八（昭和五三）年三月二六日、支援セクトによる空港突入闘争が取り組まれ、その中で管制塔占拠・破壊事件が起きる●[14]。政府は開港を延期、支援セクトを取り締まる「成田新法」を国会で成立させ、五月二〇日の開港にこぎつけた。

三里塚闘争にとっての一九七〇年代とは、代執行後の長期的な対峙が続く中で全国的な支援のネットワークが強化され、実力闘争においては支援セクトの動員力に支えられることでセクトの発言力が高まっていく、そういう時代であった。委員長である戸村一作の死（一九七九年一一月）、同盟の分裂（一九八三年三月）を経ても、八〇年代前半まで、全国から多様な支援者が詰めかけていた。

●12——三里塚微生物農法の会ワンパックグループ編『たたかう野菜たち』現代書館、一九八一年

●13——一九七七年五月四日、「現場検証」として鉄塔内に立ち入った機動隊により反対派を排除、これに先立って反対派の通信ケーブルをすべて切断して援護部隊を呼べないようにし、そのまま撤去処分を実行する、という形で作業が進められ、事態の変化を知って駆けつけた農民たちが遠くで見守る中、鉄塔は倒された。

●14——管制塔占拠事件については、事件から三〇年たった二〇〇八年に、当事者による回想が出版された。30周年記念出版編纂委員会編『1978・3・26 NARITA——管制塔を占拠し、開港を阻止したオヤジたちの証言』(結書房)を参照。

●15——本稿にいう「水俣病闘争」とは、熊本水俣病に関わる闘争をさす。その経過については、次の文献(刊行順)を参照されたい。宇井純『公害の政治学——水俣病を追って』(三省堂新書、一九六八年)、石牟礼道子『苦海浄土——わが水俣病』(講

水俣病闘争●15は水俣現地、チッソ株式会社（通称チッソ）本社のある東京、そして全国各地を結んだ「患者」と「市民」「支援者」の緊張に満ちた関わり合いの中で闘われた。それは各地の住民運動やさまざまな市民運動に対し、その直接行動、近代批判、人間性への洞察において大きな影響を与えた。この闘争は何よりも有機水銀中毒によってさまざまな障害を負った患者たちが、取り返しのつかないチッソの破壊行為を告発し、人間としての尊厳を取り戻し摑み取り、この不治の病とともに生きるためにどうしていくかを模索していく、その格闘であった。「患者」はまた、格闘のさなかに行政の介入や原因企業の揺さぶりによって分裂させられたり、症状の違いや発症と認定の時期の違いによって異なる選択をすることもあり、均一な一枚岩の存在ではなかった。

「水俣病」と総称される有機水銀中毒による神経障害の症候群は、化学工業の発展とともに発生した人為の災害である。今日、世界の各地で同様の被害者が発生しており、「MINAMATA DESEASE」の名前は、世界的な広がりをもって定着している。この災害が最初に確認されたのが、熊本県水俣市であったことからこの名前がついた。有機水銀は、同地で操業をしていた化学企業、新日本窒素株式会社（のちにチッソ株式会社と改称）水俣工場においてビニール等の原料となるアセトアルデヒドの製造過程で生成したものであり、同工場では有機水銀を含む廃液をそのまま垂れ流したため、海水を汚染したばかりでなく、生物濃縮を通して魚介類に蓄積し、これを食用に摂取した人体に破壊的な作用を及ぼしたものである。すでにチッソでは一九三二（昭和七）年に同工程を実用化しており、一九四〇年代から水俣病と同様の症状が発生していたことがのちにわかっている。この被害が絶大なる形で拡大したのが、一九五〇年代、とくに五三（昭和二八）年にプラントを増強してからのことである。はじめに小動

談社、六九年）、原田正純『水俣病』（岩波新書、七二年）、石牟礼道子編『天の病む――実録水俣病闘争』（葦書房、七四年）、後藤孝典『沈黙と爆発――ドキュメント「水俣病事件」1873〜1995』（集英社、九五年）、池見哲司『水俣病闘争の軌跡――「黒旗の下に」』（緑風出版、九六年）、宮澤信雄『水俣病事件四十年』（葦書房、九七年）、成元哲「なぜ人は社会運動に関わるのか――運動参加の承認論的展開」大畑裕嗣・成元哲・道場親信・樋口直人編『社会運動の社会学』（有斐閣、二〇〇四年）、水俣病センター相思社編『もう一つのこの世を目指して――水俣病センター相思社の記録』（水俣病センター相思社、〇四年）、石牟礼道子編『新版 水俣病闘争わが死民』（創土社、〇五年）、川本輝夫『水俣病誌』（世織書房、〇六年）。また、訴訟提起以後の動向についての詳細は、水俣病を告発する会機関紙の集成である『縮刷版 告発』（東京・水俣病を告発する会、一九七一年）、『縮刷版続編 告発』（同、七四年）、『縮刷版 水俣』（『告発』改題、葦書房、八六年）を参照。

❖**戸村一作** 一九〇九〜七九。三里塚・芝山連合空港反対同盟委員長。『小説三里塚』など。

❖**東山薫** 一九四九〜七七。三里塚闘争支援者。

物であるネコや海鳥が死んでいった。チッソの排水が流された百間港近くの漁民たちから大量の患者が発生した。水俣保健所に正式に患者の存在が報告された一九五六年五月が「公式確認」の時期とされている。

当初、水俣市南部の漁村地帯に患者が多発したため、伝染病が疑われるとともに、神経を冒された激症患者の苦悶ぶりに「奇病」とのレッテルが貼られ、患者たちは見知らぬ人々からだけでなく、身近な人々からも差別された。病因を探る試みの中から、チッソの工場排水が浮上してくると、同社は排水口を変更（一九五八年九月）、これにより汚染が拡大し、二〇万人ともいわれる水銀被害が不知火海全域に発生していくことになる。一九五九年には魚が売れなくなった不知火海漁民によって、工場排水の停止を求める乱入事件（いわゆる「漁民暴動」）が起こる。だが、この事件を最初のピークとして、その後水俣病問題は水面下に沈んでしまう。同年には熊本大学の研究班が水俣病の原因を有機水銀によるものであることをつきとめ、厚生省の研究チームも同様の結論を出していたが、後者は通産省の圧力で握りつぶされていく。チッソに被害の補償を求めた患者団体も、県知事の「あっせん」によりわずかな「見舞金」を受け取ることと引き換えにこれ以上会社に補償要求をしないという協定を結ばざるを得なくなり、水俣現地での問題提起は封じ込められてしまうのである。患者たちは孤立し、支援も受けられないまま、ひっそりと暮らすしかなかった。

事態に変化が生じたのは一九六八年である。この年初め、新潟で発生した水俣病（第二水俣病・新潟水俣病）の患者たちが水俣市を訪問した。新潟ではかつてチッソの子会社であり財閥解体により別会社となった昭和電工が、チッソと同じアセトアルデヒド工程によって有機水銀を生じ、これを阿賀野川に垂れ流していた。下流の住民はこの水銀によって水俣病を発症したが、早くから支援団体が立ち上げられて一九六七年には損害賠償請求訴訟を提起していた。これはのちに「四大公害裁判」と呼ばれる訴訟の先鞭を切る動きであった。新潟の患者を迎えるために、水俣で初めて水俣病問題に取り組む市民組織が誕生した。これが水俣病市民会議である。同会議には社会党の市議、市職員、作家の❖石牟礼《いしむれ》道子らが参加しており、彼らが水俣現地での患者支援組織となっていく。同年九月、政府は水俣病の原因をチッソ排水中の有機水銀とし、同病を公害病と認定した。政府の認定が行われたのは、その年五月にチッソがアセトアルデヒド製造プラントを切り替え、水銀を使用しない石油化学方式に切り替えたという背景があり、工場の操業に実害が発生しないという読みがあったものと考えられる。●16 それ以前、とくに通産省の意向により水俣病の病因を特定しようという試みは何度も挫折させられ、有機水銀説を否定する研究に予算が投下され続けていた。●17 水俣の患者たちは新潟の患者たちが声を上げ、●18 また自らが政府に「公害病」と認定されることで初めて、社会的に認知を得たものとして自己をとらえ、異議申し立てに立ち上がることが可能となった。●19

　名乗りを上げた患者たちはチッソに対し補償の要求を申し立てる。だが、同社は一九五九年の「見舞金」契約を盾に応じようとしない。そこへ厚生省が介入、補償処理のための委員会に一任することを求めた。患者団体はこれに決定を委ねる「一任派」と、損害賠償請求訴訟を提起する「訴訟派」とに分裂することになった。少数の訴訟派を支援するために熊本市で結成されたのが「水俣病を告発する会」であった。同会は、裁判のため熊本市に足を運ぶ患者に便宜を図るとともに、裁判そのものを支援する組織として出発した。一九六九（昭和四四）年六月、正式に訴訟提起、裁判の内容面を支えるために熊本大学の研究者と告発する会メンバーを中心に「水俣病研究会」が発足する。このときから補償協定書がチッソと患者団体の間で締結され

●16——最首悟「水俣病への二つの入口——患者たちはなぜ今も坐り込むのか」最首悟編『出月私記——浜元二徳語り』新曜社、一九八九年、一三頁

●17——前掲、宇井純『公害の政治学』にその経過は詳しく述べられている。同書タイトルはその因果関係隠蔽のポリティクスを示している。すでに有機水銀説が熊大や厚生省研究班で出されたあと、学会に影響力のある研究者に予算を与えて他の原因説を積極的にアピールさせる、というこの研究政治により、水俣病発生プロセスの研究は阻害され、その間被害がとめどもなく拡大した。宇井はこのような「中和作用」に携わった研究者のあり方を厳しく批判している。

●18——原田正純は「もし、第二水俣病が起こらなかったら、水俣病事件のその後の経過は、今日とは全く異なったものとなったに違いない」と述べている（原田正純『豊さと棄民たち——水俣学事始め』岩波書店、二〇〇七年、七一頁）。

●19——前掲、成元哲「なぜ人は社会運動に関わるのか」ではこのプロセスを「社会的創傷」と「承認」というキーワードをもとに考察している。本稿でも大いに示唆を受けた。

❖**石牟礼道子**　一九二七〜。作家。『苦海浄土——わが水俣病』など。

る一九七三年七月までは、水俣病闘争の中でも最も激しい直接行動が取り組まれた時期であった。その詳細に触れることができないのは残念であるが[20]、すでに水俣病と認定された患者たちが一任派と訴訟派に分かれる中で、新たに認定された患者たちがチッソに対し直接補償を要求する「自主交渉」に取り組んでいった。そのリーダーとなったのが川本輝夫❖と佐藤武春❖であったが、彼らは一九七一年一二月に東京のチッソ本社で補償に応じるよう、会社側に交渉を申し入れた。厚生省の補償処理に期待をかける同社は誠意のある応答をせず、患者たちを暴力的に排除したため、彼らはチッソ本社前にテントを張って座り込み、いつ終わるともしれぬ長期闘争に進んでいった。これを支援したのが東京・水俣病を告発する会を中心とする在京の支援者たちであった。一九七三年三月、原告側の要求をほぼ全面的に認めた一審判決[21]が出ると、訴訟派の患者たちも上京し、自主交渉派と共同で「水俣病東京交渉団」を結成、訴訟派以外の患者への判決並み賠償の適用と、賠償以外の生活・医療保障を求めて四ヶ月にわたる交渉を続けた。最終的に希望する全患者への判決並み賠償と治療費・介護費・生活保障費などとともに、原因企業としての謝罪と反省をチッソが表明する補償協定書が成立した。補償の内容は、一任派その他の患者団体にも適用され、当時認定されていた患者のほぼすべてがその恩恵を享受することができた。

ここに至る闘争の中で特筆すべきことは、機会をとらえてはチッソの責任者たちに自分や家族の生きざまを思い知らせ、人間として誠意ある回答を求める患者たちの直接的な語りと行動である。裁判（第一次訴訟）では、金銭的な補償を理論づけていくことよりもチッソの責任とそれによってもたらされた患者たちの労苦が表現されていった。また、一九七〇年一一月には、チッソの株主総会に「一株株主」として乗り込み、会社責任者と生身で対峙し、答えを求めた。

●20——前掲、石牟礼道子編『水俣病闘争 わが死民』および『天の病む』所収のドキュメントを参照されたい。

水俣病闘争・熊本市内をデモする水俣病を告発する会（毎日新聞社提供）

●21——同判決では、一九五九年の「見舞金」契約を公序良俗に違反するものとして無効判定し、チッソの不誠意を厳しく批判した。チッソは控訴せず、判決は確定した。

長期にわたる自主交渉もまたそのような場であった。患者たちは顔の見えない集団的存在として行動したのではなく、それぞれが誰も身代わりになり得ないわが身の苦難を絞り出すように語り、会社側に突きつけていった。[22]

補償協定以後の水俣病闘争の課題は、患者たちが地域でどのように生きがいをもって生活していくかということ、また、表面化していない潜在患者と、いまだ認定されていない未認定患者に対する支援が中心となった。訴訟が終わり、補償を獲得したとしても、もとの身体は戻らない。患者と支援者たちは、地域で患者たちが生きがいをもって生活するための「水俣病センター」の設立を計画した。それが一九七四年に発足した水俣病センター相思社である。[23]実際には、補償を得た患者の多くは運動との関わりを希薄にしていった。他方、未認定患者と新規認定患者を大規模に組織して裁判闘争を組む第二次訴訟以降の動きが始まっていた。自主交渉を進めた川本輝夫らは、潜在患者の掘り起こしと未認定患者を阻む認定制度の批判に軸足を動かしていった。患者個々の激越な自己表出の時代から、制度内での手続き問題に運動が集約されていった、と緒方正人はのちに総括をした。[24]それでも川本や緒方らは、制度的手続きの問題を告発する上で、患者自身の直接的な参加と異議申し立ての契機を運動の生命と考え、その機会をつくり出すことに心を砕いた。だが、補償協定書がすべての認定患者に適用される可能性を患者たちが勝ち取ったことで、政府や自治体は認定を抑制する方向へと動いていった。水俣病闘争の七〇年代とは、運動に多数の患者が関わるようになる反面、制度的な壁の中で出口の見出し難い長期的な闘いの過程であったということができる。一九七七（昭和五二）年七月には環境庁次官通達が出されて水俣病の認定基準が狭められることにより、制度的救済を求める未認定患者運動は苦難の時期を迎えていった。

●22――成元哲は、この初期水俣病闘争において「直接性／個別性」の表出が際立っていたことを記している（「初期水俣病運動における『直接性／個別性』の思想」片桐新自・丹辺宣彦編『現代社会学における歴史と批判 下――近代資本制と主体性』東信堂、二〇〇三年）。

●23――相思社の活動史については、前掲、水俣病センター相思社『もう一つのこの世を目指して』を参照。

●24――前掲、緒方正人『常世の舟を漕ぎて』参照。

❖**川本輝夫** 一九三一〜九九。水俣病患者運動リーダーの一人。

❖**佐藤武春** 一九二六〜九七。水俣病患者運動リーダーの一人。

この二つの大闘争に共通して指摘しておかなければならないことは、「三里塚農民」「水俣病患者」という呼び名は可能だとしても、それぞれ多様な主体が複合した呼び名だということである。[25] 水俣病患者は病状や発症・認定時期の違い、それに社会的な差別によってしばしば分断され、相互に不信や自他の相違を強調することがあった。また、原因企業であるチッソの懐柔工作や行政の介入により、「一任派」「訴訟派」「自主交渉派」「二次訴訟派」などの立場に分かれていったし、認定患者と未認定患者、支援団体の相違によっても立場を異にした。「患者」であることは誰も代わりになることのできぬ個別性を帯びている。しかし外的な力によって個別性の中に封じ込められるとき、しばしば表出の回路そのものが断たれてしまうことになる。水俣病闘争とはそうした「個」をつないでいく闘いであった。

三里塚の場合、この主体の複合性はより人文地理的である。反対同盟は「古村《こそん》」と「開拓」という二つの立脚基盤の異なる農民の連合体であった。江戸期以前にさかのぼる集落、「古村」の農民は、水の共同管理によってつながる稲作農民であった。古村の運動は、集落ぐるみの闘いであり、離脱するときはまた集落ぐるみで離脱していった。他方、明治以降にこの地を開拓して生まれた集落の場合、すでに開発が進んだ低地＝水利の発達した水田地帯に対し、台地上に位置し、畑作が生業の基軸となっていた。早いところでは空港問題発生時、二世代から三世代目となっていたが、第二次大戦後に引揚げ者や戦災者が入植した戦後開拓地では、二〇年かけてようやく営農が軌道に乗り出した時期であった。空港建設側は結束の固い古村を避け、営農不安定で集落的紐帯の弱い（と考えられた）開拓地を軸に外形をデザインした。案の定、開拓地の農民の大半は「条件派」として補償交渉に応じたが、営農を確立し、かつ自らの営為を国家によって無下にされたとの屈辱を感じた開拓農家の中には、強力な反対派が生まれること

●25――白川真澄は、「地域住民運動の主体である『住民』は、違った利害・経験・価値観を持つさまざまの集団や個人が共闘と対立、結合と分離を繰りひろげて形成される複合的な主体である」と指摘している（「地域住民運動――提示した問題と可能性」前掲、フォーラム90s研究委員会編『20世紀の政治思想と社会運動』一一三頁）。

になった。予定地外の古村農民は、開港によって激甚な騒音下に入り〝むら〟が解体することを阻止するべく、用地内に散在する反対派農家を支えた。反対同盟は、農家の男性〝当主〟たちだけでなく、婦人行動隊、老人行動隊、〝跡取り息子〟たちの青年行動隊[26]、さらには少年行動隊などの組織を作り、家族ぐるみの闘いに取り組んでいった。その頂点が強制代執行闘争であった。そして、三里塚の場合は単一の反対同盟に組織され、その正統性が重視された（それゆえ同盟から離脱する者は「裏切り者」とされた）のに対し、水俣ではもともと患者組織が分裂していたこともあり、そのような事態は生じなかった。

主体の複合性はまた、以上のような「当事者」の複合性にとどまらず、多様な「支援者」に関してもいうことができる。水俣病闘争においては、とくに告発する会の運動に顕著なように、「支援者」であるとはいかなることか、という自己反省的な議論が思想的にも行動的にも重要な位置を占めていた[27]。三里塚においては「支援者」をめぐる水俣のような問いのたて方はされていないが、ときに新左翼党派が同盟のあり方を「指導」したり、同盟の方針に干渉したりすることがあれば、支援と同盟との関係原則の再確認が繰返された[28]。これら当事者に対峙する行政や企業の側は、この複合性をもっぱら不統一性と見なし、弱い環を探し出しては切り崩す、という対し方をした。当事者が求めたわけでもない空港建設や有機水銀被害をまず押しつけておいてから、個別に「補償」に持ち込もうという〝処理〟の手法は、既成事実の正当化、当事者の言い分も聞かずに金銭解決する論理であると受けとめられるのは当然といえば当然であっただろう。当事者たちはそのようなやりとりを「話し合い」であるとは考えなかった。まず不意打ちを食らわせたこと、次いではその非をとがめる当事者を力づくで拒んだことに対し非をわびることを要求したのである。

●26——青年行動隊が反対運動において独自の発言力を発揮していくのは一九六九年ごろからである。もともと老人行動隊や少年行動隊もユニークな表現を生み出していたが、青行隊の言語表現は老行・少行の闊達さも取り入れながら、三里塚闘争固有の「文体」を作り出してゆく。

●27——たとえば、本田啓吉「義勇兵の決意」（『告発』一九六九年七月第二号。前掲、石牟礼道子編『水俣病闘争 わが死民』に再録）。

●28——一九八三年三月の反対同盟分裂も、基本的にはこの問題に関わる。詳しくは前掲、福田克彦『三里塚アンドソイル』、および朝日新聞成田支局『ドラム缶が鳴りやんで——元反対同盟事務局長石毛博道成田を語る』（四谷ラウンド、九八年）を参照。

これらの闘争に寄り添いながら、すぐれた表現作品が生まれたのも三里塚・水俣闘争の特徴である。とくに両者に共通して際立っているのは、当事者自身の語りの魅力である。三里塚においては、いくつかの聞き書き集、あるいは有名な青年行動隊の座談会集である『壊死する風景』などが出版されたが[29]、他方、この闘争を映像で記録したドキュメンタリー集団・小川プロは、農民の語りを重視した映像制作を続け、映画の文法自体を転換していった[30][31]。水俣では、『わが死民』『天の病む』などに記録された患者自身の語りや、❖土本典昭のドキュメンタリー映画、さらには石牟礼道子の文学作品などに語りの世界が記録されていった[32][33]。

三里塚と水俣、両者の間には、当初は直接的な関係はなかった。土地強制収用の手続きが進められ代執行が目前となっていた一九七〇年一一月、青年行動隊を中心として全国の住民運動を訪問し交流を深める「全国住民運動三里塚研修隊」が各地へと派遣された。この活動の集約点として一二月六日、三里塚現地で「全国住民運動総決起集会」が開かれるが、反対同盟が「住民運動」の語を積極的に使い始めるのはこの頃からである。ただ、この時期にはまだ「水俣」ということは特別に意識されてはいない。告発する会の機関紙『告発』の紙面を見ても、水俣の運動において「三里塚」に対する格別の言及は見られない。両者の関係がより具体的になるのは、第一次代執行に石牟礼道子が『朝日ジャーナル』の仕事で取材に訪れたことや、さらに具体的には一九七一年一二月以降の自主交渉派の座り込みに対して三里塚青年行動隊が野菜を届けたことなどから始まる。一九七四年夏から水俣在住の支援者たちによって組織された「九州住民闘争交流団結合宿」には、しばしば反対同盟代表が参加し、これへの応答として川本輝夫らが三里塚の集会に参加するなど、七〇年代中盤を通して両者の関係は深まっていった。

また、三里塚で記録映画を撮る❖小川紳介と水俣の土本典昭は記録映画の仲間であり、自主上

●29――松浦英政「取香のばあちゃんのこと」(『思想の科学』一九七一年八月号)、牧瀬菊枝『土着する母ちゃんたち――聞き書三里塚』(太平出版社、七三年)、三留理男編『大木よね――三里塚の婆の記憶』(田畑書店、七四年)など。『壊死する風景』については注6を参照。

●30――アメリカのドキュメンタリー研究者、阿部・マーク・ノーネスは、小川プロの「三里塚」シリーズ第一作『日本解放戦線 三里塚の夏』(一九六九年)から、第五作『三里塚 辺田部落』(七二年)にかけて、闘争のスペクタクルと農民自身との語りの比重が逆転する、と指摘している(「映画制作集団としての小川プロ」前掲、『土・くらし・空港』所収)。

●31――聞き書き的手法以外としては、北井一夫・三留理男・福島菊次郎らの写真表現や、後年では尾瀬あきらのマンガ『ぼくの村の話』(講談社、一九九二～九四年、全七巻)などがある。

●32――石牟礼の文学作品に登場する水俣ことば、患者の語りは「聞き書き」によるものではなく、患者が「心の中で言っていること」を石牟礼が「文字にした」ものであるが、

映運動によって公開される彼らの映画の上映会を各地で組織した人々は相互に重なり合うものであった。たとえば、一九七〇〜七一年に立教大学の大学院生であった岩瀬政夫❖という青年は、東京・水俣病を告発する会の一員として巡礼姿で各地を回りながら、土本映画を上映していったが、その際の宿泊場所は土本映画を制作する東プロの地方事務所だけでなく小川プロの地方事務所や各大学の自治寮などであった。彼は知人のつてをたどって代執行直前の三里塚にも足を運んでいた。●34 武藤のいう「楕円」の空間を行き来する人々の存在がそこには記録されている。

3 「楕円」の空間から「冬の時代」へ

水俣をはじめとする激甚な公害被害が噴出するとともに、三里塚空港のように政府主導の大規模な開発計画が続々と推進されていたのが一九六〇年代という時代であった。「四大公害」といわれる激甚被害地の公害は、一九六二（昭和三七）年に始まる全国総合開発計画（全総）の結果というよりも、それ以前から企業の環境汚染を野放しにする形で進められていた産業開発の結果であったが、一九六〇年代以降全総によって拠点開発が進められるようになると、立地点での公害予防闘争も展開されるようになった。これら公害予防闘争が参照点としたのが、先行する四大公害被害であった。政府は一九六七年に公害対策基本法を制定するが、ここでは公害対策は経済発展と調和することが求められており、それは実質的に汚染企業の利害を優先することを意味していた。一九六九年には第二次全国総合開発計画（新全総）が策定され、大規模公共投資による「国土の抜本的な再編成」と高度成長の継続が目指された。●35 一九六〇年代末から活性化してくる各地の開発反対・反公害住民運動は、新全総と、新全総を支える国家構想

一言一句のデータとは異なる真実性を彼女の文学が記録していることこそ重要なポイントである（渡辺京二「石牟礼道子の世界」石牟礼道子『苦海浄土——わが水俣病』講談社文庫、一九七二年）。

●33——このほか、桑原史成・塩田武史・ユージン・スミス・芥川仁らの写真表現や砂田明の芝居などを挙げることができる。また、吉田司は闘争の一方で生き方を模索する若い患者たちの姿を語りとともに記録している（吉田司『下下戦記』白水社、一九八七年）。

●34——岩瀬政夫『水俣巡礼——青春グラフィティ'70〜'72』現代書館、一九九九年

●35——全国総合開発計画の動向については、本間義人『国土計画を考える——開発路線のゆくえ』（中公新書、一九九九年）を参照。

❖**土本典昭** 一九二八〜二〇〇八。ドキュメンタリー映画作家。「水俣——患者さんとその世界」（映画）など。

❖**小川紳介** 一九三五〜九二。ドキュメンタリー映画作家。「三里塚——第二砦の人々」（映画）など。

❖**岩瀬政夫** 一九四四〜。東京・水俣病を告発する会会員。『水俣巡礼——青春グラフィティ'70〜'72』。

として提示された田中角栄❖の「日本列島改造論」に対する批判を強めていった。[36]

開発に抵抗して土地を守る闘いは、三里塚に限られたものではなく、それは減反政策の下での農業部門の切り捨てへの危機感と重なって、全国の農漁村で共感をもって受けとめられた。各地の住民運動は、地域に生活する人々自身が自らの生活を守り、生活のあり方を自己決定する闘いと考えられ、大文字の政治における「保守」「革新」という価値軸ではとらえられない主体として自らを定義した。[37] そればかりでなく、運動の理解者・支援者として登場する既成の政党や社会運動組織が、住民運動にとってはときに敵対的な存在であることもあった。[38] こうした問題は、水俣病闘争においてはチッソ第二組合が患者や支援者にしばしば激しい暴力を用いたり（写真家ユージン・スミス❖は川本輝夫が第二組合幹部と約束した面会に付き添った際、組合員から突然の集団暴行を受け、のちに失明した）、三里塚闘争では政党の政治路線と異なる住民運動の動向を受け入れることができずにデマを用いてまでも運動をコントロールしようとしたり、という形で明らかになっている。

こうした既存の社会運動の組み方を相対化し、当事者の課題を軸に自立した運動を展開していったのがこの時代の運動であった。「保守」「革新」のイデオロギー対立を超え、かつ他の指導を受けない自立した主体によって追求された「地域」防衛・「地域」形成の闘いは、「私」「個」を押しつぶす「公」の正統性を問い、受益者と受苦者の関係、犠牲を強いられた人々の尊厳についての問いを提起し、正義ある問題の解決を求めた。開発を進め、企業活動を援護する統治者たちは、開発の利益こそが真に「公共性」を体現するものとしたが、運動の側は、そうした開発・産業主義一辺倒の統治がもたらす破壊作用や、人びとの生活空間としての地域を解体することの反公共性を告発し、犠牲を強いられる側の同意抜きの強権的な手法を弾劾して、

●36——住民運動・「地域闘争」の全国交流誌である『月刊地域闘争』は、一九七三年初頭の数ヶ月、表紙に「日本列島改造と対決する」というスローガンを題字の下に掲げていた。

●37——たとえば前掲、中村紀一編『新版 住民運動〝私〟論』、宮崎省吾『新版 いま、「公共性」を撃つ』などを参照。

●38——宇井純は次のように指摘している。「多くの住民運動に共通した問題点は、既存の組織が役立たないばかりか、有害な場合すらあることである。さまざまな協同組合や労働組合は、国家独占資本体制の中に固く組み込まれてしまって、本来の弱者のための抵抗組織から、統治の手段の一部に変質している」（前掲、宇井純『公害の政治学』一九八頁）。こうした状況の中で、患者の存在を無視してきたことを自己批判し患者の支援を宣言したチッソ第一組合や、水俣病患者に厚生省内部の動向を知らせた造反職員たち、あるいは成田空港へのジェット燃料輸送を拒否した動労千葉、発電所立地を進める自社の動向を批判的に分析する東京電力・電力公害研究会の試みなど、企業と一体化した労組の加害性に取り組もうとする動きも現れた

犠牲を強いられるものの〝主権〟をことあげした。

これらの共同性のことあげは、すでにある過去の共同体の「防衛」にとどまるものではなかった。破壊・打撃を受けた共同体の「再生」を模索する闘いは、「公共性」を再定義し、新しい共同性、新しい主体、新しい人間のあり方を人々に告げ知らせる力ももった「対抗的公共性」の場であったといえる。[39]

そうした人々の中でも、三里塚と水俣は重要な参照点であり、諸運動がつながる結節点でもあった。武藤のいう「楕円」の空間とはそのことを指している。まず、それぞれの固有の支援者ネットワークとして「告発する会」「連帯する会」が存在したことも大きいが、水俣を結節点として九州の住民合宿が始まったり、三里塚や水俣の農産物を共同購入する生活クラブ生協の運動がそこに関わったりなど、重層的なネットワークができあがっていたのである。他方、そのような参照点であるということは、ときには「三里塚のようにはならないように」という否定的な意味でも機能した。そのいうところは、「過激派」と共闘したことで国家権力との泥沼の戦争状態に入ってしまった、「住民運動」の次元を超えた運動だという理解である。[40]とはいっても、このような意識をもった住民運動の多くは、三里塚農民に対するシンパシーを切り捨てたわけではなかった。

これら多様な住民運動・市民運動を結ぶネットワーク化の試みも多様に始まっていったのが一九七〇年代である。一九七〇年六月には仲井富❖ら「公害問題研究会」による『環境破壊』誌が創刊（八六年一二月終刊）、同じ七〇年一〇月には京都のロシナンテ社から『月刊地域闘争』（現在は『月刊むすぶ』として刊行中）、次いで七二（昭和四七）年四月に宇井純❖ら東大自主講座グループから『月刊自主講座』が創刊された（のち、『土の声、民の声』と改題し、八三年

が、少数派にとどまった。注3も参照。

●39——この点については、前掲、拙稿「新版解説」、「一九六〇—七〇年代『市民運動』『住民運動』の歴史的位置」を参照。

●40——たとえば芦川照江「運動のなかの〝私〟——公害闘争で明らかにされた個の認識」（前掲、中村紀一編『新版 住民運動〝私〟論』所収）。

❖**田中角栄**　一九一八〜九三。政治家。元首相（一九七二〜七四）。

❖**ユージン・スミス**　一九一八〜七八。写真家。『水俣』など。

❖**仲井富**　一九三三〜。お遍路・公害問題研究会代表幹事。『住民運動〝私〟論』（共著）など。

❖**宇井純**　一九三二〜二〇〇六。化学者・環境・公害問題研究者。『公害原論』など。

一二月に終刊)。また、沖縄では金武湾に建設が予定されていた石油備蓄基地(CTS)に反対する住民運動、「金武湾を守る会」を中心に住民運動の交流誌『琉球弧の住民運動』が創刊され、「琉球弧・市民住民運動連帯集会」が数度にわたって開催されている。これらのほか、一九七一年三月に日高六郎❖ら学者・文化人を編集委員とし、勁草書房から発刊された『市民』や、朝日新聞社から刊行されていた週刊誌『朝日ジャーナル』、日本評論社刊行の法律雑誌『ジュリスト』増刊号シリーズなどが多くの誌面を「住民運動」「市民運動」のために割いた。とくに『環境破壊』『地域闘争』『自主講座』はそれぞれに独自の人脈を有し、運動を全国的にネットワーク化していく上で重要なメディアとなった。それは、雑誌の誌面が交流の場となったというよりも、雑誌を作った人々が個々の運動体とつきあう中で媒介者的役割を果たしたというべきである。●41 こうして火力発電所反対、貨物線反対、CTS反対、原発反対の運動、公害裁判などの課題別の連携の試みは、一九七〇年代前半から広まっていった。

こうした横のつながりを模索する背景には、一九七〇年の「公害国会」における公害法規の整備や環境庁の設置(七一年)などの制度的な面での整備の反面、制度外的な運動の激発を抑制する「運動対策」が進められてきた、という事実も存在する。オイルショックによる経済危機を経験した日本財界は、公害裁判や住民運動に対するネガティブキャンペーンを張りつつ、環境対策費を削減していくという対応を採っていった。宮本憲一❖は「一九七〇年頃から、ようやく公害防止投資がはじまり、環境政策のきびしくなった七五年まで急成長し、七六年以降激減している」とし、「一九七四年ころから、公害裁判や住民運動に対する批判が、新聞や雑誌に系統的に掲載され、自由民主党や財界の中にもこれに同調する意見が出るようになった。(中略)とりわけ、『文芸春秋』には、公害反対の世論や運動は中世の『魔女狩り』と同じで、

●41——たとえば『環境破壊』を出していた公害問題研究会の仲井富は、元社会党本部書記時代のつながり——「革新自治体」や労働組合とのパイプ——も活かしながら、同時に各地の住民運動の情報も掲載していった。また、仲井は各地の住民運動を訪ね歩き、人を紹介したり、「環境権」のアイデアを広めたり、火電反対のネットワーク作りなどに大きな役割を果たした。公害問題研究会のつながりからは、各地の住民運動機関誌・ミニコミを集めた「住民図書館」も生まれている(一九七六年四月、のち二〇〇一年一二月に全蔵書を埼玉大学へ移管して閉館)。東京大学工学部で宇井純らによって行なわれていた「自主講座」運動の機関誌として創刊された『自主講座』誌は、とくに鉱害問題の資料発掘や研究者の倫理追及、火力発電所やCTS、さらには住民運動に対する刑事弾圧の問題を積極的に取り上げた。

●42——宮本憲一編著『[公害]の同時代史』(平凡社、一九八四年、七、七三頁)。宮本はこれに続けて「このように、一部の財界・学界・政界の間でこの二一~三年高まってきた公害反対の世論と運動への『まき返し』は、その底の浅さが暴露されたのが、七六年の特徴であろう」と指

科学的根拠に乏しい熱病的な告発にすぎないとした論文が掲載され反響を呼んだ」と指摘している。[42] この頃から環境規制基準の緩和が財界から強く主張されるようになり、公害・環境政策は後退していった。水俣病認定基準も一九七七年から変更され、未認定患者が増加していくことになる。こうして一九六〇年代以降高揚した運動に対し、七〇年代中盤に至ると「退潮期」に入ったという認識もあらわれ始めている。[43]

当時、財界による住民運動対策を集約する文書として批判されたのが、日本経済調査協議会による報告書『消費者運動と住民運動』である。同協議会の座長は経済学者の中山伊知郎❖、委員の多くは財界・官界出身である。同報告書は、「住民運動、消費者運動など新しい社会的な大衆運動については、これを新しい経済社会運営のエネルギー源として積極的に評価し、対応すべきものである」とする一方で、「しかし、社会全体のシステムからみると、そのような行動が社会的にインパクトを与え、社会的費用の増大を招く可能性がある」として、「住民運動や消費者運動のエネルギーのボルテージが上りすぎて暴走するような場合は、より広い範囲の大衆の世論喚起によってそれを阻止すべき」であり、「政府当局は法秩序を乱すような行動に対しては断乎とした態度を取ることが必要である」としていた。[44] つまり、政府や財界が負担するコストを上昇させることのない運動は奨励するが、そうでないものについては世論の動員と政府による「断乎とした態度」によって抑制することを提唱しているのである。ここでは一方で「地域開発については、開発計画構想の段階から住民の意見が反映するシステムを構築することが必要」というように「参加」を拡大しつつ、そこからはみ出す運動に対しては「しかし、あらゆる問題点を事前に全て考慮することは殆んど不可能であるので、むしろ構想がほぼ出来上った段階で住民の参加を求め、以後はその意向を取り入れながら最終的に築き上げていく方

摘している(七六頁)。当の「現代の『魔女狩り』」は『文藝春秋』一九七五年一二月号初出、のちに国際商業出版から一九七六年一〇月に単行本として刊行された。

●43――正木洋・宮崎省吾・松岡信夫・仲井富「座談会・住民運動に未来はあるか――裁判闘争を超えるものは」『環境破壊』一九七九年一月号。前掲、中村紀一編『新版 住民運動〝私〟論』は、そうした状況の中で「住民運動」のこれまでをそれぞれの実践者がふりかえる考察の書である。

●44――日本経済調査協議会『住民運動と消費者運動――その現代における意義と問題点』(日本経済調査協議会、一九七六年、六、一〇頁)。同報告書への批判は、自主講座編集委員会「官・産・学界の住民運動対策を評す」『自主講座』(一九七五年第四九号)、自主講座編集委員会「住民運動攻撃の手口をあばく」(『自主講座』七六年第六六号)、環境破壊編集部「人間不在の住民運動・消費者運動分析――日本経済調査協議会報告の解説と批判」(『環境破壊』七六年五月号)などを参照。

❖日高六郎　一九一七〜。社会学者。『戦後思想を考える』など。

❖宮本憲一　一九三〇〜。経済学者。『「公害」の同時代史』など。

❖中山伊知郎　一八九八〜八〇。経済学者。『労使協議制』など。

が現実性はあろうが、住民のエゴ、ゴネ得がないように、行政、開発主体は確たる見通しと誠意ある毅然たる態度が必要」という選別を行なっていることが特徴的である。[45]「まき返し」が始まった。一九七〇年代後半、運動「冬の時代」ということばがささやかれるようになるが、「冬の時代」とは、こうしたバックラッシュに取り囲まれる中で経験されたものであった。[46]

三里塚でも水俣でも、すでに闘争は長期対峙の状況にあり、担い手たちも疲弊を深めていった。水俣では認定基準の変更により患者運動が膠着状態を強いられ、三里塚では開港を延期させるなどの「戦果」はあったものの、二期工事をめぐって膠着状態が続き、その間少しずつ運動は縮小していった。両者はまったく異なるルートから一九九〇年代半ばの〝政治解決〟を迎えるが、そこで積み残した問題は、今日の状況をも規定している。三里塚では一九九〇年代前半、空港反対同盟熱田派と政府・空港公団が公開のシンポジウムで論争を行い、建設者側は幾多の誤りがあったことを認め、謝罪した上で強制収用の手段を放棄した。反対派農民の多くはこれを機に矛を収め、移転していった。だが、「個」に立ち帰った農民との間の合意が不十分なままに進められたB滑走路の建設に反発する地権者との間に新たな膠着状態を生み出した。水俣では〝政治解決〟に応じなかった関西訴訟グループが、最高裁で国家責任を認める判決を勝ち取り、従来の認定基準に問題があることも認めさせた結果、新たな水俣病申請者が大量に現われている。

これらいま現在の問題とともに、ここに至る経緯も含め、人々が経験した関わりの総体を将来への教訓として、過去の一時的な不幸と封印することなく正確に伝えることこそ、われわれの想像力の鏡を曇らせないための不可欠の作業である。

●45――『住民運動と消費者運動』一七八、二二六頁

●46――「冬の時代」については、たとえば中村紀一「二十八年目の『あとがき』」(前掲、中村編『新版住民運動〝私〟論』)を参照。そこで中村は、「住民運動は、成田新東京国際(三里塚)空港が反対の声を押し切って強制開港され、長洲一二が『地方の時代』を提唱する七八年あたりを境に『冬の時代』に入って行った」と述べている(二四九頁)。運動にとって「冬の時代」がいわれるようになり、入れ替わりに「地方の時代」ということばが政府からも自治体からも投げかけられるようになったとき、すでに「新保守主義」による地域再編が兆していたことに中村は注意を促していた(中村紀一「都市行政財政の公共性・効率性と地域民主主義」『都市問題』一九八九年第八〇巻一二号)。

六〇年安保闘争とは何だったのか

松井隆志

六〇年安保闘争とは、一九六〇年の日米安保条約改定をめぐって生じた反対運動のことである（以下「安保闘争」）。

安保改定は、一九五一年サンフランシスコ講和の際に締結された旧安保条約を失効させ、新条約を締結する形で行われた。[1] 新旧条約の相違はあるが、両安保を貫く基本的性格は、アメリカの世界戦略への日本の従属的組み込みという点にあった。[2] この従属システムは日米安保体制として現在まで継続しており、戦争参加という形で平和憲法を空洞化させるのみならず、天皇制ナショナリズムに対してすら上位の規定力を発揮している。[3] 安保闘争は、こうした日米関係の基軸である安保条約への反対運動だったという点で、重要な意義を持つ。

また安保闘争では、最盛期の一九六〇年六月など数十万人とも言われる人々が国会を取りまき抗議行動を行った。これは日本近代史上空前の規模であり、しかも動員ではなく自発的に参加した人々がそのほとんどを占めるという点でも、歴史的な出来事となった。

とはいえ、「対米従属に民衆が憤激した」から安保闘争が起こったわけではなかった。では、安保闘争とは何だったのだろうか。安保闘争の高揚はなぜ可能になったのか、それはどう位置づけられるのか。これが本稿のテーマだ。

●1——正式名称はそれぞれ「日本国とアメリカ合衆国との間の安全保障条約」（旧条約）、「日本国とアメリカ合衆国との間の相互協力及び安全保障条約」（新条約）。後者の安保条約が現在も継続されている。

●2——原彬久『日米関係の構図——安保改定を検証する』NHKブックス、一九九一年。なお、政治的・軍事的従属は必然的に経済面での植民地的収奪を伴うわけではない。本稿では深入りしないが、安保条約をめぐるこの当時の日帝自立－従属論争は、この観点を欠き、両者とも政治／経済を機械的に一体化させた点で不毛だった。この点については、道場親信「戦後史の中の核——原爆投下責任に対する『無責任』の構造」（『抵抗の同時代史——軍事化とネオリベラリズムに抗して』人文書院、二〇〇八年、九二—一一三頁）も参照。

●3——天野恵一・武藤一羊「『日米〈安保〉同盟』と象徴天皇制の再編——戦後日本国家はどのように解体しつつあるのか」『季刊運動〈経験〉』一七号、二〇〇六年。「愛国心」を強調する右派政治家たちの対米追↙

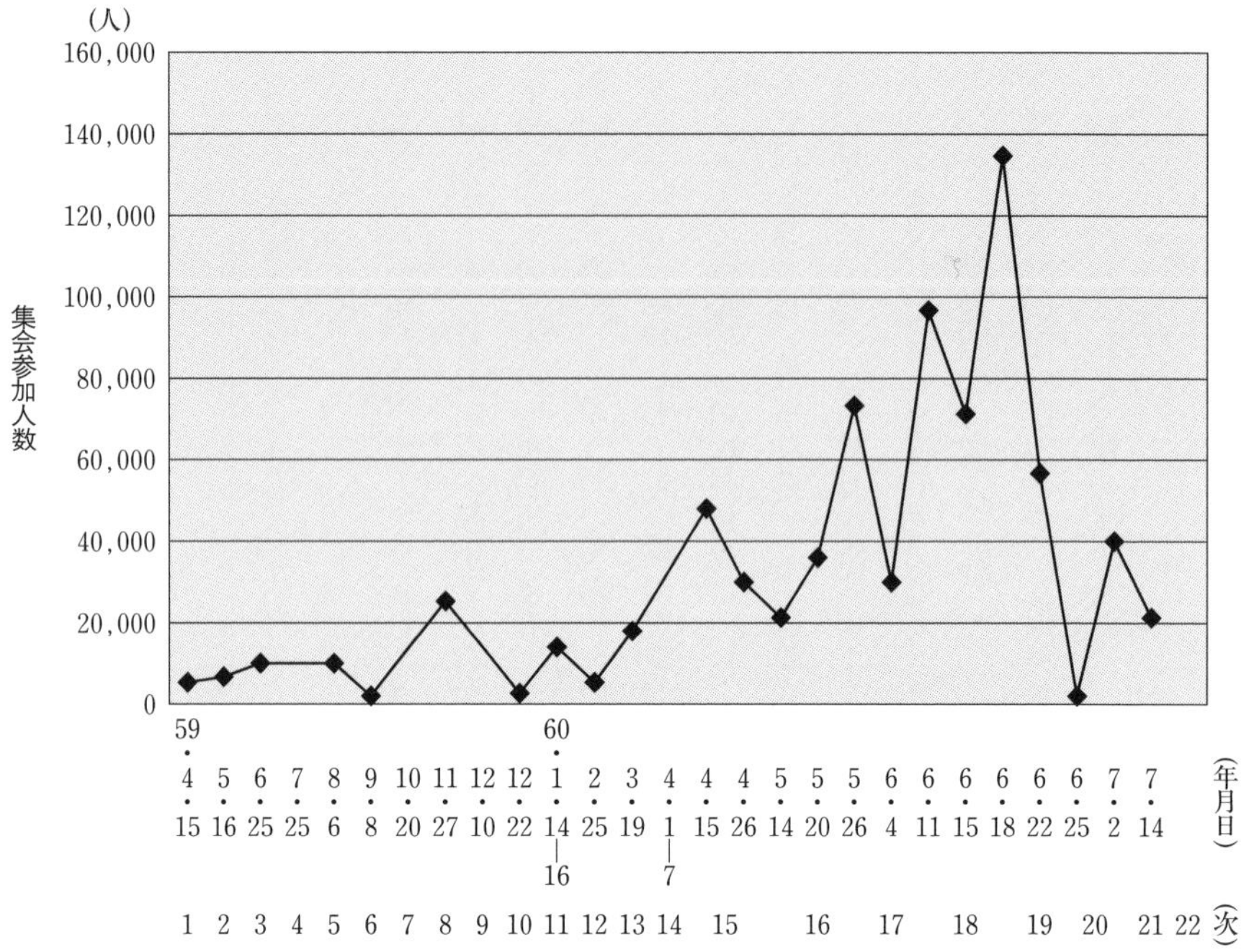

図1　安保条約改定阻止国民会議・統一行動における集会参加人数(中央集会)

❶ 安保闘争の概要

まず安保闘争の概要をとらえよう。後述するように、様々な主体が一つの闘争を織りなしていたが、その基調を形作っていたのは、安保条約改定阻止国民会議（以下「国民会議」）だった。国民会議は幹事団体として、日本社会党・日本労働組合総評議会（総評）や日本平和委員会・原水爆禁止日本協議会（原水協）等の大衆団体およびオブザーバーとして日本共産党も加わった共闘組織であり、一九五九年三月に発足した。名称をめぐって「改定阻止」か

↙随ぶりを見よ。

●4——公安調査庁『安保闘争の概要』非売品、一九六〇年、一〇五—一二九頁。なお、図中で参加人数のプロットがない日付は、中央集会が開催されなかった過去の文献の記録になかったことを示す。この他にも国

「安保条約廃棄」かで議論はあったが、新安保が戦争の危険を高め、憲法改悪・再軍備を促進することを批判し、日中友好など中立外交をすべき等を共通の目標とした。

国民会議は一九五九年四月から六〇年七月まで二三次にわたる統一行動を行った。安保闘争を担った諸組織も、国民会議の方針との距離感は様々であったが、この統一行動との関係で自らの闘争方針を立てていた。したがって、この国民会議の闘争スケジュールを軸にして、安保闘争の趨勢を探ることができる。

図1は、中央集会（東京）の参加者数の推移だ。参加者数の記録は複数あるがここでは公安調査庁の数字を採用した。[4] これを見ると、一年超にわたる安保闘争もいくつかの期間に分けて考えるべきだということがわかる。事実経過を踏まえて整理すれば以下のように三期に分けることができる。

まず一九五九年四月の国民会議の統一行動始動時点から同年一一月二七日（第八次統一行動）で小さな高揚を迎えるまでの時期（第一期）。次に、その後いったん参加者数が落ち込んでから改めて盛り上がってくる一九六〇年四月まで（第二期）。そして国会での強行採決を受けて飛躍的に盛り上がる同年五月以降から新安保条約が自動承認され闘争が下火に向かう七月まで（第三期）。各時期にどのような動きがあったのか、主として東京（国会周辺）の状況について以下簡単に経過を整理しておこう。[5]

◉第一期　一九五九年四月〜一一月

国民会議は前年（一九五八年）の警職法闘争[6]での「勝利」を受け、オブザーバーとしてだが幹事団体に共産党も参加するという事実上の社共共闘の形でスタートした。しかしそれでも、統

民会議の主催者発表による数字や、警視庁や労働省が調べた数字がある。後者については、内閣官房内閣調査室編『安保改定問題の記録（資料編）』（非売品、一九六一年、六九五―七〇六頁）に数字がまとまっている。一般的に、主催者側は実際より多く（さきの数十万人というのも国民会議発表に基づく）、治安当局はより少なく記録しがちであり、正確な参加者数の把握は困難である。この公安調査庁の数字も他より正確であるとする根拠はない。ただし、闘争の盛衰のリズムについてはそれぞれの数字はほぼ一致する上、治安当局ですらこれだけの参加者数を認めているといういわば最低限の数字を示すために、今回これを採用した。

●5――安保闘争の経過を整理したものとして註で言及したもの以外にも、信夫清三郎『安保闘争史――三五日間政局史論』（世界書院、一九六一年）が詳しい。

●6――警察官職務執行法の改正案に対する反対運動のこと。一九五八年秋に突如国会に提出されたが、文化人なども参加して「デートもできない警職法」といったスローガンも広がり、反対運動は盛り上がった。結果的に二ヵ月後審議未了廃案となった。この警職法闘争でも「警職法改悪反対国民会議」が機能しており、これが安保国民会議の原型ともなった。

一行動の初期には闘争が盛り上がらず、「安保は重い」と言われた。当初は組織動員が主であったが、先の図1からもこの時期は参加が低調であったことがわかる。

この停滞状況を打ち破ったのは、一一月二七日の第八次統一行動だった。この時期、政府は新安保条約が調印間近であることを明らかにしていた。さらに、ベトナム賠償協定[7]をめぐる国会論戦が緊迫し、同日未明には強行採決が行われていた。このため、第八次統一行動は盛り上がった。

そしてこの日の統一行動で国会突入事件が起きた。これは新左翼党派である共産主義者同盟(通称「ブント」)[8]に指導されていた全学連[9]の部隊を中心にして、約二万人が国会の門の中になだれ込んだというものだ。この突入はブントらによって計画されたものであったが、構内に入るという以上のものではなかった。一方、社会党・共産党の指導部はこれに驚き、学生たちを説得して退去させようと試みるが、野次られ無視された。

この事件は対極的な二つの影響をもたらした。一つは、安保闘争への参加を促したこと。現場で参加した学生や労働者がその興奮を周囲に伝えるなどして、特に地方へ波及したとされる。[10]また、「事件」として報道されることで、それまで関心の薄かった人々の耳目を集めたという点でも、安保闘争の大衆的広がりへの重要なステップとなった。

一方で、与党である自民党やマスコミなどが非難を浴びせ、闘争を萎縮させる効果ももたらした。社会党は国会「乱入」の責任を追及され、また国会前でのデモ禁止法案もちらつかされた。既成革新政党(社共)と学生たちとの不信は深まった。さらに全学連内部でも、ブント系指導部に従う主流派と、共産党系構造改革派(構改派)[11]を中心とする反主流派との分岐が明確になった。

●7——一九五一年のサンフランシスコ講和条約で、アメリカの圧力のもと多くの国が対日賠償請求権を放棄した。しかしフィリピンとともに(南)ベトナムは放棄しなかった(北ベトナムは交渉相手として承認されていなかった)。岸信介は外相・首相として、日本の経済進出拡大やアメリカの軍事戦略の観点から積極的に東南アジア外交を展開したが、その一環として南ベトナムとも賠償協定を結んだ。しかし当時南北に分断されたベトナムで、アメリカの支援する南の反共政府のみに二〇〇億円の賠償金が支払われる点などが批判された。

●8——ブントは、全学連(註9参照)指導部の学生を中心として共産党中央との党内闘争の末に一九五八年結成された新左翼党派。安保闘争後の六〇年夏に闘争の総括をめぐって瓦解。なお、六〇年代後半に二次ブント結成があり、安保闘争時のブントは「一次ブント」「安保ブント」とも呼ばれる。

●9——正式名称は全日本学生自治会総連合。全学連は、各大学自治会の連合組織として一九四八年に結成され、学生運動の中央指導部として機能していた。結成以来共産党の指導下にあったが、特に五〇年代後半に党本部との対立が強まり、ブント結成などによって全学連執行部は新左翼に握られた。安保闘争の過程

◉第二期　一九五九年一二月〜六〇年四月

国会突入事件によって、闘争は混乱と萎縮を余儀なくさせられた。新安保条約調印間近であるにもかかわらず、第九次統一行動での中央集会は中止。第一〇次統一行動も中央集会中止、その代わりに二日後の一二月一四日に国民会議と総評の共催で集会を行ったが低調だった。[12]

より大きな問題は、新安保条約調印のための岸信介❖首相の渡米に対する第一一次統一行動だった。当初は羽田現地闘争の予定だったが、先の「国会突入」の余波で国民会議はそれを中止した。しかし全学連（ブント系中心）は単独で渡米阻止闘争に取り組み、渡米前日である一九六〇年一月一五日夜から羽田空港ロビーに立てこもる。だが、渡米を阻止できないどころかブント・全学連幹部らの大量逮捕という事態を生んだ。

この羽田事件も相矛盾する波紋を広げた。一方で、ちぐはぐな闘争方針は新安保条約の調印を許し、各組織の構成員には不満がくすぶった。闘争を組んだブント＝全学連主流派も根こそぎ逮捕により打撃が大きかった。こうして統一行動は四月を迎えるまで低調なまま推移した。

しかし他方で、この孤立した全学連の闘争は、世間の耳目を集めただけでなく、かれらへの同情・共感も生んだ。全学連非難をやめて安保闘争のエネルギーを「有効に組織」すべきとの「諸組織への要請」を清水幾太郎❖が中心となって発表したのも、この事件を受けてのことだった。[13] 国民会議も、羽田動員を直前になって中止したことへの反省もあり、方針転換を決定した。それは、四月中旬に山場を設定して「全国すべての地域で国民総ぐるみの運動をひろめ」るというものだった。[14] これが四月以降の全国からの請願デモの波へとつながった。また、新安保批准のための二・三月の国会審議で社会党議員が巧みに政府答弁の矛盾をつき、人々の新安保への関心・不安を高めることに成功した。

で分かれた全学連反主流派が六〇年秋に全国学生自治会連絡会議（全自連）を結成し全学連は名実ともに分裂した。

●10——水口宏三『安保闘争史——ひとつの運動論的総括』（社会新報、一九六九年、六四頁）など。

●11——当時のイタリア共産党の「構造改革」論に影響を受けたマルクス主義の一潮流で、先進国革命論などを特徴とする。一九六〇年当時の日本では、社会党と共産党を横断する形で部分的に影響力を持っていた。

●12——前掲内閣官房内閣調査室編、八八頁。水口前掲、三七頁は一二月二六日のこととしているがこれは誤りだろう。なお、公安調査庁前掲では、一二月二二日に予定通り中央集会が行われていると書かれており、そのため図1も第一〇次統一行動は二二日の記録となっている。しかしこれは共産党単独の集会を誤記したものとも考えられる。ちなみにどちらも参加人数は二〇〇〇名で、グラフの形を修正する必要はない。

●13——清水幾太郎『わが人生の断片　下』文藝春秋、一九七五年、二四七頁

❖**岸信介**　一八九六〜一九八七。政治家。元首相（一九五七〜六〇）。

❖**清水幾太郎**　一九〇七〜八八。社会学者。『倫理学ノート』など。

こうして続く四月の闘争は高揚した。なお四月二六日のデモでは、全学連主流派が再度の国会突入を試みる一方で、それを支持しない反主流派は国民会議の枠内で独自のデモを行い、全学連は行動においても二派に分かれた。また国民会議は、デモが国会前に近づくことが規制された状況を打破するために請願デモ戦術を採用、この日初めてそれが大規模に実行された。

◉第三期　一九六〇年五月〜七月

安保闘争は高揚し始めたが、労働組合などではやはり組織動員が主であった。そうした動員型の闘争から自主的・積極的な参加へと質的に転換し、また量的にも一挙に拡大するきっかけとなったのは、五月一九日の安保特別委員会および衆議院本会議での新安保条約承認の強行採決だった。[15]

この強行採決では、衆院議長の本会議出席を物理的に阻止しようと座り込んでいた社会党議員団が国会内に導入された警察官によって排除され、また国会会期延長直後に与党自民党内にすら周知されないまま新安保承認の本会議での議決を行ったため、世論の反発が強まった。首相の岸がかつてA級戦犯容疑者であったことも含め、「安保反対」だけでなく「民主主義擁護」という論点が新たに付け加えられた。

こうして五月二〇・二六日の統一行動や、六月四日のゼネスト、六月一〇日に米大統領秘書官ハガチー❖がデモに取り囲まれヘリコプターでの脱出を余儀なくされた「ハガチー事件」などの闘争が行われた。

そして安保闘争を語る際、必ず言及される六月一五日。この日は、右翼による国民会議デモへの襲撃事件などが生じたが、より重大だったのは全学連主流派による国会突入と警官隊の

●14——前掲、水口宏三『安保闘争史』七四頁

●15——国会会期延長議決も含む。正確には、衆院本会議での新安保条約承認は零時をまわっており、五月二〇日の出来事であったが、一括して「五・一九」の強行採決とされる。

「反撃」による大規模な暴行、その過程で東大女子学生・樺美智子❖が死亡したことだった。翌日政府は、警備の不安から[16]、六月一九日に予定されていたアイゼンハワー❖米大統領訪日の中止を決めた。

一五日の国会前の騒然とした状況と、特に流血・死亡の報道は、否応なく人々の関心を高めた。東京の新聞七社による翌々日の共同宣言のように、「その事のよってきたるゆえんを別として」暴力を批判するという主張もあったが[17]、むしろエリートである大学生が命をかけて抗議しているのに岸政権はひどすぎるという安保闘争への共感を醸成した。

参議院は空転していたが、六月一九日には新安保条約は自動承認されることとなっていた。そのため、前日の一八日の闘争は、学生の死への「抗議」とあわさり[18]、安保闘争最大の参加者数となった。しかしもはや全学連主流派にも国会突入を指示する余力はなく、デモが国会を取りまいた状態のまま同日深夜条約は自動承認された。この後も統一行動は行われるが、六月二三日に条約の批准が済むと岸首相は辞任を表明。安保闘争も事実上終わりを迎えた。

2 安保闘争をめぐる神話

いくつかのジグザグを辿りながらも、安保闘争は高揚していった。どうしてこの高揚は可能だったか。

その答えとして、ある特定の主体に安保闘争の成果を帰する議論がある。まず、「民主主義勢力が前進したから」といった論がある。しかしこれはあまりに単純素朴な説明だ。その後の歴史を踏まえても、「進歩派と反動派」の対立だけで描くことなどできない。ここでは、これ

●16——来日する米大統領への警備ももちろんだが、それ以上に米大統領を迎える予定だった天皇への警備が不安だったとも言われる。日米安保と天皇の関係を考える上で興味深いエピソードだ。「宮中筋からの不安がつたえられていた。……羽田からアイク［アイゼンハワー米大統領］と同乗してパレードする天皇に万一のことがあってはという憂慮からであったが、岸首相にとっては、それは大きな衝撃であった」（前掲、信夫清三郎『安保闘争史』、四一八頁）。

●17——一九六〇年六月一七日付「共同宣言　暴力を排し議会主義を守れ」。

●18——東京大学では一八日に樺美智子の「慰霊祭」が行われ、学長挨拶を受け、教員・学生がともに東大正門から国会方面へ「慰霊行進」を行った（松島栄一編『六・一五事件前後』東京大学職員組合、一九六〇年）。当時の雰囲気がうかがわれるエピソードだろう。

❖**ジェームズ・C・ハガチー**　一九〇九〜八一。アメリカの政治家。

❖**樺美智子**　一九三七〜六〇。六〇年安保闘争で死亡した東大文学部自治会の活動家。

❖**ドワイト・D・アイゼンハワー**　一八九〇〜六九。アメリカの政治家。元大統領（一九五三〜六一）。

以外の二つの主張を検討しよう。一つは、総評・社会党や共産党といった既成革新の枠を新左翼が打破したとする新左翼史観。もう一つは「市民」の登場を重視する議論だ。これらは、安保闘争を語る際のいわば「神話」となっていると思われるが、これを相対化してみたい。

●ブントのみが安保闘争の「主役」か

安保闘争評価の中には、最大の功労者として全学連主流派（＝ブント）の行動を評価し、社共や総評などの既成革新勢力（＝国民会議指導部）をその妨害者として非難する議論がある。これを新左翼史観と呼ぶことができる。

たとえば六〇年直後に清水幾太郎は全学連主流派を「安保闘争の『不幸な主役』」と呼んだ。[19] あるいは、その後に影響力のあった書物として『民主主義の神話』[20]をあげることができる。『民主主義の神話』全体でも既成革新への非難は通底しているが、特に吉本隆明❖「擬制の終焉」は、日本共産党と（後述する）市民主義を、乗り越えられるべき「擬制」として位置づけた。それに対して、「擬制」から自立する可能性を担ったのは全学連主流派だったと吉本は考えた。[21] こうしたブントの位置づけは、今も一部で根強い。[22]

確かに、全学連主流派は国民会議指導部と対立し、かつ全学連内部でも反主流派と対立しながら大きな役割を果たした。だが、全学連主流派のみを安保闘争の「主役」だと高く評価することは妥当か。

かれらが数度の国会突入など〝激しい〟闘争をしたのは事実だが、「五・一九」以降の自発的参加層が、最初から〝激しい〟デモに参加するのは困難だった。[23] また国民会議が組織した「お焼香デモ」と揶揄された国会前への請願デモも、国会突入事件以後の状況で「警察官の警備の

●19——清水幾太郎「安保闘争の『不幸な主役』」一九六〇年（『無思想時代の思想——わが精神の放浪記2』中公叢書、一九七五年）

●20——谷川雁ほか『民主主義の神話——安保闘争の思想的総括』現代思潮社、一九六〇年

●21——「擬制の終焉」だけでは明確ではないが、たとえば『吉本隆明全著作集13』（勁草書房、一九六九年）に含まれている諸論文を見ても、吉本が安保闘争時のブント＝全学連主流派を高く評価しているのは疑いない。ちなみに同じ新左翼であっても、革命的共産主義者同盟全国委員会（革共同）に対しては、「擬制の終焉」の中でも批判的である。したがって吉本における「新左翼史観」は「ブント史観」とするのが正確だろう。

●22——島成郎記念文集刊行会編『60年安保とブント（共産主義者同盟）を読む』（情況出版、二〇〇二年）などのブント書記長・島成郎への高い評価も、背景としてこうした安保闘争観が根拠となっていると思われる。

●23——「［五月一九日以降に］デモに初めて参加するものが多かった。それは参加者の安全を保障したいわゆる『整然』デモのせいもあった。その点整然デモは、とくに運動の初期には、参加者の質も量も変えていくのに役立ったことは否定できない」（日高六郎編『一九六〇年五月一

壁を破って無許可のデモを強化する」ために考え出された戦術であり、[24]国民会議指導部もかれらなりに真剣に安保闘争に取り組んでいた。それが〝激しい〟闘争でなかったことを一概に非難することはできない。そもそも〝激しい〟闘争形態が引き起こした負の効果（規制・弾圧の強化など）を考える必要もある。

また全学連主流派との対照で、反主流派を既成革新（具体的には共産党）に引き寄せそれと一体のものとして非難することも正確ではない。確かに全学連反主流派を指導した学生は共産党に留まっており、国民会議との対立も回避していた。しかしかれらは構改派として共産党中央との対抗意識も強く持っていた。[25]

さらに全学連執行部における力関係から「反主流派」と呼ばれはしたが、動員数においては主流派よりも優勢だった。表1[26]からわかるとおり、主流派のデモが反主流派を上回るのは、主流派に属していた（ブントのメンバーでもあった）樺美智子が殺された六月一五日より後のことだ。つまり、半数超の学生は安保闘争の最終局面近くまで全学連主流派よりも「穏健」な反主流派を選択していた。[27]この点を見ても、安保闘争を牽引した全学連主流派（ブント）の活躍に対してそれを妨害する反主流派（共産党）という図式は、一面的だ。[28]

デモ年月日	主流派	反主流派	計(人)
1959年11月27日			6,400
1960年 4月26日	4,500	9,500	14,000
1960年 5月20日	7,000	8,000	15,000
1960年 5月26日	6,500	11,000	17,500
1960年 6月 4 日	3,000	7,500	10,500
1960年 6月15日	10,000	11,000	21,000
1960年 6月18日	19,000	17,000	36,000
1960年 6月22日	5,300	4,800	10,100
1960年 6月28日			1,070

表1　全学連動員状況（東京）

九日』岩波新書、一九六〇年、一〇三頁）。

●24――前掲、水口宏三『安保闘争史』一〇四頁

●25――全学連反主流派側の証言としては、早稲田の杜の会編『60年安保と早大学生運動――政治が身近にあったころ闘い、燃えた』（ベストブック、二〇〇三年）がまとまっている。「ニューレフト」という意味では、反主流派も十分に「新左翼」だった。

●26――竹内洋『丸山眞男の時代――大学・知識人・ジャーナリズム』（中公新書、二〇〇五年、一五〇頁）より。竹内の出典は内閣官房内閣調査室編前掲だが、その数字は公安調査庁前掲に基づいている。

●27――もとより、闘争への参加は個人単位ではなくクラスあるいは自治会単位での決定に従っていた。しかしその決定も、一部の執行部の引き回しではなく、決議結果は相当流動的だった。たとえば埼玉大学での流動状況について小野田襄二が自身の体験を記している（『革命的左翼という擬制 1958〜1975』白順社、二〇〇三年、三章）。

●28――大嶽秀夫『新左翼の遺産――ニューレフトからポストモダンへ』（東京大学出版会、二〇〇七↖

❖**吉本隆明**　一九二四〜。評論家。『共同幻想論』など。

◉参加したのは「市民」だったか

新左翼史観が安保闘争を牽引した真の「前衛」を見出そうとするのに対して、いわば「後衛」の闘争参加に焦点を当てる評価がある。それらは、特に「五・一九」以降の自発的参加層を「市民」と名づける。主に共産主義からやや距離のある啓蒙主義的知識人によって論じられ、その立場は「市民主義」として括られる。

代表的な出版物として「市民としての抵抗」を特集した『思想の科学』（一九六〇年七月号）や「市民は起ち上がる」の章がある日高六郎らの『一九六〇年五月一九日』[29]をあげることができる。特に前者の久野収「市民主義の成立」は、「市民」の基本的なイメージを提示したものだ。

久野によれば「市民」とは、生活と職業の分離を前提に、職業意識を持った職業人かつ地域に根ざした生活人のことを意味する。そのことが国家からの自立意識を生み出すとともに、パートタイマー的部分的政治参加の形態を要求すると論じた。

しかし、自発的参加層は本当に「市民」だったと言えるか。[30]

安保闘争では、いくつかの職業集団単位での声明やデモ参加も確かに見られた。自発的参加層に国家権力からの自立意識を読み込むこともそれなりの根拠があった。だが結論から述べれば、かれらの大部分が久野の言う「職業人」かつ「生活人」として参加していたとは言えない。

安保闘争当時の「市民」の代表的存在として久野や日高らが注目したものの一つに、小林トミらが始めた「声なき声の会」がある。小林自身は思想の科学研究会周辺にいた人物だが、「声なき声の会」自体は一九六〇年六月四日の統一行動の際に二人だけで始めたデモに次々と初対面の参加者が加わり、最終的には三百人くらいにまで増え、それを機に結成された運動

↙年）も安保闘争について論じているが、本稿で批判したような露骨な新左翼史観ではない。しかし、大嶽の議論からは全学連反主流派における構改派の十分な検討が抜け、また「新左翼」をブントで代表させる一方で革共同の位置づけについてほとんど議論がなく、結果的にブントを過大評価したバランスの悪い整理になっているように思われる。

●29——前掲、日高六郎編『一九六〇年五月一九日』。本書での「市民」の定義は、後述の久野収の議論に多くを負っていると思われるため、本稿では久野に代表させて論じる。

●30——この点については、既に以下の拙稿で論じている。ここでは結論的なことだけを述べた（松井隆志「複合的現象としての社会運動の分析に向けて——六〇年安保闘争を事例として」『ソシオロゴス』二七号、二〇〇三年）。

●31——小林トミ「〝声なき声〟の行進」『思想の科学』一九六〇年七月号

体だ。[31] これは当時の自発的参加を典型的に示していたと言える。

だが、その参加者個々人は「職業人」かつ「生活人」だったか。かれらの機関誌『声なき声のたより』に書かれた手記を読む限り、「職業人」「生活人」としての参加という要素は限りなく希薄だ。参加動機として、国家権力への抵抗（自立意識）を共通したものとして取り出すことも難しい。むしろ報道などによって誘い出され、偶然のきっかけでデモに参加し、「抵抗」というよりも連帯意識や非日常体験の充実感を記している手記が目立つ。一つだけ引用しておこう。

> 私は何も知らなかった。子供たちに「安保条約は？」とたづね《ママ》、いろいろと資料を見せて貰い、「これは大変」と、とにかくデモの様子を見たく、国会周辺へ出かけたのは五月二十九日でした。デモ参加の人々の真剣さと、右翼の罵声。すっかり心を打たれ、今度は主人と共に日比谷へ出かけ、「声なき声」ののぼりを持った十人ほどの方々に出逢い思わずデモに参加してしまったのは六月四日でした。[32]（傍点・松井）

このように、かれらは「職業人」や「生活人」としてデモに参加したのではなく、そもそも意識的な「参加」だったかどうかすら怪しい。したがって少なくとも久野らが述べるような意味での「市民」ではなかった。また、条約批准・岸退陣表明後に「運動の高まりは……急速に退潮していく」と日高も嘆いたが、[33] このことも自発的参加層が「市民」とは違っていたことを示しているだろう。

●32——岡和田かね「私の一年」『声なき声のたより』第七号、一九六一年

●33——前掲、日高六郎編『一九六〇年五月一九日』二三五頁

❖**日高六郎**　一九一七〜。社会学者。『戦後思想を考える』など。

❖**久野収**　一九一〇〜九九。哲学者・評論家。『憲法の論理』など。

❖**小林トミ**　一九三一〜二〇〇三。画家・市民運動家。『「声なき声」をきけ』など。

3 安保闘争を可能にしたもの

革命的主体が「擬制」を打破したのではなく、かといって「市民」が起ち上がったのでもないとすれば、安保闘争の高揚とは何だったのか。

◉「戦後革新」の到達点

まず安保闘争は、それまでの大衆運動の蓄積を基盤として成立したと言える。清水慎三は「戦後革新派のすべてを出しつくした空前の大闘争だった」と評した。[34] 特に一九五〇年代の諸運動の蓄積は重要だった。すなわち、日米安保に直結する再軍備反対や内灘（一九五三年）・砂川（五五年〜）などの反基地闘争、原水爆禁止運動（五四年〜）、教育への介入となる教育二法案や勤務評定反対闘争（五六年〜）、「治安」強化への抵抗運動である破防法闘争（五二年）および安保闘争へとつながった警職法闘争（五八年）。そしてこうした「逆コース」の中心に、自民党政府による「復古」型の改憲構想も存在した。

清水慎三によれば、「戦後革新勢力」とは、戦争・戦後の経験を踏まえ「平和・独立・民主主義・生活向上」を意識の主軸とした「大衆」と、総評・社共らの「指導部」との結合であり、両者は「並列的」でいわば一時的共闘として存在した。しかしその分、「攻撃能力」は弱いが「反撃」すなわち抵抗・抗議運動としては強力だという。[35] 安保闘争もそうした「反撃」の一つだった。

安保闘争では、新安保自体が「戦争に巻き込まれる」危険を掻き立てたのに加え、かつての

●34——清水慎三『戦後革新勢力——史的過程の分析』青木書店、一九六六年、七四頁

●35——同、一九頁。なお高畠通敏の「革新国民運動」論は、この清水の考えを一つの源泉としている。

A級戦犯・岸信介の政策と特に強行採決が「戦前回帰＝復古反動」の象徴として映り、巨大な爆発力となった。もちろん、それを準備したのは、国民会議を中心とした革新指導部であり、単に自動発火したわけではない。

安保闘争以降、高度成長の中で戦争・貧窮への被害者意識は薄められ、新旧左翼の分裂など「指導部」も分解していく。つまり安保闘争を可能にしたエネルギーは弱まる。その意味で、安保闘争は「戦後革新」の頂点としてまずは位置づけられる。

◉岸政権という「敵失」

しかし、安保闘争を「戦後革新」の力にのみ帰すことはできない。安保闘争の「爆発」を可能にした〝舞台〟は、実は岸政権自らがつくりだしたものだ。その点を詳細に明らかにしたのは原彬久❖の研究である。[36] 安保改定の下準備であったはずの警職法改正が頓挫し、逆に改定反対勢力を活気づけたことは知られている。それ以外にもいくつもの「失敗」が原によって指摘されている。

巧みな派閥操縦で自民党内の権力を掌握していた岸だったが、そのことが逆に派閥権力闘争を活性化させ政権は不安定化、結果的にそれが岸の思惑を妨げた。派閥対立は、新安保調印スケジュールを遅延させ安保問題の長期化を招いた。また岸は新安保の是非を問う解散総選挙を企てるがこれも党内事情に阻まれる。もし早期の条約調印や安保を争点とした選挙で自民党が勝利していれば、安保闘争はそもそも起らなかっただろう。

そして安保改定に花を添えるはずのアイゼンハワー米大統領訪日（六月一九日に予定）だったが、それがこの日までの新安保承認成立を強いる結果となり、スケジュール的に岸を自縄自

●36――原彬久『戦後日本と国際政治――安保改定の政治力学』中央公論社、一九八八年

❖**清水慎三** 一九一三～九六。評論家。『日本の社会民主主義』など。
❖**原彬久** 一九三九～。政治学者。『戦後日本と国際政治』など。

縛に陥れた。五月一九日の強行採決という最大の失策を招いた動機もこのスケジュールにあった。

何より、強行採決もそうだが、A級戦犯だった岸はあまりにイメージが悪すぎた。このように安保闘争の高揚は、多分に岸政権の「敵失」という性格があった。

◉大衆社会状況

こうした歴史的・政治的条件に加え、本稿はさらに大衆社会状況であったことが大きかったと考えている。大衆社会の概念は後にも触れるように多分に論争的だが、ここでは特に、高度成長を背景にした、メディア社会化と消費社会化の進展として押さえておく。それらの要素が安保闘争への人々の参加を促した点に本稿は着目したい。もちろん、国民会議や諸組織の指導層は、政治的意識から安保闘争に関わった。だが、特に「五・一九」以降の安保闘争への参加者の多くは、もっと偶然的かつ多様な動機で安保闘争に参加していた。

そもそも人々の関心を高めたのはマスメディアだったが、一九五九年の皇太子結婚❖（ミッチー・ブーム）を機に急速に普及したテレビは、国会前の騒然とした状況を臨場感をもって伝えた。また、ラジオもこの頃機材の小型化が実現し、現場実況が可能となった[37]。実況アナウンサーが警察の暴力を受けた場面もそのままラジオ放送され、こうした放送を聴いた人々が国会前に駆けつけた[38]。

清水幾太郎は安保闘争直後に「大衆社会論の勝利」という皮肉なタイトルの論文を書いている[39]。そこで清水は、安保闘争の高揚が大衆社会論の「破産」を示したものと認識している。しかし事実において「破産」したにもかかわらず、安保問題自体を棚上げにして穏健な「市

●37――小熊英二『〈民主〉と〈愛国〉――戦後日本のナショナリズムと公共性』新曜社、二〇〇二年、五二三頁

●38――ラジオ関東報道部「6・15事件・実況中継」（臼井吉見編『安保・1960』筑摩書房、一九六九年）

●39――清水幾太郎「大衆社会論の勝利――安保改定阻止闘争の中で」『思想』一九六〇年一〇月号

●40――一九六〇年五月二八日岸首相記者会見（前掲、内閣官房内閣調査室編『安保改定問題の記録（資料編）』四五頁）

民」へと安保闘争を押し込めようとする知識人の傾向があり、それは人々の政治的行動に懐疑的な大衆社会論的認識に由来している。だから「民主主義擁護」と「市民」の称揚こそ「大衆社会論の勝利」だと清水は論じる。

確かに大衆社会を政治的無関心化とだけみなす大衆社会論は無効だ。また前述した「市民主義」への批判という点で、清水の主張に同意できる部分もある。だが、安保闘争の高揚と大衆社会論が矛盾するという前提は鵜呑みにできない。

「声なき声の会」の名称は、岸首相による「私はデモなどにではなく〝声なき声〟に耳を傾ける。デモなどは〝声ある声〟だ」という記者会見発言に由来する。●40 このとき岸が考えていた「声なき声」とは、後楽園球場でナイターを楽しんでいるような人々のことだった。●41 確かに後楽園は安保闘争のさなかも大入りが続いていたという。しかし、野球観戦とデモ参加は二律背反なのか。安保改定反対の請願署名数を考えても（国民会議発表によると二〇〇〇万名を超えた）●42、野球を楽しみながら同時に安保闘争に参加した人は相当数存在するし、実際に存在した。●43 安保闘争はまなじりを決した参加者ばかりではなかった。つまり安保闘争の高揚と大衆社会状況は矛盾しない。

むしろマスメディアの役割を考えれば、たとえば全学連主流派の〝激しい〟闘争が持った影響力こそ、極めて大衆社会的なものだった。かれらの「捨て石」的戦術が大きな意味を持ったことは事実だ。しかし、その行動や犠牲自体が政府に打撃を与えたというよりも、人々の関心を惹き同情を喚起する素材として流通したことが決定的だった。●44 つまり「ブント主義」を「捨て石」戦術による闘争参加者の「倍々ゲーム」を企図するものだとすると、●45「捨て石」が「倍々ゲーム」に帰結する前提条件には、メディアが発達し人々を巻き込む大衆社会状況がな

●41――杉山美智子「マイクの追った〝激動する十日間〟」四五頁『思想の科学』一九六〇年七月号
●42――前掲、公安調査庁『安保闘争の概要』九一頁
●43――前掲、杉山美智子「マイクの追った〝激動する十日間〟」および加藤秀俊「日常生活と国民運動」『思想の科学』一九六〇年七月号
●44――たとえば当時学生活動家だった小野田襄二は、一九五九年一一月二七日の国会突入をテレビで見て「興奮し、心に火が灯った」という。そして以下のように述べる。「二～三万の労働者・学生が国会に乱入とある。東京地評［東京地方労働組合評議会］による三万といえば、当時でいえばたかがしれた動員だ。……東京地評を主体とした、このちっぽけな運動が国会構内に乱入し、それが報道されることによって、すべてを一変させた。安保闘争における最大のアジテーターは、唐牛［健太郎・当時全学連委員長］というよりテレビ局であったことは間違いない」（前掲、小野田襄二『革命的左翼という擬制 1958～1975』一六七―八頁）
●45――蔵田計成「ブント主義をどう考えるのか、一つの試論（一）」『情況』二〇〇一年三月号
❖天皇明仁　一九三三～。在位一九八九～。

ければならない。

さらに言えば、そのような〝激しい〟闘争を引き起こした学生たちの存在様式自体、大衆社会的なものだったのではないか。久野収は安保闘争当時のブント指導部の若者たちについて、「みんな色彩感覚がすぐれ、スタイルがイカしたもんですよ」と評した[46]。あるいは大嶽秀夫❖はブントの「享楽性」を強調し、特に若い世代でそれが著しかったことを指摘している[47]。かれらが当時の若者風俗であったオートバイ集団「カミナリ族」に擬せられ「政治的カミナリ集団」と呼ばれたのも[48]、こうしたことの直感的理解に由来しただろう[49]。

以上のように、「日本ではじめての典型的な都市型の街頭闘争」だった[50]という意味で、安保闘争は大衆社会状況の産物だったと言えるだろう。

4 安保闘争の意味

安保闘争は、「民主勢力の前進」などと単純化できないし、「真の前衛」による革命でもなければ、「市民」の自立だったとも言えない。それらの要素を含んでいたとしても、一つの主体や動機に還元できるようなものではなかった。各主体がそれぞれの動機から関わり、結果的に意図を超える帰結を生んだ一つの混沌だった。

その意味で安保闘争は、多くの人が指摘しているようにある種の「祝祭」だった。だがそれは、自然発生したものでも「祝祭」を自己目的化したものでもなかった。あくまで、安保改定反対という目的に向う集団的努力が、その「祝祭」の場を準備した。だからこそ後の時代につながる人々や記憶、議論、影響を残せたように思われる。

●46――久野収『久野収　市民として哲学者として』毎日新聞社、一九九五年、二二六頁

●47――前掲、大嶽秀夫『新左翼の遺産』一四〇頁

●48――阿部行蔵・細野武男編『全学連――怒る若者』緑風新書、一九六〇年、八頁

●49――とはいえ、かれらは単なる「大衆」ではなかったことも重要だ。当時大学生は進学率一割の「エリート」であり、その大学生が命までかけて抗議行動をしているという認識は大きな影響力を持った。

●50――前掲、小野田襄二『革命的左翼という擬制　1958~1975』一五六頁

安保闘争は高揚したが新安保条約は成立した。岸は辞職に追い込んだものの自民党政権を倒すことはできず、結局自民党–安保体制は存続した。つまりこの意味で安保闘争は紛れもなく敗北だった。

しかし安保闘争は成果を生んだ。まず、闘争の高揚はその後の自民党政治の手を縛った。岸に代わって首相となった池田勇人❖は「低姿勢」で通し、また「所得倍増計画」によって「政治の季節」から「経済の季節」への切り替えをはかる。たとえば改憲の動きも、明文改憲路線は影をひそめ、自民党内では解釈改憲路線が主流化した。●51 安保改定は阻止できなかったが、「復古」的路線に大打撃を与えたという意味で、安保闘争は画期的な勝利だった。

さらにその「勝利」が、民衆による国会請願や包囲デモという形の表出によって獲得されたことも大きかった。これはそれ自体、「国民」の権利を大幅に保障した「新憲法感覚」●52の定着を意味した。そして安保闘争は単なる「騒乱」ではなく、総体としては民主主義の実践として位置づけられ記憶された。

おそらく一九六〇年当時、敗戦直後の混乱状況から一五年を経て、政治は再び人々から遠いものになっていたに違いない。安保闘争に参加して大きな連帯感を得た人たちの根底にあったのは、自らの手に政治を取り戻したという実感だったのではないか。それがたとえ一瞬の光に過ぎなかったにせよ、その意識は後の歴史につながった。たとえば六〇年代後半の諸運動が、安保闘争を肯定的な可能性として見るにせよ、「戦後民主主義」の限界を露呈させたものと見るにせよ、安保闘争への参照を盛んに行ったのも、安保闘争がその後の多くの闘争の「原点」となっていたことを示している。

約半世紀を経た現在はどうか。もちろん先に見てきたような、安保闘争を成立させてきた

●51——渡辺治『日本国憲法「改正」史』日本評論社、一九八七年

●52——松下圭一「大衆社会論の今日的位置」『思想』一九六〇年一〇月号

❖大嶽秀夫　一九四三〜。政治学者。『現代日本の政治権力経済権力』など。
❖池田勇人　一八九九〜一九六五。政治家。元首相（一九六〇〜六四）。

様々な条件・状況は一変した。だが、自分たちの手で世の中を変えるという経験はいつの時代にも必要だ。たとえば、選挙という政治参加だけで社会を「自分たち」のものにすることは可能だろうか。●53 こうしたことを問い直すためにも、安保闘争に改めて向き合うことが必要だと本稿は考える。

●53——二〇〇六年、岸の孫にあたる安倍晋三が首相となり「戦後レジームからの脱却」を掲げた。しかし翌年の参院選挙で大敗し、安倍は任期途中で政権を放り出した。安保闘争時の岸政権と並べてみると安倍政権の「二幕目の茶番」ぶりは興味深い。だが、両政権の歴史はもちろん様々に異なっていて、特に安倍を追い込んだのが、「民意」ではあっても「闘争」ではなかったことの意味は、決して小さくないように思われる。

＊編集部からは、原稿中の西暦に元号を併記してほしいとの要請があったが、本稿は西暦表記のみで一貫させる。なぜなら、元号は天皇の治世を区切りとしたものであり、歴史を連続したものとして捉えることを妨げる。また、元号という天皇制支配の装置を無批判に受け取ることは、「戦後」の可能性を汲もうとする本書の基本的な姿勢にもそぐわないものだと考える。

問題としての女性革命兵士——永田洋子と総括空間

北田暁大

1 「女性革命兵士」という問題系

ときに明瞭にすぎるぐらいに明瞭な言葉と理論によって、人びとがとまどい言葉を詰まらせてしまうような社会的事象を分析してみせてきた上野千鶴子。その上野がめずらしく、自らの立場どりの困難さを前に、やや言葉を詰まらせているようにみえる問題系がある。上野自身の言葉でいえば「女性革命兵士という問題系」である。

上野が一九七〇年代の女性兵士たち——永田洋子、浴田由紀子、重信房子——をめぐる本格的な考察を提示したのは二〇〇四（平成一六）年のこと。雑誌『現代思想』六月号に掲載された「女性革命兵士という問題系」という論文においてである。

もちろんそれ以前にも、連合赤軍にふれた上野の文章は存在していた。たとえば、一九九五（平成七）年の『諸君！』二月号に掲載された「連合赤軍とフェミニズム」という文章には、すでに「女性革命兵士」で前景化された問題意識の萌芽が見受けられる。しかしそこでとりあげられているのは〈男女平等を是とするなら、女性もまた軍隊に共同参画すべきと考えなくてはならないのか〉という問題、つまり「女性と軍隊」をめぐる問題であった。この問題については、上野はかなり早い時期から解答を出している。「戦争は『正気のさた』ではない、と女は

❖**永田洋子**　一九四五〜。連合赤軍中央委員会副委員長。リンチ殺人事件の首謀者として逮捕され、一九九三年に死刑が確定した。『十六の墓標』など。

❖**浴田由紀子**　一九五〇〜。東アジア反日武装戦線〝大地の牙〟部隊。

❖**重信房子**　一九四五〜。日本赤軍活動家。『十年目の眼差から』など。

きっぱりこの問いをさしもどすべきなのだ」[1]──つまり「Ｎｏ！」と。この解答は「女を男なみに、がフェミニズムの目標ではない」という年来の上野の主張から自然と導き出されたものといえる。正当化不可能な悪にフェミニズムがコミットする必要はない、ということだ。しかし「女性革命兵士」がとりあげている問題系は、それとは異質のものである。

だが、この問い［引用者注：女性は軍隊に参加すべきか否か］の背後に、澱のように淀んだもうひとつの問われない問いがあることに、わたしは早くから気がついていた。その問いに触れることは、わたし（とわたしたちの世代）にとって痛みを伴うタブーであり、長いあいだ問われないままに放置されてきた。それは国家暴力に女が動員できるならば、対抗暴力にも女は動員できるか？ という問いである。[2]

この上野の問いの差しだしかたに違和を感じる読者は少なくないはずである。解答のパターンはそれほど多くはないようにみえるからだ。つまり、対抗暴力も暴力である以上駄目、ということであれば答えは「Ｎｏ」だろうし、対抗暴力にもいいものと悪いものがある、というプラグマティズム（？）を採用すれば「Ｙｅｓ＆Ｎｏ」ということになる。対抗暴力万歳ということであれば、当然「Ｙｅｓ」ということになるだろう。問題はそれほど複雑であるようにはみえない。にもかかわらず、かつてあっさりと女性兵士の問題系に「Ｎｏ」と解答した上野とは思えない、ためらいに満ちた文章がつづられていく。どうやら上野にとって、女性兵士の問題系と女性革命兵士の問題系は微妙に異なっているものであるらしい。そのことは、かなり率直に書かれた告白によってあきらかになる。

1──『朝日ジャーナル』一九九一年二月一五日号

2──上野千鶴子「女性革命兵士という問題系」『現代思想』三二巻七号、二〇〇四年、四八頁

加納❖「実紀代」との対談で吐露しているように、わたしは対談に臨むにあたって今回はじめて永田洋子の『十六の墓標』上下、『続十六の墓標』等の関連文献を読んだ。わたしたちの世代にとっては七二年の連赤事件は、消すことのできない世代の汚点であり、歴史的なトラウマであった。率直に白状すれば、見たくない、聞きたくない、という拒否感が先に立って、わたしはこの問題に直面することを避けてきた。●3

しかも三〇年後に書かれた「女性革命兵士」論も、事柄を明快に、論理的に裁断してみせる上野節とは異なり、短いセンテンスでさまざまな事柄をめぐり逡巡しているようにみえる。その上野のためらい、とまどいの「根っこ」を私なりに強引に——現代思想風に——表現するなら、次のようになるだろう。

・対抗暴力を（部分的に）肯定する思想家は、「暴力／非暴力」という区別そのものが支配者のイデオロギー戦略の所産である、という。被支配者が「非暴力」の倫理的価値を信じるようになれば、支配者は「国家によって正当化された暴力」以外の暴力を徹底的に外部化することができる、というわけだ。
・「暴力／非暴力」というイデオロギー的区別に対して、かれらが差し出すのは「（暴力／非暴力）／対抗暴力」という区別である。この対抗暴力は「暴力／非暴力」というイデオロギー的な二項対立を「脱構築」する。
・いずれの区別にもジェンダーがかかわってくる。一般に「暴力＝男／非暴力＝女」というように、イデオロギー的区別はドミナントなジェンダー規範の再生産とかかわる。その区別を「乗り越えよう」として、「暴力＝女＋男」とするのが、軍隊の男女共同参画であるが、そう

●3——同、五六頁。かつて「七二年に連合赤軍が発生し、同世代のだれかれがショックを受けているときに、わたしは組織の持つ体質にとっくに醒めていた」（上野千鶴子「ひとりになること」現在を問う会編『全共闘からリブへ』インパクト出版会、一九九六年、一二六頁）と突き放すように語った上野の言葉である。もちろんこれは上野の日和見（！）的ゆらぎとして理解されるべきことではない。むしろ連赤事件という出来事、あるいは連赤によって極端な形で指し示される倫理を冷ややかにやりすごそうとする、かつての彼女の態度の徴候性をみるべきだろう。「醒めていた」という事実報告ではなく「醒めていたと思いたい」という事後の願望。その屈折した願望が解除されるまで実に三〇年の時を要したということになる。

❖**加納実紀代**　一九四〇〜。歴史学者。『まだ「フェミニズム」がなかったころ——1970年代女を生きる』など。

した方向性にフェミニストが賛成するわけにはいかない。一方、イデオロギー区別そのものの「脱構築」を図る「(暴力/非暴力)/対抗暴力」という区別もまた、ジェンダーから自由ではない。みずからの置かれた状況を例外化——非日常化——し、例外状態における対抗暴力の行使(テロ)を肯定する思想もまた、男性的であるからだ。
・フェミニズムは、軍隊の男女共同参画、ヒロイックなテロ肯定論のいずれをも回避しなくてはならない。だが、それは、イデオロギー戦略の所産としての「非暴力」と同じであってよいのか。それは「平和(非暴力)=女」という枠組みを再生産することになってしまうのではないのか。
かなり私の主観をまじえた粗い要約であるが、もし上野が「女性革命兵士という問題系」と呼ぶものが、右のようなものであるとするならば、まさしくこの問題系は、問いに答えようとする者を袋小路に追いやるものといえるだろう。対抗暴力の「脱構築」的契機に可能性を見出す人であれば、あるいは「女性的」な平和主義を肯定できる人であれば、そうした袋小路に入り込むことはない。フェミニストを自認する人たちのなかにも、そうした解決を受け入れる人もいるだろう。ただ上野は、そうした解決を拒む意志と思想の可能性をフェミニズムのなかに見出そうとしている。しかし、上野自身の論考が示しているように、この袋小路からの脱出は容易ではない。

この女性革命兵士という問題系、袋小路は、上野が述懐するように、すでに一九七〇年代において、一人の女性革命兵士の身体において、ひどく残酷な形で体現されていた。そしてまた同時期に「女」をめぐる思想と実践を深化させていた「闘士」においても、対峙すべき課題として受け止められていた。この二人、つまり連合赤軍の永田洋子とウーマン・リブの田中美津は、上野が提示した女性革命兵士という問題系に、おそらくは非常に近いところから取り組み始め、それぞれ異なる形で応答し、そしてまったく異なる帰結を生み出した。一方は計一二人の死者を出した「集団リンチ事件」の首謀者の一人として、戦後日本の凶悪犯罪史上に名を刻み、一方は一九七〇年代以降のウーマン・リブの先導者、八〇年代以降のフェミニズムの先行者として、女性史のなかで肯定的に位置づけられている。この二人は、実際に「丹沢ベース」で出会っていた。●4

もちろんこの二人が物理的に出会っていたということが重要なのではない。そうではなく、この二人が直面し取り組んだ諸々の問題の系が交差する地点に「女性革命兵士という問題系」がある、ということ、女性革命兵士という問題系を媒介としてかれらが思想的に「出会って」いたということが、ここで考えてみたいことだ。田中美津は、「男より、より主体的に男の革命理論を奉ろうとすれば、女はみな永田洋子だ●5」、「永田洋子はあたしだ●6」と言い放ち、三年後メキシコへとたった。なぜ「永田洋子はあたし」なのか。なぜ「女はみな永田洋子」なのか。その答えはおそらく、上野がためらいつつ語った「女性革命兵士という問題系」の近傍にある。

2 女性化される革命兵士

永田洋子は一九四五（昭和二〇）年二月八日、電気会社勤務の父親、看護婦の母親のもとに生まれる。けっして豊かな家庭ではなかったようで、「母は編み物の内職をし、父母が協力して生活を支えていた●7」という。中学校からは「捨我精進」、良妻賢母を教育方針に掲げる私立の女子校に通っており、数学と理科が得意で成績はいつも一〇番以内、「セーラー服のよく似

●4――「そういうミーハーだから、永田［洋子］さんたちに自分たちの山岳キャンプを見にこないかと誘われた時、ワーイと、サティアンを見に行った時のように行ったわけです。もうまったくの好奇心で。その頃永田さんが所属していた「京浜安保共闘」は猟銃店から銃を奪ったあとでした」田中美津『かけがえのない、大したことのない私』インパクト出版会、二〇〇五年、二七七頁。永田洋子の『十六の墓標』には、一九七一年の一〇月に「ウーマン・リブの田中美津さんに川島陽子さんと一緒に会った」とある（永田洋子『十六の墓標（下）』彩流社、一九八三年、四八頁）。永田のほうから「私たちの非合法の活動を見せてもいい」と言い、丹沢ベースに招待したようだ。すでに永田は週刊誌などでも過激派の「潜行女闘士」（『週刊サンケイ』一九七一年三月二二日）としてとり上げられ有名人になっていたので、当時の文脈を考えれば「ミーハー」という表現はさほど奇妙なものではない。

●5――田中美津『いのちの女たちへ』河出文庫、二〇〇一年、二五七頁

●6――『日本読書新聞』一九七二年六月一日

●7――永田洋子『氷解』講談社、一九八三年、四二頁

合う、地味な勉強家タイプ」であった。[8] 母親の望みもあり、大学受験では薬学系の大学を四校受けて三校に合格。共立薬科大学に進学する。大学では社会科学班というサークルに属していたが、社学同（社会主義学生同盟）の男子メンバーの影響もあり、社学同二派分裂後にマルクス・レーニン主義派（ＭＬ派）に加盟している。後に社学同ＭＬ派から抜け出た河北三男、マルクス主義戦線派から抜け出した❖川島豪によって結成された警鐘というグループに、大学卒業後、一九六七（昭和四二）年五月に参加する。この警鐘がいったん神奈川県の日本共産党造反派と合流し、分裂した後（一九六九年）結成されたのが、連合赤軍の母体の一つとなる「日本共産党（革命左派）」である。革命左派のリーダー川島の逮捕後、革命左派は❖坂東国男、❖森恒夫らの赤軍派と「共闘」するようになり、一九七一年七月「統一赤軍」を結成。後に「連合赤軍」と改名するこのグループが引き起こした惨劇については、誰もがよく知るところである。永田はその惨劇の「首謀者」の一人であり、二〇年にわたる「法廷闘争」の末、一九九三（平成五）年の最高裁判決で死刑が確定している。

「あさま山荘事件」後、山岳ベースでの惨事があきらかになるにつれて、この女性革命兵士の存在がメディア上で大きくクローズアップされることとなった。もう一人のリーダー森恒夫が一九七三年元旦に獄中で自殺しているため、正確な記事量の比較はできないが、事件発覚後のメディア報道をみると、世間が組織のトップである森恒夫よりも、永田洋子により大きい関心を向けていたことは間違いない。永田が女性であったこと、それが当時の言説空間の掛け金だ。永田は、未曾有の仲間殺し事件を引き起こした革命兵士として倫理的、道徳的に批判されたのではなく、過剰なまでのジェンダーをめぐる言説に囲繞《いにょう》され、女性として構成されていった。

当時のメディア言説の基本的なパターンは、永田の個人史的な事実を関係者に証言させ、そ

●8――『週刊大衆』一九七二年三月二〇日

●9――「大学時代の永田の行動は、

れをもとに連合赤軍事件そのものの原因を「女性性」へと帰着させていく、というものである。週刊誌などでは紋切り型というしかない、永田洋子論が反復されていた。その一つの典型が、女性の病気である（と書き手たちが考える）バセドー氏病を、「歪んだ性格形成」と結びつけるというものである。バセドー氏病という「女」の病気を介して、革命兵士、そして連赤事件の異常さは「女性化（feminize）」される。

　永田は大学入学後の一九六三（昭和三八）年ごろからバセドー氏病の症状に悩み、六六年に東京渋谷の専門病院で手術を受けている。「女性に多い」といわれるこの病気は、永田の凶行の遠因として繰り返し言及され続けていた[9]。また、バセドー氏病を直接に永田の凶行と結びつけない場合でも[10]、「永田の場合は、バセドウ氏病であなったのではなく、もともと性格異常だったのでしょう」という医師の言葉を受けて、「もともとヒステリーの強い女だったのだろう」「山中のアジトにこもってからの〝鬼婆〟ぶりは、たぶんにフラストレーションからのヒステリー症状だったといえそうだ」といった推論が展開されたりする[11]。その記事の締めは「今回の事件のカギは〝女〟ですよ。もっといえば、要するに思想面より、永田のギョロ目のコンプレックスが事件を引き起こした、といって過言ではない[12]」という犯罪心理学者のコメントである。

　バセドー氏病、女のヒステリー。革命兵士は、隠喩としての病を介して、法外な凶行に及んだ「狂人」としてではなく、「女性」として執拗に構成される。「暴力＝男／非暴力＝女」という境界区分を壊乱した不気味な他者は、「女であるにもかかわらず」ではなく「女だからこそ」信じがたい凶行に及んだのだと理解されていく。「理解可能な暴力＝男／理解不能な暴力＝女」という区別が導入され、世界の理解可能性が担保される。想像を絶する信じがたい凶行

はっきりしない。ただ確かなことは、大学時代にバセドウ氏病の症状がでてきたことだ。甲状腺ホルモンの異常分泌で、首に甲状腺腫ができ、眼球が飛出す、女性に多い病気である。この病気が進行すると情緒が乱れ、多弁になる」『週刊朝日』一九七二年三月三日

●10――両者の関係をほのめかすような記事もある。たとえば、「バセドー氏病患者なら誰もが異常行動に走るというのではない」と周到に但し書きを添えつつ、「一般的にいって、病気が直って［ママ］も分裂気質とか自己顕示欲はあとまで残るようです。（中略）統計的にそんな結果が出ているわけです」という医師のコメントを載せる（『週刊ポスト』一九七二年三月三一日）。

●11――『週刊大衆』一九七二年三月三〇日

●12――同

❖**川島豪**　一九四一〜九〇。新左翼活動家。『いま語っておくべきこと――対談 革命的左運動の総括』（共著）。

❖**坂東国男**　一九四七〜。連合赤軍幹部。『永田洋子さんへの手紙』など。

❖**森恒夫**　一九四四〜七三。連合赤軍中央委員会委員長。東京拘置所で拘置中に自害した。『銃撃戦と粛清』。

であったからこそ、その犯人は理解不能な暴力をもたらす女でなくてはならなかったのだ。一方の森の狂気は「永田洋子に動かされていたんじゃないか」（高校の同級生の発言[13]）という形で凡庸化されたりする。

革命兵士の女性化は「下世話」な形で展開されていた。下世話な語り口で永田を女性化する挙動はあまりに過剰で、あたかも事件の深刻さを必死に否認しようとしているかのようだ。「身長一五〇センチぐらい、丸顔、色黒、ギョロ目。上歯がやや突き出た感じ」――この指名手配書の人相記述は、一連の永田報道のなかで、幾度となく引用されている。「一ブス、二チビ、三カッペ、四ミズテンで五がヒステリー」という「過激派女闘士の五条件」のうち、「四条件にかなう女闘士[14]」である永田洋子、その永田の女性的なコンプレックスの所産が連赤事件である……。こうした説明図式は、当時それなりの信憑性を得て流通していたようだ。「殺された女は、いずれもなかなかの美人なんだな。金子みちよ❖は、背は高いし、スマートだ。大槻❖節子も、ハデで男好きのする顔をしていて、チヤホヤされる。不美人で、これまであまり男にモテたことのない永田にはシャクのタネだったろうね[15]」。永田の凶行は一般的な意味では「女らしく」ない、しかしそれは同時に、「ブスのルサンチマン」の発露――「永田は仲間のカップルの〝仲良さ〟がシャクでたまらなかったのに違いない[16]」――という意味では「〝女〟らしかった[17]」というわけだ。

また、女性兵士は女性化されるとともに、過剰に性化（sexualize）されてもいる。週刊誌でしばしば言及されているのが、一九七〇（昭和四五）年に川崎市で❖坂口弘と同棲を始めた頃の性生活である。「夜中か明け方に帰ってくると、必ずアレが始まるんですよ。それも女が泣き叫ばんばかりの激しさで一時間も続く[18]」。何かしらの能動的な行動をとる女性を「性化」す

●13――『ヤングレディ』一九七二年三月二四日

●14――『週刊文春』一九七二年三月二七日

●15――『週刊サンケイ』一九七二年三月三一日

●16――『週刊大衆』一九七二年三月三〇日

●17――同。また『週刊現代』の一九七二年一〇月五日号の記事「永田洋子と坂口弘が獄中秘密結婚」には「同志の恋愛、結婚には、〝規律を乱す〟との理由から血の粛清をも辞さなかったリンチの女王も、しょせんは女だった」とある。

●18――『週刊明星』一九七二年四月二日。この証言をしている隣室住

ることによって、戯画化したり、嘲笑して見せたり、あるいは恐れてみたりする、というのは現在でもままみられる言説の方法論であるが、この時期はウーマン・リブの立ち上がり期でもあり、それらを「フリーセックス」を志向するものとして理解・処理しようとする方法論が存在感を獲得しつつあった。[19] 永田もまたその方法論にのっとり「処理」されていたわけである。

　普通の意味では「女らしく」ないが、容姿コンプレックスを持つ女としては「女らしい」。性的な魅力に欠けるが、性的に奔放。――「女ではないが、しょせん女」。そうした屈折したラベリングによって、革命兵士は女性化・性化されていく。女性革命兵士は、女であると同時に女ではない、という奇妙な身体性を与えられたのである。この言説の舞台上では、小役人でしかない森恒夫は後景に退き、ひたすら永田に注目が集まる。それとともに連合赤軍事件は「女の犯罪」として認知されることとなる。「大部屋の〝兵士〟たちを夫婦や愛人同士で寝かさず、リンチで殺害した死体を裸にし、アタマまで丸坊主にする……こんな陰湿で手の込んだ発想は、女性特有のものではあるまいか」[20]。「過去の集団殺人――たとえばアル・カポネの場合、寺田屋騒動、新撰組の仲間割れをみても、こんどのような残虐な殺し方はない。しかも、ハダカにして埋めるなどは、きわめて女性的です」[21]。このコメントを寄せた犯罪心理学者は、閉鎖的な状況における、永田の他の女性の出産、愛情関係に対する憎悪が事件の引き金になった、つまり「最後に残虐さを説明するのは『女』だ」という。

　そうした言説の運動の帰結としてあったのが、一九八二（昭和五七）年東京地裁判決であろう。

　被告人永田は、自己顕示欲が旺盛で、感情的、攻撃的な性格とともに強い猜疑心、嫉妬心

民は連赤事件以前にも『週刊サンケイ』（一九七一年三月二二日）や『週刊現代』（七一年三月二五日）の取材に応じ、川崎時代の永田・坂口の性生活などについて語っている。

●19――リブのなかでは、フリーセックスは厳しく批判されている（田中美津「便所からの解放」溝口明代・佐伯洋子・三木草子編『資料日本ウーマン・リブ史Ⅰ』松香堂書店、一九九二年、二〇六頁）。

●20――『週刊新潮』一九七二年三月二五日

●21――『サンデー毎日』一九七二年三月二六日。同誌は四月二日号でも、「人気女流作家」戸川昌子に、「女は非論理的だし、ものを近視眼的に見る。怨恨的なところもある。ヒステリーになると、男とちがってブレーキがきかずに突っ走る。だから、あの死のリンチに女の本質が見える」と「認め」させている。

❖**金子みちよ**　一九四八〜七二。新左翼活動家。同志によるリンチで殺害された。

❖**大槻節子**　一九四八〜七二。新左翼活動家。同志によるリンチで殺害された。『優しさをください――連合赤軍女性兵士の日記』など。

❖**坂口弘**　一九四六〜。新左翼活動家。リンチ殺人事件の首謀者として逮捕され、一九九三年に死刑が確定した。『歌集 常しへの道』など。

を有し、これに女性特有の執拗さ、底意地の悪さ、冷酷な加虐趣味が加わり、その資質に幾多の問題を蔵していた。[22]

革命兵士は、そして連合赤軍事件はかくして徹底的に「女性化」された。永田は暴力そのものを脱構築する法外な暴力＝対抗暴力の純粋な主体としてではなく、対抗暴力の例外事例、まさしく「女性」革命兵士として言説のなかに登記される。連合赤軍事件も、テロリズム＝対抗暴力としてではなく、女性性という不純物がまじった特殊的・例外的事故＝「女の凶行」へと還元される。その還元の典型が、赤軍派議長塩見孝也❖の永田批判である。「[金子の]母体と胎児を分離させるなんてのは、……子供を産めない永田君の強烈な嫉妬心であったことははっきり理解できる」。「女性そのものを発揮できない肉体的条件を含んでの永田君の疎外された歴史を問題にせざるをえない」[23]。

法の番人たる裁判長と、法を超える正義（対抗暴力）を追求する赤軍派の認識は、奇妙にも永田批判の文脈で接合する。永田の存在を「女性化」することによって、連合赤軍事件は「間違った（不純な）対抗暴力」として外部化され、「正しい対抗暴力」のほうは温存される。女による対抗暴力の不可能性——女は革命兵士になれず、あくまで女性革命兵士でしかありえない——をいう点において、法の番人と法外の対抗暴力とは手を組むことができるのである。

永田の前面化と森の後景化というのは、むろん森の自死ゆえにという側面はあるが、ようするに性をめぐる言説闘争の帰結だったのである。[24]

●22——判決要旨『読売新聞』一九八二年六月一九日

●23——前掲、永田洋子『氷解』、三一頁

●24——そのことに気付いていたからこそ、ウーマン・リブのなかから、連赤事件報道への「文句」も提示され（前掲、溝口・佐伯・三木編『資料日本ウーマン・リブ史Ⅰ』四〇

③ 連合赤軍とジェンダー

連赤事件、永田洋子という存在は、事件後、権力によっても、反権力によっても「女性化」される。そのことによって権力も社会も反権力も安んじて山岳ベースにおける過剰な出来事＝総括を理解することができる。では、総括には本当にジェンダーが関係していたのだろうか。私自身の暫定的な答えは「Ｙｅｓ＆Ｎｏ」である。部分的な「Ｙｅｓ」にしても、「女性特有の執拗さ、底意地の悪さ、冷酷な加虐趣味」を事件のなかに見いだす、ということではない。永田の個人的資質、性向には還元できない性の政治学を私たちは確認しておかなくてはならない。

ジェンダーと連赤事件の関連をみていくうえで重要な示唆を与えてくれるのが、大塚英志❖の『「彼女たち」の連合赤軍』である。この著書のなかで大塚は、統括の端緒となった遠山美枝子❖批判が、化粧をする、指輪をする、髪を伸ばしているといった女性的なしぐさへの言及から始まっていることに着目し、連合赤軍における「女性性否定という奇妙な思想●25」の持つ意味を考察している。連合赤軍――というよりは森――は、「共産主義化」の理念のもと、当時芽生えつつあった消費社会的な感受性（消費によって実現されるかわいらしさを肯定する感性）を排除しようとした。連合赤軍の女たちの多くはそうした感受性の忌避に抗う「充分なことば」を持っておらず、それが連合赤軍の悲劇の要因になった。永田と殺された女性たちを隔てているのは、思想路線の対立などではなく、両者の対立を左翼思想の言葉によってしか説明できない思考の枠組みと、消費社会的感受性へと通じる感覚であった――大塚はこのように分析する。「革命兵士の女性化」言説とは異なる地平において連赤事件におけるジェンダーの問題に踏み

九頁）、「連赤の思想じゃなくて、女だからといって罰せられる、その女を支援する」（前掲、現在を問う会編『全共闘からリブへ』二三一頁。森節子の発言より）「女性被告救援を通じてコトの本質にいくらかなりとも迫る会」が立ち上がったのである（溝口・佐伯・三木編『資料日本ウーマン・リブ史Ⅱ』松香堂書店、一九九四年、八一頁）。

●25――大塚英志『「彼女たち」の連合赤軍』角川文庫、一九九六年、一六頁

❖**塩見孝也**　一九四一～。元共産同赤軍派議長。『赤軍派始末記』など。

❖**大塚英志**　一九五八～。評論家・漫画原作者。『「彼女たち」の連合赤軍』など。

❖**遠山美枝子**　一九四六～七二。新左翼活動家。同志によるリンチで殺害された。

込んだ大塚の議論は示唆に富むものだが、ここでは、「消費社会的感受性」とは異なる議論の文脈において、連赤事件とジェンダーの関係を考えてみたい。それは、大塚がおそらくは意図的に議論の枠から外しているウーマン・リブの存在ともかかわってくるだろう。

大塚も指摘しているように、永田は連合赤軍時代以前に「フェミニズム体験[26]」を経ている。一九六七年に永田は警鐘に加盟するのだが、そのさい何よりも注目したのが「婦人解放」を掲げていたことであったという。新左翼の諸党派が婦人解放をいうようになったのは、ウーマン・リブの影響を受けた女性活動家たちの女性差別批判を受けてのこと、と理解する永田にとって、警鐘が婦人解放を掲げていたことは「それなりに画期的なこと」と映ったようだ[27]。革命左派結成後は、共産主義婦人解放同盟を結成、さらに一九六八（昭和四三）年九月に反戦平和婦人の会を結成し、「新日本婦人の会が牛耳る『母親大会』に対抗して『闘う母親大会』をかちとる準備に加わって」いる[28]。『十六の墓標』のなかでは、警鐘も共産主義婦人解放同盟も「エセ『婦人解放』」と呼ばれているが、そうした組織へのコミットが、当時の永田なりの「婦人解放」への志向に裏付けられていたことは間違いないだろう。

こうした活動にかかわるなかで、永田は当時の（新）左翼運動のなかに存在していたジェンダー問題に自分なりの解答を与えていくこととなる。

永田自身が述懐するように、当時の新左翼運動のなかにおいて、ジェンダーの問題は重要なアジェンダ（議題）として現れながら、明確な言葉を与えられず隠微に抑圧されていた。警鐘での共同生活について永田は、「男女の協力は名ばかりで、結局は、男性の指導者が、女性に、活動を名目にして自分たちの生活の世話をさせることでしかなかった」と一九八二年に出された著書のなかで述べている[29]。そこで描かれている「エセ『婦人解放』」の姿は、一九七〇年代

●26——同、七五頁

●27——前掲、永田洋子『氷解』九五頁

●28——同、一〇六頁

●29——永田洋子『十六の墓標

初頭にウーマン・リブによって告発された活動家の生態そのものであった。

> 革命家ぶった男の活動資金稼ぎに始まって家事、育児等々の重い日常性を何の疑問もなく(少し位のやましさは免罪符にもならない)女にしわよせさせ、自らは氷山の見える部分だけで革命論、戦略、戦術を構築し、「結婚するなら運動やってない娘」という同志?の言葉もあいまいに聞き流し、会議の席上では国際プロレタリア主義、ベトナムへの連帯となめらかに語り続けてきた男を階級矛盾に規定された敵対矛盾として、革命派内部の男女差別を根底的に告発せねばならない。●30

「ぐるーぷ・闘うおんな」は、この敵対矛盾を、「観念の上で作り上げられた男の非日常的理論=革命へのもっともらしいさまざまな講釈のまえに、女は貝に、壁の花になるか、又は男のコトバで語り、男並みにガンバルことで男=闘いの通行キップを手に入れるか、の二者択一を迫られる者として存在し、存在させられた」と説明する。ここでいわれているのは、冒頭に述べた「女性革命兵士という問題系」の入り口にある問題である。非日常=革命(対抗暴力)を構成する男の論理は、女に、革命兵士に尽くす「カワイコちゃん」になるか、男なみの「カクメイ派」になるか、という二者択一を突きつけてくる。共産党のハウスキーパー制以来――いやそれ以前から――の左翼的な革命ロマンティシズムのなかで反復されてきた問題である。●31

後に述べるように、ウーマン・リブはこの二者択一の問いの構造そのものを解体することを目指すのだが、永田は――少なくとも主観的には――「カクメイ派」としての自覚を徹底することによって、この問いに対処しようとした。「私は、政治活動にかかわるなかで、まず人間

(上)』彩流社、一九八二年、四四頁

●30――ぐるーぷ・闘うおんな「ごまめの歯ぎしりを女兵士に止揚せよ！」前掲、溝口・佐伯・三木編『資料日本ウーマン・リブ史I』二三〇頁

●31――永田は、福永操『あるおんな共産主義者の回想』(れんが書房新社、一九八二年)を参照しつつ、次のように述べている。「組織による見合い制の結婚、ハウスキーパーと称する女による男の非合法生活の支え、極左方針、獄中の指導者の偽装転向や奪還要求、女性差別や女性利用……など、私たちが直面したのと同じ問題がすでに戦前日本共産党においてあったことを知ることができる」。前掲、永田洋子『氷解』、二五四―五頁

として生きることができてこそ、初めて女性としても生きられるのだ、という思いを強くもつようになった。このことは、男性中心の左翼のなかで、女性が男性に負けずに活動していく一つの思想的原動力であった」[32]。後に永田は革命左派のリーダー川島に強姦されるのだが、「それまで以上に、革命左派の党派活動をし、それによって、この問題を正しく解決する方向をさぐり、私自身が受けた打撃を克服していくべきなのだ」と思い、「暴力的性行為によっても動揺しない自立した女性」となるべくがむしゃらに極左的な武装闘争にかかわっていったのだという[33]。「みじめになりながらこのみじめさを直視しなかった」永田は、「みじめさ」を、自らの身体・性から意味を剝《は》ぎ取り、性行為一般を無意味化することによって解消しようとした。永田の「婦人解放」への志向は、性と意味を脱色されたカクメイ派の身体を求めざるをえない状況のなかで、微妙に屈曲していく。

それでは、連赤事件は、こうしたカクメイ派女の永田と「カワイコちゃん」たちとの齟齬《そご》が生み出した悲劇であったのだろうか。そうであった可能性は否定できない。女性的な身体を手放さない遠山への批判が一連の総括の端緒になったのだから（それは永田も認めている[34]）。そう考えるなら、本節冒頭の問い——総括にはジェンダーが関係していたのか？——に対する答えは「Ｙｅｓ」となる。

4 ゾンビたちの連合赤軍

しかし、あらためて確認するまでもなく、総括では男たちもまた「敗北死」している。総括は「カクメイ派対カワイコちゃん」の対立軸で理解するには、いささか過剰な要素を内包して

●32——前掲、永田洋子『十六の墓標（上）』四五頁

●33——同、七〇頁

●34——前掲、永田洋子『十六の墓標（下）』二五八頁

●35——絓秀実『革命的な、あまりに革命的な』作品社、二〇〇三年

いるように思える。総括は「カクメイ派」による「カワイコちゃん」の締め上げというよりは、むしろ独特のやり方で、「カクメイ派」／「カワイコちゃん」の二項対立を「止揚」しようとしたものとはいえないだろうか。森や永田が体現していたのは、たんなるカクメイ派の身体ではない（そういう人であれば当時山ほどいた）。カクメイ派の身体をさらに抽象化させ、意味を極限まで飽和させた地点に成り立つ身体、批評家の❖絓《すが》秀実がいう「ゾンビ」のような身体を、かれらは志向していたのではないか。[35]

総括というのは、一般的な用法では、自分がかかわった何らかの出来事の成果（失敗）を反省する、といった程度の意味を帰せられる言葉だろう。[36]ごく平たくいってしまえば、「反省」のことである。左翼活動、学生運動のなかでは通常、組織的行動の事後的な反省のことを意味していたが、個人の挙動、個人と組織の関係・思想との関係についての反省を意味することもあった。個人的な要素が強くなる場合には自己批判などとも呼ばれている。自己批判を思想的に展開したともいえる全共闘の「自己否定」という言葉が、広くエリート学生運動家の間で用いられていたことからもわかるように、左派的な運動の領域において、思想・組織と個人との関係を問い返す反省＝総括そのものは、それほど珍しいものではなかった。[37]

しかし、連合赤軍の総括はそうした穏当な反省にとどまるものではなかった。語の本来の意味からして、反省というものは、反省する者が参照すべき準拠枠組みがなくては実行することができない。準拠枠組みなき反省などというのは語義矛盾にほかならない。ところが、連合赤軍の総括要求とは、そうした不可能でしかない、準拠枠組みなき（無限の）反省を要請するものであった。一応「革命戦士の共産主義化」という準拠枠組みらしきものは提示されている。しかしそもそも共産主義化というものが、どうにもつかみどころのない、実体が不分明な

●36——公安警察の昇進試験の参考書『わかりやすい極左・右翼・日本共産党用語集』にも、「革新政党、労働組合、学生組織などが一つの闘争が終わった段階あるいは大会の時期などに、それまでの活動をしめくくる意味で成果や欠点を明確にさせること」とある。警備研究会『わかりやすい極左・右翼・日本共産党用語集』立花書房、二〇〇一年、一五三頁

●37——総括と自己否定という言葉が、比較的近接した言説の領域において機能していたという点については、次のような植垣康博の証言を参照。「…このことは、山岳ベースで『共産主義化の闘い』として行われた『総括要求』についても言えることである。というのは、『共産主義化』ということは、あの時突然出て来たことではなく、当時の闘いの中でいろいろな組織によって様々な形で言われていたことであったからである。『主体的なプロレタリア的人間の創出』『共産主義的人間関係の構築』『階級形成』などがそうである。『自己否定』の思想もそれに類するであろう」。植垣康博「『共産主義化の闘い』は新たな課題への挑戦だった」『情況』二〇〇八年六月号、一一八頁

❖**絓秀実**　一九四九〜。文芸評論家。『1968年』など。

――しかしそうであるがゆえに強烈に志向される――準拠枠組みであった。「共産主義化」とは、森の言葉を用いていえば、主体が「相互批判‐自己批判の同志的な組織化」[38]を通して、革命兵士にふさわしい身体性を獲得していく過程のことなのだが、その指示対象は絶望的なまでに曖昧である。[39]

共産主義化という特定化不可能な目標＝無限遠点に向けて、「個々人が各々自己の経験を提出し、それを相互に批判、追体験し合う事によって全体で共有してゆく」[40]総括＝反省が、トリヴィアルな個人史的告白を契機に展開されていく。成功／失敗の規準となる準拠枠組みが存在しない以上、総括は原理的に終わりというものを知らない。どのような個別の、それなりに真摯な反省も、総括しえていない証拠なのではないかという嫌疑をかけられてしまう。「総括を要求された時、自分のそれまでの活動が誤っていたといったん認めると、さらに追及されるんですね」[41]。当初化粧をしていること、指輪をしていることなどで総括要求された遠山美枝子は、総括ができていないとされ、総括をはたすため❖小嶋和子の死体を埋めにいかされる。しかし今度は死体を埋めたことを怖れていないという理由ならぬ理由でさらなる総括を求められる。遠山が何か反省めいたことを語れば語るほど、その反省の欺瞞性への懐疑が差し出され、総括の空間は引き伸ばされていく。

「誤りは、誤った闘争路線に基づいていたことにあるだけでなく、批判、総括要求に政治的な基準を与えなかったことにある」[42]――永田は後にこのように語っている。総括には政治的・思想的基準がなく、達成水準が曖昧であるにもかかわらず、あるいはそうであるがゆえに、主体に反省をたえず迫る。必然的に反省の「素材」はトリヴィアになっていく。たどりつけない共産主義化の地平に向けて、本質的に深みを持ちえないトリヴィアルな私的な事柄が「深み」を

●38――森恒夫『銃撃戦と粛清――森恒夫自己批判書全文』新泉社、一九八四年、一二頁

●39――「共産主義化の地平では、総括の必要な人間は縛られてもそのことに気をとられず総括に集中しなければならない」（前掲、永田洋子『十六の墓標（下）』一七三頁）、「僕は共産主義化の観点からタバコをやめる」（同、一六〇頁）、「共産主義化の観点からすれば、自分の女房と子供を山に連れて来るのは当然だ」（同、一六一頁）。――このように融通無碍に語られる共産主義化の観点の思想的エッセンスを特定することは不可能である。

●40――前掲、森恒夫『銃撃戦と粛清』一五四頁

●41――植垣康博『連合赤軍27年目の証言』彩流社、二〇〇一年、三九頁

●42――前掲、永田洋子『氷解』二三八頁

求められていく。いや、実存的な「深み」は逆に「ブルジョア」的なものとしてさらなる総括を呼び起こす契機となっていた。父の自殺後「母が苦労して私たちを育ててくれた。それでいつか母を仕合わせにしてやろうと思って、階級闘争をやってきた」[43]という遠山のそれなりに感動的な自己批判は「父を馬鹿だというが、そんなことをいう資格がおまえにあるのか」[44]と一蹴され、短大時代の小嶋の強姦体験の語りも、「小嶋が見知らぬ男から強姦されたと話し出したのは、自分をヒロイズム的に描くお話がしたいからや」[45]と了解される。一方で「革命兵士になって頑張る」という決意表明も「そんなのは総括じゃない!」と一喝される。実存の吐露も集団への忠誠も総括を担保してくれない(したがって、それは「日本的集団主義」などでは断じてない)[46]。「総括が何だか分からなくなった」[47]という坂口弘の感覚は、多くの兵士たちに共有されていたものだろう。森自身、「何が総括か自分で考えろ!」[48]と言っているのである。

共産主義化とは、その内包的な定義にかんしていえば、革命を志す精神とそれを遂行する身体(肉体)の一致、人と銃の結合である。その理想形態は、死を恐れることのない、あるいは死ぬことによって革命に寄与する革命兵士の身体である。死においてのみ、総括における精神と身体との「弁証法的」矛盾は解決されうるのだ。しかし絓秀実が指摘するように、いかに総括を突きつけたとしても「その者がはたして死を賭しうる主体であるか否かは、絶対に証明され」ることはない。というのも、「もし真に死を賭したとすれば、その者は死んでおり、生き残った者は、結果として死を賭しえなかった存在以外の何ものでもない」[49]からである。生きながらにして「死を賭している」と認定されうるような主体は、まさしくゾンビと呼ばれるべきだろう。定義上ゾンビである、つまり「共産主義化を獲ち取」った[50]——ゆえに総括の必要がない——とされる永田と森以外の兵士たちには、絶対に不可能な総括の証明——死——に向けて

●43——前掲、永田洋子『十六の墓標(下)』二五〇頁

●44——同、二五〇頁

●45——同、一七四頁

●46——後に「間人主義」論にもとづく日本人論の著作を上梓することになる浜口恵俊は、「あの事件は異常心理とか、人間性喪失とかいう個人の問題ではない。むしろ日本人が集団生活を営むときのパターンが典型的にあらわれたのです」と分析している。『サンデー毎日』一九七二年四月二日

●47——坂口弘『続あさま山荘1972』彩流社、一九九五年、二〇八頁

●48——前掲、永田洋子『十六の墓標(下)』二一二頁

●49——前掲、絓秀実『革命的な、あまりに革命的な』二七八頁

●50——前掲、永田洋子『十六の墓標(下)』一五九頁

❖**小嶋和子** 一九四九〜七二。新左翼活動家。同志によるリンチで殺害された。

挑み続けるか、敗北死するしかなかったのである。

森（というよりは総括という社会空間）が突きつけた総括要求はしたがって、本質的に解決不可能なものであった。「生きよ」とも「死ね」ともいわない。生きながらにして死ね、と命ずるのだ。性についても同じことである。総括空間は「男なみになれ」とも「女として生きよ」ともいわない。森は「女が男に対して無意識に行う〈女〉の顕示を克服しなければならない」というが[51]、それは「男なみになれ」というのとも違う。「主婦きどりであること」「女学生的」であることが批判的に扱われる一方で「官僚的で表面的な厳しさのみを求めること」も同時に批判される。[52]「ゾンビになれ」。それが森の命である。だからこそ男性兵士たちも死なねばならなかったのだ。その意味でゾンビを招来する総括空間には「性差」は存在していない。

永田は、「遠山さんは、女性らしさを捨てて人間らしく活動しようとすることは、『中性の怪物』となって『人間味のない政治』を推し進めることにしかならないことを理解していた」とし、「ここに、遠山さんと私の決定的な違いが」あったとしているが[53]、この中性というのは、「男なみの女」というのとは微妙に、しかし決定的に違っている。「中性の永田」対「女の遠山」というのではない。小嶋の死体を運び殴打するなど、遠山は遠山なりにゾンビになろうと努力していたし、杉崎ミサ子や金子みちよも「革命兵士」になるために離婚すると表明していた。[54]アイスピックで数回刺されても絶命しなかった寺岡恒一にとどめをさすべく、首の付け根を突き刺したのは「革命左派のある女性メンバー」[55]であった。けだし、永田は死んでいった女性たちよりも相対的にゾンビに近づいていたにすぎない。

総括空間の端緒はジェンダー的な、トリヴィアルな事柄だったかもしれない。しかし、総括はいったん自己運動を始めると、genderless なゾンビ的身体を目指す無限の反省空間を形成し

●51——前掲、永田洋子『氷解』一九八頁

●52——前掲、永田洋子『十六の墓標（下）』三二五頁

●53——同、二五八頁

●54——同、一九六頁

●55——前掲、坂口弘『続あさま山荘1972』九二頁。

ていく。「男性への依存関係を通して社会的な関係をとり結ぶよう強要されてきた女性の共産主義化－革命戦士としての自立は、無意識的になされる男性に対する〝女性〟の顕示をも止揚していかねばならない困難な闘いであり、男性以上に女性が主体的に押し進めなければ勝利－獲得しえない闘いである」[56]。このもってまわった森の言葉は、「男より、より主体的に男の革命理論を奉ろうとすれば、女はみな永田洋子にならねばならない」という命法に変換することができる。そこで求められているのは、「女が男なみになること」ではなく、自己準拠的な総括の空間を再生産する genderless なゾンビになること――「女の革命家から革命家の女へ」[57]――であったのだ。このゾンビの身体性の不気味さを、「男なみの女だが、しょせん女」というように女性化、性化することによって、解消しようとしていたのが、永田洋子の個人史をめぐる過剰なまでの言説群であった。

ゾンビ的身体の獲得。それは、法的・倫理的な意味において完全に間違ってはいたものの、論理的にはありうる「女性革命兵士という問題系」への解答であった。その解答は「カワイコちゃん」／「男なみの女」という対立図式をラディカルに拒絶する。論理的、潜在的には、当時、「男より、より主体的に男の革命理論を奉ろう」とする女たちすべてに開かれた解答であったといえるだろう。

5 自己肯定としての自己否定としての総括

上野千鶴子がとまどいを隠さない女性革命兵士という問題系を、（森、永田という個人ではなく）総括という社会空間は、あまりに性急に、そしてグロテスクな形で解決しようとしてい

●56――前掲、森恒夫『銃撃戦と粛清』八七頁

●57――前掲、永田洋子『十六の墓標（下）』一九六頁

❖**杉崎ミサ子** 一九四八～七二。新左翼活動家。同志によるリンチで殺害された。

❖**寺岡恒一** 一九四八～七二。新左翼活動家。同志によるリンチで殺害された。

た。田中美津が「永田洋子はあたしだ」というとき、それは連合赤軍の女たちが突きつけられた問題系に自分もまた直面しているということ、そしてその問題系への連赤による解答の（倫理的というよりは）論理的な可能性をみないことにはできない、ということを意味していたと考えられる。

もちろん田中、そして田中を含むリブは、永田とまったく異なるラディカリズムをもってこの問題系に取り組んでいる。その方法論をごく粗くまとめるなら――森の問いかけに性急な答えを出さないこと、その問いの前で「とり乱す」自分自身の姿を、特定の出来合いの「正解」によって否定することなく、そのものとして受け止め続け、そうすることによって問いの構造そのものを解体していくこと、このようにいえるだろう。

革命という政治的な非日常性（例外状態）を自己否定という振るまいによってたえず作り出しつつ、その例外状態へのコミットメントに陶酔する男たち（と「男並みにガンバロウとした一部の女たち」[58]）への根底的な批判である。「母」か「便所」かを迫る思考と実践の総体へと向けられた「便所からの解放」、「みじめさへの居直り」、そして「とり乱し」の引き受け。それは自己否定しうるような自己を持ちえない（ことになっている）ポジションを否定するのでも、みないことにするのでもなく、「『ここにいる女』としてその矛盾を引き受けるところから出発[59]」するということである。自己否定＝反省によるポジショニングへの問いの形式と、政治的な非日常性を特権化する対抗暴力の論理のいずれをも拒絶しつつ、「なんとか自己肯定を見出していく」こと――「敗北しぬくこと」としての闘い。[60]それは連赤事件において悲劇的な形で現象した「女性革命兵士という問題系」に、自己否定の純粋形としての総括という形式においてではなく、向かい合っていく方法倫理であった。[61]

●58――前掲、田中美津『いのちの女たちへ』二一八頁

●59――前掲、田中美津『かけがえのない、大したことのない私』八七頁

●60――前掲、田中美津「便所からの解放」溝口・佐伯・三木編『資料日本ウーマン・リブ史Ⅰ』二〇六頁

●61――「自己否定を重ねたあと男たちは、闘争に行き詰まり、挫折す

田中が深くかかわった「ぐるーぷ・闘うおんな」の、連赤事件の一年ほど前の日付をもつパンフレットには「女は、内なる『革命家』幻想＝男らしさ幻想を解体し、〈女であること〉を否定せず、〈女であること〉に媚びず、〈女であること〉の根底を問いつつ、自らを世界革命戦争を切り拓く革命主体として創出させることを目的意識的に追求せねばならないのだ」とある。●62 田中は「奴隷にとって、自己肯定なき自己否定は、『死』以外のものではな」いといっているが、●63 革命主体としての自己を永田はまさしく、「死」（ゾンビ化か革命死）によってのみ完遂される総括、自己目的化した「自己肯定なき自己否定」によって獲得しようとしたのだといえよう。観念の世界で政治権力に行き着く男革命家幻想のもとで女たちは「可愛子ちゃん」と「ゲバルト型」にわかれ、「最も価値ある殉死」を競い合う。「永田洋子は、後者をつっ走って自己肯定の場をみつけようとした」●64 というのが田中の見解だ。いわば永田は自己肯定のために、つまり殉死を拒絶するために、「自己肯定なき自己否定」＝総括を徹底させ、「男なみの女」を越えるゾンビ的な死せる身体の獲得を目指したのである（「女性そのものを発揮できない肉体的条件を含んでの永田君の疎外された歴史」を問題化するという塩見の図式は、ゾンビ化を「女の殉死」と読みかえることで、「正しい」「男の」対抗暴力を温存するものであったといえよう）。

　自己肯定なき自己否定による「死」を遂行した永田と、それに抗った田中。生み出した帰結をみるかぎり、その間にはむろん絶対的と形容すべきほどの隔たりがあるのだが、一九七〇年前後の言説の時空において、「女性革命兵士という問題系」――女を対抗暴力とのかかわりあいにおいて二極化し袋小路へと行き着かせる――に直面し、試行錯誤していたという点においては、文字通り「同志」であったといえる。

るものあり、武闘闘争に走るものあり。／人間として生きるための出口を見失った男たちとは違って、類としての「女」性には、「自己否定」どころか「自己肯定」こそが必要であると気づいた女たちは、男たちが挫折したその地点から、日本ウーマン・リブ史の一ページを大きく開いたのである」吉武輝子『おんなたちの運動史』ミネルヴァ書房、二〇〇六年、一四五頁

●62――前掲、溝口・佐伯・三木編『資料日本ウーマン・リブ史Ⅰ』二三二頁

●63――前掲、田中美津『いのちの女たちへ』二二三頁

●64――「3・28連合赤軍の現実と、あたしたちリブは……弾圧との闘い」前掲、溝口・佐伯・三木編『資料日本ウーマン・リブ史Ⅰ』三五五頁。「T」の発言。三島事件における活動家の男の発言への言及や、「殉死」といった言葉の使い方から、田中であると推察される。

たしかに、「全共闘からわたしが学んだのは、ひとりになること、であった」[65]という上野は、一九八〇年代において「闘争」——全共闘、学生運動——について寡黙であった。[66] その寡黙さの背後に見られるのは、（フェミニストとして）社会変革を求めつつも、男性的な「運動」がヒロイズム、例外状態の自己再生産に帰着してしまう危険をみてしまうという位置取りの困難である。一九八八（昭和六三）年における「男たちの社会的な運動っていうのは、いわば非常時の運動なのよね。ヒロイズムが根底にある……」[67]という上野の認識は、「三島❖［由紀夫］の死を、してやられたりと受け止めたあの男共のあやまちと、それに対し沈黙でしか抗議しえなかった己れのふがいなさ」[68]を暗澹たる心持ちで振り返る田中の精神を引き継ぐものであった。対抗暴力のロマン的憧憬と、非暴力・非抵抗の女性化に抗いつつ、社会的な水準での変革を求めていく——この根底的なジェンダーの問いの困難さが、連合赤軍事件において、永田洋子という女性革命兵士の存在によって、相当に残酷な形で明確化されてしまったからこそ、長らく上野は沈黙せざるをえなかったのだ。その沈黙の解除は、9・11に魅了される一部の知識人たちにみられるような「対抗暴力の崇高化」の（いったい何度目の？）再来への抗議にほかならない。

その抗議を男が「女性化」することなく受け止めることは可能か？　連合赤軍事件とは男にとって何だったのか？　自己否定とは何だったのか？　森恒夫とは誰だったのか？　——こうした一連の問いの入り口にさしかかったところで本稿を閉じざるをえない。少なくとも今の時点でいえることは、連赤事件を「女性化」することで対抗暴力の純粋性を延命させることに、あるいは、『「彼女たち」の連合赤軍』を反転させたところに、つまり「森恒夫は僕だ」という反定立に答えがあるわけではないこと、これだけである。[69]

●65——前掲、現在を問う会編『全共闘からリブへ』一二六頁

●66——『ミッドナイト・コール』のなかで学園紛争を「『戦争』だったのかもしれない」と書いたことを契機に、曽野綾子と論争になったりしているのだが、それも闘争とジェンダーとの関係に踏み込んだものではない。上野千鶴子『ミッドナイト・コール』朝日文庫、一九九三年、六〇頁

●67——『MORE』一九八八年九月

●68——前掲、田中美津『いのちの女たちへ』二一二頁

●69——「男」の位置を考えるとき、例外状態を志向する「強い」ヒロイズム、マスキュリニズムとともに、「弱い僕」を肯定することにおいて、マスキュリニズムと女性性に対する優位を維持するという方法論に着目する必要がある。この方法論のしたたかさは、「男＝マッチョなヒロイズム」という図式では捉えることはできない。端的な「強さ」と異なる「弱さ」を媒介にした「強さ」への志向については、稿を改めて論じることとしたい。

❖**三島由紀夫**　一九二五〜七〇。小説家。『金閣寺』など。

高度成長期と生活革命

上野千鶴子

◉はじめに

日本の近代化が始まってから、庶民が日常生活の激変を経験したのはいつの時代だっただろうか。

どの時代に生きている人も、自分の時代を自分が生きていなかった時代と比べてみることはできず、自分が生きているあいだの変化を激しいと感じるにちがいない。明治になってから、はじめて家に電灯がともり、汽車が開通し、子どもが学校へ通うようになったときの人々のおどろきは、想像にかたくない。また戦争にまきこまれて、夫や息子を失ったり、耐乏生活を強いられたり、空襲の下を逃げ回ったりした庶民の経験も、波乱に富んだものだっただろう。敗戦を経験した人々も、一身に二生を生きた気分がするほど、断絶を味わったことだろう。

だが、日常生活という点に限ってみれば、日本の庶民の暮らしは、長期にわたって非常にゆっくりとしか変わっていない。政治的な改革の影響が庶民の日常生活に及ぶには、数十年かかる。法律が変わっても、急に世の中が変わるわけではなく、実定法より慣習法の影響のほうがねづよい。

日常生活ということばで、わたしは衣食住のような基本的な生活習慣や、家族や性のように生活に密着した領域を指している。フランスの社会史派は、「長期持続（longue durée）」という概念で、日常生活の変化を捉えた。感覚も慣習も、人の世に変わらないものはないが、ゆっくりとしかし後戻りしない仕方で、地殻変動のように変化する。社会史派が考えた「長期持続」とは、三〇〇年から四〇〇年のタイムスパンで変化する風俗や慣習を指した。こういう変化には日付や固有名がない。かくして、景観、音、匂い、身体感覚、性行動など、ありとあらゆるものが、歴史研究の対象となった。

日本で同様の社会史的な試みをおこなったのは、一九三一（昭和六）年刊の柳田国男❖『明治大正史 世相篇』[1]である。柳田は「自序」で、「故意に固有名詞を一つでも掲げまいとした」と抱負を述べ、その目次には、色、音、風光、食物、酒のような項目が並んでいる。これを読むと、目にも鮮やかな六月の水田風景は明治期に登場したものであることがわかるし、農村の若者たちがお互いに配偶者をえらびあう❖寝宿《ねやど》習俗が媒人《なこうど》婚によって次第に廃れていくさまを彼が嘆いていることもわかる。

同じような試みを戦後に対しておこなったのが、民衆史家の色川大吉❖の『昭和史世相篇』[2]である。色川は、戦後、それも一九六〇年代の高度成長期を「生活革命」と名づけた。日本では変化のスピードが西欧よりも速い。この時期の日常生活の激変を、「革命」の名で呼ぶのは適切だろう。というのも、明治以来変化の少なかった日本人の生活が、わずか一〇年あまりのあいだに激変したからである。政治的な変革という点では「断絶」だった敗戦の経験にくらべて、日常生活は戦前／戦後でそんなに変化していない。変化が大衆的な規模で短期間に起きた点で、高度成長期はたんに経済成長のみならず、日本の歴史にとって特異な転換期となった。

◉人口学的変化

高度成長期の変化を素描してみよう。

●1――柳田国男『明治大正史 世相篇(上)(下)』講談社、一九七六年

●2――色川大吉『昭和史世相篇』小学館、一九九〇年

人口学的に見れば、人口増加から人口停滞への「人口転換」を果たしたのがこの時期である。日本女性が平均して生涯に産む出生児数が、四人台から二人台へと半減した。この出生率半減の「人口転換」を、①一〇年間というきわめて短期間で、しかも②どのような政策的誘導や強制もなしに、生殖期にある個々の男女の自発的な行動で達成したことから、日本は世界の人口抑制の「優等生」と呼ばれた。もちろんその背後には、「中絶天国」と言われた中絶の合法化やアクセスの容易さ、そして既婚女性の半分以上に及ぶたびかさなる中絶経験があったことは、忘れてはならない。

産業別人口構成で見れば、高度成長期以前、五〇年代までの日本は農業社会だった。農業人口は三割台、それだけでなく農家世帯率は五割を超していた。農家の兼業化はすすんでいたが、公務員や会社員は農家世帯から勤務に出かけ、都会に出てきた若者たちの実家も農家であるケースが多かった。出稼ぎ労働者の多くも農家に所属していた。かれらも週末や農繁期には家へ帰って農業に従事したので、農家の生活は日本人の多くにとってなじみのあるものだった。

高度成長期を通じて、この農業人口が三割台から一割台に低下する。代わって増加したのが、第二次産業、それも紡績のような軽工業から、鉄鋼、造船、自動車のような重化学工業従事者である。日本は「メーカーの時代」に突入した。

同じ時期に人口都市化も急速に進行する。「向都離村」現象である。地方で郡部から都市部への移動が起きるのみならず、大都市圏への人口集中が目立ち、首都圏に人口の三割が集中するようになる。「金の卵」と呼ばれた中卒者が、「集団就職」列車に乗って、地方から都市部の工場やサービス産業に吸収されていった。

それを支えたのが、高度工業化である。仕事があるところへ人口は移動する。この移動は、

❖柳田国男　一八七五〜一九六二。民俗学者。『遠野物語』など。
❖寝宿　結婚前の男女が集団で寝泊りする宿泊所。男女の寝宿同士の交流は活発で、恋愛、伴侶選びに至る例も多く見られた。
❖色川大吉　一九二五〜。歴史学者。『明治精神史』など。

人口の社会的移動でもあり、世代間移動でもあった。日本では農民が一家を挙げて離農する、イギリスのような「挙家離村」は起きなかった。農村に親と、多くは長男を残したまま、農家世帯の次三男や娘たちが、単身で都市に移動したのである。これらの人々は、のちに都市に定住してみずから世帯を構えるようになる。都市移民一世の誕生である。この世代までは農家世帯出身者が多く、地方に「ふるさと」を持っていた。だからこそ、盆暮れの人口大移動が起きるようになった。歌謡曲が「都会へ出て行った恋人」を謳《うた》うようになったのも、このころである。

人口都市化は、はじめは農家の次三男のような単身男性、次に娘たちなど単身女性、そして最後に長男まで離家するような最終段階を迎えた。代わって農村部では、老いた両親だけがとりのこされる高齢化と過疎化が進行するようになった。これは農村の共同体的性格に壊滅的な影響を与えた。農村に長らく続いた講《こう》や結《ゆい》などの互助組織や、農作業の共同などが成り立たなくなった。農村の配偶者選択過程である寝宿習俗は、柳田の時代にすでにその衰退を嘆かれていたが、生存者による口述の証言が残っているのは一九五〇年代までである。若者が出て行かないですむ、ある程度閉鎖的で安定した共同体がなければ、寝宿習俗の存続はむずかしい。寝宿の実践例は、他の地域から比較的隔離された漁村部での五〇年代の報告を最後に、消滅した。若者は働き手でもあり、祭りの担い手でもある。寝宿習俗の証言が途絶えたことは、村落共同体の最終的な解体を意味していた。

◉家族の戦後体制

職業別人口構成から見ると、自営業者の比率に代わって雇用者比率が高まる。自営業者およびその家族従業者の比率を雇用者が上回るのが、六〇年代半ばである。ここでいう「自営業者」とは、多くの場合、農家世帯を指している。女性について言えば、農家世帯の減少にともなって、「家族従業者」の数が少なくなり、代わって「無職」の主婦が増えてくる。六〇年代を通じて既婚女性の労働力率は低下し、半分以下に落ちこむが、これも農家世帯が減って雇用者世帯が増えたことと関係している。というのは、農家世帯に限らず自営業の世帯では、女性が「家事専業」などやっている余裕はないからである。つまりこの時期に、「都市雇用者とその無業の妻」という組み合わせからなる核家族世帯、いわゆる「日本型近代家族」が大衆的に成立した。落合恵美子❖の名づける「家族の戦後体制」●3の成立である。ただし、それが大衆化するのは、高度成長期の終了を待たなければならない。この時期の男性雇用者比率の上昇と、女性労働力率の低下とは、対応している。既婚女性の雇用労働の受け皿は、まだ登場していなかった。

国勢調査によれば六〇年代に核家族世帯率が増加している。とはいえ、国勢調査第一回が始まった大正年間、一九二〇（大正九）年の五五・三％とくらべても、一九七〇（昭和四五）年の核家族世帯率は五六・七％、微増と言える水準にとどまっている。一九二〇年と一九七〇年の半世紀のあいだに、日本はほんとうに核家族化した、と言えるのかどうか？　この問いは、長いあいだ社会学者を悩ませてきた。答えは、以下のとおりである。長男単独相続の慣行が変わらないとすれば、①家族の生活周期の変化（夫の親の高齢化で同居期間が長期化した）、②出生率の低下（子ども数が減って長男である確率が増大した）というふたつの人口学的な変化が、いずれも核家族率を低下させる方向に働くにもかかわらず、統計によれば核家族率は反対に増加している。これは、長男であっても親と世帯分離をする傾向が強まった、と解釈するほかな

●3——落合恵美子『21世紀家族へ』有斐閣、一九九四年

❖講　貯蓄や金の融通のために組織された相互扶助の団体。
❖結　地域社会で、農作業などの忙しい時に住民同士相互に労働力を提供しあう慣行
❖落合恵美子　一九五八〜。社会学者。『21世紀家族へ——家族の戦後体制の見かた・超えかた』など。

い。

長男の離家の理由はふたつ、就職他出と進学他出である。高度成長期は、高学歴化の趨勢《すうせい》でもきわだっている。中卒者が「金の卵」と呼ばれたこと自体、中卒就労者の激減を背景としていた。代わって義務教育以降の、高校、大学への進学熱が起こった。高校進学率は、六〇年代末に八割に達し、大学進学率も二割台、大学生はもはやエリートではない、という大学大衆化の時代に入っていた。もちろんこの背後には、親の側のつよい教育熱ばかりでなく、高等教育の拡充という国策が関係していた。ベビーブーマー世代の成長にともなって、高校、短大、大学の定員を、文部省(当時)は次々に拡大してきたからである。したがって団塊世代はその能力にかかわらず、集団として親の世代よりも高学歴になることができた幸運な世代だった。

教育投資の配分には、今でもジェンダー差や出生順格差がある。無理をして高等教育を受けさせた長男は、そのまま都会で就職し、その地で結婚して世帯を持つにいたる。こうして都市と農村とに別れ住んだ世代間の世帯分離が成立するが、この形態上の「核家族化」が、意識のうえでも「核家族的」(家族社会学者の森岡清美❖は、「近代的家族」と呼んだ)かどうかは、ふたたび社会学者の論争の的になった。すなわちこの世帯分離は、長男意識を残したままの、地理的な要因によるよぎない分離なのか、それとも複数の性ダイアド(一対の性的カップル)を同一世帯内に置かないという核家族規範(「長男がみずからを責めることなく、世帯分離を遂行できる」と表現される)の普及と定着によるものなのか、という問いである。この核家族化が、形態上の変化で意識の上の変化ではなかったことは、それ以降も以下のようなさまざまな点から確認できる。①戦後民法が均分相続を規定しているにもかかわらず、長男単独相続の慣行はそれ以降も継続した、②親の介護が発生したときに長男による扶養や介護を自明視する慣行は、その後も長く続いた、③長男を家の祭祀権（仏壇や墓）の継承者と見なす考えも継続している、④したがって次三男はみずからを創設分家第一代と見なす傾向があり、そのことは都市近郊の墓地ブームに反映されている。いわば日本における核家族化は、家族の世代を超えた継承を規範とする「家」的な意識を残したまま、進行したのである。

だが、よぎない理由からにせよ、選択的な理由からにせよ、世帯分離を経験した世代のカップルは、新しい夫婦文化を創りだしている。そして自分たちの子世代については世帯分離を自明視するような行動をとっている。六〇年代に都市に移動したこの世代は「都市移民一世」、かれらが都市に定住して産まれた子どもたちは「都市移民二世」と呼ばれるべき人々である。メディアは六〇年代以降に生まれた人々を「新人類」と呼んできたが、「新人類」は都市化第二世代であり、親世代のストック（財産）を都市部に保有している人々である。八〇年代以降、これら「新人類」のあいだで、親のストック格差による子世代の（自己責任によらない）格差が問題にされたことは記憶に新しい。「新人類」は親世帯に「パラサイト」するなど、地理的な利点を持っているにもかかわらず、結婚にともなう世帯分離はむしろ慣行となった。高齢者の子との同居率の低下、高齢者夫婦世帯の増加というデータは、これを裏付けている。

「家」的な意識は、規範の側からではなく、現実の側から変容している。人口都市化というたんなる地理的移動だけではなく、人口の社会移動、すなわち世代間の職業の移動が親から継承すべき財産を無価値にした。農家にとって土地は生産手段だが、雇用者になった息子にとってては田舎の家屋敷や田畑は、もらっても価値がない。また家業の後継者にならない子どもにとっては、継承すべき家業は持ち重りのする制約にしかならない。共同体と結びついていた家名、家格のような名誉や威信財も、共同体を離れてしまえば価値はない。もはや継承すべき家産を

❖森岡清美　一九二三〜。社会学者。『家族周期論』など。

うしなった子世代にとっては、親は扶養義務をもってのしかかる重荷として受けとめられるだろう。事実、それまで明治以来の長きにわたる向都離村現象のなかで、都会に出た息子や娘、ときには家長も、家の存続のために出稼ぎや仕送りなどの見返りを求めぬ負担を担ってきた。世代間交換関係の用語では、これを親から子への「負の贈与」という。六〇年代の人口都市化のもとで、はじめて親から子へ、「正の贈与」も受けないが「負の贈与」も負わない世代が大量に登場したと言ってよい。この世代、とくにベビーブーマーが、雇用者として自分自身の一生を抵当に入れて自己資産形成をおこなうのは、それからもう少しあとである。

◉セクシュアリティの変容

「いつの世の中でも青春の男女が迷わず、また過たなかった時代というものはあるわけがない。一切の判断を長者に委ぬる者は格別、すこしでも自分の思慮と感情とを働かせようとすれば、ぜひともなんらかの練修方法と、指導の機関とが入要であった」[4]と、『明治大正史 世相篇』中「恋愛技術の消長」の章で、柳田は書く。恋愛を直観や運命と考える人にとっては、「学習の機関」が必要であるという柳田の説は受けいれがたいかもしれない。だが、愛も性も本能ではなく文化であり、したがって歴史と時代によって変容する、と喝破したのが『性の歴史』全三巻の著者、ミシェル・フーコー❖[5]である。西欧で一八世紀から約三世紀かかって起きた変化が、日本では一〇〇年足らずのきわめて短期間に起きているために、日本社会はセクシュアリティ研究のかっこうのフィールドとなった。性行動のように、本能であり自然であると見なされているものでさえ、急速に変わる。

五〇年代に寝宿習俗は最終的に息の根を止められる。婚前の自由な性交渉（とはいっても厳

●4——前掲、柳田国男『明治大正史 世相篇』四四頁

●5——Michel Foucalut, *L'Histoire de la sexualite, tome I-III* (Editions Gallimard, 1976).（『性の歴史』全三巻、渡辺守章訳、新潮社、一九八六—一九八七年）

格な共同体的規制のもとに置かれている）をともなう配偶者選択過程は、媒人による見合い結婚へと席をゆずる。日本の「伝統」と思われていた「見合い結婚」は、伝統でも習俗でもなく、共同体の解体にともなう比較的新しい歴史的現象、エリク・ホブズボーム❖のいう「創られた伝統」[6]のひとつであることがわかる。同じことを志田基与師❖は、「神前結婚式」[7]について指摘する。明治以降の廃仏毀釈と神社の復興をともなわなければ、「神前結婚」が一般化することはなかった。江戸期の婚礼は、宗教色のない人前結婚が一般的であった。

六〇年代の半ばに、恋愛結婚の割合が見合い結婚と逆転する。「見合い」といい「恋愛」と言っても、当事者が自己申告するカテゴリーにすぎない。「恋愛」のなかにも、友人たちがお膳立てした出会いもあるだろうし、見合い後恋愛のようなものも含まれるだろう。このデータから読みとることができるのは、当事者たちが、自分たちの配偶者選択行動を「恋愛」と呼びたがるようになった、という規範意識の変化である。

見合いは家格、家産、学歴、年齢、職業等の「釣り合い」を重視した選択だった。「恋愛」はそうではない（「愛はすべてを越える」？）と思われているにもかかわらず、統計が示すのは、恋愛によって相互に選択したカップルのあいだの、おどろくほどの同質性である。恋愛結婚では、見合い以上に「同類婚の鉄則」が働く。この「同類性」は、居住地の近接、親の職業、本人の学歴、年齢などに及んでいる。見合いは一種の「クラス（階級）内婚」であると言えるが、恋愛もまた当事者の自発的な選択の結果としての「クラス内婚」となっている。恋愛は少しも身分や階級から「自由」ではないことを、統計は示す。ここからわかるのは、「恋愛感情」というものは、多少なりとも自分と「同類性」を感じる相手にしか発動されないもののようだということである。この「クラス」に学歴が大きな要因を占めるようになったのが、この時代

●6――Eric Hobsbawm, and Terence Ranger, editor, *The Invention of Tradition* (the Press of the University of Cambridge, 1983).（前川啓治・梶原景昭ほか訳『創られた伝統』紀伊國屋書店、一九九二年）

●7――志田基与師「神前結婚式の誕生」『平成結婚式縁起』日本経済新聞社、一九九一年

❖**ミシェル・フーコー**　一九二六〜八四。フランスの哲学者・思想家。『監獄の誕生』など。

❖**エリク・ホブズボーム**　一九一七〜。イギリスの歴史学者。『市民革命と産業革命』など。

❖**志田基与師**　一九五五〜。社会学者。『ファミリー・トラブル――近代家族／ジェンダーのゆくえ』など。

の特徴であろう。

この世代の女性は、配偶者に選んだ相手の「将来性」を買った。多くは農家世帯出身の次三男坊であった彼女たちの夫は、ただ学歴だけを資本に、都市化社会のなかを生き抜いていこうとする点で、似たようなスタートラインに立っていた。だれを選んでも同じようなものだったとしても、「将来」への投資効果が期待できるかどうか問われる点が、成長期の社会の特徴だったと言えよう。

とはいえ、見合いが恋愛に代わっても、配偶者選択過程における性行動がすぐに変化したわけではない。見合い結婚のもとでいったん上昇した「処女の価値」はその後も継続し、女性が男性を操作する資源としての「処女性」の価値と呪縛は、長く女性を縛った。「初夜」という言葉が生きていた時代のことである。この世代の女性で、「夫がはじめての性交渉の相手」であり、「生涯にわたって夫以外の男性との性経験がない」という人は少なくない。主婦の投稿誌『わいふ』の編集部が八〇年代に実施したセックス調査によれば、四〇代の既婚女性の婚外性経験率は一五％（しかもこれはボランタリー・サンプル[8]による）ときわめて少ない。「金妻」[9]世代と言われながら、実際に婚外交渉に踏み出した人は多くはなかった。

七〇年代に「日本型近代家族」が大衆的に完成したと同時に、それは解体へと向かう。七〇年代初めの「性革命」はその変化の兆《きざ》しだった。ロマンチックラブ（恋愛結婚）・イデオロギーにおける性・愛・結婚の三位一体が崩れ、性と愛、愛と結婚、結婚と性とがしだいに分離していく。結婚と性の分離は、婚前交渉の一般化としてあらわれる。「婚前交渉」には、「結婚を前提とした」という含意があるが、近年では性関係は結婚と連動しなくなったために、「初夜」という言葉はもとより「婚前交渉」という言葉も死語になった。「夫がはじめての性交渉の相

●8——自発的に調査に応じた者。
●9——山田太一脚本『金曜日の妻たちへ』の略称。TVドラマとして放映されたことで、ドラマの主人公と同じく不倫に踏み出す主婦を「金妻」と呼ぶことが定着した。

手ではない」と答える新婦が多数派になった。

人口学的には、性規範の揺らぎは、①離婚率の上昇と、②婚外子出生率の上昇とで、指標化できる。離婚率の上昇は、婚姻の安定性の低下、婚外子出生率の上昇は性と婚姻との分離の指標である。七〇年代以降、先進工業諸国がおしなべて経験したこの「性革命」の指標の変化を、ふしぎなことに日本社会は経験していない。それでは日本では性革命はなかったのか？　という問いが成り立つ。欧米諸国にくらべて、日本は①婚姻の安定性、②性規範の安定性という、「世界に冠たる家族制度」の伝統が生きているから、と胸を張る保守系の論者もいた。だが、代わって日本社会が経験した人口学的指標の変化は、次のふたつである。ひとつは①婚姻率の低下、もうひとつは②出生率の低下である。

いずれもOECD諸国にくらべていちじるしい。婚姻率の低下は、すべての先進諸国で起きているが、他の諸国が法律婚の婚姻率は低下していても、事実婚の婚姻率は少しも低下していない（未婚者の同棲率が高い）のに対して、日本では同棲率がきわめて低く、法律婚の低下がそのまま事実婚の低下を意味するという特徴がある。出生率の低下もいちじるしく、のきなみ少子化を経験している先進諸国のあいだでも、日本は超低出生率社会に属する。

このデータをどう解釈するか？　婚姻率の低下は、離婚する前に結婚を選択しない男女の増加を意味するから、離婚率の上昇と機能的には等価である。出生率の低下は、他方で未婚者の中絶率の増加と結びついていて、婚外子出生に至る前に人工的に中絶を選択した婚外妊娠の可能性を想定させる。相対的に高出生率を維持している欧米諸国の出生率のブレイクダウン（内訳）を見ると、新生児の三分の一から二分の一までを婚外子が占めている。すなわち日本でも婚外子の出生を促すことができれば、出生率向上に寄与することが予測できるのに、そうならないところが日本社会の特徴なのである。

　そうなれば、このふたつの人口学的指標を以て、他の諸国と同じように日本社会も「性革命」を経験したと判定してよいかもしれない。事実、八〇年代以降の性風俗現象が示すのは、六〇年代、七〇年代とはまったく異なる性規範のあり方であり、その結果としての世代の断絶である。

◉台所のエネルギー革命

　人口学的な変化はこのくらいにして、日常生活の変化を見てみよう。これも明治以降、変化がもっとも大きかったと言えるのではないだろうか。

　何より家庭のエネルギー革命、すなわち家庭電化をあげる必要があるだろう。それはまず、薪炭《しんたん》からガス・電気への台所のエネルギー革命として起こった。

　明治以来、いな江戸時代以来、農家の台所のエネルギーは薪炭だった。かまどに薪をくべてお釜で米を炊く。薪炭をエネルギー源としている限り、台所を土間から床の上に持ってくるわけにいかない。近代化以降も久しく台所は土間、灰とすすにまみれた住宅の一角か、いろりのようなものだった。都市部ではガスが供給されていたが、それはほんの一部に過ぎない。

　五〇年代にガス釜が登場し、農村を中心にまたたく間に普及する。その後電気釜が登場し、これも急速に普及する。台所のエネルギー革命は、農家の嫁姑の権力関係にも影響した。米を支配する者が主婦権を握ったからである。かまどで米を炊くことが巧みな姑は、ガス釜を使えないために炊飯の責任を嫁に譲った。

　台所のエネルギーがすすも煙も出ないガス・電気のようなクリーン・エネルギーになっては

じめて、台所は土間から床の上に上がり、さらにこの床を積み重ねて集合住宅をつくることが可能になった。さらに水道が普及するのも、農村部では主として五〇年代のことである。火と水というふたつの要素をコントロールすることができるようになってはじめて、女性の家事労働はいちじるしく軽減された。それがほんの近過去であることは記憶しておいた方がよい。

台所が床の上に上がるようになると、台所の立ち仕事と食事時の座卓との位置関係が変わる。これに加えて集合住宅の狭さの制約から、ダイニング・キッチンが登場する。卓袱台《ちゃぶだい》から、椅子式食卓の登場である。日本の住宅の洋風化はなかなかすすまない、と言われているが、まっさきに「洋風化」したのは、キッチンとダイニングだった。ダイニング・キッチンという食堂と台所の一体化は、それまで暗い場所にあった台所を明るい空間に持ちこみ、台所と女性の地位の向上に大いに貢献した。

◉家庭電化と内需拡大

六〇年代は家庭電化の時代、裏返しにいえば、家電メーカーの黄金時代である。六〇年代に冷蔵庫、洗濯機、(白黒)テレビの「三種の神器」の普及率が市場飽和状態に達したあと、カー、クーラー、カラーテレビの「3C時代」が来る。このなかに電気釜が含まれていないのは、それ以前にとっくに普及が終わっていたからである。テレビは、一九五八(昭和三三)年の皇太子❖(現天皇)成婚に際して白黒テレビが、一九六四年の東京オリンピック開催に際してカラーテレビが、爆発的に普及した。

家電製品は主婦の家事労働負担を省エネ化したが、省時間化はしなかったことが各種の調査からわかっている。たとえば洗濯は、井戸端で冷たい水を使っておこなうつらい労働だったが、

❖**天皇明仁** 一九三三〜。在位一九八九〜。

洗濯機の登場でいちじるしくラクになった。にもかかわらず、洗濯回数が増え、下着やシーツを清潔に保つ習慣が生まれ、洗濯時間そのものは省時間化していないと言われる。また台所の電化で調理もいちじるしくかんたんになったはずだが、代わって料理の品数が増えたり熱いものを熱いまま供するような食生活の水準の向上をともなったために、調理時間そのものが短縮されるとは限らない。いろりの上にかかった鍋のなかに、ありあわせの食材をすべてつっこんで煮こみ、一汁一菜でそそくさとメシをかっこむような質素な食事をする家庭は少なくなった。家庭電化の反面、主婦の誕生によって調理は手のこんだ熟練労働となり、かつてなら中流以上の家庭でしか食することのなかったぜいたくな食事を、多くの庶民がするようになったのである。

清潔な下着、毎日のような入浴、一汁三菜以上の食事……かつてなら貴族や富裕層にしか可能でなかった生活を、ふつうの庶民が送ることができるようになった。家事労働の水準は上がり、省エネ化はしたが省時間化は起きなかった。これを「主婦の擬装労働」と呼んだのは、第一次主婦論争のときの梅棹忠夫である。●10

必要な労働があるから専従者がいるのか、主婦身分があるからそれにふさわしい仕事が創出されるのか？　家事が第三者に移転可能な「労働」であることが明らかになり、市場にアウトソーシングすることができるようになると、梅棹の「先見の明」は際だつようになった。

家庭電化が家事の省エネ・省時間化にむすびついた例もある。この時期にパートタイムを含む主婦の労働力化が進行したからである。高度成長期の日本経済は、笠信太郎が「花見酒の経済」という言葉で呼んだような、成長経済による労働への分配と、それがもたらす内需拡大が好循環をつくりだす幸せな時代だった。妻たちは、家電製品に憧れて夫の収入の上昇を望み、

●10——梅棹忠夫「妻無用論」上野千鶴子編『主婦論争を読む 全記録I』勁草書房、一九八二年

それが果たされない場合にはみずから外に出て働くことを選択した。夫たちは何をつくってもヒットするメーカーの雇用者として、企業と共存共栄の路線を歩んでいた。敗戦ですべての植民地を失ったあと、日本経済の驚異的な高度成長が、内需拡大だけで達成されたことを「成長の平和モデル」として、高く評価する論者は少なくない。だが、この成長のシナリオは、二度とふたたびくりかえさない。高度成長期と現在の決定的な環境の違いは、グローバリゼーションである。六〇年代には国民経済が自己完結性を持っていた。だが、グローバリゼーションの時代には、国民経済の自己完結性はもはや維持できない。資本移転がこれほど容易になった今日、資本は労働力のコストの安い土地を求めて移動する。あとに残されるのが労働者である。この先、企業が好景気を経験しても、国内で雇用回復が起きないという状態が常態化するだろう。企業の好景気→労働への分配→内需拡大→企業のさらなる好況という国民経済の好循環が成り立つ条件が、この先成り立つことはないだろう。

◉衣服の性別越境

衣生活の大きな変化は、衣料がつくるものから買うものへと変化したことである。一九七〇年に『an・an』が創刊。既製服の時代の幕開けであった。このときから、女性誌は、ブランドと価格情報を付したファッションのカタログ誌となった。それまでのスタイル・ブックは、実物大型紙をつけた、Do It Yourself のノウハウ誌だったことと比べると大きな違いである。この当時から、手作りの編み物や洋服などは「趣味」の域に入るようになり、梅棹のいう「擬装労働」の一種と化した。既製品の方が安くて品質のよい場合もあったからである。

それ以前に、高度成長期が和装をほぼ一掃したことは指摘しておいてよい。和装はなくなっ

❖**第一次主婦論争**　一九五五年から五九年にかけて、『婦人公論』誌上で主に主婦の職場進出の是非を争点に展開された。

❖**梅棹忠夫**　一九二〇〜。生態学者・民族学者。『文明の生態史観』など。

❖**笠信太郎**　一九〇〇〜六七。ジャーナリスト・評論家。『日本経済の再編成』など。

たわけではないが、ケからハレの衣装へと変わった。衣服が近代化の影響を受けるときは、男性から先に変化が起きる。洋装は男性が先に取り入れ、和装は長らく女性が維持してきた。衣服は一方で伝統の記号でもあるから、女が伝統の担い手とされるところでは、伝統服と女装とは強く結びついてきた。和装は、伝統服としてハレの世界にだけ残った。だが、女性の礼装として、結婚式の留め袖、葬式の喪服、子どもの入学式や卒業式の❖絵羽織《えばおり》が標準だった時代は、この時代が最後だろう。

家電製品は規格化と標準化を要求し、技術革新にともなって「一世風靡」型マーケットが出現する。ひとつの製品が、短期間で市場飽和に達するまでマーケットに普及する現象である。だが、ファッションのような差別化と趣味性の強い商品はそうではない。多品種少量生産が求められ、このころから成熟マーケットと言われるような「何が売れるかわからない」爛熟消費社会の兆しが生まれた。

女性衣料についていえば、おおげさな言い方かもしれないが、六〇年代に女性はファッションの性別越境を果たした。かんたんに言えば、女性はズボンとスカートの両方を身につける選択肢を持つようになったが、同じことは男性については起きなかった。

女性史家の❖村上信彦は、五巻に及ぶ『服装の歴史』●11を、ズボンとスカートの二項対立の図式で描ききっている。村上によれば、日本女性の服装は、古代の裳《も》から始まって、ズボンとスカートのあいだをふりこのように揺れ動いてきた。そして女がズボンをはく時代の方が、相対的に女性の地位が高い傾向があるという。中世までは女が裳をはくズボンの時代。近世になってからズボンを脱いで着流しというスカート・スタイルになる。近代になってからスカートが入ってきたが、戦時下のような非常時にはもんぺというズボン・スタイルが標準服となった。戦

●11——村上信彦『服装の歴史』全五巻、理論社、一九七四—七五年

後復興の過程で、スカートは復権。その後ズボン・スタイルが定着したのが六〇年代だった。男の労働着だったジーンズが、女性のファッションとして登場したのもこのころ。ジーパンは、女子学生にとって学生運動のシンボルだったが、淑女のはくものではなかった。七〇年代初め、ある名門女子大学の教授が、自分の授業からジーパンをはいた学生を閉め出したことが報じられたりもした。その後、女性のズボンは、パンタロンとかパンツとかに名前を変えて、すっかりファッション・アイテムのひとつとして定着した。今日では、ズボンをはいていても、それを女性が「男装」していると受けとる人は誰もいない。

ミニスカート、ホットパンツ、マキシ❖ドレス、パンツスタイルなど、今日のファッション・アイテムのほとんどは、この時期に出そろっている。当時逸脱的と思われたことの多くが、選択肢として定着したことを思えば、たしかに文化の上でも創造的・革新的な時代であったと言えよう。

◉住宅私有本位制資本主義

人口都市化にともなって都市部に増加する世帯を収容する住宅建設ラッシュが起きたのもこの時代の特徴である。それも多くは、住宅公団（現都市再生機構）などのデベロッパーによる大規模集合住宅を中心とするベッドタウンの建設だった。事実、多くのニュータウンの建設は、六〇年代から七〇年代に集中している。一九六二（昭和三七）年に千里ニュータウン、七一（昭和四六）年に多摩ニュータウン……など。六〇年代生まれの「新人類」の多くは、こうしたニュータウン生まれの「郊外族」である。

ニュータウンは職住分離をもとにした、都市の労働者住宅。夫婦と未婚の子どもからなる核

❖**絵羽織**　絵羽模様をつけた、女性の外出・訪問用の羽織。絵羽羽織。

❖**村上信彦**　一九〇九〜八三。小説家・評論家。『高群逸枝と柳田国男』など。

❖**マキシ**　コート、スカートなどが、くるぶしが隠れるくらいの長い丈であること。

家族を標準世帯としてつくられた。戦後最小限住宅の標準設計となった公団51C型から発展したnLDKタイプのフロアプランが、その後長いあいだ集合住宅の標準設計となった。[12] 住宅が家族の形態に合わせたのか、家族が住宅の形態に適応したのか、どちらが原因か結果かは判定できないが、この標準設計のもとでは、子どもをたくさんつくることができないばかりか、高齢者の居場所はなかった。気がつけば、互いに似通った家族、夫婦に子ども二人の標準世帯が日本の家族のマジョリティになっていた。

だが住宅の洋風化は、ダイニング・キッチンを除いて、思いのほかすすんでいない。どの住宅にも畳の部屋が一室はついているし、くつろぎのスタイルは今でも床座式が多い。洋風化がもっともすすんでいないのは寝室で、夫婦寝室をベッドにしているのは半数に満たない。何より椅子式の暮らしがどんなに普及しても、靴を脱いで室内へあがるという日本人の生活習慣は変わっていない。慣習性の高い生活空間や身体感覚は、かんたんには変化しそうもない。

だが、住宅について何より重要なのは、建築家の隈研吾[13]が卓抜な命名を与えた「住宅私有本位制資本主義」が戦後日本をおおい、高度成長を牽引したことである。内需拡大の要因となる消費財のなかでも、家電製品やマイカー以上に、住宅ほど高額な消費財はない。内需拡大型の日本の戦後経済成長は、住宅建設と労働者の持ち家志向によって支えられてきた。そしてそれを領導したのは政府と企業である。政府は持ち家政策をすすめ、労働者の一生を企業に抵当に入れることで、住宅という資産形成を促進してきたのだ。企業は労働者への分配によって住宅需要という内需拡大を促すことができるだけでなく、企業に対して忠誠心の高い安定した雇用者を手に入れることができた。雇用の安定性と婚姻の安定性があいまって「日本型近代家族」を形成し、高度成長期を支えてきた。だが、うらがえしに言えば、成長期の経済でなければ以

●12——上野千鶴子『家族を容れるハコ 家族を超えるハコ』平凡社、二〇〇二年

●13——隈研吾『建築的欲望の終焉』新曜社、一九九四年

上のような好循環は成り立たないこともはっきりした。
九〇年代以降、雇用の安定性と婚姻の安定性は共に失われた。戦後世代が高度成長期に形成した資産は、一代限りのものとなるだろう。これから先、極端な少子化と想定外の高齢化に挟《きょう》撃《げき》されて、長きにわたる老後の生活不安がかれらを待ち受けている。そのもとで「標準世帯」も少数派に転落し、高齢者世帯や単身世帯が増加の一途をたどっている。
回顧的に見れば、高度成長期が今日の生活文化の「標準」となるものをかたちづくってきたことがよくわかる。だが、それも過去のものとなった。六〇年代を回顧する作業からわたしたちが学ぶのは、この歴史的な変化が一回きりのものであること、二度とくりかえさないことであろう。

❖**隈研吾** 一九五四〜。建築家。『10宅論』など。

参考文献
上野千鶴子「恋愛結婚の陥穽」吉川弘之ほか編『東京大学公開講座60 結婚』東京大学出版会、一九九五年
湯沢雍彦『図説 家族問題』NHKブックス、一九七三年

コミューンはどこへ行ったのか?

今　防人

◉はじめに

「集団わっぱ」、その創立者、斎藤縣三❖氏を知ったのは何年ごろだったろうか? 一九七〇年代初期だから三〇年以上経過している。二〇〇八（平成二〇）年九月に会い、話を聞くことが出来た。三〇年以上経っているので彼も六〇歳代であるし私も六〇歳代後半である。「わっぱの会」とは、障害者差別などあらゆる差別のない社会、障害者を隔離せず共生できる社会をめざす集団である。

わっぱの会の年譜を見ると一九七一（昭和四六）年設立とあるので今年（二〇〇九年）で三八年目である。長い年月である。この年月を斎藤氏がわっぱの会と歩んだ歴史を語るとすれば膨大なものとなろう。本稿では九月の斎藤氏の話を中心にわっぱの会の歩みと現状を素描してみたい。いささか私的要素も入ることを寛恕《かんじょ》願いたい。

「コミューン」とは何だったのか? 一九七〇年代に日本でもカウンターカルチュア（対抗文化）が喧伝された一時期があった。その中でも生活共同体ともいえる若者のコミューンは社会学を専攻する人々の関心をひいた。

コミューンは家族ではない他人が一つ屋根の下で暮らすことを原型とすることが多い。原則として「一つサイフ」である。家計の共同性だけでなく労働や消費の共同性を伴う点では家族と類似している。日本におけるコミューンの系譜は意外に遠い過去にさかのぼる。著名なもの

❖斎藤縣三　一九四八〜。NPO法人わっぱの会理事長。

としては文学者の❖武者小路実篤が一九一八（昭和七）年に宮崎県に作った「新しき村」がある。また宗教者❖西田天香《てんこう》が京都・鹿ケ谷《ししがたに》に開いた「一燈園」も一九〇四（明治三七）年にさかのぼる。第二次世界大戦後でも❖山岸巳代蔵《みよぞう》が唱えた「Z革命」に基づき創設された「山岸会」がある。「新しき村」は自他を生かす、労働と芸術の両立などのスローガンの下に今日まで続いている。後者二者は修養的な側面が強い。「一燈園」の便所掃除は有名だし、山岸会の「腹を立てない」という原則も修養的な側面を有している。

これらのいわば大手の伝統的なコミューンにたいして一九七〇年代前後に出てきた❖ビートニクやヒッピーのコミューンはニューファミリーと言える側面を有していた。外なる社会である大学・高校、職場あるいは家庭で傷ついた若者が多く群れ集まった。適応不全や自分では食って行けない若者も集まっていた。ただ飯を食いにやってくるものもいれば、ほかに行くところがないものもいた。こうしたニューファミリーはさまざまな機能を備えていた。その大事な機能の一つが「自分探し」である。原康男が一九七〇年代に神奈川県厚木市に創設した「振出塾」はこの精神をよく表わしている。今まで身につけていた殻を一度外してみることから始めるのである。「ホントの自分」を探すのである。これは学校でも家庭でも教えてくれなかったことである。現代でも「自分探し」はこれらの場では教えてくれない。辛うじて、一般社会からはともすると白眼視されかねない宗教的なグループが一定の方向性を持って教えてくれるのみである。

心理的に見るとこれらのニューファミリーはT-groupすなわちtraining groupの側面を有していた。つまり見知らぬ他人同士が情動的な面でも繋がりあう深いレベルの構造を有する集団作りである。実際に米国ではこの時代にT-groupから出発してコミューンを作ったグループは珍しくなかった。ますます孤立化する核家族、そして少子化により同胞《はらから》も少なく学友も地域の友人もほとんどが大人が作る出来合いのグループしかない環境。こうした環境に育ちつつあった若者にとり「生身の人間」がいる集団は何にもまして深い次元で教育してくれる場であった。この状況は今でも変らないしその必要性は一層高まっている。

コミューンへの関心の背景には一九六〇年代後半から七〇年代にかけての学生運動、全共闘運動の高揚があった。

この運動は一方の極に赤軍派、連合赤軍というラディカルを生み出すと共に他方の極には対抗文化運動を生み出した。大学当局には自己改善・浄化の能力はなく外部の国家権力に存立を依存する。従って、大学改革を本当に実行しようとするならば大学を支える国家権力を打倒しなければならない。そこで大学改革の道は権力に対する武装闘争しかない。このように考える学生が出てきたとしても不思議ではない。杉の角材→樫の棒→竹やり→鉄パイプ→手製の爆弾→ライフルと、運動側の武器はエスカレートしていった。

他方では大学の支配体制や国家の支配体制を究極的に支えていた自己の発見から自己の改造に突き進む運動があった。自己のこうした支配を支える性質を変えなければ運動も支配体制の側と同質のものに止まるという立場である。ドラッグや共同生活による感性の改造・発見である。両者を繋ぐ通底器とも言えるのは過剰とも言える自我意識であろう。この意識は「自己否定」という言葉に象徴されよう。

この運動に参加した人々の多くは現在六〇歳代を迎えている。多分、彼らの青春の一時期の出来事の重みは一生の軌跡により量られるであろう。一見その後の人生がこれらのエピソードとは無縁な人びとも、この体験がある一つの軸として回転していることに気づかされるにちが

❖**武者小路実篤** 一八八五〜一九七六。小説家。『友情』など。
❖**西田天香** 一八七二〜一九六八。宗教家。『懺悔の生活』など。
❖**山岸巳代蔵** 一九〇一〜六一。社会思想家・農業運動家。『山岸巳代蔵全集』。
❖**ビートニク** 第二次大戦後、米国を中心に現れた、常識や道徳に反抗する若者たち。ビート族。

いない。

◉自立を目指す多角的な事業展開

わっぱの会がめざす社会は、

・差別をなくす・偏見をなくす・能力主義をなくす
・共育・共働・共生社会――共に生きる
・相互扶助社会（⇕競争社会）

である。

日本の近現代史の中で「革命」という言葉がまだ輝きを持っていたのは何年ごろまでであろうか？　私の知る限り一九六〇年代以前であろう。もっともこうした年代測定が無理といえば無理であろう。ただまだ記憶に残る一つのエピソードがある。一九六八（昭和四三）年のことである。私は大学院生だった。新左翼の大手セクトの幹部にオルグされ、アジトに連れて行かれた。学生の溜まり場のようなところであった。事実、学生しかいなかったようだ。彼は苦々しい口調で「最近の学生はマンガしか読まない」と言っていた。マルクスと言えばマルクス兄弟かと揶揄され始めたころであった。

六〇年安保闘争のころはまだ「革命」が輝いていたかもしれないが七〇年闘争のころは革命は革命でも自己革命であったように思われる。

一九七〇年代になると「革命」よりも「差別」がポピュラーになった。その背景には「自己」への固執があった。自分の中に存在する差別意識を払拭しなければ新しい社会や運動を組めないのである。差別の対象は、在日朝鮮・韓国人、在日中国人、アイヌ、障害者、沖縄人そして女性だった。
わっぱの会の目指す社会は上記のような一切の差別をなくし障害者と共に生きる社会である。最初の理念を斎藤氏は、次のように語っている。

> 自分が差別者ではないか、ということが問題だった。それを自分はどう越えていくのか、という突き付けがありましたね。私たちのスローガンは「差別とたたかう共同体を建設する」ということでした。

しかし、時が経つにつれてイデオロギー的なスローガンは通用しなくなってきた。例えば、同じ様な障害者と共生を目指す団体の連合「差別とたたかう共同体全国連合」を一九八四（昭和五九）年に作ったものの、次第にこの名称も使いづらくなった。「差別とたたかう」という表現だとなんだか恐ろしい団体のように思われるようになり、二〇〇〇年以降「差別とたたかう共同体全国連合」の略称「共同連」を正式名称にした。

差別があってはならないという精神はわっぱの会の中に生きている。それは障害者と健常者の間の差別だけに止まらない。身分はもちろん正義とか不正義とかの差別とか男女の差別などは一切なく「みんな仲間」だという意識である。能力も人間を分ける標識とはならない。

完全な平等を徹底すると今の社会とはまったく異なる社会となる。一つの重要な点は「やれること」「成し遂げること」よりも「あること」のほうが大事なような社会であろう。ある人の価値は“doing”、“getting”よりも“being”なのである。我々はある人と同席する際に自分がなにかホッとしたり安心したり希《まれ》にはすがすがしくなれる機会に恵まれることがある。

❖**カール・マルクス**　一八一八〜八三。ドイツの経済学者・哲学者・革命家。『資本論』など。
❖**マルクス兄弟**　アメリカの喜劇俳優のグループ。

多分それは相手を丸ごと受け入れる態度であろう。相手を部分的に認めたり許容するのではなく全体を受け入れるのである。

共生とは共存、ただ共に在ることからくる安らぎみたいなものであろう。共に在ることは決してpassion（情熱、苦難）でもcompassion（共苦）でもない穏やかな状態を指すのだろう。もちろん生きていかなければならない以上、労働も必要だろうし日々の生活上の摩擦やいざこざもあるだろう。しかし、それは目標とは足り得ない。一つの欲望は他の欲望を誘引する。

普通の家庭に比べると女性にとり生活しやすいのか、現在わっぱの会ではベビーブームだそうだ。皆が子育てに一役かうので、現代社会の多くの家庭のように孤立していないのであろう。

現在のわっぱの会は一つの事業体で、しかも多角経営といってもよく幾つかの事業を営んでいる。

一、リサイクル事業

わっぱの会が現在手がけている事業の一つの柱がリサイクル事業である。最初にやったのはペットボトルの中間処理だった。容器包装リサイクル法ができて名古屋市の委託を受けて集めてきたペットボトルの異物混入を取り除いて、ふたを取って、圧縮梱包して業者に引き渡す。この工程の仕事を八、九年前からやっている。この事業は市の委託だから経費がかからない点がありがたい。作業所も市の環境施設を借りてやっている。土地・建物もみんな市の施設だから余分な費用がかからない。委託業務だけに止まることなく、数年前から産業廃棄物処理業者の資格を取って自分たちで缶とペットボトルを回収して、ペットボトルは細かく粉砕してフレーク状にしたものを業者に販売している。つまり現在では委託事業と自主事業の二本立てでやっている。

二、ダンボールからパン作りへ

一九七〇年代はダンボール加工が主要な事業であったが一九八〇年代に入るとこの仕事が大幅に減り、パン作りへ取りかかった。全国初の国産小麦使用・無添加のパン「わっぱん」製造に着手した。パン作りは試行錯誤を繰り返しながらも順調に販売を伸ばしていった。一九八〇年代に工場や販売店も名古屋市内に数ヶ所オープンした。一九八五（昭和六〇）年「ベーカリーハウスわっぱん」（昭和区）、一九八八年パン製造・販売の「ワークショップすずらん」を北区に開いた。一九九〇年代にも、わっぱん直売店舗「エコロジーよろず家わっぱん」（西区）を開いている。この店では、わっぱんや無農薬野菜等の販売、宅配を行っている。この他、昭和区福江には、「クッキー工房ふくえ」がクッキーや洋菓子を製造している。

しかし、パン作りも順調だったわけではない。一九九〇年代には、一般の業者も無添加や安全性にこだわったパン作りをやるようになり、障害者の団体でもパン作りをやるところも増えてきて競争時代に入った。パン作りの基準も厳しくなり髪の毛などが混入していると以前とは異なり出荷停止となる。それでも、赤字にはならず皆が食べて行けるだけの売り上げはある。

三、農業

一九九六（平成八）年に愛知県知多市に共同生活体開所。二〇〇〇（平成一二）年、愛知県武豊町に移転。移転と同時に「わっぱ知多共働事業所」を開所。精神障害者の生活相談等を行う「ひろばわっぱる」を開所。共働事業所では農業やジャム作りを行っている。農地は四町歩あるが、農地を増やそうと思えばいくらでもある。耕作してほしいという人はいくらでもいる。

ここでの農業は昔からわっぱの会と付き合いのある専業農家から教えてもらい、農地の世話からすべてお世話になった。

共働事業所には現在、二五人くらい人がいるがみんなが一斉に農業をやるわけではない。地域の障害者のためにやらなければならない事業もありこちらにも人手が取られる。また製粉部門でも人手は必要だ。一番の問題は、農業をやりたい人が集まってきている組織ではないから農民として農業をやるという意識が薄く、勤め人的にかかわっているという点である。だから中核になる人は少なくそれこそ土日返上で朝晩関係なく働いていて、実際に田畑に出られる人数は思ったほどは多くない。

しかも、農業はお金にならない。全て無農薬で米、麦、野菜、果物を作っている。作ったものは農協経由ではなく直接、いろんな業者等に販売している。地域の農民と一緒になって共同出荷しているが、「大地を守る会」などのように組織的な顧客を持ってはいない。やりたくてもそこまで組織化できていないし上述のように専従で農業をやっている人間自体が少ない。

また小麦の製粉所をやっている。製粉機を購入して自分たちの収穫物だけでなく無農薬で少量の小麦を生産している農民の収穫を製粉する。昔と違って少量の小麦の製粉をやってくれる製粉所はほとんどない。既存の製粉所は大量の製粉用だから少量生産者は「わっぱの会」で製粉している。

作った野菜の一部は漬け物にしたり果実からジャムを作るなど加工品を製造している。

わっぱの会が農業に進出していることは注目に値する。日本農業は極めて重要な転回点に達していると考えられる。関東でも農家の後継者は非常に少なくなっている。理由は農業をやってもお金が入らないからである。農業よりもサラリーマンをやった方がお金になるからである。もちろん中国を中心とする外国からの安い農産物の輸入が背景にある。

食糧安全保障論があるのも事実である。自給自足率の低下が常に問題とされる。しかし、交易依存度はどの国家も従来とは比較にならないほど大きくなっているので、食料だけ取り上げて論じてもあまり意味があるとは思われない。また、農地は工業資本とは異なり簡単には再生産できない。従って水のように世界的に稀少な資源となった場合には、投資・投機の対象となりうることに注意しなければなるまい。

農業が生き残る一つの道が安全な農産物の生産である。しかし、わっぱの会の場合もそうだが無農薬農業は大変手間がかかる。除草、除虫にも極めて大量の労働力を要する。また、近年、有機栽培にも疑問が投げかけられていることにも注意したい。有機栽培が無条件でよいとは言えないからである。多くの有機肥料には動物性肥料が含まれているため窒素分が過剰になり亜硝酸などが増えるという報告があり、人体への影響が懸念されている。

◉市当局との協力・協調関係

共同体といえども真空地帯にあるのではない。経済的に非力な場合、公的に利用可能な資源が大事になってくる。

一九七二(昭和四七)年に開設した「わっぱ共同作業所」を皮切りに活動を開始したわっぱの会は、この作業所でダンボール加工や印刷を行うことからスタートした。活動を広げるために民間からカンパを集めると共に名古屋市に対し、土地貸与を求めた。しかし、市との交渉が進まないために、一九七五年には市役所前でハンガーストライキを行い世間の注目を集めた。こうした活動に対し、市当局も放置はできず市からの補助を受けて一九七七年には「ふくえ作業所」を昭和区に開設した。公的存在として公認を求める動きはさらに積極化して一九八七(昭和六二)年には社会福祉法人化し、「共生福祉会」を設立した。二〇〇四(平成一六)年には

NPO法人「わっぱの会」も作っている。

わっぱの会にとって市当局は敵ではないし市当局にとりわっぱの会は敵ではない。わっぱの会の市当局に対する提言は貴重なものがある。障害者自身による政策提言は、バスや地下鉄などの公共交通機関、市役所や投票所のバリアフリー化を促進させた。一九八〇年代から九〇年代にかけてのわっぱの会の方針変更はホームページで次のように紹介されている。[1]

「八〇年代に次々と作った共働事業所や共同生活体は、あくまでわっぱの会の中での共生、共働の場であり、真の共生社会を実現するためには、社会全体への働きかけが必要」という評価から生まれた新しい挑戦でした。

◉共育活動——障害者教育

障害者にとり学校教育の特殊教育（今は特別支援教育）か普通教育かという選択は長い間大きな問題であった。クラスの区別そのものが差別に根ざしているからである。学校教育も含む教育がわっぱの会にとり重要な問題となる。わっぱの会は、障害を持っている子どもを普通に受け入れる学校であるべきだと一貫して主張してきた。一時期燃え盛った普通教育で学ぶという障害者側の動きは近年では鈍くなっている。特別支援教育でも、とにかくわが子が面倒を見てもらえればよいとする親が増えているという。能力主義や競争主義教育を障害児の親ですら受け入れるような状況になってきている。教育の荒廃といってよい。

親自体の価値観が、自分の子どもが障害者ということで分けられてしまう、差別されてしまうことに対して、おかしいとは思えなくなっている。子どもが手をかけてもらえるかどうかだ

●1——わっぱの会ホームページ
http://www.wappa-no-kai.jp/

けを気にしていて、一人の子どもとしてちゃんと社会で認められるかということは心配しない。

◉国際交流

社会に対する働きかけは日本にとどまらない。わっぱの会は各国の障害者団体と積極的に交流を行っている。最初に交流を始めたのは韓国で一九九五（平成七）年にソウルで開かれた第一回韓日障害者国際交流大会に参加して以来ずっと続いている。二〇〇八年の春にも韓国の知的障害者が一週間ほどわっぱの会に来ていた。わっぱの会からも韓国に行っている。韓国は障害者関連の法律や政策では最初は日本を真似していたが、現在ではむしろ追い越している面もある。韓国は、障害者関連の法律制度では日本よりもヨーロッパの方に注目している。韓国の障害者運動は元気がよい。日本が長年作りたいと思っているが未だに出来ない「差別禁止法」という法律を韓国は二〇〇七年に作ってしまった。障害者団体も統一要求書を政府に突きつけて要求すべきは要求している。韓国の障害者の国会議員は六人いるが、日本では現在ゼロである。

国際交流はフィリピンにも拡大している。二〇〇八年の初めにはフィリピンの障害者二人がわっぱの会に来て三ヶ月くらい研修していった。フィリピンには障害者を積極的に受け入れている私立大学がある。その大学からは視覚障害を含む身体障害の人々が巣立っている。しかし、障害者を受け入れる職場などは一切ないから自分たちで協同組合を作り、働く場を作り出している。何でも自分たちで自前で作り出していかなければならない。日本の政府も企業もわずかな援助しかしていない。

もちろん援助も大事だがしっかり働いて事業展開できるような方向を作らないといけないの

ではと考えてわっぱの会に来て見てもらった。これはかなり大きな刺激となったようだ。フィリピンでは障害者が働けないと一般に考えられているが、わっぱの会に来てみると障害者も働けるじゃないかと考えるようになった。大きな自信を抱いて帰り、帰国後はバナナケーキを作って販売したり弁当屋を開いたようだ。

◉今後の課題

一、高齢化。一般の健常者でも高齢化にまつわる問題は深刻である。満足できる老後を暮らしていける年金を受給している高齢者はごく少なく、一生かけて作ったマイホームですら年金だけで十分維持していける人はまず少ないだろう。豊かな日本で七〇歳代で預貯金ゼロという人が二〇%を超えているとは外国人は誰も信じないだろう。豊かになったのは主として企業なのか?

健常者でも高齢化は身体的にも精神的にも衰えをもたらす。障害者の場合はさらに問題を抱えることになる。身体障害者は三百数十万人と言われているがその半数が六五歳以上の人である。障害者の場合は老化も健常者の場合よりも早いし、老化にしたがい障害の程度も深まる。障害に加え、高齢化そして病気である。さらにいつまで働けるかという問題も深刻だ。行政のほうは何の対策も持っていない。「障害者なんてもともと働けない存在で、面倒を見ておけばいいんだ」という発想でやっている。従って、「若かろうが年をとっていようがいかに効率よく面倒を見るか」というだけの課題しか考えていない。

福祉を専攻している学生によく見られるのは、まず救済の対象ありきで、対象の人々が何を感じ、何を考えているかはともするとお留守になる。さらに政策の対象とすることで受け身的な存在を作りがちになることにも注意すべきであろう。ハンディキャップがあるのは事実だがさまざまな可能性を秘めていることも事実である。

障害者と親の問題も深刻だ。私がわっぱの会に初めて行った時に会った障害者のKさんはまだわっぱの会にいた。二〇歳代だったKさんは五〇歳代後半になっていた。父親がいるがかなりの高齢である。Kさんは以前に事故にあって知的障害の上に身体障害も背負うことになった。今では車いすが離せなくなっている。彼は若いころは家に帰ることは極めて少なかったが、最近は親がさびしいのか週末になると連れて帰る。家に帰ると親がどうしても食べさせてしまう。車いすで運動不足の上に、加齢により肥って来ているところに食べさせるためにさらに体調が悪くなる。これまでわっぱの会は親のいいなりにはならない姿勢でやってきた。彼の場合、若いころは親も話せば納得したが今では自分の寂しさが募るせいかなかなか話が通じない。

二、生活の場の分散化－施設化を避けるためにはどうすればよいか？　わっぱの会はそもそも施設を拒否するところから始まった。一九八〇年代後半にわっぱの会は、一緒に暮らす場所を一時閉めたことがある。ただ、実際問題として障害を持っている人が生活に困るということで、すぐまた再開した。再開して以降は一つのまとまった生活の場を作っていくのが難しくて、結局、少人数で暮らす場を複数作っていく形で現在に至っている。今は名古屋市内にわっぱの会が持っている家、共同生活の場が一二ヶ所ぐらいある。多いところで一〇人くらい生活していて、少ないところで三人とか四人で住んでいる。

今でも共同生活体という言い方をしているが、一緒に暮らそうという健常者がそう集まらなくなっているため、その実態がなくなりつつある。障害者は生活に困っているからいくらでもいるが、そこで一緒に暮らそうという健常者がいない。そういうわけで一二ヶ所の中で、障害者だけで暮らしている場所が半分くらいになっている。今後、この傾向は強まりこそすれ弱まることはないと考えられる。そうなると生活をどうやって作っていくのか？　人が助け合いで一緒に暮らすという風にはなかなかならない。施設にならないで普通の生活の場でありたいという思いはずっとあるが、職員として面倒を見る人がいると施設みたいになってしまう。そうならないためにはどうしたらよいかが課題である。

　しかし、わっぱの会は施設にはならないしなりようがないとも考えられる。以前、大手の共同体に移り住んだが、現在、わっぱの会に戻ってきている六三歳の女性がいる。この女性はずっと以前から「自分は、六〇になったらわっぱの会を辞めて老人ホームへ入る」と言っていた。六〇歳を過ぎたので「老人ホームへ行くのか」と聞いたら「行かへん、七〇になったら行く」と言って、結局今も仕事をしている。

　どういう仕事をしているかというと、わっぱの会で作ったパンを持って市内をずっと回って売りに行く。そこに自分の顔なじみの人がいっぱいいる。その人たちをパンを売りながら訪ねて歩いていて、毎日が喜びになっている。この女性はそれがしたいのである。だから仕事は自分が進んで楽しんでできる間はいつまでもやっていればよいと思う。この女性にわっぱの会が「やりなさい」と決して言ったわけではない。

　どんなささいなことであれ仕事が生きがいになっていることは素晴らしいことである。大学院生のころ老人ホームの調査をやったことがある。そこで聞いた印象深いことは、ホームの外に仕事を持つ人は長生きする。例えば、植え木ができる人が外に小遣い銭稼ぎに行く。こういう人はホームでテレビばかり見ている人より長生きするそうだ。生活の糧を稼ぐだけではない労働の重要性を改めて教えてくれる。

◉おわりに

この小論が筆者に与えられたテーマ「コミューンはどこへ行ったのか」に対する回答になっているかどうかは心もとない。わっぱの会は、設立から四〇年近く経った現在もやはり重い課題を近づく人に提起し、ある種の息苦しさを感じさせる。それは常に監視して抑制しなければ出てくる差別という利己心の故であろうか？　自由と平等という二大原理を考えるならば平等原理は差別問題をはらんでいるからだろう。自由が自然に近い原理とするならば平等は極めて反自然的、非自然的な原理である。進化論に背く極めて人間的な原理である。

ソ連の崩壊から始まる社会主義の凋落は人間の自然、自由原理を謳歌するがごとき観があった。社会主義は人間的自然に背く原理であり不自然なのである。従って人間の利己心を普遍的原理として資本主義を超歴史的なありようと考える経済史学も現れている。爆発的な強欲資本主義の開花により二〇〇七年のサブプライム崩壊に端を発する一〇〇年に一度の経済危機を招来したのは明らかである。

何事につけ継承が苦手のこの国の文化にあって一九七〇年代の対抗文化が次の世代に継承されなかったのも不思議ではない。しかし、こうした過去の経験に現在の若者がまったくの拒絶反応を示しているわけでもない。二年前に外国でNHKの国際放送を見たことがある。戦後を幾つかの時代に分けてその当時の大きな事件を取り上げ、渦中にいた人々に登場して体験談をしてもらい、最後に聴視者からの賛否を問う番組だった。群を抜いて賛成者が多かったのは一九六〇年代から七〇年代の大学闘争であった。一つには純粋だという評価からだった。もう一つは他人に対する思いやりだろう。これは社会主義の基礎である。当時の大学闘争の一つの重要な鍵概念は自己否定である。抑圧的な制度や組織への加担、あるいは自己の内なる押圧的な思想を拒否することである。そして否定される自己の彼方に新しい自己、他者との新しい関係が存在するのである。

社会主義は社会のことを考える、つまり自分だけでなく他人のことも考えるということである。他人は社会である。現在でも利己主義が万能とも考えられない。しかし、社会主義の力が弱いのも事実である。弱いというよりは過去の遺物と考える向きが強いかもしれない。しかし、人間は生まれながら社会的存在であり他人なしには生きていけない存在である。我々は普段はこの峻厳なる事実を不問に付している。しかし、社会性こそ人間の条件なのである。

わっぱの会が掲げる「相互扶助社会」は人間の社会性からすると当たり前のことなのだが、現実には敬遠される。

コミューンはどこへ行ったか？　各自の胸の奥底に今も存在している。斎藤氏が言うように、ますます必要性は高まりこそすれなくなってはいないしなくなりようがないのである。

「唐十郎」という視点から見る戦後日本演劇——「アングラ」から遠く離れて

室井　尚

まずは、最初に私の立場をはっきりさせておこう。

私は一九九六（平成八）年以来、劇作家・唐十郎❖と個人的に親しくつきあっている。唐の周辺の人たちとも広く親交があり、その意味で私の現在の立場はけっして中立ではなく、これから私が書くこともけっして「客観的」な考察ではありえない。

次に、私は唐と個人的に知り合うかなり以前から、美学者の一人として演劇に少なからぬ関心をもっていたことも確かである。唐十郎、寺山修司❖、別役実❖を筆頭として、常に何人かの日本の劇作家や海外の演劇動向に強い関心をもっていた。

だが、それは七〇年代中頃までのことにすぎない。つかこうへい❖の出現を最後にして、私は現代演劇や小劇場演劇への関心を急速に失っていった。とりわけ、八〇年代以降の演劇には全く関心をもてなくなり、九〇年代にはもはや演劇の舞台を見に行くこと自体が億劫になってしまっていた。唯一の例外は八〇年代末における初期の「ダムタイプ（ダム・タイプ・シアター）」であり、この京都市立芸術大学の学生たちが始めた反演劇としてのマルチメディア・パフォーマンスにはその内部から関わっていたこともある。しかし、それも九〇年代になると方向性の違いから離れて行くことになる。

唐十郎の演劇と再会して、劇団「唐組」における彼の現在進行形の活動に関わるようになったのは、そんな頃である。四〇年以上にわたって持続されてきた常人には想像もつかない唐の

❖**唐十郎**　一九四〇〜。劇作家・演出家・小説家。劇団「唐組」主宰。

❖**寺山修司**　一九三五〜八三。歌人・劇作家。『書を捨てよ、町へ出よう』など。

❖**別役実**　一九三七〜。劇作家。『ジョバンニの父への旅』など。

❖**つかこうへい**　一九四八〜。劇作家・演出家・小説家。『蒲田行進曲』など。

奔放な想像力と、彼が生み出す演劇空間の、ほかのどんな演劇や上演芸術とも異なる独自性、近代のドラマツルギーとはかけ離れているが、脈絡なく間歇的《かんけつてき》に観客の脳髄に襲いかかってくる不条理で痙攣的《けいれんてき》な情動の嵐に揺り動かされるようになり、この世界的にも類を見ない天才芸術家にすっかり傾倒するようになっていったのである。

しかしながら、彼の周囲の劇作家や演出家、演劇評論家との付き合いの中で、またしばらくぶりに現代演劇や小劇場演劇に足を運ぶようにはなったのだが、結局のところ、私の演劇に対する関心は二度と元のような形では復活することがなかった。つまり、私が一九八〇年（昭和五五）年前後に経験した「演劇への絶望感」が覆されることはなかったのである。もちろん、細心惹かれる俳優たち、プロフェッショナルな仕事をこなしている舞台美術家や音楽家たち、細部まで気配りを欠かさない優れた演出家や舞台監督たちはいつの時代にも存在している。また、表現の送り手と受け手が同じ空間と時間を共有するパフォーマンス芸術としての演劇という表現ジャンルを熱愛する観客も消滅してはいない。だが、かつて演劇が社会と切り結んでいた熱を孕《はら》んだ関係、それが文化全体の中に占めていたステイタスが根本から変わってしまったのであり、私が再び演劇に惹かれるようになることはなかった。その中で唯一、唐十郎だけが私にとって「演劇」、いやもはや「演劇」というジャンルを飛び超えた「現象」として今でも強い結びつきを持っている演劇人なのである。

私の世代、あるいはもう少し上の世代にとって、八〇年代を境にしたこのような「演劇離れ」の感情はある程度広く共有されているものであるようだ。

たとえば、尼ヶ崎彬は『ダンス・クリティーク——舞踊の現在／舞踊の身体』（勁草書房）の中で、彼が演劇からダンスへと関心を移して行ったのは、野田秀樹らに代表される八〇年代小劇場運動に全く関心をもつことができず、むしろコンテンポラリーダンスの中に「演劇的なるもの」を見出すようになったからだと書いている。また演劇評論家の西堂行人❖もまた八〇年代に一時は演劇に失望しながらも、ハイナー・ミュラー❖の「解体の演劇」に活路を見出し、そこから再び演劇に希望をつないでいくようになったというようなことを書いている。似たような証言が多くの人たちによってなされている。

　近代演劇が「個人」対「社会」、あるいは民衆の「解放の物語」として、さまざまな社会的、政治的領域とリンクしていた時代は六〇年代で明らかに終わっていた。新劇以来、近代演劇は社会の矛盾を鏡に映し出し、常に「反体制」の側から社会に向けての挑発を行ってきたのだが、そうした「神話」はポストモダンの到来と共に終焉したのだ。野田以降の小劇場演劇は、私にとって何の新しさも感じられず、単に解体されてしまった近代劇のパラダイムの廃墟の中で自閉的な遊戯にかまけているだけに思える退屈なものだった。まるでファッションやモードのような見かけの目新しさだけに走る表層的な記号のゲームにすぎなかったのである。そして、それは演劇の解体を目指すメタシアター❖やコンテンポラリーダンスのようなポストシアター系のパフォーマンスも同じである。近代演劇におけるドラマを支えてきた「大きな物語」が消滅し、「対立＝ドラマ」を作り出していたさまざまな枠組みが崩壊し、歴史的な方向を欠いたさまざまな「商品」が、消費社会の中で次々に現われては消えて行くのである。もちろん、それは演劇ばかりではなくあらゆる表現文化において共通に起こっていたことであった。

　こうした中で、ある人々は、私のように演劇に対する関心を失い、別なある人々は「演劇史」や「演劇の幅広い面白さ」の中に逃げ込んで行った。たとえ、同時代的な演劇に何の可能性も残されていないにしろ、演劇の豊かな歴史の中には再発掘すべきさまざまな遺産が残され

❖ドラマツルギー　戯曲作法。作劇法。

❖尼ヶ崎彬　一九四七〜。美学者・舞踏評論家。『日本のレトリック』など。

❖野田秀樹　一九五五〜。劇作家・演出家・俳優。

❖西堂行人　一九五四〜。演劇評論家。『演劇思想の冒険』など。

❖ハイナー・ミュラー　一九二九〜九五。ドイツの劇作家・演出家。

❖メタシアター　演劇についての演劇。伝統的な演劇を解体していこうとする運動。

ていうのではないかというわけである。歌舞伎や能やギリシャ悲劇やシェークスピア❖が、あるいはチェーホフ❖やブレヒト❖やベケット❖が再演され、新しい解釈が施される中に、彼らは演劇の脱歴史的で時代を超えた面白さを見いだそうとした。だが、それは歴史や状況から切り離され、それを見ている一瞬だけの情感や快楽に限定された「鑑賞」の対象にすぎない。いくら舞台上の人々が生き生きとしていても、それを見ている観客がその時空を共に生き生きと生きることはできないのだ。それらが「シアター・アーツ」と呼ばれるタイプのポストモダン演劇だったのである。

もちろん、人々が現在の自分たちの姿を確認しようとしている限り「社会の鏡」となろうとする社会派の演劇も存続し続けてはいる。しかし、それらは「いじめ」や「犯罪」、「ドメスティック・バイオレンス」などのその時々の時事的な話題を題材にして、「等身大」の「人の心の弱さ」のような曖昧でぬるま湯的な共感を引き起こそうとする脆弱な表現か、コントやコメディの形を借りて、「現代の無気力な若者たち」のふわふわと漂うように生きているだけの生態を鏡に映し出そうとするものにすぎない。新聞やメディアは、こうした弱々しい「社会の鏡」としての演劇を「新しい表現」として贔屓したがり、年末の演劇賞にはこのような「社会派演劇」ばかりが取り上げられるが、実はそんなものを見ているのは一握りの「演劇オタク」と演劇評論家のような「関係者」だけに過ぎず、こうしてゾンビのような近代演劇の幽霊だけが、娯楽産業と文化行政に守られながらかろうじて生き残っているのである。

こうして、演劇は随分以前に滅びていたのだ。

◉「アングラ」とは何か？

さて、それではまだ滅んでいなかった時代の演劇とは一体何だったのだろうか？

このような問いかけは、私よりも若い世代の読者にはやや抵抗感があるかもしれない。彼らにとって「演劇」とは元々現に今あるようなものであり、それがゾンビのようなものだと言われても余り実感が湧かないのではないだろうか。だが、それがたとえばハードロックとヘビメタの違い、フリージャズとフュージョンの違い、表現主義絵画とポストモダン・ペインティングの違い、『二〇〇一年宇宙への旅』と『ET』や『スターウォーズ』の違いと言えば、私の言いたいことはある程度は何となく伝わるのではないだろうか？　文化の領域における「ポストモダン」という切断面は明らかにそこに存在しているのである。

そこで、六〇年代から七〇年代にかけての「アングラ演劇」とは一体どのようなものだったのかを見て行きたい。それはどのように盛り上がりを見せ、どのようにして衰退していったのだろうか？　ここはまずそんなことを考察してみたいと思う。

そもそも「アングラ演劇」とは一体何だったのだろうか？

「アングラ」は「アンダーグラウンド」の略語で、アメリカ西海岸から始まった地下運動、反体制運動、反商業主義の前衛芸術、実験芸術などを指す言葉であると言われている。しかしながら、本来であれば美術や文学などあらゆる表現領域に関わっている言葉であるはずにもかかわらず、日本においてこの言葉は主として演劇とフォークソングに限定されて使われていた。

唐十郎の「状況劇場」の前身である「シチュアシオンの会」が結成されたのは一九六三（昭和三八）年である。鈴木忠志❖は大学の演劇研究会（劇研）時代から活躍し、卒業後、「早稲田小劇場」を結成。当時は明治大学、早稲田大学、東京大学などの劇研が活発に活動をしていた時代

❖**ウィリアム・シェークスピア**　一五六四〜一六一六。イギリスの詩人・劇作家。

❖**チェーホフ**　一八六〇〜一九〇四。ロシアの小説家・劇作家。『かもめ』など。

❖**ベルトルト・ブレヒト**　一八九八〜一九五六。ドイツの劇作家・演出家。

❖**サミュエル・ベケット**　一九〇六〜八九。アイルランドの劇作家・作家。

❖**鈴木忠志**　一九三九〜。演出家。『演劇とは何か』など。

だった。また一九六六年には俳優座養成所出身の佐藤信❖、串田和美❖、斎藤憐❖らが、六本木に「アンダーグラウンド自由劇場」を設立した。後に分裂して「演劇センター68／71」そして「黒テント」がここから生まれる。彼らは既にここで「アンダーグラウンド」という言葉を使っている。

しかしながら、「アングラ」、もしくは「アングラ演劇」という言葉が世間ではっきりと認知されるようになるのは一九六七年前後のことだった。

一九六七年には寺山修司が劇団「天井桟敷」を立ち上げ、状況劇場が新宿花園神社で初の紅テント興行『腰巻お仙——義理人情いろはにほへと篇』を行っている。唐はこの年、メディアの注目を集めた二月の新宿ピット・インでの『ジョン・シルバー』深夜連続公演を含め、四公演を行っており、また寺山も『青森県のせむし男』、『大山デブコの犯罪』、『毛皮のマリー』、『花札伝奇』と四本も上演している。これらの公演は若者の「新風俗」として新聞や週刊誌などのメディアの注目を一気に浴び、「アングラ」という呼び名が定着していった。

一九六七年という年は、新宿駅前に❖「フーテン族」が現れ、アメリカ西海岸から伝わった「サイケ」（サイケデリック❖）ブームが起こった年である。フーテン族は新宿の名曲喫茶「風月堂」やジャズ喫茶、ゴーゴー喫茶などをたまり場とし、主としてシンナーや睡眠薬ハイミナールに代表される「和製ドラッグ・カルチャー」を作り出した。また、早川義夫❖のジャックスなどの「アングラ・フォーク」も現れ、年末にはフォーク・クルセダーズの「帰ってきたヨッパライ」がリリースされ、「アングラ」という言葉は社会に定着していった。

これらの「アングラ」カルチャーには内容における明確な共通性はない。従来の音楽資本や新劇の枠組みとは独立したという意味で、現在言うところの「インディーズ系」であったという点が共通しているだけであり、それぞれの芸術的傾向には共通したものは何もなかった。

たとえば、アングラ演劇に関しては、まるで紋切り型のように「唐十郎や寺山修司のような」という形容詞が付け加えられることが多い。また、この二人に鈴木忠志と佐藤信を加えた「アングラ四天王」というような呼び方も定着していた。だが、彼らは共に劇団の主宰者であり、その意味ではライバルではあっても、彼らの目指した演劇的方向にはこれと言った共通性はなかった。そのことは、それ以降の彼らの歩んだ道のりを見て行けば容易に分かるだろう。

鈴木忠志は、初期に別役実や唐十郎といった同世代の劇作家の作品を上演してはいるが、徐々に女優・白石加代子❖と共に「劇的なるもの」を巡って、ギリシャ悲劇や古典演劇の探求へ向かうようになる。能の動きを取り入れた「鈴木メソッド」と呼ばれる独自の俳優訓練法を発明したり、利賀村、水戸市、静岡県などの文化行政と結びついたりすることによって、大がかりな国際演劇祭を組織するなど、広範な演劇文化の振興に関わるようになっていく。また、彼自身の演劇理念は、非政治的、非歴史的な芸術至上主義、もしくは本質主義的であり、社会的な異物ではなく、社会の枠組みの中での芸術的な完成を目指していくというものであった。

他方、佐藤信は自由劇場から分かれて演劇センター68／71（黒テント）を創設以来、一貫して歴史的、社会的挑発としての政治的演劇を追求していった。ブレヒトの影響を強く受け、個々の社会的現象を問題にするのではなく、革命的な唯物史観に基づく政治的歴史劇といった方向性を保ち続けた。それはちょうどそれ以前の「新劇」が日本共産党や社会党といった既成左翼政党と深い関係を持っていたのと同じように、文字通り「新左翼」的な政治的メッセージと不可分の演劇だったのである。さらにその姿勢は、「新左翼」の解体後にもしぶとく維持されている。また、彼らは途中からテントを用いた上演を始めるが、それは唐十郎の紅テントと

❖**佐藤信**　一九四三〜。劇作家・演出家。
❖**串田和美**　一九四二〜。演出家・俳優。
❖**斎藤憐**　一九四〇〜。劇作家・演出家。
❖**フーテン族**　当時、長髪にジーパンといった格好で新宿にたむろしていた無気力な若者集団。
❖**サイケデリック**　LSDなどの幻覚剤によって生じる幻覚や陶酔状態を想起させる、原色や不調和な音を駆使した表現。
❖**早川義夫**　一九四七〜。ミュージシャン。
❖**白石加代子**　一九四一〜。女優。

は違って、トラック二台が駐車できる場所でさえあればどこにでも立てられる機動性の高い移動劇場という性格が強く、テントそれ自体の特殊な空間性にこだわっていたわけではない。

つまり、この二人に関してはその方向性が違ってはいても、「演劇」という表現ジャンルの内部で、その美的本質、あるいは政治的機能を追求するという点において、「演劇」を突き詰めようとする正統的な態度が明確なのだ。つまり、たとえその初期においては誰からも認められず、ごく少数の観客によってしか支えられていなかったにしても、その本質において「アンダーグラウンド」などではなかったと言うことができるのである。彼らが求めたのは良くも悪くも「演劇」として評価されることであって、演劇という表現ジャンル内での頂点を目指すことであった。

その点において、寺山修司と唐十郎は明らかに違っていた。彼らは少なくともその初期においては、演劇というジャンルをはみ出し、一般ジャーナリズムを巻き込んだメディア戦略を行使し、演劇を演劇以外（以上）のものにしようとしたのである。逆に言えば、彼らは「演劇」というジャンルの中におさまるつもりは元々なかった。その枠組みの中で頂点を目指すことではなく、枠組み自体を疑い、解体し、新しい「場」を作り出そうとしたのである。

寺山修司は、唐の「状況劇場」に刺激されて「天井桟敷」を旗揚げした。マルセル・カルネ❖の映画『天井桟敷の人々』から取られたこの名称には、アングラ（地下）よりも高いところを目指すという意味も含まれていたと言う。既にエッセイスト、詩人、前衛歌人、劇作家として有名だった彼の周りには、寺山のエッセー集『書を捨てよ、街に出よう』に触発された家出少年・少女たちが数多く集まってきた。その初期においては、後に「東京キッドブラザース」❖を立ち上げる東由多加❖が演出をし、横尾忠則❖が美術を担当したこの劇団には、萩原朔美❖、J・

❖**マルセル・カルネ**　一九〇六〜九六。フランスの映画監督。

A・シーザー、小竹信節、宇野亜喜良、合田佐和子といった多数の芸術家たちが参加した。寺山はこの集団の中で、すべてを自分一人で決定するのではなく、むしろ劇団内外の才能のある若者に仕事を分担させるやり方をとった。天井桟敷の活動が多様であると同時に、そこから何人もの人材が輩出されたのはそのためである。

初期の天井桟敷は「見世物の復権」を唱え、劇団創設時のメンバー募集広告が「怪優奇優侏儒巨人美少女等募集」であったことから、まるで江戸時代の見世物に現われるような、前近代的でおどろおどろしいイメージを醸し出しており、それはやはり「河原乞食」を自称し、奇抜で怪異な風貌の若者を集めた初期の状況劇場と共に、「アングラ演劇」のひとつの典型的なイメージを形成することになる。

だが、寺山の総合的な「アート・ファクトリー」としての天井桟敷は、すぐに活動の幅を広げ、劇場や演劇制度を否定する市街劇、書簡演劇、訪問演劇、観客参加劇、映画製作といった、実験的で前衛的なパフォーマンスにその重点を置くようになっていく。海外の演劇祭への参加や、海外の俳優を用いた上演などにも積極的に参加するようになり、寺山は同時代における前衛的なパフォーマンスや上演芸術の潮流の中にアクティヴに身を置こうとしたのである。

ジャーナリスト的なセンスに長けていた寺山は、元々演劇の世界に参入した時から演劇という枠組みに対してきわめて意識的であり、従来の演劇の枠組みを破壊するアヴァンギャルド演劇の方法論を積極的に取り入れていた。「新劇」のベースにあったモスクワ芸術座におけるチエーホフ=スタニスラフスキー的なリアリズム演劇の対立軸としてのメイエルホリド的要素を取り入れ、サーカスや見世物的な要素と、前衛的な美術家や音楽家などとのコラボレーションを、自らの東北土着的で叙情的な詩的世界と組み合わせるかと思えば、アルトーやグロトフス

❖**東由多加** 一九四五～二〇〇〇。劇作家・演出家。
❖**横尾忠則** 一九三六～。グラフィックデザイナー・画家。
❖**萩原朔美** 一九四六～。エッセイスト・映像作家。『演劇実験室・天井桟敷の人々』など。
❖**J・A・シーザー** 一九四八～。演出家。「演劇実験室・万有引力」主宰。
❖**小竹信節** 一九五〇～。舞台美術家。
❖**宇野亜喜良** 一九三四～。イラストレーター・グラフィックデザイナー。
❖**合田佐和子** 一九四〇～。画家。
❖**市外劇** 路上で突然始まる演劇。
❖**書簡演劇** 突然、見知らぬ人からの手紙が送りつけられることによって、日常生活に演劇が介入するという構想。
❖**訪問演劇** 一般市民の自宅に突然俳優が乱入して作り出される演劇。
❖**コンスタンチン・スタニスラフスキー** 一八六三～一九三八。ロシアの俳優・演出家・演劇理論家。
❖**フセヴォロド・メイエルホリド** 一八七四～一九四〇。ロシアの演出家・俳優。
❖**アントナン・アルトー** 一八九六～一九四八。フランスの詩人・俳優・演出家。
❖**イェジ・グロトフスキー** 一九三三～九九。ポーランドの演出家。

キー的な残酷演劇的要素を取り入れるなど、さまざまな実験的方法を試みていった。

寺山の歩みは、観客に対する彼の考え方を軸にして見ていくとわかりやすい。初期における、見世物、曲馬館、サーカス的な志向性は、観客をただ単に劇場の客席に座って黙って見ているだけの存在から引き離そうとする試みであり、サクラも含めた観客と舞台上の俳優がやり取りをしたり、殴り合ったりする観客参加劇もまた、観客を純粋な視線から引き離そうとする試みであり、さらに市街劇や書簡演劇においては、「演劇」という約束事そのものをも破壊して、現実と虚構の境界線を暴力的に打ち破る実験が行われた。これは、何か新しい演劇表現を生み出そうとするよりも、むしろ演劇の制度性を露《あらわ》にするという意味で、デュシャンやケージがやったような、きわめてダダイスト的な行為であり、その意味で寺山がやろうとしたことは文字通りの「アヴァンギャルド演劇」であったと言うことができるだろう。だが、後期においては再び叙情的なスペクタクルに回帰するなど、必ずしも一貫したものであるとは言いがたい。そもそも、寺山自身にとって、演劇はさまざまな表現方法のひとつにすぎず、彼がとりわけ演劇というジャンルを重視したわけではない。

むしろ、これまで見てきたような彼の軌跡からすれば、安全な客席から舞台上の出来事を見るという演劇の観客という存在を破壊することに、寺山の演劇美学の核心があったように思われるのである。

一方、唐十郎は「状況劇場」(シチュアシオンの会)という名前が示しているように、元々は明治大学劇研の出身であり、サルトルの『恭しき娼婦』が旗揚げ公演であった。当時、サルトル、カミュ、ベケット、イヨネスコらのフランス演劇が大量に輸入され、大学の劇研ではこれらの作品に関心が集まっており、初期の唐にとっての演劇のイメージはこれらの翻訳劇、また当時独特な不条理劇を発表していた少し年上の別役実の作品であったらしい。

だが、劇団解散の危機に当たって自ら戯曲を書き始めるようになった唐は、短い期間のうちに自らのきわめて特異な作家性を見出して行くことになる。

最初期の『24時53分「塔の下」行きは竹早町の駄菓子屋の前で待っている』（一九六四年）や『煉夢術』（一九六五年）にはまだ別役の影響も見られ、透明な叙情と観念性が際立った作品だったが、『腰巻お仙』シリーズ（一九六四年〜六九年）と『ジョン・シルバー』シリーズ（一九六四年〜七一年）において、それまでの演劇には見られなかった独自のスタイルを確立していくことになる。

❖ジュリア・クリステヴァが「アブジェクション」（おぞましきもの）と呼んだような女性原理（母親＝少女）に焦点を当てた『腰巻お仙』シリーズと、けっして訪れることはないが、実は常に目の前に現前している少年のロマンを体現する『ジョン・シルバー』シリーズは、その後この二つの原理をダイナミックに融合し、展開させた『吸血姫』（一九七一年）以降の作品（『二都物語』、『鐵假面』、『ベンガルの虎』など）に継承されていき、さらには女性性と少年性を一人の登場人物に結集させた傑作『唐版・風の又三郎』（一九七四年）で完成されることになる。この七〇年代前半までの状況劇場は「黄金期」と言われ、日本の演劇史に文字通りの金字塔を打ち立てた。

もちろん、唐はそれ以降も名作を世に送り出し続け、現在でも第一線で活躍しているわけだが、しかしながら傑出した劇作家としての唐十郎を論じるのが本稿の目的ではない。おそらくは、この七〇年代前半までの唐と、集団としての状況劇場が持っていたパワーが、ここで仮に「アングラ演劇」と呼ばれている演劇運動における最高の到達地点だったのではないかという

❖**マルセル・デュシャン** 一八八七〜一九六八。フランスの画家・彫刻家。
❖**ジョン・ケージ** 一九一二〜九二。アメリカの前衛作曲家・哲学者。
❖**ジャン＝ポール・サルトル** 一九〇五〜八〇。フランスの作家・哲学者。『存在と無』など。
❖**アルベール・カミュ** 一九一三〜六〇。フランスの作家・思想家。『異邦人』など。
❖**ユージェーヌ・イヨネスコ** 一九一二〜九四。フランスの前衛劇作家。『禿げの女歌手』など。
❖**ジュリア・クリステヴァ** 一九四一〜。フランスの文学理論家・精神分析家・哲学者。

ことが言いたいのである。

　無名だった唐は、満足な公演場所にも恵まれず、結婚式場の控室や深夜のジャズ喫茶、屋外など、照明や音響機材なども完全には揃わないような場所で公演を行っている。一九六七年にテントでの公演を行うようになったのも、基本的には会場を借りることができなかったからである。だが、そういう状態でも、唐は明確なメディア戦略を持っており、自分たちをメディアの注目に価する新しい風俗として押し出していこうとした。

　そのひとつには有名人や演劇界以外の人々との交流がある。『24時53分「塔の下」行きは竹早町の駄菓子屋の前で待っている』では、それまで面識がなかった寺山修司の推薦文を取り付け、『腰巻お仙』では、当時サイケデリックなイラストレーターとして既に名をなしていた横尾忠則にポスターを依頼した。劇中歌も当時フォークブームの担い手の一人だった小室等に依頼し、また『新宿泥棒日記』（一九六九年）で出演することになる映画監督の大島渚には新宿の酒場で売り込みを掛けているし、澁澤龍彥や種村季弘、土方巽らとの交遊も広く知られている。

　また、彼は新聞や雑誌が注目するような「事件」をわざと作り上げる達人でもあった。数寄屋橋公園で突然行った路上劇『ミシンとコーモリ傘の出会い』では、あらかじめ電話をかけた週刊誌や新聞の記者が取材に来ることを目的に行われ、結局は警察に連行されるまでのことが記事になった。それ以外にも、全身金粉塗りの役者による無許可の野外劇や、寺山の「天井桟敷」との乱闘騒ぎなど、数々の警察絡みの事件を唐は引き起こして行く。その中でも最も有名なのは、一九六九年に新宿駅西口の中央公園で機動隊に囲まれながらテント公演を強行した事件であり、状況劇場はこれ以降常に「事件」を引き起こす劇団として大きな注目を浴びるようになっていく。

かつて唐は寺山を「文化的スキャンダリスト」と批判しているが、唐こそがそうであったと言えるだろう。だが、覗き事件で捕まるまでの寺山が、どちらかと言えば新聞の文化面に登場する存在であったのに対して、唐は社会面に登場するタイプのスキャンダリストであったと言えるかもしれない。それは、中産階級の「教養文化」や大衆の「娯楽」としての演劇を脅かし、社会的事件にまで拡大していこうとする状況劇場の方向性と見事に合致していた。

テントについても言及しておかなくてはならない。皮膜一枚で現実と非現実とが隔てられるテント劇場は唐の演劇世界にとって不可欠な装置となっていく。劇場やホールを嫌った彼は、トラックの荷台、石炭船、倉庫などさまざまな場所で公演を行っていったが、最終的に戻って行ったのはテントであった。共同生活をする劇団員がテントと共に旅をし、役者自らが劇場を作り上げるというのは状況劇場から現在の劇団唐組まで一貫して維持されている形態である。「お婆さんの腰巻の色」と言われ、母胎を暗示していると言われる紅テントは、唐と状況劇場の代名詞となっており、芝居の最後にテントの垂れ幕が落とされ、背後の現実の風景が演劇の世界に飛び込んでいく「屋台崩し」、もしくは「借景」と呼ばれる手法は、何人もの模倣者を生み出して行った。

また、唐は自身も含めて役者たちに奇怪な芸名をつけていた。唐十郎、❖李礼仙（現・麗仙）、❖麿赤児《まろあかじ》、❖大久保鷹、❖四谷シモン、❖根津甚八、❖不破万作といった名を持つ特異な役者群は、自らを現代の河原乞食と称する唐の演劇／芸能理論の反映でもあり、初期の天井桟敷と並んで、一般的な「アングラ演劇」のイメージを体現するものでもあった。

唐の演劇論である『特権的肉体論』は、一般には役者の肉体だけがあれば演劇は成立するという役者中心主義と受け取られた。それは確かに、「文学」としての戯曲が中心である近代リ

❖**小室等**　一九四三〜。シンガーソングライター。
❖**大島渚**　一九三二〜。映画監督。
❖**澁澤龍彥**　一九二八〜八七。作家・フランス文学者。『高丘親王航海記』など。
❖**種村季弘**　一九三三〜二〇〇四。ドイツ文学者・文芸評論家。『ビンゲンのヒルデガルトの世界』など。
❖**土方巽**　一九二八〜八六。前衛舞踏家。
❖**李麗仙**　一九四二〜。女優。
❖**麿赤児**　一九四三〜。俳優・舞踏家。
❖**大久保鷹**　一九四三〜。俳優。
❖**四谷シモン**　一九四四〜。人形作家。
❖**根津甚八**　一九四七〜。俳優。
❖**不破万作**　一九四六〜。俳優。

アリズム演劇や新劇に対するラディカルな批判となりえてはいるが、実際にはそうではない。劇作家である唐は戯曲の重要性を熟知しているが、それと同時に現実にそれを具現する役者の個性や肉体と戯曲との相互作用の重要性を説いたのである。この時期から、唐は個々の役者に❖「当て書き」をするという手法を採用していくようになる。つまり、特権的肉体論とは、特権的な役者の肉体が重要であるという意味ではなく、役者の肉体が特権的なものに変容するような演劇空間を作り上げることの重要性を主張しているテキストなのだ。唐にとって、演劇とは「日常」の延長や反映ではなく、現在という状況と関係しつつ「非日常」の世界を創出するものであるが、そうした場が成立する依代《よりしろ》となるのが役者の肉体なのである。

　状況劇場が拡大していくにつれて、そこには次第に多彩な人々が集うようになっていった。終演後にテント内で催される宴会は文化人たちのサロンとなり、さまざまな人たちがそこで出会い、相互に刺激し合うようになる。こうして、状況劇場のテントは演劇を超えた交流の「場」となっていった。

　さて、以上のような寺山と唐における「アングラ」的なるものを見ていくことによって、ひとまず次のようにまとめることができるのではないだろうか。

　まず、「アングラ」とは何らかの実質を持った言葉ではなく、その言葉を通して投影された観客たちの欲望そのものであったと言うことができる。もちろん、六〇年代後半の学生闘争における革命的ロマン主義の後押しもあったろうが、人々はアングラ演劇に新しい文化の到来への期待を投影した。それは、❖ヤウスや❖イーザーのような❖コンスタンツ学派の受容美学の言うところの「期待の地平」の中で生み出された共同幻想だったのである。言い換えれば、「アングラ」、もしくは「アングラ演劇」というものは存在しなかった。そこにあったのは、「アングラ」という言葉に投影された観客たちの期待であり、欲望だったのである。

また、この運動が単に演劇関係者たちばかりではなく、美術作家、音楽家、映画監督、小説家、評論家など、さまざまな種類の芸術家や文化人を巻き込んだ運動であったことも重要であろう。ちょうど、六〇年代前半のアメリカの「❖フルクサス」の運動がそうだったように、「インターメディア」的な、あるいは「メディア・ミックス」的で同時多発的な文化運動がその背景には存在していた。このように、きわめて活発に相互交流を行う文化人たちのアソシエーションが、何か新しい文化を生み出していくのではないかという期待が広く存在していたのである。

六〇年代は、世界中のニュースや流行が通信回線や人工衛星によって瞬時に伝えられる新しいメディア社会の始まりであり、❖ギィ・ドゥボールの言う「スペクタクル社会」の到来であった。メディアを通して、人々は「アングラ演劇」という磁場に、舞台上で起こることがそのまま世界の変革や自分たちの生そのものの革新につながるのではないかという幻想を投影していたのだ。このような欲望の投影は、それ以降の演劇の中では完全に失われている。たとえ、六〇年代と同じ演目を最高のスタッフとキャストで再演したところで、その上演がこのような観客の投影された欲望との相互作用を欠いている限り、同じことは二度と起こらないだろう。

しかしながら、この場合の「新しさ」とはいったい何だったのだろうか？　「アングラ演劇」の中には、明らかに前近代的、反資本主義的、反欧米的、反植民地主義的な動きがあったとよく指摘される。寺山や土方巽における土着文化志向や、唐における焼跡の下町への郷愁がそうしたアナクロニスティックな前近代への回帰を代表するものであると考えられる。このことから、アングラ演劇は近代を批判するために、前近代に回帰しようとするものだったと単純に考

❖当て書き　役者を先に決め、その役者をイメージして台本を書くこと。
❖ハンス・ローベルト・ヤウス　一九二一〜。ドイツの文学研究者。『挑発としての文学史』など。
❖ヴォルフガング・イーザー　一九二六〜二〇〇七。ドイツの文学研究者・英文学者。
❖コンスタンツ学派　ヤウスやイーザーはコンスタンツ大学に勤めていたため、受容美学の別名とされている。
❖フルクサス　ニューヨークを中心に欧米各地で展開された一九六〇年代の前衛芸術運動。多様な領域のアーティストが参加し、劇場でのイベントや街頭でのハプニングといった行為によって活動を行った。
❖ギィ・ドゥボール　一九三一〜九四。フランスの著述家・映画作家。

えられるかもしれない。だが、それは高速道路や高層ビルの乱立など、古い日本が急速に塗り替えられていった六〇年代における表層的で反射的な反応にすぎない。それは、近代演劇や新劇の枠組みを解体し、そうした約束事や制度から自由な演劇的表現を生み出したという限りにおいて西欧のアヴァンギャルド運動と密接に連動していた。最も重要なことは、彼らが近代的な「演劇」や「芸術」の枠組み、またそれに関わる聴衆や観客の枠組みという前提を完全に取り外し、演劇や表現の発生したその現場まで遡行しようとした点にこそあるのである。そのように考えることで、アングラ演劇を、戦後最大のきわめて重要な文化運動として捉え直すことができるのではないだろうか。

◉「アングラ」から見た六〇年代以降の演劇

さて、そのように考えた場合、六〇年代以降の日本の演劇の軌跡を違った見方から捉え直すことができるかもしれない。

六〇年代における小劇場運動は、演劇をめぐる路線闘争に明け暮れていた。それぞれが自らのよって立つ演劇理論や政治的な立場を明確にして至るところで演劇論が戦わされていた。だが、そうした路線闘争にはよく観察してみると大きく分けて二種類あったように思われる。

ひとつは演劇というジャンル内における路線闘争である。つまり、近代演劇を成立させている装置である、劇場、舞台、客席、照明、音響、装置、俳優、劇作家、演出家、舞台監督、観客、プロダクション、批評家、演劇ジャーナリズム、文化行政などの諸装置を前提として、その上でその「コンテンツ」としての演劇の社会的機能や形態、そしてその目的を論じるものだ。

そこには大きく分けて、佐藤信の黒テントのような政治的ラディカリズムと鈴木忠志のような作品主義、もしくは芸術至上主義的な立場の対立があったと言えるだろう。つまり、演劇を現状打破と社会的な変革を訴える解放的な装置として追求する立場と、演劇における自律的で美的な体験を追求する立場である。

そこにはさらに、資本主義社会の中で演劇をいかにして経済的に自立できる安定した文化制度として着地させるかという問題もある。大きく分けて、それは文化行政の保護を受けて演劇文化を振興していくという方向と、演劇ビジネスとして産業化するという方向がある。

だが、全く違うもうひとつの路線闘争があった。それは、右に挙げたような演劇の諸制度を根本から疑い、そのジャンルの成立根拠自体を問題にする立場である。六〇年代のアングラ演劇の中でこのような根源的な問題意識をもっていたのは、寺山修司と唐十郎の二人だけだったのではあるまいか？　その点で彼らは同時期（一九六八年）に、「そこに何もない空間があるとしよう。そして演者が舞台を通り過ぎ、それを見ている観者がいる。——これを私は『演劇』と呼ぼう」と書いたピーター・ブルック❖と問題を共有していた。彼らは分離された舞台と観客席に象徴される演劇装置そのものを疑い、それをバラバラに解体し、その出発点からもう一度再構築することから演劇活動を開始した。寺山は、見世物や芸能、サーカスや道化といった人類学的諸装置と西欧のアヴァンギャルド演劇に支点を見出し、さらには書簡演劇や街頭演劇ではそれらの支点すら放棄してしまい、最後には演劇というジャンル自体にも関心を失っていったように思われる。

唐もまた、初期においては芸能や河原乞食としての歌舞伎者にその根拠を求め、テント小屋にゴザ敷きという劇場スタイルを見出してからは、その空間に留まり続けた。一時期の唐は安藤忠雄❖設計による独自の劇場（下町唐座）を持ったこともあるが、結局はテントの空間に戻っ

❖**ピーター・ブルック**　一九二五〜。イギリスの演出家・映画監督。
❖**安藤忠雄**　一九四一〜。建築家。『安藤忠雄の夢構想』など。

ていったのである。そこで彼は自らの創作力だけを頼りに劇団を率い続け、基本的には六〇年代と同じスタイルで四〇年以上も演劇活動を続けてきている。その間、企業や行政の支援を受けることもほとんどなく、圧倒的に貧乏なままの劇団員を引きつけ、少数ではあるが根強い観客を集め続けてきたのはほとんど奇蹟と言ってもいいことだろう。そこにあったのは、役者と台本の相互作用があればいいという「特権的肉体論」で獲得した独自の演劇美学だったのではないかと思われる。ただ、八〇年代以降の状況においては、そこにつけ加えられるべき観客とのダイナミックな相互作用が大幅に弱体化してしまったことは否めない。

　そう考えてみると、唐十郎という存在との距離を基準として、現代の演劇状況を考えていくことができるのではないだろうか。たとえばここでは蜷川幸雄、浅利慶太、つかこうへい、中村勘三郎といった、唐との接点を持った人々のことを考えてみよう。

　蜷川は「現代人劇場」から「櫻社」の時代、主に清水邦夫と組んで、右に挙げた分類では政治的ラディカリズムに近い演劇理念をもった演出家だった。だが、一九七二年に唐十郎が不忍池で上演した『二都物語』を見て、「唐の演出助手になろう」と思うくらいにまで大きな衝撃を受ける。翌一九七三（昭和四八）年に唐の書き下ろし作品『盲導犬』を上演した後、櫻社を解散。日生劇場での商業演劇の世界に飛び込んでいくことになる。その後も八〇年代まで唐作品を何本か演出するが、九〇年代以降は主にギリシャ悲劇、シェークスピア、過去の演出作品の再演に重点が置かれている。

　蜷川の転換点は明らかに唐との出会いにある。彼が見た野外でのテント演劇のダイナミズムは、劇場での大がかりなスペクタクルに受け継がれ、役者中心の舞台作りや観客の期待を裏切る異化効果を多用する演出にも、唐からの影響が伺える。だが、蜷川の場合、単純な政治主義から解放され、演劇の多様な面白さのようなものへ向かうバランス感覚が際立っていたと言うべきであろう。時々行う野外劇を除けば、彼の演劇は基本的には「劇場」をはじめとする演劇装置を前提としたものであり、スターシステムの上に成り立っているものである。つまり、本質的に「演劇‐内」的な演劇なのだ。

また、同じく商業演劇における演劇のビジネス化を推し進めた浅利慶太もまた唐と接点を持つ演劇人であった。元々はアヌイー❖やジロドゥー❖などフランス現代劇から始まった彼の「劇団四季」は、土地の転売やブロードウェイ・ミュージカルの成功などによって、日本の演劇界では例外的に企業としての成功をおさめた。汚れたテントと貧乏な劇団員を率いている唐十郎とは対照的な演劇人である。だが、浅利は一面では常に唐を高く評価しており、ある意味では羨んでいたとも思われる。そのことは、浅利が唐に一度テントで演出をしてみたいと語ったというエピソードや、一九八三（昭和五八）年に初めて日本で上演された大ヒットミュージカル『キャッツ』が特設のテント劇場で行われたことからも窺《うかが》える。

つかこうへいは、また別な意味できわめて特異な存在である。つかの氾濫する洪水のような言葉には、唐の作品からの影響が強く感じられる。だが、八〇年代に作品が映画化やテレビ化されるなど大きな成功を収めた後の彼は、自分が七〇年代に書いた戯曲の再演にしか興味を示さない。『熱海殺人事件』や『蒲田行進曲』を異なるキャストを使ってさまざまなバージョンに作り替えることにしか関心を示していないようだ。九〇年代には「大分市つかこうへい劇団」、「北区つかこうへい劇団」と行政の力を借りて劇団を立ち上げ公演を行うほか、草彅剛《くさなぎつよし》❖、内田有紀❖といった有名タレントを用いての商業演劇も行っている。それは、ある意味では七〇年代の「つかこうへい劇団」が作り上げた熱気ある観客との関係性をいつまでも維持して行こ

❖**蜷川幸雄**　一九三五〜。演出家。『NINAGAWA マクベス』など。
❖**浅利慶太**　一九三三〜。演出家・劇団四季代表。
❖**中村勘三郎（一八代）**　一九五五〜。歌舞伎役者。
❖**清水邦夫**　一九三六〜。劇作家・演出家・小説家。『ぼくらが非常の大河をくだる時』など。
❖**ジャン・アヌイー**　一九一〇〜八七。フランスの劇作家。
❖**ジャン・ジロドゥー**　一八八二〜一九九四。フランスの劇作家・小説家・外交官。
❖**草彅剛**　一九七四〜。歌手・俳優。
❖**内田有紀**　一九七五〜。女優・歌手。

うとしているかのようにも思われる。少なくとも彼は新しい演劇がこれから生まれるとは思ってはいないようだ。ずっと七〇年代に停滞し続けるという点で、逆の意味で気になる演劇人である。

中村勘三郎は、状況劇場の『蛇姫様』（一九七七年）を見て以来、唐十郎の演劇に憧れてきた歌舞伎人である。長い間、彼は唐の書き下ろし作品の上演を熱望してきたがそれは実現せず、その代わりに二〇〇〇（平成一二）年に浅草の隅田川公園に巨大なテント小屋「平成中村座」を設置して歌舞伎の公演を行った。その後、平成中村座はニューヨーク公演を行い高い評価を受けた。ここで、勘三郎は江戸時代の芝居小屋を再現するということで、ろうそくによる照明や桟敷席を設けたが、何よりも重要だったのは、唐のテントによるスタイルを歌舞伎で実現することだった。ニューヨーク公演ではエンディングでテントの垂れ幕が落ちると、現実の町から現代のニューヨークの警官がなだれ込んでくるという演出がなされた。勘三郎にとって唐の演劇は、歌舞伎が生まれた当時の熱気につながるものであり、歌舞伎の原点のようなものとして無視できないものだったのである。唐と深い関係をもつ歌舞伎人としては他に❖松本幸四郎がいる。

こうして見てみると、現在の日本における演劇状況が唐を座標軸にすることによって透け出してくるように思われる。もちろん、野田秀樹以降、もしくは野田の世代を最後にして、演劇人は唐の影響から徐々に離れて行くようになった。いや、もちろん唐を尊敬し、唐の舞台に影響を受けた若い世代は多数いるのだが、彼らにはその根幹にある演劇制度そのものへの疑いが欠落していた。いや、むしろ演劇制度内部での政治主義か芸術至上主義かというような対立さえも彼らには存在していなかった。そのような路線闘争は彼らにとって無駄で「ダサい」ものであり、現在という時代を敏感に反映した同時代的な鏡を作り出すことや、消費社会における記号的な戯れや差異を孕んだ優れた商品を作り出すことだけが問題だったのだ。

六〇年代と現在において、圧倒的に違うのは観客の質である。世界の全体的なイメージや包括的な世界観が存在しない現在において、演劇や芸術文化に自らの生を変革するような熱い思いを投影することはとても困難なことである。そうではなく、多様な生の楽しみのひとつとしての演劇ジャンルの愛好者、ちょうどオペラやアニメが好きなのと同じように、豊富な商品の中から自分の好みに合うひとときの快楽を消費し、コレクションを集めることしか願わない観客の中で、演劇がかつての力を取り戻すことは当分ないだろう。

だが、少なくとも演劇がそうではない何かを作り出していた時代が確実にあったのだ。そしてそれは、唐十郎や寺山修司のように、演劇という制度を根底から疑い、演劇以外のものとそれを接合するというラディカルな実験と冒険によってのみ可能だったということを、私たちはつねに思い出すべきであると思う。また、不条理なまでに正当な評価がなされていない唐十郎の四〇年の歩みと、現在進行形の形で唯一、実際に六九歳の唐が自分の身体を張って見せている「元・アングラ演劇」の凄みを今のうちに体験しておくべきではないかと思う。

❖**松本幸四郎（九代）**　一九四二〜。歌舞伎役者。

「少年マンガ」の発見

瓜生吉則

明治時代から現在に至る膨大な雑誌記事を独自の件名項目体系によって整理している大宅壮一❖文庫の索引には、「漫画」という中項目（大項目は「芸能芸術」）が存在する。ただ、その中に「漫画一般／漫画史／諷刺画、世相漫画／劇画／少女漫画／漫画家・集団／漫画雑誌」という小項目はあっても、奇妙なことに「少年マンガ（漫画）」の項目は存在しない。「子ども／児童マンガ（漫画）」の項目もないことから推測すれば、「子ども／児童／少年」とマンガとの関係が当たり前すぎて、わざわざ項目を立てる必要を感じなかったのかもしれない。

では、「少年マンガ」とは何なのか？ 最も早い時期に「少年マンガ」をタイトルに入れた単行本では、「［引用者註：少年・少女向け］週刊誌・月刊誌に掲載されるマンガ作品のすべてと、一〇代から二〇代の人びとを読者の主な部分に想定している貸本屋の劇画作品のほとんどを『少年マンガ』として一括したい」[1]と、定義とも言えない定義をしている。一方、ある事典では「戦前から戦後まもなくまでは子ども向けマンガはすべて『児童マンガ』とよばれ、そのなかで少年向けのものを明確に区別する習慣はなかった。『少年マンガ』という名称が人々の意識のなかで定着するのは、一九五〇年代後半～五九（昭和三四）年の『少年マガジン』『少年サンデー』創刊までの間のことと思われる」と説明されている。[2] また、「努力、友情、勝利の『少年ジャンプ』のキーワードではないが、少年まんがとは主人公が試練を経ることで成長していく物語である。星飛雄馬がかつて一六歳で読売ジャイアンツに入団したように、少年たち

●1――副田義也『魅惑の少年マンガ』川島書店、一九六八年、四頁

●2――村上知彦「少年マンガ」『大衆文化事典』弘文堂、一九九四年、三六九頁

❖**大宅壮一** 一九〇〇～七〇。評論家。『世界の裏街道を行く』など。

は大人の社会の中で戦い、勝利を得る」と定義する人もいる。[3] 当のマンガを発行している出版社はどうしているかと言えば、「小学館漫画賞」で「少年部門」が独立したのは一九八三（昭和五八）年（「少年少女部門」は七五年に創設）、「講談社漫画賞」は当初から「少年部門」があるが、賞自体が七七（昭和五二）年の創設である。「少年マンガ」（という呼び方）自体が、ひとつの歴史的な「出来事」だったということになる。

となれば、「少年マンガ」はいかにして「少年マンガ」と（呼ばれ／指し示されるように）なったのか、について考えるほかあるまい。改めて問いを発してみよう。「少年マンガ」とは何なのか？ あるいは、何ではないのか？ きちんと定義されることがないまま、なんとなく通用してしまっているジャンルとしての「少年マンガ」。その不思議なありようを、一九六〇～七〇年代のマンガ情況を概観しながら探っていきたい。

◉「少年マンガ」以前――「子どもマンガ」「劇画／青年マンガ」という隣地

「少年マンガ」が、まさにそう認知され得るような輪郭を持つためには、それを取り巻くものや隣接するものが成立していなければならない。たとえば、戦後間もない時期から刊行され始める「少年雑誌」に掲載された「子どもマンガ」がある。『少年クラブ』（講談社、『少年倶楽部』から一九四六年に改題）、『少年』（光文社、四六年）、『漫画少年』（学童社、四七年）、『冒険活劇文庫』（四八年に明々社→少年画報社、五〇年に『少年画報』へと改題）、『少年少女冒険王』（秋田書店、四九年、五六年に『冒険王』へと改題）、『おもしろブック』（集英社、四九年）などの「少年雑誌」群には、別冊付録も含めてバラエティ豊かなマンガが掲載されていた（ただし絵物語や小説、記事などの比率も高く、マンガが大半を占める現在の姿とは大きく異なる）。一九五〇年代に入ると、

●3――大塚英志『戦後まんがの表現空間』法藏館、一九九四年、一八二頁

露天で売られる「赤本」、街中の貸本店でレンタルされる「貸本」とともに、大手の流通を経由した大手出版社発行のマンガが「子ども」の手にとられるようになる。とはいえ、「少年マンガ」はまだ誕生しない。一九六一（昭和三六）年刊行の『マンガと子ども』に収められたある論考では、マンガを題材や形式などの項目のほか、「読者」についても分類しようとしているが、「◎読者のがわから／子ども向き・一般向き／ぐらいでよいでしょうか」と実にそっけない記述しかされていないし、●4 児童文学関係者や教育関係者がマンガを「悪書」として糾弾する運動においても、「少年」というより「子ども／児童」をいかに守るか（あるいはどのように良いマンガを与えるか）という観点からマンガをとらえることがほとんどであった。●5

この「子ども／一般（大人）」という単純な分類には収まりきらないジャンルとして、一九五〇年代末に「劇画」が登場する。山川惣治❖や小松崎茂❖、福島鉄次❖らの絵物語、あるいは手塚治虫❖や福井英一❖らのマンガに魅了され、『漫画少年』の「漫画つうしんぼ」欄などに熱心にマンガを投稿していた「元・子ども」たちのうち、大阪や名古屋の「貸本」業界で生計を立てていた者たちは、手塚に代表される「子どもマンガ」とは違う、自分と同じ世代へ向けて描くマンガの可能性を模索していた。

　最近になって映画、テレビ、ラジオにおける超音速的な進歩発展の影響をうけ、ストーリイ漫画の世界にも新しい息吹きがもたらされ、新しい樹が芽をふきだしたのです。／それが〝劇画〟です。／劇画と漫画の相違は技法面でもあるでしょうが、大きくいって読者対象にあると考えられます、《ママ》子供から大人になる過渡期においての娯楽読物が要求されながらも出なかったのは、その発表機関がなかったことに原因していたのでしょう。劇画の

●4――飛田文雄「子どもマンガの分類」滑川道夫『マンガと子ども』牧書店、一九六一年、二一〇頁

●5――この時期の「悪書追放運動」については、竹内オサム『戦後マンガ50年史』（ちくまライブラリー、一九九五年、一章〜三章）を参照。

❖**山川惣治**　一九〇八〜九二。絵物語作家。『少年ケニヤ』など。

❖**小松崎茂**　一九一五〜二〇〇一。挿絵画家。『地球SOS』など。

❖**福島鉄次**　一九一四〜。挿絵画家・漫画家。『沙漠の魔王』など。

❖**手塚治虫**　一九二八〜八九。漫画家・アニメーション作家。『鉄腕アトム』など。

❖**福井英一**　一九二一〜五四。漫画家。『イガグリくん』など。

読者対象はここにあるのです。劇画の発展の一助は貸本店にあるといってもいいと思います。／未開拓地〝劇画〟／劇画の前途は洋々たるものがあります。●6

こうした「貸本劇画」のみならず、一九六〇年代半ば以降、『ガロ』（青林堂、六四年）を嚆矢《こうし》として『コミック magazine』（芳文社、六六年）、『漫画アクション』（双葉社、六七年）、『ヤングコミック』（少年画報社、六七年）、『ビッグコミック』（小学館、六八年）、『プレイコミック』（秋田書店、六八年）といった、「漫画」ではなく「コミック」を謳う、ハイティーンにさしかかった〝団塊の世代〟を中心とする「青年／ヤング」向けの雑誌が次々と創刊された。「子どもマンガ」の巨匠としての地位を確立していた手塚治虫が、「まんがエリートのためのまんが専門誌」と銘打って『COM』（虫プロ商事）を創刊したのも一九六七年のことである。「大人」に庇護・管理され、学校という制度によって枠づけられた「子ども／児童」とは異なる存在としての「青年」が（活字ではなくマンガの読者として）発見されることによって（そして「青年マンガ」というジャンルが徐々に確立することによって）、「少年マンガ」はようやく胎動を始める。

◉梶原一騎と『少年マガジン』——「成長」する少年／雑誌

「劇画／青年マンガ」の登場は、「子どもマンガ」をめぐる情況にも変化をもたらした。中でも、『少年マガジン』（講談社）という戦後初の週刊少年誌、●7 およびそこで八面六臂《はちめんろっぴ》の活躍をした❖梶原一騎という「原作者」の存在は、「子どもマンガ」とは異なる何かの輪郭を少しずつ固めていく。

●6——「劇画工房発足の言葉」『劇画界』一九五九年（『漫画主義』第三号、一九六七年、七一頁より重引）

『少年マガジン』創刊号、一九五九年三月二六日、講談社

●7——一九五九年三月一七日、小学館からも週刊誌として『少年サンデー』が同時に創刊されている。

「子どもマンガ」が隆盛となりつつあった一九五〇年代の少年雑誌業界のなかで、梶原一騎は不遇を託《かこ》ちながら過ごしていた。一九五三（昭和二八）年、一七歳にして『少年画報』の懸賞小説に当選し、「勝利のかげに」でデビューを飾った[8]ものの、当時はすでにマンガ重視の傾向が強まっており、自身が「子ども」時代に感動した少年小説はおろか、「ノックアウトQ」（山川惣治、『漫画少年』に四九年より連載）のような絵物語も時代遅れとなりつつあった。格闘技などに取材した文章を寄稿[9]する日々が続いた後、梶原が本格的にマンガの原作を担当するようになったのは、『少年マガジン』での「チャンピオン太」（作画・吉田竜夫❖）の連載開始（一九六二年）からである。「要するにマンガの筋作りじゃないか」と一度は依頼を拒否し、「マンガの軍門に降ったごときコンプレックスでムシャクシャしながら書きなぐっている[10]」だけのこのマンガは、しかし意に反して大ヒットしてしまう。続いて編集部から受けた要請は、「子どもマンガ」の枠をはみ出る可能性を持った、壮大なドラマを描くことだった。

「大河小説にかわる大河マンガですよ！　マンガが小説を代行しようと言うのなら、それ相応の志の高さを作者サイドも編集者も忘れてはいけないのに、すっかり忘れているのが現状です。人間をがっちり書きこみ、ごく現実的な環境を設定し、そこからおのずと派生するドラマで、ご都合主義の見せかけアクションと勝負するんです[11]」。編集長の熱い提案、さらに憧れの少年小説作家・佐藤紅緑《こうろく》❖のような存在になってほしいという要望を意気に感じた梶原は、『巨人の星』の原作を引き受ける（一九六六年に連載開始）。血の滲むような特訓、「大リーグボール」の完成、敗北、そしてまた特訓……。優しく見守る姉・明子、親友・伴忠太、花形満や左門豊作、オズマといったライバル。様々な人間関係の中で「少年」星飛雄馬は磨かれていく。時に師であり時に最強のライバルでもある父・星一徹は、「一人前に成長した男の子にとって　最も身

●8――『少年画報』一九五三年一一月号に「読切感激スポーツ小説」と称されて掲載。本間正幸監修『少年画報大全 昭和二三年▼昭和四六年』少年画報社、二〇〇一年、八四―八六頁

●9――竹内オサム「梶原一騎の初期少年小説」高取英編『梶原一騎をよむ』ファラオ企画、一九九四年、三六―五三頁参照

●10――梶原一騎『劇画一代』毎日新聞社、一九七九年、五八―六一頁

●11――梶原一騎「『巨人の星』わが告白的男性論」『文藝春秋』一九七一年一一月号、三四七頁

❖**梶原一騎**　一九三六～八七。漫画原作者。『巨人の星』など。

❖**吉田竜夫**　一九三二～七七。漫画家・アニメーション作家。竜の子プロダクション設立者。『タイムボカン』など。

❖**佐藤紅緑**　一八七四～一九四九。小説家・劇作家。『あゝ玉杯に花うけて』など。

近な先輩の男は父！　その先輩がいくじなしではどうする⁉　また父にとってもむざむざこの後輩にゆずってみい　それは一人前でなくなること　隠居することを意味する！　だんこだんじて負けてなろうか　おたがいのため‼」●12と宣言して息子の前に立ちはだかる。紅緑の『あ、玉杯に花うけて』（一九二七年より『少年倶楽部』で連載）や山本有三『路傍の石』（三七年より『朝日新聞』で連載）など戦前期少年小説の一大テーマであった「艱難汝を玉にす」を、六〇年代後半に堂々と展開してしまうアナクロニズム満載の物語は、しかし読者の圧倒的な支持を得て、『少年マガジン』の部数は少年雑誌史上初の一〇〇万部を突破する。天涯孤独の「少年」矢吹丈がボクシングと出会い、力石徹、カーロス・リベラ、ホセ・メンドーサらとの死闘を経て「まっ白に…燃えつき」るまでを描いた「あしたのジョー」（作画・ちばてつや、一九六八年より連載）は、さらに同誌を一五〇万部まで押し上げる最大の原動力となった。冒頭で触れた「主人公が試練を経ることで成長していく物語」こそが「少年マンガ」であるとするならば、梶原一騎はまさにその代表的なストーリー・テラーだった。

　少年小説のプロットや実録もの（虚実が入り交じったノンフィクション的フィクション）の手法をマンガに持ち込むことで、従来の「子どもマンガ」とは異なる何かを梶原は生み出した。それが一九六〇年代半ば以降の『少年マガジン』を舞台にしていたことは、決して偶然ではない。当時は、手塚治虫の新連載「W３」が突如中止、●13「８マン」の作画家・桑田次郎が拳銃不法所持で逮捕されて連載中断、また看板作家の一人だったちばてつやが新婚旅行で「ハリスの旋風」が長期休載と、『少年マガジン』は苦境の最中。第三代編集長となった内田勝は、ライバル誌である『少年サンデー』が手塚治虫、赤塚不二夫、藤子不二雄など、いわゆる〝トキワ荘〟グループを擁していることに対抗するかのように、「貸本」作家としては有名でも少年雑

●12――梶原一騎・川崎のぼる『巨人の星』KCコミックスDX第八集、二五九頁

『少年マガジン』一九六七年八月二七日（夏休み一〇〇万部大突破増大号）、講談社

●13――TBSでアニメ化されていた「宇宙少年ソラン」に登場するキャラクターが「W3」からの盗用であると手塚が抗議し、連載六回でライバル誌『少年サンデー』に移動した。

誌業界では知名度の低い白土三平や水木しげる、さいとう・たかをらを積極的に登用した。彼らの「リアルな画面と、シリアスな人間ドラマ」に注目していた[14]という回想は後付だとしても、当時の『少年マガジン』が「劇画／青年マンガ」および梶原一騎という異物を積極的に取り入れることで、「子どもマンガ」から徐々に距離をとり始めていったことは疑いようがない。その流れの集大成とも言える特集が、一九七〇（昭和四五）年新年号の巻頭にカラーで組まれた「劇画入門」である。大伴昌司の企画・構成による特集は、「無用ノ介」（さいとう・たかを、一九六七年より連載）を実例にしながら、同誌が数年前から積極的に掲載してきた「劇画」なるものを丁寧に紹介している。

「劇画」は文字と映像との中間にある、新しい情報媒体（情報を伝達する仲介物）だ。コマ割りマンガの一分派として発生した劇画は、紙芝居や映画、演劇、ラジオドラマなど、周囲の媒体の長所だけを吸収しながら成長しつづけて、いまでは日本の出版、映像文化を左右するほどの巨大な力をもつようになった。／一枚の絵が伝える情報量は、ときには、数万個の文字と同じことがある。／（中略）／しかも一枚の絵や写真を理解する時間は、同じ情報量の文字にくらべると、比較にならないほど早い。／（中略）／映像文化の洗礼をうけた世代（おもに昭和二けた生まれの人々）が増えるにしたがって、文字だけを媒体とした文化は、急速に衰えていくだろう。活字文化の時代は終ろうとしている。[15]

「劇画は、未来に無限の可能性をもつ文芸だ。その表現手法には、数知れないほどたくさんの形式がある」と続く記事の脇には「一枚の絵は一万字にまさる」という惹句《じゃっく》が踊り、構図・ス

●14——内田勝「『少年マガジン』と梶原一騎」前掲、高取英編『「梶原一騎」をよむ』一八一頁

●15——「劇画入門」『少年マガジン』一九七〇年一月一日号、傍点は原文。

❖山本有三　一八八七〜一九七四。劇作家・小説家。『真実一路』など。

❖ちばてつや　一九三九〜。漫画家。『あした天気になあれ』など。

❖桑田次郎　一九三五〜。漫画家。『月光仮面』など。後期のペンネームは桑田二郎。

❖内田勝　一九三五〜二〇〇八。元『週刊少年マガジン』編集長。

❖赤塚不二夫　一九三五〜二〇〇八。漫画家。『天才バカボン』など。

❖藤子不二雄　漫画家。藤本弘（藤子・F・不二雄、一九三三〜九六）と安孫子素雄（藤子不二雄Ⓐ、一九三四〜）の共同執筆時代のペンネーム。『ドラえもん』など。

❖白土三平　一九三二〜。漫画家。『カムイ伝』など。

❖水木しげる　一九二二〜。漫画家。『ゲゲゲの鬼太郎』など。

❖さいとう・たかを　一九三六〜。漫画家。『ゴルゴ13』など。

❖大伴昌司　一九三六〜七三。SF研究家・編集者。『怪獣大図鑑』など。

トーリー展開・シチュエーションといった「劇画」の様々な表現技法とその効果が一五頁にわたって解説されている。「劇画」を掲載する雑誌が自らの構成要素を分析する中で強調される、伝える情報量の優位性とインパクト。「劇画」という「映像文化」の前衛表現を受容する者こそがこれからの時代をリードするのだ、とアジる文面は、その「劇画」をかくも押し出す『少年マガジン』を何年にもわたって（〝団塊の世代〟であれば創刊当初から）読み続けてきた読者に「世代」的な優越感を与えずにはおかない。そしてその優越感は、次のような充実感とともにあるものであった。

一九六〇年代末を青春としている団塊世代はこの『巨人の星』と、そして『あしたのジョー』に添い寝してもらいながら、自分の生きていくイメージをつくっていたというところがある。描線がどうしたこうしたといった技術論とはてんでちがった次元の、まさに添い寝としかいいようのない関係を、生活と少年漫画週刊誌が切り結んでいた。一週ごとにともに成長していってくれる、風変わりだが実に教育的なメディアだった。既存のあらゆる学校制度が、こうした真の教育、「形成《ビルドゥング》」の実質を欠き、それにふさわしく閉鎖され、崩壊していた。大学封鎖のため、ぼくも相変わらずもっぱら街でいろいろ「勉強」していた。●16

梶原一騎原作のマンガが「教養小説《ビルドゥングスロマン》」的であっただけでなく、それを掲載する雑誌もまた読者の「(自己)形成《ビルドゥング》／成長」を実感させることで、庇護・管理されるべき者に与えられる「子どもマンガ」でも、社会的に自立した者に向けて描かれる「劇画／青年マンガ」でもない、

●16——荒俣宏・高山宏『荒俣宏の少年マガジン大博覧会』講談社、一九九四年、一四四頁、傍点、ルビは原文。

人生の「過渡期」だからこそ読むことのできる何か、がこの時期の『少年マガジン』を母体として生まれようとしていた。それを「少年マンガ」とあっさり言い切ってしまってもよいのかもしれない。ただ、歴史の遠近法はこの一九六〇年代後半～七〇年代前半に、ひとつの屈折点を現在のわれわれに用意している。「少年」のための雑誌であることを高らかに謳い、「少年マンガ」という楕円のもうひとつの焦点となった怪物雑誌――『少年ジャンプ』は、「あしたのジョー」が連載を開始した『少年マガジン』全盛期に産声を上げているのである。

◉システムとしての『少年ジャンプ』――「少年」への回帰／禁じられた「成長」

『少年マガジン』の「成長」路線は、一九七〇年代初頭に破綻する。「少年」を冠していながら「劇画」が大半を占める雑誌に当時の「少年」読者はそっぽを向き、〝団塊の世代〟を中心とする「青年」読者も（先に挙げた「青年／ヤング誌」に掲載される「青年マンガ」へと）「卒業」したため、全盛期に一五〇万あった部数は五〇万ほどに激減してしまう。その間隙を突いたのが、一九六八年創刊の『少年ジャンプ』（当初は月二回刊、六九年より週刊）だった。同誌の最初の目標は「少年」雑誌への回帰、すなわち、読者と「ともに成長」し続けていた『少年マガジン』の陰で取り残されていた本当の「少年」読者の獲得だった。後に第三代編集長を務める西村繁男❖は、創刊以降の原稿を依頼するマンガ家獲得に奔走しながら、遙か先に屹立するライバル『少年マガジン』の特徴を次のように分析していたという。

　『少年マガジン』は、教育大学出身の若い内田勝編集長の誕生で、ターゲットをはっきりと団塊の世代に合わせていた。その分、低年齢の読者がなじみにくい雑誌になりつつあっ

©『少年ジャンプ』創刊号、一九六八年八月一日、集英社

❖西村繁男　一九三七～。元『週刊少年ジャンプ』編集長。

た。／少年と冠するからには『少年ジャンプ』は、少年読者が中心読者でなければならない。これが、創刊のコンセプトのひとつであった。／わたしは、マガジンが多用し始めた川崎のぼる、さい《マ》とうた《マ》かをなど、劇画系の絵よりも、ほのぼのとした温かみのある絵の方が、少年漫画らしいと思っていた。[17]

部数競争を制した後の回想なので割り引いて受け取る必要はあろうが、『少年マガジン』の「劇画」路線と、それに伴う読者の「成長」とを逆手にとることが、規模の小さい後発誌にとって必要だったということだろう。それは、『少年ジャンプ』が採った編集方針とも重なり合う。（1）原作者はできる限り使わない（2）マンガのみを掲載する[18]（3）読者アンケートの重視（4）専属契約制度といった方針は、原作者・梶原一騎への注目、大伴昌司のグラビア特❖集や横尾忠則の起用などのビジュアル重視・〝視覚総合誌〟化、「プロデューサー」としての編集者主導の制作機制、劇画家の積極的登用などに代表される一九六〇年代『少年マガジン』のそれとは見事に対照的である。

なかでも「アンケート重視は、❖長野の打ち出した編集方針の中で、友情、努力、勝利のキーワードと双璧をなすものだった」[19]と西村は述懐している。一枚一円程度のコストを要する「綴じ込み」式の懸賞付きアンケートはがきには、編集部が吟味した質問項目が印刷された。「連載は十回を目標に開始される。五回目ぐらいまで読者の支持率が上昇カーブを描いていれば、十回以降の続行を考え始める。下降カーブを描いていれば、十回の完結に向けてストーリーをまとめていくことになる。まとめ具合で一、二回の延長はあるが、だらだらと連載がつづくことはない。これが、連載に対するジャンプ特有の方式である」[20]。過去にヒットした実績のある

●17――西村繁男『さらばわが青春の「少年ジャンプ」』飛鳥新社、一九九四年、八八―八九頁

●18――『少年ジャンプ』創刊号のキャッチフレーズは、長野によって〝ぜんぶ漫画、ぜんぶ読切、新しい漫画新幹線〟と名付けられた（前掲、西村繁男『さらばわが青春の「少年ジャンプ」』、七六頁）。

●19――同、九五頁

●20――同、一三六頁

マンガ家も例外ではなく、逆に全くの新人でも人気が高ければ連載を続けられる。この厳格な編集方針と他誌への寄稿を認めない「専属契約」制度によって、常に「人気のある」作品が掲載される『少年ジャンプ』、というメディア・イメージが形作られた。作り手の側が「描くべきこと」をあらかじめ設定せず、読者の意向に沿って次々と改訂を施し、読者が望まない作品は排除される『少年ジャンプ』には、制作機制上「つまらない」マンガが載ることはないのだ。しかし、逆に言えばアンケートの人気投票で上位にあるマンガは、「次から次に最強の挑戦者が現れて無限に戦いを繰り拡げていくというマニュアルどおりの筋展開（中略）主人公が負けたり挫折したりして　ストーリーに谷になる部分を描いたら人気投票が落ちるからと延々戦ってるシーンでつないでいくワンパターン展開」[21]を続けていかなければならない、ということになる。なぜなら、連載の継続を望んでいるのは商魂たくましい編集部などではなく、本当の「少年」読者なのだから。

　創刊当初の人気作「男一匹ガキ大将」（❖本宮ひろ志、一九六八年に連載開始）は、こうした『少年ジャンプ』の制作機構によって生まれ、そして翻弄されたマンガ（の始まり）である。型破りだが人情にも厚い「少年」戸川万吉による国盗り物語的ストーリーで人気を博した同作は、西日本の番長の頭領として東日本の番長連合と富士の裾野で激突し、万吉が「全国統一」した場面が作者・本宮にとってのクライマックスだった。しかし本宮がこの場面で話を「完結」させたつもりでいても、アンケートによって人気の高い作品であるがゆえに連載は続けざるを得なくなる。編集長の長野規が弱冠二三歳の本宮に涙を流しながら頭を下げて執筆続行を依頼した[22]「男一匹ガキ大将」は、結局数度の中断を経つつ一九七三（昭和四八）年初頭まで四年もの（当時としては）長期連載となった。「漫画家が、もうこのテーマは描きつくしたと終了を希望し

●21――小林よしのり『ゴーマニズム宣言』第四巻、扶桑社、一九九四年、一五〇頁。小林の連載デビューも『少年ジャンプ』であった（「東大一直線」、一九七六年より）。

●22――本宮ひろ志『天然まんが家』集英社、二〇〇一年、一一八―一二〇頁

❖**横尾忠則**　一九三六〜。グラフィックデザイナー・画家。

❖**長野規**　一九二六〜二〇〇一。『週刊少年ジャンプ』初代編集長。

❖**本宮ひろ志**　一九四七〜。漫画家。『男一匹ガキ大将』など。

ても、人気のある間は、強引に連載を続行しなければならない。打ち切られる方も、続行を強要される方もともに問題があった」[23]と西村は反省しているが、このシステムこそ部数増を続ける『少年ジャンプ』の原動力となっている以上、作品の完成度を優先して連載を終えることはできない。「友情」を絆に「努力」を重ね、強敵に「勝利」すること。このプロットも「少年」読者が望んでいる以上、裏切ることはできない。仮に「敗北」することがあっても、それは次なる大きな「勝利」のための踏み台に過ぎないのだ。

〝スポ根〟とも呼ばれることのある梶原一騎原作のマンガは、スポーツ／格闘技を舞台に激闘を繰り広げてはいても、「少年」の擬似的な「死」[24]によって物語は完結性を一応帯びていた。というか、その擬似的な「死」に向かう過程こそが梶原作品における「少年」の「成長」だった（その後の姿が描かれることがなかったとしても）。しかし『少年ジャンプ』に掲載されるマンガには、もはや「違う何か」へと変貌を遂げていく「少年」は登場しない。少年は勝ち続ける。しかし「成長」はしない。精確に言えば、勝ち続けるからこそ「成長」できない。いや、逆説的な言い方をすれば、永遠に勝利＝成長し続ける「大きな少年」を延々と描き続けるのが『少年ジャンプ』の「少年マンガ」なのだ。

一九六〇年代、同時期に勃興しつつあった「劇画／青年マンガ」を貪欲に取り込み、梶原一騎という「子どもマンガ」にとっての異物を迎え入れた『少年マガジン』は、「成長」する身体をマンガのキャラクターに与えることで「少年マンガ」のひとつの形を提示した。対して、「劇画／青年マンガ」の市場が整備されていく一九七〇年代、『少年ジャンプ』は「少年の成長」を禁じることで、戦後マンガ史上初めて「少年マンガ」をひとつの閉域として完成する――本当の「少年」読者が望むマンガこそが「少年マンガ」である、という自己完結的な論理

●23――前掲、西村繁男『さらばわが青春の「少年ジャンプ」』、一三六頁

●24――六〇年代～七〇年代前半に長期連載された梶原原作のマンガでは、主人公の「少年」が悲劇的な結末を迎えて物語が終わることが多い。「まっ白に…燃えつき」た矢吹丈は言うに及ばず、星飛雄馬は「大リーグボール」によって左腕を壊して野球界を去り、太賀誠（「愛と誠」作画・ながやす巧、一九七三年より『少年マガジン』連載）は恋人の腕の中で静かに目を閉じ、赤城忠治（「夕やけ番長」作画・荘司としお、一九六七年より『冒険王』連載）は夕焼け空の向こうへと去っていき、番場蛮（「侍ジャイアンツ」作画・井上コオ、一九七一年より『少年ジャンプ』連載）はマウンドの上で仁王立ちのまま、本当に死んでしまう。

を拠り所としながら。

◉「少女マンガ」からの視線——あるいは、残余としての「少年マンガ」

閉域としての「少年マンガ」の完成。かつては熱心な読者だった一人の青年は、そんな一九七〇年代後半の光景を次のように綴っている——「ありし日の少年マンガ」を追悼するかのように。

……少年まんがは存在しない。あるのは少年雑誌と、内容を喪ったスタイルだけだ。そう言いきってしまっても、よいのだとぼくは思いはじめた。ぼくらの胸を熱くした、想像力と夢をかきたてた知恵と力と勇気の世界、そこではたしかに「正義」が《ママ》、具体的な姿を持って存在していた「ぼくら」の観念世界は、もうないのだ。（中略）ぼくは、とりあえず、少年まんがとは少年雑誌に象徴される、少年たちの趣味を満たす、ひとつのスタイルなのだという結論で満足しておこうと思う。そしてぼくは、ぼくの観念のなかの「ぼくら」の少年まんがにも、とりあえずのさよならを言ってしまおうと思うのだ。ぼくがふたたび「ぼくら」になる日まで、さよなら子どもの時間。●25

ほぼ同時期、「少年マンガ」に最も近い（はずの）ジャンルとしての「少女マンガ」が「発見」されている。もちろん、「少女向けマンガ」は（「少年向けマンガ」同様）、以前から存在した。しかし、〝花の二四年組〟と後に称されることになる若い女性マンガ家たち（❖萩尾望都、❖竹宮惠子、❖大島弓子ら）の登場によって、「子どもマンガ」の範疇には収まらず、といって

●25——村上知彦『黄昏通信《トワイライト・タイムス》——同時代のマンガのために』ブロンズ社、一九七九年、二五頁

❖**萩尾望都** 一九四九〜。漫画家。『11人いる!』など。

❖**竹宮惠子** 一九五〇〜。漫画家。『地球《テラ》へ…』など。

❖**大島弓子** 一九四七〜。漫画家。『綿の国星』など。

「劇画／青年マンガ」とも異なる独特の内容・表現形式が、「少女マンガ」として社会的な認知を受けることとなったのは、一九七〇年代半ば以降のことである。先の「追悼文」を綴った村上知彦や米沢嘉博、亜庭じゅんら二〇代の若いマンガ愛好者たちは、マンガを読み－描く〈わたし〉を前面に押し出して「少女マンガ」の魅力を饒舌に語った――「少年マンガ」の裏切りで受けた傷を埋め合わせるかのように。[26] 橋本治が本格的な「少女マンガ」論として『花咲く乙女たちのキンピラゴボウ』（北宋社）を上梓したのも、一九七九（昭和五四）年のことである。

この「少女マンガ」の「発見」は、「少年マンガ」を別の（思いもよらぬ）角度から「（再）発見」するという意図せぬ効果を生むこととなった。たとえば「風と木の詩」（竹宮惠子、一九七六年より『週刊少女コミック』で連載）など「少年」同士の性愛を描く「少女マンガ」に親しんでいる者から見れば、梶原的なものであれ、『少年ジャンプ』的なものであれ、スポーツ／格闘技ものの「少年マンガ」が、実に濃密なホモソーシャル空間（いわゆる「紅一点」ヒロインを除いて、基本的に「少年」ばかりが出てくる世界）となっていることに気付かずにはいられない。そのマンガを「少年」読者は、個性豊かな＝キャラの立った「少年」たちによる〝友情・努力・勝利〟のストーリーとして（必殺技や特訓の荒唐無稽さを笑いつつも）さほどの違和感もなく受け入れてきた。違和感がない以上、そのマンガがどのようなものか――「少年マンガ」とは何か？――を考える必要も生まれない。だが、内面描写もほとんどないまま仲良くしている「少年」たちの姿を描くマンガは、「少女マンガ」ではない何か、として改めて「発見」するに足るものだったのだ。そこまでいけば、人間関係の複雑さや感情の機微を描線、コマ割り、吹き出し外への「内語」の挿入などによって立体的に表現する、一九七〇年代に「少女マンガ」が発達させた技法によって読み替え／描き替えるまでは一歩の距離である。一九八

●26――「〈わたし〉語り」によるマンガ批評の歴史的意義については、拙稿「マンガを語ることの〈現在〉」吉見俊哉編『メディア・スタディーズ』（せりか書房、二〇〇〇年、一二八―一三九頁に所収）を参照。なお、この時期に「少女マンガ」を批評した者の多くが「青年男子」だったことの意味については、本稿の課題を超えているので詳述しないが、「マンガを語ること」の重要な問題系を提示している点だけは示唆しておきたい。

〇年代以降、コミックマーケットなどの同人誌市場において「アニパロ」と呼ばれる二次創作が（女性によって）盛んに行われたことを鑑みれば、「少年マンガ」を「少年マンガ」たらしめたのは当のマンガの作り手（梶原や『少年ジャンプ』）というより、その一番近くにいながら／いるからこそ気付かれることのなかった「少女マンガ」という隣人だった、と考えた方がよいかもしれない。

いや、そう考えてこそ、「マンガは、子どもマンガから始まって、成人向けコミックス、少女マンガ、そして少年マンガの順に生まれて来ているのだ。一体この、一番新しいジャンルである〝少年マンガ〟というのはなんなのか？」●27 という橋本治の問題提起が、現在のわれわれにとって新しい意味を持つことになろう。「子どもマンガ」でも「劇画／青年マンガ（成人向けコミックス）」でも、そして「少女マンガ」でもない――戦後マンガの残余としての「少年マンガ」。発行部数でも読者数でも他のジャンルを圧倒しているはずの「少年マンガ」が最後に「発見」された所以《ゆえん》を省察することなく、「マンガは日本を代表するサブカルチャーだ！」などと多幸症的に喧伝しているばかりでは、「少年マンガ」のみならず、〈マンガ〉そのものの正体を捉え損なうことになるだろう。

「少年マンガ」は、その意味でも歴史的かつ社会的な「出来事＝事件」である。

●27――橋本治『熱血シュークリーム』北宋社、一九八二年、四九頁、傍点は原文。

❖**村上知彦**　一九五一〜。漫画評論家。『黄昏通信』など。

❖**米沢嘉博**　一九五三〜二〇〇六。漫画評論家。コミックマーケット（コミケ）創設に関わり、代表も務めた。『戦後少女マンガ史』など。

❖**亜庭じゅん**　一九五〇〜。漫画評論家。

❖**橋本治**　一九四八〜。小説家・評論家・イラストレーター。『桃尻娘』など。

インタビュー

国境をこえた「個人原理」

吉川勇一

聞き手　小熊英二

◉「共産主義者」というより「大衆運動主義者」だった

小熊　一九六五（昭和四〇）年四月に旗揚げされた「ベトナムに平和を！　市民連合」（ベ平連）の事務局長だった吉川勇一さんに、お話をうかがいたいと思います。ベ平連に入った契機は、初代事務局長だった久保圭之介❖さんが辞めるとなったときに、武藤一羊❖さんが「失業中で仕事がなくて、奥さんに食わしてもらっているが、実務能力がある奴がいる」と紹介されたことだったそうですが。

吉川　最初は一九六五年八月の徹夜ティーチインのとき、ベトナムの大きな地図を描かされるという仕事でしたけれど（笑）、事務局長になったのは六五年一二月初めだったと思います。代表の小田実❖さんに「金は出えへんで」と言われて、「もらうつもりはない」と言いましたが、カミさんに食わしてもらっていたのは一九六九（昭和四四）年初めくらいまで。その後は予備校などで英語の講師をやってました。でも当時の専従活動家で、ずっと奥さんの収入に依存していた人は珍しくない。

小熊　ベ平連は固定の役職は設けず、「事務局長」も一種のあだ名だったそうですが、具体的にどのような仕事をなさっていたんですか。

吉川　いろいろな雑用です。まずデモの届け出や仕切り。一九六五年九月から、それまでは随時だったデモが毎月一回の定例デモになりましたからね。それから機関紙『ベ平連ニュース』の編集。

それと募金の整理。久保圭之介さんが事務局長だったとき、作家の開高健❖さんのアイデアで『ニューヨーク・タイムズ』にベトナム反戦の意見広

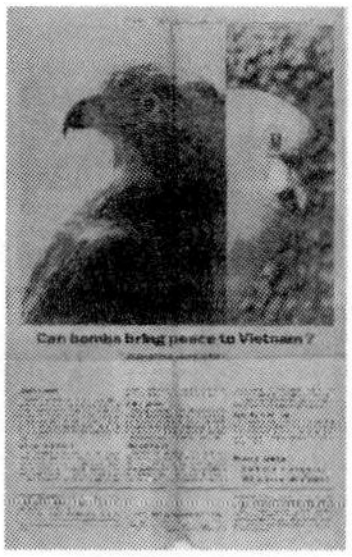

一九六五年一一月一六日付『ニューヨーク・タイムズ』反戦広告。

❖**久保圭之介**　一九二三〜。映画プロデューサー。

❖**武藤一羊**　一九三一〜。政治評論家。『〈戦後日本国家〉という問題』など。

❖**小田実**　一九三二〜二〇〇七。作家・市民運動家。『ベトナムから遠く離れて』など。

❖**開高健**　一九三〇〜八九。小説家。『輝ける闇』など。

よしかわ・ゆういち　1931年、東京都生まれ。市民運動家・翻訳家。全学連、わだつみ会、日本平和委員会、原水協、べ平連、日市連、市民の意見30の会などで反戦運動に参加。べ平連では65年から74年の解散まで事務局長を勤めた。著書に『市民運動の宿題』『民衆を信ぜず、民衆を信じる』、訳書にD.デリンジャー『「アメリカ」が知らないアメリカ』などがある。

告を掲載したのですが、それを全国各地の人からの募金でやった。その後のべ平連の財源も、カンパが大きかった。しかしカンパを送ってきた人への領収書や礼状の発送とか、名簿や帳簿の作成など、実務態勢が整っていなかったんです。事務所も赤坂にあった久保さん個人の仕事場を占領したままだった。

僕はまず小さな事務所を神楽坂の赤城神社の脇に探して、日記と会計帳簿、それから募金者の連絡先のカードを作った。そして、カンパを寄せてくれた手紙には、必ず直筆で返事を書くと決めたんです。しかも、来たものより長く書くと。だから事務所に普通の会社員並みに出勤をするんですが、朝から晩まで帳簿付けと手紙の返事書きでしたよ。

そうすると、返事をもらった人たちは、確実にべ平連の支持層として固定します。べ平連は最初は戦争体験のある文化人が中心になって立ちあげたもので、事務所に若者はあまりいなかった。しかし若者からの手紙に「一度手伝いに来ませんか」と書くと必ず来て、いつの間にか事務を手伝うようになる。

たとえば初期に来たのが、いま推理作家・評論家になっている❖笠井潔君。彼はものすごく早熟な高校生だった。夕方から事務所で浪人生向けの英語講座を開いたら、彼は英語の「シチュエーション」がわからない。そこで意味を言ったら、「なんだ、シチュアシオンのことですか」って言うわけ。サルトル❖を読んでいたのね。仰天した記憶があります。

そうやってどんどん人が増えて、半年か一年で、僕がいなくてもなんとかなる事務局になった。若者だけでなく大人も手伝いに来て、「吉川さんが忙しいならデモの申請は俺行くよ」とか、「一週間出張でいないなら領収書書きは俺が引き受けるよ」とかね。

小熊　「抜群の事務処理能力をもつ吉川がいなければ、べ平連は数回デモをやったくらいでつぶれていただろう」とか「小田と吉川の両輪でべ平連は回転した」と言われますが。

吉川　どうでしょう。小田実さんみたいなカリスマの代わりはいなかったでしょうが、僕の代わりは探せばいたと思いますよ。

小熊　吉川さんは大学時代から共産党員で、その後も「わだつみ会」の専従をやったり、日本平和委員会の常任中央委員として原水爆禁止運動の中心にもいた。そして、一九六四（昭和三九）年の第一〇回原水爆禁止世界大会の運営に抗議し、共産党を除名になる。しかしその後も、共産党除名者を中心に作られた共労党（共産主義労働者党）にお入りになる。そういういわば筋金入りの共産主義者であり、ベテラン活動家である吉川さんが、当時は「プチブル文化人のお遊び」だと共産党からも新左翼からも批判されていたべ平連に、抵抗感はなかったんですか。

吉川　ありませんでした。だいたい僕は、それほど筋金入りの共産党員じゃなかった。共産主義者だったのかも怪しいと思う。生産手段は個人が独占す

小熊英二

❖**笠井潔**　一九四八〜。小説家・評論家。『テロルの現象学』など。
❖**ジャン＝ポール・サルトル**　一九〇五〜八〇。フランスの哲学者・作家。『存在と無』など。

るより、社会的に共有されたほうがいいくらいの考えはありましたけれどね。

　僕が大学生で共産党に入党したのは、一九五〇(昭和二五)年に共産党が国際派と所感派に分裂していた時期で、僕は所感派に入った。だけど六〇年代の学生がどこのセクトに入るかもそうですけど、各党派の主張を比較検討してから入る人はまずいない。先輩にどういう人がいたとか、自分の大学でどの党派が勢力を持っていたかなどの偶然に左右されちゃう。

　僕もなぜ所感派に入ったかというと、当時の東大駒場の共産党と自治会を支配してたのが国際派で、それへの反発だったんですよ。国際派の人は、当時の全学連委員長の❖武井昭夫さんをはじめ、みんな理論をよく勉強してました。だけど理論先行というか、頭から世界情勢はこうだ、だからいまなすべきことはなんだ、それゆえ汝らはこれをしろ、みたいな調子で、大所高所から大演説をぶって方針を提示するという感じがした。それがかっこいいってイカれちゃう人もいましたけど、あまりに一般の学生の気分を無視していると反発していたというのが、当時の東大の所感派の気分だったんです。

　私は❖マルクスをちゃんと勉強して入党したわけじゃなくて、その頃は朝鮮戦争が始まる寸前で、レッドパージが大学教授まで及びそうだという情勢のなかで、平和と民主主義の危機だと思ったから入党したんです。だから自分も一般の学生だという意識があって、学生大衆に頭から指令するといった、運動内民主主義を無視するような姿勢は最初から嫌いだったんです。

　具体的に言うと、一九五〇年の秋にレッドパージ反対闘争があり、自治会から試験ボイコットが提案され、圧倒的に支持されて成功し、一般学生も喜んでいた。ところが自治会が、再試験を再度ボイコットせよという方針を出すと言う。クラスで討論したら、全員反対だった。一回成功して、大学も文部省もわれわれの意見はわかったろうから、もういいと皆言う。

　当時の駒場の自治会委員長は❖大野明男君で、彼は旧制浦和高校以来の同級生だった。それで僕は大野君に会いに行って、「今度の方針は撤回しろ」

と言ったら、彼は「わかった」と言う。そして僕がクラスへ帰って「第二次試験ボイコットはないぞ」と言ったら、みんな大歓迎だった。だけど代議員大会に行ったら、武井昭夫さんや❖安東仁兵衛さんなんかが、すごい演説をやって再度試験ボイコット提案を出して、それが通っちゃった。それで僕はまた大野君に会って抗議したら、「大衆の意見をいちいち聞いていたら闘争の指導なんかできない」と言う。これはダメだと思ったんですね。

それで僕は、一気に所感派に接近した。また当時の僕は民俗学が好きで、成城の民俗学研究所に通い、民俗学研究会というサークルを作り、そのメンバーに武藤一羊さんや、後に東大の社会学の教授になる❖富永健一さんがいた。それで山村調査をやろうとしたのが、所感派の❖山村工作隊の方針と重なったんです。それで、今は八王子市の一部になっている恩方村に行った。

小熊　❖きだみのるさんが、『気違い部落紳士録』（一九五〇年）で吉川さんたちが訪ねてきたことを書いてらっしゃいますね。でもそういう国際派の動向は、たぶん所感派が東大の自治会を握っていても、あまり変わらなかったのではないかという気がするんですけど。

吉川　それはそうで、のちに実際にそうなっちゃう。だけど僕の気分としては、「筋金入りの共産党員」というより「大衆運動主義者」という感じだった。その後に共産党員として活動した「わだつみ会」も原水爆禁止運動も、全部大衆運動ですからね。

だけどそういう大衆運動内で、除名されるまでの最後の五年くらいは、拷問みたいだった。その頃の共産党は中ソ論争のなかで完全に中国寄りで、原水協（原水爆禁止日本協議会）の第八回から第一〇回大会は、日中の共産党が大会を牛耳っていた。たとえば原水協から国際大会の招請状が出るわけですけど、宛先の書いてない招請状が何十通と北京に送られ、宛先が北京で書きこまれて全世界に発送される。そうやって、原水協から招待された正式な代表だと乗りこんできて、ソ連平和委員会を非難する。それにすごい反発があったんですが、しかし党員としては一般の人に、自分が信じてもいないことを説得しなきゃいけない義務がある。

❖武井昭夫　一九二七〜。文芸評論家。『わたしの戦後──運動から未来を見る』など。
❖カール・マルクス　一八一八〜八三。ドイツの経済学者・哲学者・革命家。『資本論』など。
❖大野明男　一九三〇〜。社会評論家・ルポライター。『全学連血風録』など。
❖安東仁兵衛　一九二七〜九八。社会運動家・評論家。『戦後日本共産党私記』など。
❖富永健一　一九三一〜。社会学者。『日本の近代化と社会変動』など。
❖山村工作隊　一九五〇年代、武装闘争を志向し山村地帯に「遊撃隊」をつくる目的で結成された日本共産党系非公然組織。
❖きだみのる　一八九五〜一九七五。小説家。『気違い（ひ）部落周游紀行』など。

これは苦痛ですよ。それに耐えきれなくなって、反対意見を印刷して配布したら、除名処分をくらった。

それで悩んでいたとき、構造改革派だったイタリア共産党の方針を見たら、大衆運動内の共産党員は、大衆運動の決定に無条件に従わなければならないと書いてある。日本と逆なんですね。僕がその後に入った共労党も構造改革派だったし、党がひきまわすのではない、大衆の自発性に根ざした大衆運動ができないかと思っていた。そしたらベトナムの北爆が一九六五年二月に始まったので、ベ平連が旗揚げする以前の六五年四月に、共産党を除名された人たちを中心に御茶ノ水の全電通会館でベトナム反戦集会、「ベトナムの平和を願う市民集会」を開いたんですよ。有名な「死んだ男の残したものは」（谷川俊太郎❖作詞、武満徹❖作曲）という反戦歌はその時のために作られたものだったんです。だけど、除名された共産党員が中心みたいな運動ばかりじゃ困ると思っていた。

そのあとベ平連が出てきたわけで、ようやく始まってくれた、これは大拍手だという感じだった。事務局長にならないかと言われたときも、僕でよければ引き受けるけど、共産党から叩かれている除名者ですから、むしろ共産党との関係が悪くなって迷惑をかけるぞ、という遠慮がありました。それを小田実さんに言ったんですが、「そんなことかまへん」って言われて、それなら喜んでやろうとなったんです。

小熊　わかりました。でも初期のベ平連は、日韓基本条約とか安保を問題化するということはなく、むしろ「反米的になってはいけない」ということが強調されていた。これは当時、ベ平連がほかの左翼から批判された点ですが、それはどう思ってらしたんですか。

吉川　僕はベ平連のあり方は当然だと思っていました。その頃のベ平連は、ベトナム反戦運動として始まったんです。それなのに呼びかけ人だか幹部連中だかが勝手に決めて、日韓基本条約とか安保とかをスローガンに入れたら、それは運動内民主主義に反すると思うんですよ。

つまりある目的を決めて人を誘って運動をやる以上は、目的はそれに限定されるべきだ。それ以外のことをやりたいなら、別個に呼びかけをやればいい。だからべ平連のなかで、「日韓基本条約に反対する運動をやるから、賛成の人は何月何日に集会をやろう」という提案がされるのは大いにけっこう。だけどベトナム反戦運動として始めたべ平連の全体に上から、勝手に安保や日韓基本条約への反対スローガンを入れたら、集まってきた人にたいする約束違反だ。これが私の理解でした。だから、べ平連は安保を取りあげないからプチブル的だとかいう批判のほうが、困ったもんだと思ってました。もっとも、六八年以降は、全体の認識も変わって安保を取りあげるようにはなるんですが……

小熊　なるほど。初期のべ平連は、自民党からもパネラーを招いて徹夜ティーチインを開き、それをテレビで生放送して、今の『朝まで生テレビ!』の元祖に当たるようなことをしましたね。また意見広告の募金運動も『ボーイズライフ』という青少年雑誌に取りあげられたり、ジョーン・バエズ❖を招いて反戦フォーク集会を開いたりしていた。これらも当時の左翼から「文化人のベトナム遊び」とか批判されましたが、それはどう思われましたか。

吉川　これこそ新しくておもしろい運動だ、という歓迎気分でしたね。プチブル的なんて全然思いもしなかった。それにバエズはスターではあったけど、「第一に、私は人間であり、第二に平和の戦士であり、そしてやっと第三に歌手である」とか言っていた人ですよ。

小熊　当時、鶴見良行❖さんがいいバエズ論(「『志』の女ジョーン・バエズ」『朝日ジャーナル』一九六七年二月一九日号)を書いていますね。逆に、穏健な反戦運動ということで、警察官や自衛官からもべ平連の意見広告運動に募金があったりしましたが。

吉川　それも、おもしろいねえ、そういう人々にまでベトナム反戦が広がっているのはけっこうな話だ、という感じでしたね。

　そういえば当時こんなことがあった。警察に定例デモの届けに行ったとき、帰りぎわに顔なじみの警官が、こっそりと「個人的なお願いがあるんだ。高校生の娘がバエズのファンで、どうしても

一九六七年一月二五日。べ平連主催「みんなでベトナム反戦を！　ジョーン・バエズとともに」。社会文化会館三宅坂ホールにて開催。中央にジョーン・バエズ、その右に小田実、高石友也。バエズの左に城山三郎、いいだもも。

❖**谷川俊太郎**　一九三一〜。詩人。『日々の地図』など。
❖**武満徹**　一九三〇〜九六。作曲家。『音、沈黙と測りあえるほどに』など。
❖**ジョーン・バエズ**　一九四一〜。アメリカのフォーク歌手。
❖**鶴見良行**　一九二六〜九四。評論家。『ナマコの眼』など。

べ平連主催のコンサートを聞きたいと言ってるんだけど、切符が売り切れで手に入らない。なんとかならないか」と言うから、「いいよ」って切符を手配したんですよ。彼はその後、ずっと年賀状をくれましたね。彼が警察を引退したあとですが、私が大学時代に逮捕されたときに署内で撮られた写真までくれました（笑）。私はデモ参加者に暴行したりする機動隊員はともかく、警察官で「こいつは許せない」と思った人はそれほどはいないですね。現場で対立したりぶつかることはしょっちゅうありましたけど。

小熊　べ平連の特徴として、それまでの上意下達型のピラミッド型組織ではない、個人が自由参加するという運動形態を打ち出したことが評価されていますよね。自分がべ平連だと思えばべ平連で、会員登録もいらないし、各地でべ平連を作るのもどう活動するかも当人たちの自由で、全国懇談会を年に一回開いて討議するだけ。そして「べ平連は組織でなく運動である」とうたって、一人ひとりがベトナム反戦のために自由に運動をしている状態がべ平連であって、固定的な組織は作らないという方針をとった。

こういう個人の自発性を重視する原理は、「べ平連三原則」として、一九七〇（昭和四五）年に小田実さんが「何でもいいから、好きなことをやれ」「行動を提案するなら、必ず自分が先にやれ」「他人のすることにとやかく文句を言うな（そんな暇があったら自分で何かやれ）」と書いています。これらの原則はいつ頃できたんですか？

吉川　僕はそれは、初期からあったと思っていたので、小田さんの著作に出てくるのは一九七〇年からだという小熊さんの指摘は意外だったんですよ。少なくとも、「言いだしっぺ原則」とよばれた、提案者が必ずやれという原則は、当初からあったように思います。

小熊　小田さんが書いたのは一九七〇年だけど、それ以前から内部で言われていたというのはありえますね。それは意識的に採用したんですか、自然発生だったんですか？

吉川　最初にそういう原則を言ったのは小田さんだと思います。だけどみんな異論はなかった。人のやることにケチをつけるなら、お前が代案を出してお前がやれよというのは、批判を回避しつつ運動を建設的な方向へもっていくのに、すごくいい原則なんですよ。それまでの共産党や労組の、中央の命令が上意下達でふってくるとか、批判をしたら除名されるとかいうあり方には、みんなうんざりしていましたから。そこから「べ平連らしさ」ができていったというところですか。だから自然発生に近かったですね。

小熊　上野千鶴子さんは、あの三原則は谷川雁❖の大正行動隊❖をお手本にしたものだとおっしゃっていましたが、そうなんですか。

吉川　わかりません。だけど「組織でなく運動である」というのも、世界平和評議会議長の原子物理学者フレデリック・ジョリオ＝キュリー❖が言ってたことなんですよ。だから小田さんに「それは元来キュリーが……」と言ったんだけど、「キュリーなんてどうでもええ！　俺が考えたんや！」という返事だった（笑）。

小熊　「火を発明したのは誰か」みたいなもので、そんなことに©つけても無意味だと。

吉川　そう。これが運動をやるのに最高の原則だ、とは言わないけれど、便利なものだし、止める必要はないし、それでいこうと思ってました。

◉脱走兵援助活動

小熊　一九六六―六七（昭和四一―四二）年には、べ平連は低迷期に入りますよね。ベトナム報道の衝撃も薄れ、定例デモにも四〇人ぐらいしか集まらなくなった。それはどうお感じになっていましたか。

吉川　低迷期とは思っていません。この時期に京都から来た鶴見俊輔❖さんに、「この間のデモは四十何人しか来なかった」と言ったら、鶴見さんが「へぇー、四十何人も集まりましたか」って言うんですよ。それで考え直して、気にしなくなった。人数が減ったから低迷期と言われれば、そうかなあとは思いますが、続けることが大事だ、という感じでしたね。

小熊　なるほど。そして一九六七年秋に米軍空母イントレピッドから四人の脱走兵が出て、べ平連が彼らをソ連船でスウェーデンに逃がしたことを公表し、べ平連の飛躍がおきるわけですが、運動

❖**谷川雁**　一九二三～九五。詩人・評論家。『原点が存在する』など。
❖**大正行動隊**　福岡県中間市の大正炭鉱をめぐる労働争議にあたり結成。
❖**フレデリック・ジョリオ＝キュリー**　一九〇〇～五八。フランスの原子物理学者。
❖**鶴見俊輔**　一九二二～。哲学者・思想家。『戦時期日本の精神史』など。

としてピンチと思ったかチャンスと思ったか、それとも目先の対応で精一杯でしたか。

吉川　それはもう、目先の対応で精一杯というのが正直なところです。

小熊　脱走兵を国外に逃がした記者会見は、大反響をよびましたね。予想していましたか？

吉川　かなりの反響はあるだろうとは思ってましたが、その後にどんな展開があるかなんて見通しはなかった。会見で今後も脱走兵が出ることを歓迎し支援するとは言いましたが、それはもうこれでやめるから来ないでくれとは言えないから言ったようなもので、その後に脱走兵支援専門組織のJATECを作ったりとか、そういう展望が初めからあったわけではないです。まったく成り行きに押されて、やらざるを得ないうちに、どんどん展開していった。

小熊　しかし一九六七年一〇月に❖佐藤首相南ベトナム訪問阻止の第一次羽田事件で、ゲバ棒とヘルメット姿の学生が公然と登場して、学生運動がふたたび画期を迎えつつあったわけですよね。そして、一九六七年一一月一一日には老エスペランティストの❖由比忠之進さんが佐藤首相の訪米に抗議して焼身自殺し、訪米阻止の第二次羽田事件が翌一二日にあって、ベ平連の脱走兵援助の記者会見は一三日です。こういうタイミングで記者会見をやったからこそ大反響を呼んだということもあったと思うのですが、まったくの偶然ですか？

吉川　まったく偶然です。脱走兵は横浜からバイカル号で送り出した。横浜にいる間と、日本の領海内にいる間は日本国家が主権を持ちますが、公海に出るとバイカル号船長が主権を持つわけです。その段階で記者会見をやろうと決めたのがあの日取りなんですよ。

小熊　それが歴史的な絶妙きわまるタイミングだったわけですか。

吉川　結果としてはそうでした。だけどそれは航海日程で決めただけであって。

小熊　しかし、学生運動が第一次羽田事件以降盛りあがりつつあることくらい意識していませんでしたか？

吉川　してなかったですね。見事に合っちゃった、という感じです。由比さんが首相官邸前で焼身自

一九六七年一一月一三日。一橋学士会館でのイントレピッドの四人の脱走発表記者会見。（左から）小田実、吉川勇一。

殺したとき、ゲバ棒を持って羽田に行った学生デモ隊とは別に、私たちは非暴力直接行動❖というこ とで国会前に座りこんだりしていました。そして、私や鶴見俊輔さんをはじめ、すぐに病院の由比さんのもとへ駆けつけたんですが、これもまったくの偶然で予測なんかできたはずがない。だけどその翌々日には記者会見が予定されていたわけです。

小熊 そうですか。後付けで歴史をふりかえる場合、一九六七年一〇月の第一次羽田事件と、一一月の第二次羽田事件、それにベ平連の脱走兵支援活動公表が、六〇年代末の激動の時代の幕開けだったとされるわけですが、リアルタイムで吉川さんあるいはその周辺では、これから学生運動が盛りあがっていくとお思いになられましたか?

吉川 盛りあがっていくだろうなとは思っていました。しかしそれとタイミングを合わせて記者会見をしたわけではない。むしろ、新左翼はあれで勢力が伸びるだろうけど、ベ平連は独自路線をますます進めなきゃいけないと思っていました。

小熊 しかしあのタイミングで会見をやれば、それまでベ平連なんて生ぬるいと思っていた若者が見直して集まってくるかもしれない、くらいのことは予測できませんでしたか。

吉川 支持はかなり来るだろうと思いました。会見後、一週間で二千通くらい手紙やカンパが来ましたから。しかしそれは老若男女からですから、必ずしも若者とはいえません。それから右翼も来ましたね。御茶ノ水にあった事務所はめちゃめちゃに壊されました。

小熊 たしかに全年齢層から反響を呼んだというのは事実ですけれど、定例デモなんかに集まってくるのは、この時期から若者がどっと多くなっていきましたね。

吉川 それは事実からいえばそうです。

小熊 その問題はあとでお聞きするとして、脱走兵援助について先にうかがいますと、JATECのような秘密部門をベ平連のような大衆運動内に作ることについて、なんらかの危惧はありましたか? そういう非公然組織を作ると、内部で権力関係だの秘密漏洩防止だの、スパイ疑惑だの査問だのといった弊害が出てくる可能性はありますよね。

❖**佐藤栄作** 一九〇一〜七五。政治家。元首相(一九六四〜七二)。
❖**由比忠之進** 一八九四〜一九六七。エスペランティスト・反戦運動家。
❖**非暴力直接行動** インド独立の父・ガンディーやアフリカ系アメリカ人公民権運動の指導者キング牧師らが唱えた体制変革における理念。

吉川　その自覚はみんなありました。とくに鶴見俊輔さんはそれが強かったし、みんなその警戒心はあったと思います。かなり内部では議論もありました。大衆運動の原則と矛盾するんじゃないかとか、大衆運動が秘密部門なんか運営できるだろうかとかね。何せ前例のない活動でしたし、まったく手探りでした。

だけど、どうしても必要なことだったんですよ。ベ平連という大衆運動が脱走兵援助をやることは非常に危険だけど、現実に警察が脱走兵を見張っている。それならどうしても秘密部門が必要なわけです。しかしそういう部門をどういうかたちで作るか、ベ平連有志がやるのか、呼びかけを誰の名前でするか、とにかくいろいろ議論しました。

ですから、最初にそれを発表したときの声明は「ベ平連」ではなくて「ベ平連有志」という署名になっています。ベ平連全体の名を使うことにちょっとためらいというか遠慮があったんです。ですがそれにはすぐ抗議めいた手紙が来ました。なぜ「有志」だけなんだ、この仕事こそベ平連の参加者全員のものであるべきだ、というんですね。自信をもらいました。

結局、こういう形になりました。まずJATECは大衆的な呼びかけでなく、個別の誘いで作る。それとは別に、大衆運動として「イントレピッド四人の会」を、海老坂武さんとか福富節男さんとか鈴木道彦さんとかの呼びかけで作り、JATECのための大衆募金をやったりする。それもベ平連じゃなくて、個人の呼びかけ運動として別個にしたんです。そして、「イントレピッド四人の会」が仲介して、JATECとベ平連を結ぶ。

つまりベ平連は、外向きに記者会見をやったりするけれど、直接的には脱走兵援助には関わっていませんという形式を作ったわけです。実質的にはメンバーはほとんどだぶっているんですけど、形の上では分けたわけです。

小熊　もうひとつお聞きすると、最初のイントレピッドの四人から一九六八（昭和四三）年いっぱいまで、脱走兵をソ連経由でスウェーデンに逃がしたときは、安保条約に伴う日米地位協定で米兵の出入国は日本政府の管轄下にないから彼らの国外脱出を幇助しても法に触れない、という保障があった。ところが一九六八年一一月に米軍から二セ脱走兵のスパイが送りこまれてソ連経由ルートが露見して使えなくなり、第一次JATECは活動停止する。その後の第二次JATECではパスポートや入国管理局の印までを偽造して飛行機に乗せるとか、本当に非合法行為に手を染めていきますよね。その時、かなり危険な領域に踏みこんでいるという意識はおありになりました？

吉川　いいえ。それは、法律違反であるということは明白ですから、そういう意味での危険は感じましたけど、迷いはなかったですね。

　ソ連経由ルートが断たれた理由は、スパイが入ってきただけじゃないんです。ソ連側から、今後は原子力潜水艦の乗組員か将校、つまり米軍の秘密情報を得られる脱走兵しか受けいれないと言われてね。それはないだろうソ連さん、と痛烈に思いました。

　じゃあどうしたらいいんだと、小田実さんを含め、主要メンバーは必死でしたね。中国はどうだ、キューバはどうだ、インドネシアはどうだ、ありとあらゆる可能性を探りましたよ。香港へ行ってマフィアと接触したらパスポートが買えるんじゃないかとか、日本の暴力団を通じて香港のマフィアと連絡できないだろうかとか……

小熊　そこまで……

吉川　脱走兵を助けてくれるなら、悪魔の手だって借りたいという気分でしたからね。ですから、パスポートの偽造ができるなら迷わなかった。ただ、それは高橋武智さんの著書『私たちは、脱走アメリカ兵を越境させた』（二〇〇七年）にあるように大変な苦労が必要だったんですね。法律を破ること自体については、そもそもイントレピッドの四人を助けるときに全員がその覚悟をしたわけですから。

　安保条約に伴う地位協定で米兵の国外脱出を援助しても法に触れないとわかったのは、記者会見用の映画をとったあとのことで、それまでは犯人隠匿とか逃亡幇助の罪になると思っていました。だからその頃から、必要と思うことをやるためには法律違反も辞さない覚悟だったんですよ。

小熊　しかし大衆運動ということで出発し、プチブル的と呼ばれても別にかまわないとしてきたも

❖**海老坂武**　一九三四〜。フランス文学者・評論家。『かくも激しき希望の歳月――1966〜1972』など。

❖**福富節男**　一九一九〜。数学者・市民運動家。『デモと自由と好奇心と』など。

❖**鈴木道彦**　一九二九〜。フランス文学者。『サルトルの文学』など。

❖**高橋武智**　一九三五〜。フランス文学者・翻訳家。『私たちは、脱走アメリカ兵を越境させた……』など。

のが、一気に共産党やセクトでさえ二の足を踏むような行為へ飛躍するのはかなりの覚悟がいったと思うのですが、そこはもう成り行きですか？　決断ですか？

吉川　成り行きとか決断とかいうより、当然だという感じでしたね。だいたいそれ以前から、デモひとつやっても何が合法で何が非合法かは、その時の警察の方針とこっちの出方で決まっちゃうわけで、法律なんていいかげんなもんだと思ってました。だから、必要とあらば逮捕だってしょうがないという感じが共有されてたんじゃないでしょうかね。

　だから、大衆運動だから法律違反はいけない、という意識はなかったと思います。ベ平連をそうさせた契機は、一九六六年にアメリカの反戦活動家のハワード・ジン❖とラルフ・フェザーストン❖を招いて、全国講演旅行と日米市民会議をやったことでしょう。これはベ平連にものすごい思想的影響を与えた。

小熊　たしかに一九六六年の講演旅行と日米市民会議で非暴力直接行動という考え方がアメリカ側から持ちこまれて、ベ平連はアメリカ大使館前の座りこみを実行した。そこで暴力は使わないけど非合法は辞さない、という考え方が定着したというわけですか。

吉川　そういうことになりますね。

小熊　その下地があって、脱走兵が出てきたときに、大衆運動だけれども非合法も辞さないという

一九六六年六月七日。全国講演旅行の講演地のひとつ名古屋にて。（左から）鶴見良行、武藤一羊、ハワード・ジン。

覚悟に飛躍できたと。

吉川　当事者としては、覚悟というより、当然のことだという感じでしたね。

◉全共闘との交錯

小熊　一九六八年から全共闘運動が始まりますね。あの若者たちの叛乱をどう思ってました？

吉川　最初は非常に共感をもって見ていました。どんどん広まったらいいと。

小熊　最初っていつ頃までですか？

吉川　一九六九年一月の安田講堂攻防戦くらいまでかな。小田実さんと僕と数人で、安田講堂まで「陣中見舞い」にも行ったんです。

小熊　東大全共闘の機関紙『進撃』によると、一九六九年一月一〇日に来たとあります。

吉川　その時、バリケードを作るために壊した東大総長室の大理石のかけらを拾ってきましてね。❖中山千夏さんが参院選に出馬するときの応援オークションへ出品した（笑）。高く売れましたよ。

小熊　過去の学生運動と質的に違うと思ってました？

吉川　思ってました。当時は「内なるベトナム」とか、「内なる東大」という言い方がなされたでしょう。小田さんが一九六六年の日米市民会議で、「被害者＝加害者」論を出して、戦後の平和運動が被害者意識ばかり強調して、加害者としての自覚を欠いていたという問題提起を行なったわけですけど、全共闘運動はまさにそこを強調しましたよね。つまり、高度成長で平和で繁栄している日本、あるいは東大という枠の特権、それそのものの加害性を問うという意味で、これはそれ以前とは違う、まったく新しい運動だと思いました。

小熊　なるほど。しかし小田さんは、全共闘運動に吉川さんよりクールですよね。彼は学生運動の経験がないし、マルクス主義者でもないし。

吉川　そう思います。「俺はお前とは違うよ」とよく小田さんから言われてました。また安田講堂を訪ねたときも、東大全共闘にむかって、なんで一般の市民に呼びかけないんだ、学生のなかだけで訴えたり❖民青と論戦したりしてるだけじゃダメと力説してましたね。

小熊　安田講堂攻防戦のあとに小田さんが書いた

❖ハワード・ジン　一九二二〜。アメリカの歴史学者・劇作家。『民衆のアメリカ史』など。

❖ラルフ・フェザーストン　？〜一九七〇。アメリカの「学生非暴力調整委員会」（SNCC）の黒人活動家。車にしかけられた爆弾で爆死。

❖中山千夏　一九四八〜。タレント・作家・元参議院議員。『からだノート』など。

❖民青　共産党系社会運動団体「日本民主青年同盟」の略称。

「自分に立ちかえる」（『世界』一九六九年三月号）という文章でも、そう書かれていますね。だけど東大全共闘が結成された一九六八年七月から、六九年一月の安田講堂攻防戦までを通じて、学外の市民にビラをまいたのは、山本義隆❖さんらが国会図書館に寄贈した約五千点のビラ類を見た限りでは、安田講堂攻防戦二日目におそらく神田でまいたビラだけです。小田さんは一九九五（平成七）年に出た『「べ平連」・回顧録でない回顧』では、全共闘運動一般を評して、「学生たちは『占拠』でまさに興奮していた。彼らの眼には大学の外に無限にひろがって生きている市民の姿は視界のなかになかった」と書いている。

吉川　そういう側面があったことは事実でしょう。

小熊　全共闘運動が六〇年安保闘争と違って、市民や労働者の共感をよばず、もっぱら学生だけの孤立した運動になっていたことは、重要なポイントだと思います。

もちろん例外もあって、一九六八年五月からの日大闘争は、右派のワンマン総長が経営する大学側が、それまで体育会の学生を使って暴力で学生の言論や活動を弾圧していたし、大学側に三十億円もの脱税容疑があると国税庁から摘発されたことから始まった。その脱税金が役員のヤミ給与や学生活動の弾圧費に使われていたらしいことがわかって、高額な授業料を納めていた学生が怒り、経理公開や言論の自由を要求した。これには一般世論の支持もあったし、警察にさえ日大全共闘が怒るのは無理もないという声があったといいます。

吉川　私も日大全共闘の主張は当然だと思っていました。

小熊　だけど日大はむしろ例外で、そんなに学生が抑圧されていない大学にも全共闘運動は広がった。当時は高度成長の盛りで、就職率はほぼ一〇〇％。年長者には、戦後懸命に働いてやっと生活のゆとりができて、大学に通えるようになったのに何が不満なんだ、なんでこんな好況期にマルクス主義を掲げてゲバ棒を振りまわす必要がある、といった反応が多かったようです。吉川さんは、あの学生叛乱はなぜ起きたと思っておられましたか？

吉川　たしかに好況期ではあったけれど、一種の

小田実『「べ平連」・回顧録でない回顧』第三書館、一九九五年

閉塞感が非常にあったからだと思いますね。つまりこれから俺たちどうなんの？　何になれるのか？　社会はどうなるんだ？　といった閉塞感がかなり強くあった。それがひとつの原因だと思いますよ。

小熊　当時の若者の手記などを読んだ印象だと、二種類の閉塞感があったと思います。

一つは、大学進学率が上がって、そのうえベビーブーマー世代が大学に進学して、大学生数が急増し大衆化したこと。そのため、昔は大学を出れば「末は博士か大臣か」という感じだったのが、「末はしがないサラリーマン」という感じになってきた。つまり「自分は何になれるのか？　サラリーマンで一生を終えるしかないのか？」という閉塞感ですね。

もう一つは、高度成長による社会の激変についていけない。彼らは幼少期は高度成長前の社会で生きていて、田んぼでカエルを採って育ったのに、高度成長を経た今はビル街の大学でつまらないマスプロ講義を受けていて、公害も出てきた。それで「これから社会はどうなるんだ？　こんな社会は間違っているんじゃないか？」という閉塞感が湧いてくる。しかもその高度成長がベトナム戦争への協力に支えられている、日本の貿易の約二割はベトナム戦争特需だということが、彼らに加害者意識と反戦感情をかきたてた。

こういう閉塞感を若者が感じていたというのは、当時の学生の手記などをよく読むとわかるんですが、当時の年長者はそれを理解していなかった。学生自身が明確にそれを言語化できていなくて、マルクス主義用語で飾り立ててしまったせいもあると思いますが。

吉川　そうですね。年長者はあまり理解していなかった。しかしベ平連内では、年長者でも鶴見良行さんはそこを理解していたし、武藤一羊さんも言ってました。そういう若者の閉塞感は、国際的に共有されていたんじゃないんでしょうか。パリでもロンドンでもベルリンでも。

小熊　武藤さんはアメリカの新左翼の文献を読んでいたし、吉川さんや鶴見良行さんは若者と親しくつきあっていたから、世間の年長者より彼らの感覚がわかったのかな。

❖**山本義隆**　一九四一〜。科学史家・元東大全共闘代表。『知性の叛乱』など。

しかし吉川さんなどが若者の閉塞感を理解していたといっても、相違はあったと思うんです。たとえば、第一次羽田事件で「機動隊の前にわれわれの実存をさらすんだ」という有名なアジ演説が行なわれましたよね。あの世代を代表する歌人の❖道浦母都子にも、「迫りくる〔機動隊の〕楯怯えつつ怯えつつ確かめている私の実在」という短歌がある。つまり、高度成長による社会の激変のなかで、アイデンティティの危機を感じた若者が、機動隊や大学と闘うことで自分のアイデンティティや「主体性」を確認したいという欲求があった。

　しかし吉川さんは、一九六九年の「公開質問状に答える」という文章で、「私は、ベ平連運動を一つの政治運動（政党運動ではない）と考えています。決して『主体性確立運動』でも『実存的自我確認運動』でも、もちろん『道徳運動』でもないと思います」と述べ、「政治運動である以上、運動の効果を考え」る必要があり、「問題のラジカルな形式による提起だけで、問題が解決できるなら簡単なことですが、そんなわけにはいかないでしょう」と述べている。これは大人の感覚というか、政治的効果なんか考えずにとにかく機動隊とぶつかってバリケードを作って自己確認をするんだ、みたいな感覚とは違いますよね。

吉川　そこは議論の分かれるところですね。以前にある講座で、僕と埼玉ベ平連の元メンバーが話をしたとき、元中大全共闘の❖天野恵一さんが意見を述べた。彼によれば、全共闘運動はたしかに自己確認運動という側面があったけど、そこが若者の支持を広げたんだと。だけど僕は、学生のなかではそれで支持が広まったかもしれないけれど、大人を含めた大衆運動やベトナム反戦運動という大きな枠でいえば、支持を広める効果はなかった、むしろ孤立していく要因を作ってしまったという意見を述べました。政治的効果も考えずに、ただただ機動隊とぶつかってそのなかに生きがいを見出すみたいなのは、支持できなかった。

小熊　若者の自己確認運動であれば、若者の支持は広がるかもしれないけれど、世間の大人からはそんな青臭いことに関心ないよ、という反応が出ても仕方がないでしょう。

　ところで第一次羽田事件から、ヘルメットとゲ

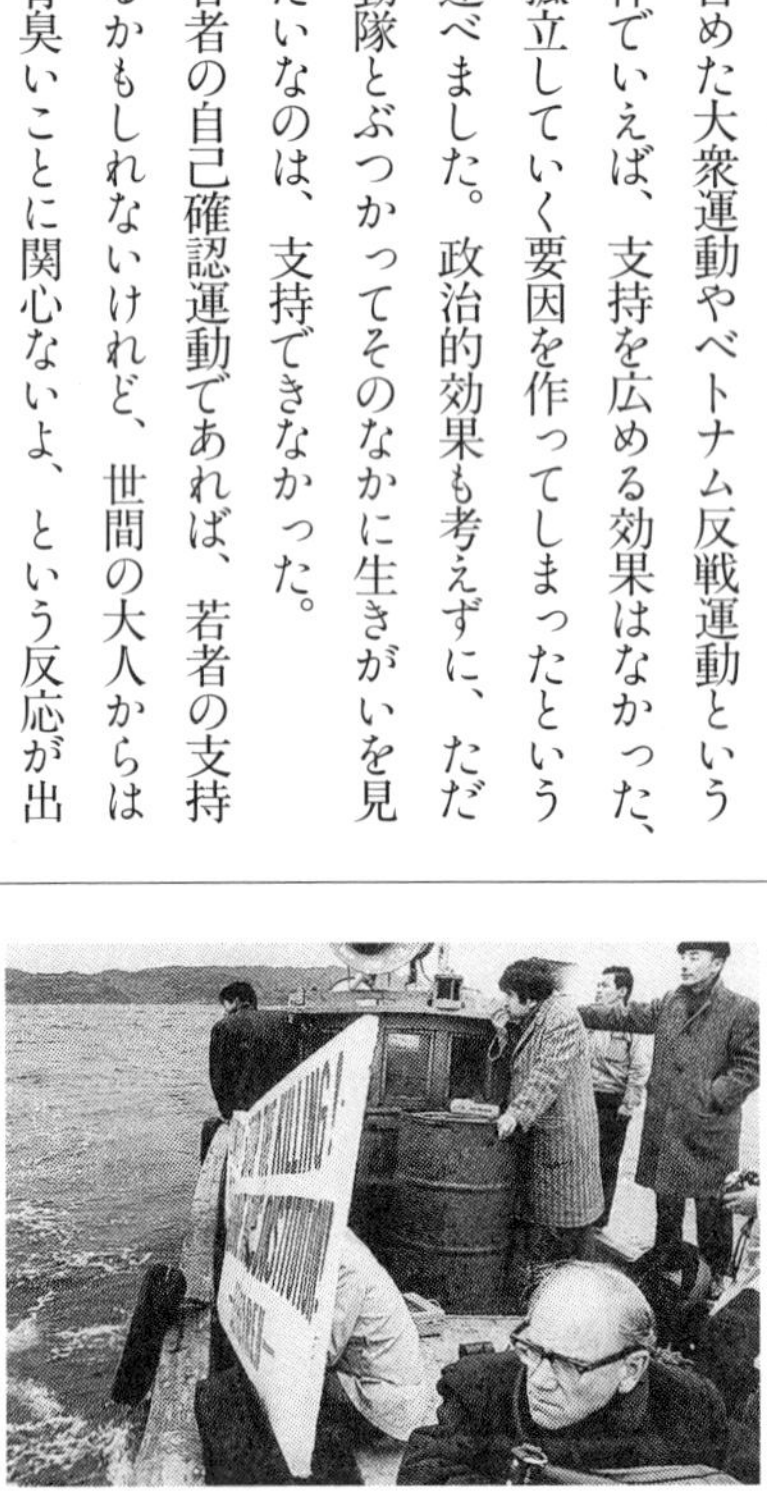

一九六八年一月二一日。佐世保に入港したエンタープライズに抗議する小田実、吉川勇一。

バ棒が登場しますよね。あの直接に機動隊とぶつかるというスタイルが、若者の支持を広げた一因にはなったけれど、マスコミや世間からは不評を買った側面もあった。あれはどうお感じになられましたか。

吉川　マスコミはいつも「暴力反対」だから別として、一般の市民もそういう感じはありましたよね。しかし、たとえば一九六八年一月の佐世保での原子力空母エンタープライズ寄港阻止闘争では、佐世保橋で徒手空拳の学生たちが機動隊とぶつかって一方的に叩きのめされ、世間から同情と支持が集まった。彼らはヘルメットはかぶっていたけど、ゲバ棒は持っていなかったし、ヘルメットは機動隊の暴力に対する防御装備で、僕は一種のファッションだとも思ってました。その頃は、学生の側にも「警官を殺せ」とか「機動隊殲滅《せんめつ》」とかいうスローガンはまだ出ていなかったし。その時点では僕は共感を持っていました。

小熊　すると、一九六八年四月の王子野戦病院建設反対闘争とか、騒乱罪が適用された六八年一〇月二一日の新宿事件くらいまでは、好意的に見ていたということですか？

吉川　新宿事件については微妙です。米軍の燃料輸送車が通る新宿に反戦デモに行く気持ちはわかるけど、もう少し別の戦術がとられてしかるべきだと思っていました。たとえば新宿駅に侵入して火をつけるなんてことよりは、線路の上に座りこんで燃料輸送車の通過を阻止し、全員逮捕されるまで動かないとか。べ平連は前日の二〇日には花束を掲げたデモをやったし、一〇月八日の無党派系学生デモでは、べ平連の学生たちは卵の殻のなかに白ペンキを入れて、橋の上から輸送車に投げつける計画だった。そのペンキ入り卵は警察に見つかって押収されちゃいましたけど、警察はべ平連の事務所を初めて家宅捜査し、マスコミは「べ平連初手入れ、目つぶし卵押収」と大々的に報じましたけどね。これも非暴力直接行動です。そういうのは大いにやったらいいけど、新宿の駅舎や電車を壊したりするのは賛成できなかった。なんで学生はもう少し別の戦術をとれないのかと思いました。

小熊　それは中島誠❖さんなど、学生運動に好意的

同。佐世保市内をプラカードを担いで歩く小田実（右）と吉川勇一（左から二番目）。

❖道浦母都子　一九四七〜。歌人。『無援の抒情』など。
❖天野恵一　一九四八〜。評論家。『全共闘経験の現在』など。
❖中島誠　一九三〇〜。評論家。『全学連』など。

だった評論家やジャーナリストも、似たようなことを書いていますね。気持ちはわかるけど、戦術には賛成できないと。

吉川　それでも一九六九年一月の安田講堂攻防戦くらいまでは好意的に見ていたんですけど、だんだん困ったなと思うようになりました。一九六九年になると新左翼の街頭闘争がどんどん過激化して、火炎ビンを使って機動隊とぶつかるのが当然のようになり、街頭の民間の自動車を倒してバリケードにしたり、そのうち「機動隊殲滅」とかいうスローガンも出てきた。これは大衆運動を孤立させていくなという感じを持ちましたね。

それから安田講堂攻防戦がテレビで全国放映されたあと、それをまねて大学占拠をするのが一種の流行みたいになって、バリケード封鎖をやらなきゃ流行に遅れてる、何だかよくわからんけどやっちゃうみたいになりましたよね。もちろんなかには日大のように切実な要求のある本物の闘争もあったでしょうが、ああなってくるととても支持できなかった。

小熊　とにかく大学を封鎖しちゃって、要求はあとから考えたという例もあったそうですね。

吉川　これはもうダメだと思ったのは、一九六九年九月の全国全共闘の結成です。全国全共闘というのは、本来なら全国各大学の全共闘が結集して、民主主義的に運営されるべきだと思ったけれど、できあがったのはまったくセクトの利害関係による野合とそのなかでのヘゲモニー（主導権、覇権）争いでしょう。その前後から、セクトが各地の全共闘を支配するようになって、もう終わりだと思いました。

小熊　なるほど。しかし運動の民主主義的運営にこだわるのは、吉川さんの経歴を考えればよくわかるんですが、全共闘運動で掲げられたのは「戦後民主主義ナンセンス」「進歩的文化人ナンセンス」といったスローガンでしょう。それはどう思われていたんですか?

吉川　そこは賛同していました。つまりそれ以前の「進歩的」な「戦後民主主義」の言論や運動には、加害者意識が欠けていたというか、われわれが享受している平和や繁栄が朝鮮戦争やベトナム戦争を支えているんだといった自覚がなかった。

ですから、全共闘運動がそこを問題化したのは、一九六六年の小田実さんの「被害者＝加害者」という問題提起とつながっているわけで、日本の社会運動の画期点だったと僕は思っていますよ。

小熊　なるほど。運動の民主的運営と、「戦後民主主義」批判は別のものとして捉えていたわけですね。しかし全共闘運動が起きてくる前の、一九六六年から六七年くらいのべ平連周辺には、「戦後民主主義」は制度疲労状態になりつつあるけれど、再活性化できないかみたいな議論があったように思いますが。

吉川　武藤一羊さんなんかがそういうことを言っていたけれど、それはかつての「戦後民主主義」を単純に復活すればいいというんじゃなくて、加害者意識とか「内なるベトナム」といった要素を加えて、自分自身や社会を変えていくという視点が必要だ、という議論だったと思います。そういう要素を加えることによって、新たな「戦後民主主義」が生まれるというか、もう一段階上の思想や運動に転化するという意味ですね。

小熊　それはもちろん、単純な復活ではないでしょう。しかし六〇年代末の全共闘や新左翼の若者の「戦後民主主義」批判には、十分な知識も深い考察もあまりないというか、丸山眞男❖をむやみに非難したり、立命館大学にあった戦没学徒兵記念の「わだつみ像」を壊したり、あまり賢明といえないものも含まれていたと思います。しかも「わだつみ像」破壊に参加したある女子学生に天野恵一さんが会ったら、マスコミで騒ぎになるまであの像が何だか知らなかった、と答えたという。二〇歳前後の学生が、わけもわからず勢いでやっていたという側面が、当時の若者の「戦後民主主義」批判にはあったと思うのですが。

吉川　そういう部分はありましたよね。「わだつみ像」の破壊については、何の像だか知らないでやったというのは問題外として、戦争の被害者意識の象徴の像じゃないか、加害者の自覚がないという意味で倒したなら、それは気持ちとしてはわかる。だけど僕は「わだつみ会」の専従もやったこともありますから、あの像が壊されたときは、困ったなあというか、問題提起をするにしても違うやり方があったはずだという感じでしたね。

❖**丸山眞男**　一九一四～九六。政治学者・思想家。『現代政治の思想と行動』など。

小熊　私の意見としては、武藤一羊さんが一九六六年ぐらいに唱えておられたような、「戦後民主主義」の単純な復活ではないけれども、戦後のいろんな試みの遺産をちゃんと汲みとった上で発展的に継承できればもっとよかった、わけもわからずそれ以前のものを全否定してしまうみたいな「戦後民主主義」批判はあまりよくなかった、と思いますけれど。

吉川　それはまったくそう思います。何も丸山眞男を全否定して、茶化すことはないだろうと思いました。だけどそれは、中国の文化大革命で若い紅衛兵が、仏像を壊したり古典のお経を焼いたりしたのと似たようなもので、時の勢いでああなっちゃうんですね。

小熊　「わだつみ像」の破壊は一九六九年五月ですが、さきほど六九年ぐらいになると全共闘運動に共感できなくなってきたということと重なるわけですね。

吉川　そうですね。ああいう戦術は、とてもいただけないと。べ平連の年長者たちも、若者の気持ちをある程度理解して共感していたけれど、それはある意味で保留付きであって、あんな戦術をとるようじゃダメだという意見はみんな持っていたと思います。

◉全共闘運動期のべ平連

小熊　一九六七年一一月に脱走兵支援活動開始の記者会見をやって、全共闘運動と若者の叛乱の季節にそれが重なって、六八年くらいからべ平連のデモには若者がどっと増えますよね。当時の『朝日ジャーナル』の報道を見ると、べ平連は市民デモとうたっているけれど、来ているのは高校生とか大学生ばかりで、中年以上の人は数えるほどしかいないと書かれていたりします。そういう状況についてはどう思われていたんですか？

吉川　単純には語れないですね。若者が増えたといっても、いろんな若者がいるわけですよ。たとえば、僕が選考委員の一人になって『朝日ジャーナル』の懸賞論文を募集したとき入選した一篇に、高校生がべ平連の作った反戦バッヂを付けて新宿西口を歩いた手記があったんです。そういう若者は実に新鮮、純粋で、まさに市民運動そのものって感じです。

だから、若者が増えること自体がいい悪いではない。そのなかには、市民運動の趣旨を理解して行動する若者もいれば、最初からべ平連なんか生ぬるいと思っていて、ただ人が集まるからそこを自分たちの主義主張を広げる場として使うとか、来ている若者を自分のセクトに加入させる草刈り場として利用するという者も多かった。デモが終わると、セクトの活動家が「ちょっとお茶でも飲まない?」とか声をかけて、「うちの研究会に来ないか」とかセクトに誘いこんでいく。困ったなと思ったけど、喫茶店に行くのを禁止するわけにもいかないし。そういうのは、デモに来ていても、最初からべ平連じゃないと言ってもいいんです。だから若者が増えること自体をどう思ったかは、答えにくいですね。

小熊　当時は「べ平連トンネル説」といって、運動初心者はまずべ平連の穏健なデモに参加して、政治意識が成長したらセクトに入るんだ、とか言われましたよね。日本赤軍の岡本公三❖とか、連合赤軍の加藤兄弟とか、べ平連のデモに参加したあと過激なセクトに入った人もいた。べ平連を経由してセクトに入っていく若者をどう思ってらっしゃいました?

吉川　それはまったく個人の自由ですからね。どう思ってもしょうがない。

小熊　べ平連の事務所で、セクトの活動家が若者を勧誘しているのを吉川さんがやめさせたという話もありましたが。

吉川　そりゃデモのあと喫茶店に行くとかなら本人の自由だけど、べ平連の事務所でやってりゃね。ここはそんな場所じゃないよ、やめなさいと止めた記憶があります。

小熊　大越輝夫さんについてはどうですか。彼は一九六九年には赤軍派に行きましたよね。

吉川　大越君は僕が一九六六年に初めてべ平連の事務局を借りて、若者たちを集めたときのメンバーの一人なんで、初期からよく知っているんです。赤軍派に行ったことは、困ったなのひとことに尽きます。だけどべ平連は個人原理が信条だから、止めるわけにはいかなかった。

小熊　初期からのメンバーといえば、笠井潔さん

❖**岡本公三**　一九四七〜。日本赤軍活動家。

は共労党に入りましたよね。共労党員として、吉川さんが勧誘したわけではないんですか？

吉川　僕はむしろ止めていたんですよ。笠井君の場合は勝手に入っちゃって、止めるひまもなかった。ほかにも共労党に入りたいと相談を受けることもありましたが、僕は党というものはそう簡単に入るもんじゃない、もっと考えて決意が固まるまでは入るなって止めた記憶があります。僕が共労党に入れた人は一人もいない。止めた人はずいぶんいますが。

小熊　なるほど。先ほどの話にもどると、若者の参加者が一九六八年くらいから急増したことは事実だけど、それそのものへの違和感はなかったわけですか？

吉川　そうでもない。それまで定例デモに参加していた年配者たちから、最近のデモは学生が多くて、すぐジグザグデモをやったり過激すぎて困るとかいう意見がでるようになった。それに嫌気がさした年配者は来なくなっていく。それには危機感はありました。

　それに一九六八年くらいから増えた若者は、それ以前とは多少質が違っていました。一九六六年くらいだと、ハガキに「事務所に手伝いに来ませんか」と書いたら、そのままスタッフとして居ついちゃうのが多かったんですが、六八年からはどんどん事務所に来て次々と去っていく、みたいな感じがありましたね。居つく人は居つきましたけど。

　また一九六八年からべ平連のデモに参加するようになった若者には、困った気風の人もいた。たとえば和田春樹さんが書いていたことですが、電信柱に「ベトナムの子らに……」とかいう民青のポスターが貼ってあると、べ平連デモの参加者がそれを破いていた。それはどうかと思うというんです。当時の全共闘や新左翼、あるいはそのシンパの若者には、民青をひどく嫌っていて、民青のビラだというだけで破り捨てる人がいましたから。僕もそれを取りあげて、そのとおりだ、そんなのはどうかしていると『べ平連ニュース』に書きました。その種の牽制球はずっと送っていて、まずいなあという意識は持っていました。

小熊　まずいなという意識は、私が低迷期といっ

一九六八年二月三日。べ平連第二九回定例デモ。

た一九六六―六七年よりも、六八年以降の膨張期にお持ちになったわけですね。

吉川　そう。定例デモそのものに対してはね。

小熊　当時の『べ平連ニュース』を読むと、一九六八年から六九年に各地にべ平連がたくさんできたけど、場所によっては急進的な若者と年長者が対立して分裂状態になったとか、年長者が来なくなったところもあったようですが、どう思ってらっしゃいました？

吉川　そういう対立が起きているという声は、各地のべ平連からいっぱい出ていて、困ったなと思いました。でもべ平連は個人の判断で自由参加・自由結成・自由行動が原則で、中央から命令を下すとかいう運動じゃないんだから、東京から命令して止めることはできない。若者を抑えるといったって、デモに来るなというわけにもいかないし。しばらくはしょうがないだろう、年長者が我慢して配慮して若者を指導してやってくれ、それぞれの地域で自分たちが中心になってなんとかしてもらいたい、という気分だったですね。でも『べ平連ニュース』の上では匿名の「情報」欄で僕はそういう若者たちへの牽制球をずいぶん送っていました。

小熊　たとえば京都べ平連の機関誌『ベトナム通信』を読むと、京都べ平連の中心だった飯沼二郎❖さんは、「最近の学生運動のあり方は、まことに憂慮に耐えない。学生諸君は、果して、ヘルメットをかぶり、棍棒をもって、諸君のいう『国家権力』に勝てるとでも思っているのか」「ヘルメットをかぶり、棍棒を持った瞬間から、学生運動は、国民一般から完全に見放されてしまっている」「私たちのデモは、学生諸君の目などからみれば『歯がゆい』とか『生ぬるい』とか思われるかもしれない。しかし、このようなデモでなければ参加できない人（会社員・主婦・老人など）もいるのだ」と主張していた。それに対し若者側には、飯沼さんや鶴見俊輔さんを「オールド・べ平連」と呼んで、一九六九年には「オールド・べ平連ははっきり言って初期のべ平連活動を懐かしもうとする卑怯者でしかない」「君達は今、ヘルメットとゲバ棒をもつ勇気と肉体をもたないだろう」「いさぎよく運動から離れた方がいい」などと非

❖**ジグザグデモ**　道路を全面に使い左右にジグザグと練り歩くデモ。
❖**和田春樹**　一九三八〜。現代史学者。『ある戦後精神の形成――1938〜1965』など。
❖**飯沼二郎**　一九一八〜二〇〇五。農学者。『風土と歴史』など。

難する声が出ましたね。あの対立はどう思われました?

吉川　僕はもちろん鶴見・飯沼派でしたよ。『ベトナム通信』にも、オールド・ベ平連批判への反論を書きました。ただ、飯沼さんも言い方に少し気をつければいいのに、とは思いました。彼は敬虔なクリスチャンで、そこが京都ベ平連を八年も支えたいいところでもあったんだけど、原則論を思うまま書いちゃう人でしたからね。

しかし後日談をいうと、のちに飯沼さんが亡くなったあと彼を偲ぶ会が京都であって、かつて飯沼さんを批判した京都ベ平連の元若者がかなり集まってきた。そして彼らは、今から考えれば悪いことをした、まったく飯沼さんの言ってたとおりだった、と口々に語っていました。これは京都にかぎらず、どこのベ平連でもそういう感じです。

小熊　そうやって若者が急増してくる一方で、年長の市民からは、定例デモは土曜でなく日曜にしてくれという声が少なからずあったようですが、なぜそうしなかったんですか。

吉川　そういう声はありましたが、それほど決定的とは僕は思わなかった。週休二日制が普及していなかった時代だから、日曜にしてほしいという意見はわかるんだけど、土曜の午前中で勤めが終わる人も多くて、そういう人はそのまま午後の都心のデモに来やすい。日曜にするとわざわざ家から来なくちゃいけないから、かえって人数が減るんじゃないか、とかいう議論はありました。だか

ら、日曜にすれば市民の参加が急増するとは思えなかった。日曜でないと来れないという人には悪いな、とは思いましたけど。

もうひとつ内幕をいうと、定例デモの曜日は通称「内閣」という世話人会で決めていて、最初は第四土曜日だったんですが、第一土曜日に変更になったんです。その理由は、第四土曜日は月末で雑誌原稿の締切りにあたるから、世話人会の作家だの学者はみんないちばん忙しい（笑）。だから第一土曜日にした。これはえらく勝手な話ですけれどね。

小熊 私の見方ではベ平連は、一九六五年の結成当初は戦争体験のある年長者が中心になった平和運動だったと思うのですが、六八年からラディカルな若者が流入して少し性格が変わっていったと思います。それを象徴するのが、一九六八年八月に京都で開かれた「反戦と変革に関する国際会議」だと思うのですが、あそこで「根本的社会変革」という目標を掲げましたよね。あれはラディカルな若者たちは社会主義革命と解釈したようだし、小田実さんのように「世直し」くらいの意味に受けとっていた人もいるという、多様な解釈を許す言葉だったわけですが、松田道雄さんなどはあのときに激しく反発しましたよね。

吉川 松田さんはベ平連旗揚げ当初から応援してくれていた人ですが、あれは会議そのものより、そこに参加していた学生諸君への反発とベ平連がその後変質してしまうのではという危惧だったと思います。あの場には、鶴見俊輔さんと親交のあった中核派幹部の北小路敏さんや、中核派全学連の委員長もいたわけですから。そういう人々にベ平連を乗っ取られちゃ困る、ということだと僕は受けとっていました。しかし僕は、松田さん、そんな心配しなくてもいいよという感じでしたね。松田さん本人も、その後も脱走兵のために薬を手配してくれるとか、ベ平連に協力してくれました。

小熊 でもあの会議は、最後はアメリカの公民権運動の歌だった「ウィ・シャル・オーバーカム」を歌って閉会と予定されていたのに、学生たちが「インターナショナル」を合唱しはじめてしまって、それが全体を圧倒してしまったわけですよね。

吉川 あれはまいった。ちょっと話が違うよと思

一九六七年一一月。世話人会（いわゆるベ平連内閣）。中央が小田実。右に立っているのが福富節男、左奥が吉川勇一、右が栗原幸夫。

❖**松田道雄** 一九〇八〜九八。小児科医・評論家。『革命と市民的自由』など。
❖**中核** 中核派。新左翼セクト「革命的共産主義者同盟全国委員会」の通称。
❖**北小路敏** 一九三六〜。社会運動家・革命的共産主義者同盟全国委員会幹部。

った。僕はたしか司会者席にいたんだけど、小田さんも僕も歌わないで座ったままだった。

小熊　小中陽太郎さんの回想記（『私のなかのベトナム戦争』一九七三年）によると、小田さんは腕を組んで憮然としていた。そして吉川さんは、「インターナショナル」は前衛党で歌うものだから、ベ平連のような大衆運動で歌うべきではないと言ったそうですが。

吉川　そう小中に言ったのは確かです。ただそれは、なんか理屈をつけなきゃいけないからそう言ったのであって、それほど論理的に考えていたわけではなかった。ただ、ここで歌うべき歌じゃない、それは違う、とその時は思ったんですよ。

まあ僕は、古いタイプの活動家でしたから。二〇〇三（平成一五）年に日比谷の野外音楽堂であったイラク反戦の集会で、「インターナショナル」をロックにアレンジして歌ったバンドがいて、大勢の若い人たちが踊っているのをみて、感心というかびっくりしたんだから。だから一九六八年の会議の「インターナショナル」も、学生は革命歌というより、一種の戦闘的気分表現で歌っていたのでしょうね。

小熊　なるほど。それで、困ったけど若者を止めはしなかったという感じですか。

吉川　これで終わるのもしょうがないかと。ベ平連がこれで変わるわけじゃないし。

小熊　変わるわけじゃないしというのは、吉川さんや小田さんなど年長者の幹部がいる限り変わらない、若者がいくら入ってきてもびくともせんぞ、ということですか。

吉川　そんな勇ましい感じじゃないけど、若者が入ってきて騒いだからといって、われわれがやり方を変えなきゃいけないとは思いませんでしたね。われわれが自分で納得して、安保や沖縄が問題だと思うようになったら、それらを取りあげるようになりましたが。

小熊　当時の若者たちの叛乱では、大学教官をはじめ大人はつるし上げや攻撃の対象になってしまいましたが、ベ平連は若者と年長者が協調体制を保てた珍しいケースだと思います。それができたのは何故だと思いますか？

吉川　ひとつは、全共闘や新左翼に行く若者と、べ平連にくる若者が違っていたこと。べ平連のデモに来ている若者全部がそうだというわけじゃありませんけど、べ平連の事務所に毎日のように来て、一緒に準備をしたりデモをやってる諸君とは、非常にいい関係があった。彼らは年長者から学ぼうとしていましたし、「ここが私の大学だ」という声もありました。一方で年長者のほうも、なんとかこの若者たちを、次代の運動を引き受けてくれる人たちに育てたい、そのためには何でも力を貸すという気持ちがあった。だからよく彼らとつきあって、彼らの閉塞感も世間の大人より理解していたつもりです。

だけど、ときどき若者を叱りましたよ。たとえば、「新宿の集会の様子を見てきます。三〇分ぐらいで帰ります」って事務所を出た学生が、三時間たっても帰ってこない。僕らは逮捕されたんじゃないかと思って、心配してずっと遅くまで事務所で待ってる。

そこへそいつが、「ただいま！　おもしろかった！」とか言って帰ってくると、僕は怒鳴りつけるわけですよ。「残っている連中がお前のことを心配してたのがわからんのか！　なぜ電話一本かけないんだ！　お前がパクられていたら救援をどうするか、どこの警察署に留置されているか探すために弁護士と相談しようかとまで思ってたんだ！」とね。そうすると彼は、そこで顔色が変わっちゃって、「すいません」とか謝るわけ。

そういう若者が事務所には多かったし、僕も僕なりに誠実につきあった。だからお互いに矛盾とか対立はなかった。困ったもんだと思っても、指導すれば変わっていくなと。

小熊　いい先生ですね（笑）。でも、そういう指導は耐えられないと思う人はたぶん……

吉川　事務所に来なくなるでしょう。そういう人は、どこへでも行ってくださいって。

小熊　でもそこで若者が謝るのは、最初にお話しになられたような、カンパの手紙が来たらそれより長い分量の返事を書くという、吉川さんの誠実さがあってこそだと思います。普段そういうことをしない人がいきなり怒鳴りつけても、説得力がないでしょう。

吉川　そうかもしれません。日頃のつきあいがあ

❖**小中陽太郎**　一九三四〜。作家。『私の中のベトナム戦争』など。

ったうえで、吉川の言うことじゃしょうがないなあ、と思って謝っていたかもしれない。だけど私がいちばん事務所にいるから、そういう機会も多かったけど、ほかの年長メンバーの若者への接し方もそんな感じだったと思います。それがべ平連で、年長者と若者が協力できた理由といえば理由でしょうね。少なくとも、年長者だ、あるいは著名人だということでの権威づけはしなかった。若者たちとの関係は平等に近かったと思います。

◉べ平連の「ピーク」と内紛

小熊　べ平連は、量的には一九六九年にピークを迎える。全国のべ平連も三六〇くらいでき、六九年六月一五日のべ平連を中核とした六月行動委員会のデモには五万人以上を集めて警察や社会党を驚かせましたが、なぜそんなに人が集まったと思いましたか。

吉川　ひとつは、既存の労働組合や政党が、硬化して現状に合わなくなり、それに不満を抱いた人が多かったからでしょうね。しかも既存組織に、その自覚がまったくない。

たとえばべ平連のデモが少し大きくなりだしたときに、原水禁の事務局の人が僕に会いにきて、べ平連はずいぶん発展しているようですけど、原水禁を発展させるためにはどんなふうにベトナム問題を取りあげたらいいかご意見をうかがいたいと言った。僕はもうあきれかえって、その質問自体がまったくナンセンスだと自覚してもらいたい、ベトナム反戦運動を成功させるために原水禁に何ができるかという質問だったら喜んで答えようと言ったんです。原水禁という組織を発展させるためにベトナム問題をどう取りあげるか、悪く言えばどう利用するかなんて発想だからだめなんだ、目的のために運動や組織があるのであって、組織の維持発展のために問題をどう活用するかなんて発想は本末転倒です。当時の労組とか政党はそんなふうになっちゃってたんですよ。そうではない運動が望まれていた。そこにべ平連がはまったということでしょうね。

小熊　べ平連は六月行動委員会の中核として、一九六八年から新左翼と全共闘と市民運動の仲介役になっていましたね。それについてはどうお考えになられてました？

吉川　いばるつもりはありませんけど、その役目を積極的にやったのは私だと思います。一九六八年六月のときは、国民文化会議が事務局の中心でしたけど、六九年以降は事務局がベ平連に移った。国民文化会議のような既存組織では、新左翼から市民団体まで仲介するのは難しくなっていた。だから、共闘体制を作るためにはベ平連がやるしかないと。

小熊　なるほど。しかし一九六九年のベ平連の膨張は、全共闘運動の退潮で行き場を失った人が流れこんできたためでもあったともいわれます。小田実さんは一九九五年の回顧録で、左翼全体が退潮しているなかで、いわば「後衛」であったはずのベ平連が前衛に押し出されてしまっていることに危機感を持った、とお書きになっています。吉川さんは、このままどんどん伸びると思っていましたか、それとも長続きしないと思っていましたか？

吉川　伸びるかどうかより、伸ばしたいと思っていました。それもベ平連を大きくするなんてことは二の次で、七〇年安保を阻止するための共闘体制を大きくしたいと。そのためには、社会党や共産党ともどうにかして共闘できる可能性を探りたいと思いました。

小熊　七〇年安保の阻止は、初期のベ平連にはなかった運動目標ですよね。

吉川　一九六六年に小田さんが加害の問題を提起して、日本のベトナム戦争協力を支えている安保体制に目がむかった。それが運動になってくるのが一九六八年以降でしょうね。

小熊　しかし、一九六九年四月の沖縄デーから警察は警備体制を万全にして、もう六八年の新宿事件のようなことは起こりえなくなった。そして一九六九年秋には、佐藤首相の訪米阻止闘争が徹底的に抑えこまれる。あの状況下で、安保を阻止できると考えていましたか。

吉川　難しいなと思いました。だけどやってみなけりゃわからない。どうすれば今よりもっと多く反安保勢力を増やせるか、そこに全力を尽くす以外にない。やれるだけやってみようというだけで、阻止できる可能性はどのくらいかなんてことは、あまり考えなかった。だけど、結果として共闘体制も大きくできませんでしたが。

小熊　やはり新左翼のセクトの扱いがむずかしかったですか。

吉川　セクトによって違いますけどね。第四インターは内ゲバを否定していたし、セクトの人でも個人的に信頼関係を築けている人はいました。だけど中核と革マルは、すぐ内ゲバをやるわ、共闘をやると主導権を取りたがるわで、ほんとに困りました。説得のために何度徹夜したかわかりません。一九七一（昭和四六）年以降は、六月行動委員会も匙を投げちゃって、セクトとは別個にデモをやるようになりましたし。

小熊　一九七〇年に入ると、高度成長の一層の進展で消費社会化と私生活優先が進み、万博で天下泰平ムードが広がった。運動が六〇年代より困難になったとは感じてましたか？

吉川　それは感じてました。運動が泰平ムードのなかで孤立させられていってるなと。

小熊　そういう状況にどう対処すべきだと思われていたんですか？

吉川　いろいろ案は出しました。たとえば明治公園でデモがあると、警察が事前にその周辺の町内会に、過激派のデモが何日にあるから、燃える物や自転車はしまえとか通達する。それに対抗して、われわれも周辺の家々にビラを配り、私たちのはこういうデモです、ぜひご協力ください、できれば見にきてくださいと知らせる。そしてデモが終わったら、警察の通達と違ったでしょう、またやるときはご理解くださいとチラシを配ると。だけどこの案を六月行動委員会の共同行動の場で提案しても、なかなか通らなかった。

小熊　なぜですか？　市民に直接訴えることが大切だという、いい案だと思いますが。

吉川　どうしてだか知りません。爆弾を投げたり、内ゲバをやったりしても、自分たちのやることは絶対正しいんだ、やれば大衆はついてくるんだと考えているセクトは、そんなことは必要ないと思っていたんでしょう。べ平連ナンセンスと言われるだけ。

小熊　それで運動がしぼみ、一九七〇年六月に安保が自動延長したときはがっかりしました？

一九六九年八月九日。ハンパク会場で発言をする吉川勇一。

吉川　いいえ。阻止できると思っていたらがっかりしたでしょうけど、予想が大はずれしたというわけでもありませんでしたから、あまりがっかりはしませんでしたね。これからも運動を続けなきゃいけないなあ、先は長いなあという感じでした。

小熊　一九七〇年六月以降、安保を阻止できなかった閉塞状況から、二つの流れが出てきますよね。一つは在日朝鮮人や沖縄、リブなど差別問題への注目。もう一つが、武装強化で権力に対抗しようという武装闘争論です。武装闘争論はどう思いましたか？

吉川　僕はそもそも、日本で武装闘争なんてあったのかと思いますね。爆弾がいくつか破裂したくらいで、機関銃一丁出てこなかったでしょう。武装闘争論は流行ったけど、みんな口だけで実行できるわけがない。あんなのが流行るようじゃダメだと思いました。

　それに僕は、体質的に非暴力主義者なんです。火炎ビンを投げるとか、鉄パイプで人の頭を殴るのなんて嫌なんです。五〇年代に共産党員だったとき、共産党が武装闘争路線をとっていて、火炎ビンを投げる練習をさせられたけど、本当に嫌でした。

小熊　わかりました。ところで、年長者と若者の協調体制ができていたべ平連でも、大きく二つ内紛がありましたよね。一つは、一九六九年夏に万博に対抗して「ハンパク」（反戦のための万国博覧会）という催しを大阪城公園で開き、そこで小田実さんが集中的に批判を受けたこと。そしてもう一つは、一九七一年春に小田さんの小説『冷え物』（『文藝』一九六九年七月号）が差別小説だという批判を外部から受けて、べ平連事務所の若者たちが年長者への糾弾を始めたこと。これらについてうかがいましょうか。

吉川　ハンパクは南大阪べ平連が言い出して、地域のべ平連がイニシアチブをとることは大歓迎、小田さんも大いにやれと言って、最初は大阪だけの企画だったのが全国懇談会でべ平連全体が全面的に協力することになって、東京のべ平連の連中も大阪に行った。

小熊　ところが、一九六九年という造反気分の時代を反映して、ホットドッグ業者に会場内の営業

小田実『冷え物』河出書房新社、一九七五年

❖**第四インター**　第四インターナショナル。レオ・トロツキーの呼びかけによって一九三八年に結成された国際共産主義組織。日本支部は「日本革命的共産主義者同盟」。

❖**革マル**　革マル派。新左翼セクト「日本革命的共産主義者同盟革命的マルクス主義派」の通称。

を許すか否かといったささいな問題で大論争になったり、最終日のデモのやり方という、これまたささいなことで大議論になって小田さんが集中非難をあびた。

吉川　若者の造反には慣れていましたけど、「声なき声の会」の❖高畠通敏さんと❖小林トミさんが、最終日に造反に加わったのは予想外でした。昔からの身内だと思っていたから。そして鶴見俊輔さんが、べ平連は小田人気で伸びたが、それは❖中村錦之助ファン組織みたいなもので力にならないと発言した。これは小田さんには、かなりショックだったみたいです。小田さんは鶴見さんを、最後までつきあってくれる仲間と思っていたので、ものすごく傷ついた。それで小田さんは、もうべ平連を辞めるからお前も辞めろ、と言ってきた。

小熊　小中陽太郎さんの回想記によると、吉川さんが必死になって止めたそうですが。

吉川　それは必死でした。こんなことで終わらせたくないと思ったから。とにかく鶴見俊輔さんを謝らせようと、小田さんと❖高橋和巳さんと三人で、夜にタクシーで京都まで行き、小田さんと私は鶴見さんの自宅へ行った。

小熊　鶴見さんは素直に謝ったんですか？

吉川　最初は僕が鶴見さんを批判したんです。あれは鶴見さんがよくない、撤回してほしいと。小田さんは憮然として座ってました。鶴見さんもそれを聞いて、あれは撤回すると謝った。それで小田さんも、それなら辞めるのは中止となった。ほんとうにほっとしました。

小熊　小田さんの『「べ平連」・回顧録でない回顧』では、六五年に小田さんに声をかけてきた高畠さんや鶴見さんが小田さんを批判するのを聞いて、これはもうべ平連ではない、「再出発だ」と思ったと書かれている。私は、小田さんはあの頃からべ平連と少し距離を置きはじめたように思うんです。その後は体調不良もあって事務所にもあまり来なくなったし、東京べ平連の解散式にも旅行中で出なかったでしょう。

吉川　そういう見方もあるかという感じですね。彼が解散式に来なかったのは、旅行中に解散を決めたからで、わざと旅行に行ったんじゃない。ただ小田さんの鶴見さんへの不信感は、その後も消

反戦スナック「アウル」（青森県三沢市）。左は鶴見良行。

えなかったと思います。ここ数年でようやく仲が復活したと思う。

小熊　なるほど。そして一九七一年春には、『冷え物』論争が起こる。このときは小田さんの小説『冷え物』が差別小説であるか否かをめぐって、べ平連の事務所に居ついていた若者たちが、年長者にむかって糾弾を始め、何晩も徹夜で議論をくりかえした。小中さんによればべ平連最大の危機で、いわば愛弟子たちから造反をくらったわけですが。

吉川　あれは驚きました。彼らとはいい関係にあって、『冷え物』論争までは、全共闘の学生が教官をつるし上げるようなタイプの糾弾は、ほとんどなかったですからね。

小熊　あの造反は、一九七〇年から武装闘争論と並行して出てきたマイノリティ差別問題がべ平連にも波及したともいえますが、私はもうひとつの側面があったと思います。

　つまり一九七〇年六月に安保が自動延長になったあと、六〇年代末からの左派運動全体が統一目標を失い、リブや差別問題、障害者支援や公害問題など、運動の対象が分散化しはじめた。べ平連もそれと並行して、べ平連内に様々なグループができる。軍需産業である三菱重工に一株株主になって抗議するグループ。三沢の「アウル」とか岩国の「ほびっと」など、米軍基地のそばに反戦喫茶を開くグループ。練馬の米軍基地に反戦放送を流すグループ。それらがそれぞれの活動に専念すると、お互いのコミュニケーションが少なくなる。『冷え物』論争の背景は、それではないかと思うのですが、どうお考えですか。

吉川　それは運動の分散化と言えなくはないですけど、当然だと思っていました。つまりべ平連という枠のなかで、全部を取りしきることができなくなった。それぞれの課題ごとに大変な仕事があり、独自の事務局が日常的に追っていかないと運動できない。それぞれにその活動専門の若者が集まって、それぞれ勝手にやっていく。それ全体をべ平連が覆うようになれば、それは非常にいいことだし、そうならざるを得ない。当時の全国懇談会でも、各地のべ平連はそれぞれ独自に関わるべき問題を見出してやっていくのが必要だ、そのう

反戦コーヒーハウス「ほびっと」(山口県岩国市)店内。

❖**高畠通敏**　一九三三〜二〇〇四。政治学者。『政治の倫理と市民』など。
❖**小林トミ**　一九三一〜二〇〇三。画家・市民運動家。『「声なき声」をきけ』など。
❖**中村(萬屋)錦之介**　一九三二〜九七。俳優。
❖**高橋和巳**　一九三一〜七一。小説家。『わが解体』など。

えでお互いに交流しあいましょう、という議論がなされましたけどね。

小熊　しかし、たとえば三菱一株運動の人と、反戦喫茶の人の間では、だんだん会話がかみ合わなくなる。『冷え物』論争で小田実さんが事務所に出てきたとき、当時のベ平連事務所を切りまわしていた若者で、三菱一株運動の中心でもあった人が、定例デモ以外の場で小田さんと会うのはこれでたった二回目だと言って、年長者たちが驚き、われわれはそんなに会う機会が減っていたのかと思ったと小中陽太郎さんは書いています。

つまり『冷え物』論争というのは、みんな分散化してコミュニケーションが減った状態に若者が耐えきれなくなって、造反・糾弾という形で年長者に求愛行動をやったのだと私は思っています。何でもいいから、何晩も徹夜で議論をやりたかったのじゃないか。古き良きベ平連というか、みんなで事務所にワイワイ集まって共通の目標のために活動していた状態ではなくなっていたわけですからね。これは、その後の市民運動が各個のシングル・イッシューに取り組むようになって、互いの交流が難しくなった問題ともつながると思うのですが、そういう現象が起きていることはお感じになっていましたか？

吉川　それは自覚してなかったですね。それぞれのグループが独自のテーマに取り組んでいるとき、そのすべてに僕や小田さんが顔を出すなんてことは不可能です。あの『冷え物』騒動が、一種の求愛行動だったというなら、それはそういえるだろうと思いますよ。だけど、だとすればなんとまあ、若者たちはだらしないんだと思わないでもない。

小熊　鶴見良行さんはあの論争で、そうした若者の心情がわかったとき、「そうやってぼくたちは淋しかったというだけなのか。何て情けない」と言ったそうですが。

吉川　そういうことならどこかでコミュニケーションを修復する必要があったかもしれませんが、『冷え物』で小田を糾弾するという形をとらなくてもいいはずですよね。

小熊　二〇歳前後の若者に、高度な手法を思いつくのは難しかったんでしょう。

◉ベ平連の解散と「個人原理」

小熊　さてインタビューも最終段階ですが、一九七〇年ごろからベ平連もデモの動員数は減っていきますよね。どう感じておられました？

吉川　その時期になると、パリ和平会談は進展していくし、ベトナム戦争が終了に近いのは見えていたわけですから、ベトナム反戦のデモの参加者が減っていくのは当たり前でしょう。増えるわけがない。むしろ良かったねという感じでした。

小熊　吉川さんは、本当に組織の維持とか拡大にこだわらない人ですね。では、六月行動委員会を軸とした共闘が難しくなっていったことについてはどうですか。

吉川　困ったと思ったけれど、しょうがないなと。内ゲバ党派が、大衆運動を破壊したことと、世論の支持を激減させたことの責任は、ものすごく大きかったと思います。

小熊　連合赤軍事件についてはどう思われました？

吉川　あれも世論の支持を激減させた責任は大きいけれど、あの事件直後の講演では、彼らを精神異常者だとかいって自分と切り離すな、われわれも同様の事態に落ち込む危険はあるという自覚がいると述べました（「連合赤軍事件と市民運動」）。ベ平連のなかでも内ゲバや糾弾闘争が起こる危険性への警戒心はずっとありましたから。

小熊　なぜそう思ったんですか。連合赤軍とベ平連なんて対極にあると思いますけど。

吉川　ベ平連でも『冷え物』論争で糾弾された経験があったからですよ。お前は間違っている、自己批判しろ、と集中的に責められる経験をね。

小熊　なるほど。そして東京ベ平連はパリ和平協定が結ばれたあと、一九七四（昭和四九）年一月に解散しますよね。もちろん、ベ平連はベトナム反戦のための運動なんだから、ベトナム戦争が終わったら解散すると以前から宣言はしていた。しかし私から見ると、先ほど述べた運動の分散化で、ベ平連という枠がもう持たなくなっていたとも思うのですが。

吉川　それはベ平連を組織として持たせたいという発想なら、そう言えるかもしれない。でも運動は目的があってのものだから、ベトナム戦争が終

一九七四年一月二六日。ベ平連解散集会「危機の中での出直し」。神田共立講堂にて開催。

わりほかの課題がいろいろ出てきたら、ベ平連を解散してそれぞれの人がそれぞれの場へ散っていくのは当然でしょう。当時も解散はもったいないという意見があったけど、ベトナム戦争が終わったら解散するのは当然で、組織として持つとか持たないとかいう意識はなかったです。そもそも解散式のタイトルが「危機の中の出直し」で、これから新しく出直すんだ、これからもやるぞという雰囲気で、実際にその後も経団連へのデモとか運動は続いたわけですから。

小熊　わかりました。それでは最後に、戦後日本の社会運動史においてベ平連はどのような存在だと考えますか？

吉川　大きすぎる質問だな（笑）。ベ平連は日本初の市民運動だったわけじゃない。「声なき声の会」とかが一九六〇（昭和三五）年からあるわけですから。でも、最初の大規模な市民運動として成功したと思います。

それから原水爆禁止運動とかそれまでの大衆運動は、国民運動と言っていたけど、ベ平連は市民運動と自称した。これは日米市民会議とか、日米同時デモとか、脱走兵援助とか、国境とか国という概念を越える運動をベ平連は切り拓いたということだと思います。それまでの米軍基地反対運動は「ヤンキー・ゴー・ホーム」と言っていたけれど、われわれは「GI・ジョイン・アス」という言い方をした。国家という枠を捨てて、民衆同士の連携を探ったのは、前例のない運動だったと思います。

小熊　しかしあえていうと、それは高度成長によって「労働者」でも「農民」でもない「市民」が大規模に誕生していたからできたことだ、また国際化の進展によって国境を超える活動が可能になったからやれたんだ、要するに時代の産物だとも言えませんか。

吉川　可能な時期に可能なことをやるのは、悪いことでも何でもない。それが可能になっているのに、既存の運動が発想の転換ができていないなかで、ベ平連は時代の要請によく応えたと思いますよ。

小熊　それは私も高く評価します。しかし同じことを五〇年代にできたと思いますか。

吉川　同じことはできなかったかもしれない。しかしベ平連のもうひとつ評価できる点として、加害の問題をいちはやく提起した。たとえば一九五四（昭和二九）年にビキニ環礁の水爆実験があったとき、原水爆禁止運動が盛りあがったけれど、スローガンは「世界で唯一の被爆国日本」という被害者意識のものでしたよね。だけど少し想像力があれば、五〇年代の物質的条件下でも、ビキニの島々の住民が被爆していることは想定できたはずで、そうしたらずいぶん原水禁運動は違った様相を呈したと思います。ベ平連はその限界を超えた。

小熊　それが国境を超えた活動ができたという評価と重なるわけですか。

吉川　そう。一言でまとめると、国家というものを相対化して、個人の自立と自覚によって組みたてる運動が、初めて大衆運動として成立しえたのがベ平連だと思います。

べ平連が開拓したもののひとつである、市民的不服従とか非暴力直接行動も、自己の良心なり自覚のほうが、国家の法律より優先するという発想です。『四時間で消された村』❖という、ベトナム戦争のソンミ村虐殺事件を取りあげたイギリスの記録番組があって、そこで虐殺に加わった兵士に次々インタビューをするんですけど、そのなかで一人だけある黒人兵が、命令を拒否したと答えていた。理由を聞くと、そんなことは難しい反戦思想とかの問題じゃない、教会に行ってりゃわかることじゃないかというんですよ。

これは今の日本でも同じです。たとえばあなたの子供なり孫の入学式のときに、君が代を歌えと言われたとき、あなた自身はどうするんだということとかね。

小熊　つまりベ平連の言葉で言えば「個人原理」ですか？

吉川　そうです。上からの命令に従うんじゃなくて、個人の自覚によって行動し、人を批判するよりまず自分がどうするかを考える。それが最終的には国境をも超える行動、市民的不服従の行動にもなりうるんです。

べ平連があるていど成功した理由も、いちばんの理由は個人原理だったと思いますね。それまで

❖『**四時間で消された村**』　イギリス・ヨークシャー・テレビ、一九八九年制作。NHKでも一九九〇年に「ワールドTVスペシャル」として放映された。

は、個人が自分の思うように参加できる運動はなかったわけですよ。たとえば労働者も、労働組合という場から離れて自分個人の意見を政治的に表明する場はなかった。べ平連はその受け皿を作ったわけで、そのこと抜きにはああいう成功はなかった。この個人原理の意義は、現在の社会運動でも、まだ十分に汲み取れ切れていないと思います。

インタビュー

未来を摑んだ女たち

田中美津

聞き手
第一部 北原みのり
第二部 上野千鶴子

【第一部—聞き手 北原みのり】

◉生い立ち

北原 どんな子どもだったんですか。

田中 早産じゃないのに仮死状態で生まれて、病院で生まれたから助かったんですって。そのせいか、小さいころから体がずーっと弱くて、百日咳とかでよく学校休んだ。ちっちゃくて、体が弱くって。文京区本郷の、八百屋お七で有名な吉祥寺の前の小さな魚屋の三女として生まれたんだけど、信じられる？ 私の生まれたウチって本棚がなかったのよ。たまにページのめくれた『主婦の友』なんかが置いてあったりするくらいで、本らしい本なんて一冊もなかった。父も母も新聞だけは毎日読んでたけど。

五人兄弟の四番目。でも私が小学校あがるころに一番上の姉が死んでますから、それ以降は四人兄弟になった。本のない家で育って、兄弟の中で私だけが本好きになったんだから、おもしろいよね。小さいときは小川未明❖とかアンデルセン❖なんかを読んでて、そのうちに貸し本屋から借りて『人形佐七捕物帖』とか『眠狂四郎』とか手あたりしだい。江戸川乱歩❖や横溝正史❖もよく読んだな。よその子が幼稚園に行くと私も、バレー習ってる、じゃ私もって感じの、どこにでもいるようなつまらない女の子だった。徒競走はビリのほうだし、学芸会では後ろのほうでタンバリンを叩いてた。

北原 「子どものときに、この星は自分の星じゃない」って思ったと書かれてますね。

田中 それはやっぱり、小学校あがる前に体験し

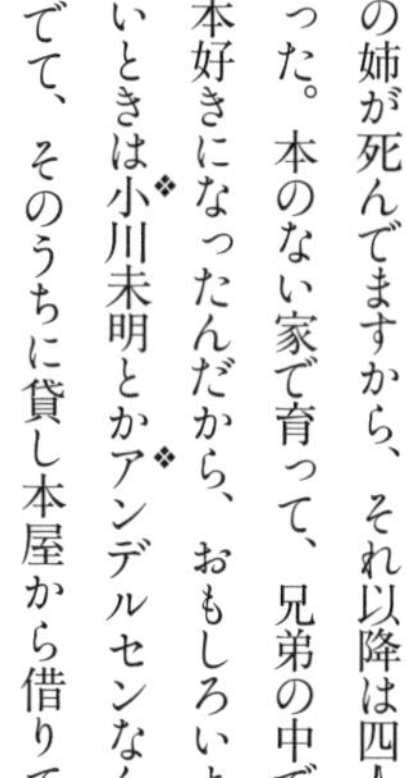

子ども時代の写真。三歳ごろ。

❖**小川未明** 一八八二～一九六一。小説家・童話作家。『赤い蠟燭と人魚』など。
❖**ハンス・アンデルセン** 一八〇五～七五。デンマークの作家・童話作家。『即興詩人』など。
❖**江戸川乱歩** 一八九四～一九六五。推理作家。『陰獣』など。
❖**横溝正史** 一九〇二～八一。推理作家。『悪魔の手毬唄』など。

たチャイルド・セクシャル・アビューズのせいよ。ウチで働いていた体の大きなお兄さんがちやほやしてくれるんで喜んでいたらキスされて……、男のモノを触らされて……。五歳くらいだったけど、そんな小さくてもちやほやされるとなんだかドキドキして、「ああ、おもしろかった」って思って。そういうことってやってはいけないことだなんて、まったく知らなくて……

それから間もなく、忙しい母が珍しく膝に抱き上げ髪の毛をとかしてくれて、それが嬉しくて嬉しくて、何か喜んでくれるようなことを言おうと思ったのね。で、その耳にコチョコチョと。そしたら母がヒエーとなって、ちゃぶ台に載ってるものが一度にガラガラッとひっくりかえるような事態に。男を呼んでがんがんに怒って、それでも気持ちがおさまらなくって男の父親も呼んで、またがんがんに怒ってね。

たなか・みつ　1943年東京都生まれ。鍼灸師。70年代初頭に巻き起こったウーマン・リブ運動の中心的存在。75年に国際婦人年世界会議を機にメキシコに渡り、4年半暮らす。帰国後、東京鍼灸専門学校を卒業し、82年、治療院「れらはるせ」開設。著書に『かけがえのない、大したことのない私』『新・自分で治す「冷え症」』『いのちの女たちへ——とり乱しウーマン・リブ論』などがある。

児童虐待に詳しい❖森田ゆりさんが言うには、たいていの親はあんた夢でも見たんじゃないのとか言って、うやむやにしようとするって。そういう意味ではまともに行動したのよね、ウチの母は。でもね、「あぁ、お母さんがあんなに怒るような悪いことが楽しかったなんて、自分はなんて悪い子なんだろう」、そう心底思ってしまって……

子ども時代はその時で終わりよ。五歳で終わり。「なんで私の頭にだけ石が落ちてきたんだろう」って、「あんなことが楽しかったなんて私はすごく悪い子なんだ」って、そういう内なる声に追いつめられて……そんなダメな自分を責めつづけて……。思い出すと今でも、かわいそうだったねぇって、昔の自分を抱きしめたくなる。ほんと、暗い子ども時代だったから。

北原　小学校、中学校と……

田中　ずうーっとそう。大きくなるにしたがって、コトの意味合いがはっきりしてくるじゃない。だからいっそう苦しむようになって……。河合隼雄❖さんは「人はみな自分が作った物語を生きてる」って言ってるけど、私の場合、「ほかの女の子たちはまだまっさらで正札さえつけていないのに、私だけディスカウント台に並んでる」っていう、そんな物語を自分に作ってしまったのね。そんなの自分の創作なのに、唯一無二のわが真実と思い込み、なんと二〇年以上それに呪縛されつづけてしまって……

◉リブ以前

北原　その後、初めてそのことを口に出したり書いたりしたのは、リブになってから？

田中　そう。でもその勇気が出るまでいろいろ紆余曲折があって……。山崎❖くんが羽田闘争で死んだときに、残した日記の中に、「僕たちの生は罪の浄化のために意味を持つ」っていう一言があったのね。週刊誌で偶然その言葉を知って、その瞬間体の中を電気がビビッと走った。あー、罪を背負って生きてる人がここにもいたんだ、私ひとりじゃなかったんだって、心がわしづかみにされるって、ああいうときのことを言うんだと思う。

　そのころ親は魚屋をやめて仕出し料理店していて、一方私は高校卒業後コピーライターの養成所に行って宣伝会社に就職。でもすぐに上役と不倫して九ヶ月で勤めを辞め、仕方ないから家業の料理屋を手伝ってた。

　山崎君のように私も浄化されたい。でも、学園闘争とは無縁だし、反戦運動なんて怖くてできない。雑巾がけなどしながらボーッとそう悩んでるうちに、そうだ、救援運動ならできるかもって。朝日新聞の告知版に、「ベトナム戦災孤児を助ける会を作りませんか」って呼びかけたら、ぶあーっと人が集まってきてね、それまで運動なんてし

❖**森田ゆり**　一九五〇〜。エンパワメント・センター主宰。『あなたが守るあなたの心、あなたのからだ』など。

❖**河合隼雄**　一九二八〜二〇〇七。臨床心理学者・心理療法家。『昔話と日本人の心』など。

❖**山崎博昭**　一九四八〜六七。学生運動家。一九六七年、羽田デモに参加、警官隊との衝突で死亡。

北原みのり

たことなかったから、どうやって進めていったらいいのか、まったくの手探り。愛の募金と称して、町内の花市場から格安で菊やカーネーションを買って、募金してくれる人にそれを一本づつ手渡したり、手作りの人形を全国から集めてベトナムの子どもたちに贈ったりと、もう日夜ベトナム、ベトナムの日々。「なんで僕のお母さんだけ死んじゃったの」「どうして私だけ足がないの」っていう子どもたちの嘆き悲しみ。それが私にはすべてだった。だって泣いてるベトナムの子どもって、私自身だったから……。「なんで私の頭にだけ石が落ちてきたのか」という切ない思いは、ベトナムの子どもの悲しみと地続きに思えた。

　思えば大事なことって、みんなたまたまなんだよね。どういう家に生まれるか、どういう親、容貌、頭脳を持って生まれるのかって、自分じゃ選べないこと。ベトナムに生まれたのもたまたま。でもベトナムの子どもたちだって、アメリカが侵略しなければかわいそうな子にならずにすんだ。たまたまは変えられない、しかしそのことで差別してくる社会やアメリカの侵略は変えることができる。そんなことに、やがて気がつく。そうか、私は呪われた「穢《けが》れた女」なんかじゃない、たまたま女に生まれ、たまたまセクシュアル・アビューズにあっただけなのに、それで差別してくる社会のほうが間違っているんだってやっと気がついて……

北原　美津さんの「たまたま」に、私もずいぶんと救われました。

田中　たまたまそこに生まれ、たまたま出会った事柄によって背中の荷の重さが違ってしまうという事実と、人はどう折り合いをつけて生きていったらいいのか、私にとってそれは生涯かけてのテーマなの。それは結局神様仏様との関係になるのかもしれないけど。

北原 すでに女性解放運動は存在していたし、女性の自立、という言葉が輝いていた時代だと思いますが、美津さんはそういう女性の運動にはまったく影響を受けなかったんですか？

田中 ええ、まったく！ 自慢するわけじゃないけど、私、いまだにボーヴォワール❖読んでない（笑）。

北原 ほんとですか？（笑）

田中 そうでなくとも私、本で勉強して先に頭でわかってしまうってことに対して、ものすごく用心深いの。

北原 なぜでしょう。

田中 生まれた家が本とは無縁で、「勉強ができないだけがバカじゃない」って母はよく言ってたし。何かに痛みを感じたらそのことに一心にこだわって、そのこだわりを通じて「あ、そうか！」ってわかったことを大事に生きていく。摑み取ったことが大したことじゃなくても、いいの。本を読んでわかったことと、私が手に入れたい「あ、そうか」ってわかり方が違うんだから。

北原 本に影響されたとか、だれかの発言に影響されたってことは思春期を通じてなかったんですね。

田中 山崎くんのこととか、たまにはあるのよ。だけどそれは本をいろいろ読んで出会うっていうより、あるときなにか読んでてふと天啓のようにピカーッって出会う。

北原 天の声……

田中 そう、降りてくる。

北原 大人になってこういう女になりたい、というようなことも、頭で考えるってことはなかったんですか？

田中 うん、「日本は戦争に負けて本当によかった。負けなければ、今でも女がひどい目にあってる」って母がしょっちゅう言ってたから、どういう女として生きてったらいいのかはわからないけど、世間がよしと思う生き方をしないでいいんだ

❖**シモーヌ・ド・ボーヴォワール**
一九〇八〜八六。フランスの作家・哲学者。『第二の性』など。

とは思ってた。

母はあんまり女らしいことは得意じゃなくて、でも彼女の才覚で料理屋を始めてからはすごく生き生きしちゃって……。私なんかよりはずっとキャリアウーマンで、八〇歳まで現役のおかみさんやっていた。「結婚なんてしなけりゃしないでもいい」ってよく言ってた。でも、かといって「自立した女になれ」っていうわけでもなかった。主義主張があって言ってたわけじゃないからね。

「世間なんてよけりゃよいで悪口を言い、悪けりゃ悪いで悪口を言うもんだ」っていうこともよく言ってて、それってどう生きようと世間は悪口を言うんだから、世間なんか気にしないで生きたいように生きたらいいさってことじゃない？　とにかく二七歳まで親元で暮してたんだけど、一度も「お嫁に行け」とか言われなかった。

北原　家族に対するトラウマがないというのが、珍しい。美津さん自身は将来の不安とかってなかったんですか？　仕事はどうするとか、結婚はどうだとか。

田中　将来というより、もう毎日が不安だった。自分はすでにディスカウント台の人間なんだと思いつつ、そんなバカな！　っていう。この私が惨めだったら、こんな地球なんかぶち壊れてもいいという暗ーい気持ち、もう追い詰められたアルカイダみたいな気持ちだった（笑）。

だから、将来こうなりたいなんてことは全然なくって、この状態からどうしたら抜け出せるのか、そればっかり考えていた。恋をすればこういう状態からのがれられるかなって思ったり。

でも、男に好かれるためには、やっぱり自分以外の者にならなければダメなのよね。恥ずかしそうに俯《うつむ》いてあまりしゃべらないようにするとか。でも、そうやって手に入ったものが……

北原　ない？

田中　ないっていうか、すごくつまらなかったの ね。こんなつまらなさの先に自分の未来があると思いたくなかった。

北原　大学に行こうとは思われなかったんですか？

田中　ええ。大学に行っても、私が欲してるものは手に入らないような気がして。

北原　今も当時も、女性の運動している人のほとんどは大卒です。女が四年制大学に行くのが少数だった世代でも、大卒。学生運動からリブの運動が生まれていったと思っていたので、正直、美津さんが大学に行っていないと知り驚いたことがあります。どのように、当時の全共闘やベトナム反戦運動に関わっていったんですか？

田中　ベトナムの子どもたちの救援運動をやるでしょ。やっていくうちに段々と、どうやらアメリカが侵略をやめないかぎり泣いてる子どもたちは減らないんだということがわかってきて、じゃあ仕方ない、反戦もやらなくちゃって……（笑）、「反戦あかんべ」っていう市民グループを作るんですよ。

北原　仕方ない（笑）ですか！

田中　そのうちに、一九六九（昭和四四）年ですか、安田講堂が落ちて……。私、本郷通りの生まれで、安田講堂はご近所だったから、東大闘争に関心があってね。

　もう、最首悟❖さんなんかの「自己否定の論理」に感動しちゃって。東大生は、東大生であるがゆえに世の中を抑圧する側に回っているじゃないか！　みたいな。かっこいいなぁと、ほんと思った。でも、我が身に置き換えたら、否定することなんか何にもない自分がいて……。ずーっとダメな私、惨めな私を生きてきたのに、さらに何を否定すりゃいいんだよっ！　って（笑）。

　その少し後くらいに、難しい本を読まない私が珍しくライヒ❖の『性と文化の革命』という本を読んで、もう目からウロコ。「人間の意識の核心は性である」、性に対して否定的な考え方を持っていると、権威をありがたがって、自分の欲望を恐れる、のびやかさのない人間になる。管理されやすい人たちばっかりの世の中ができてしまうんだよって、そう教えてくれたのね。

　そうか！　女に対する世の中の見方、バージンは上等、男と関係した女はもうダメみたいな、そういう世の中の価値観は性を汚れた恥ずかしいものととらえる人たちによって支えられているんだ。一夫一妻制度は性をけがらわしいものに考える性否定文化とつながっていて、そういった性否定文化のせいで私は自分のことを汚れた人間だと思っ

❖**最首悟**　一九三六〜。社会運動家・環境哲学者。『水俣五〇年』など。

❖**ヴィルヘルム・ライヒ**　一八九七〜一九五七。オーストリアの精神分析学者。『性と文化の革命』など。

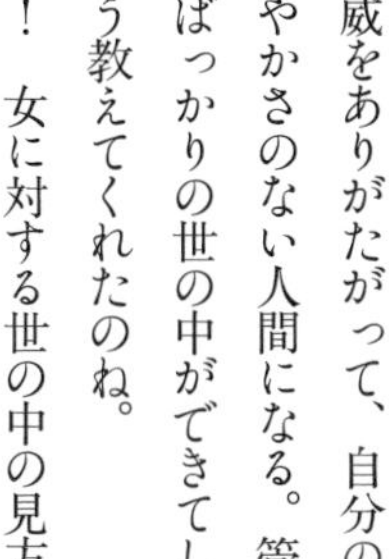

ヴィルヘルム・ライヒ『性と文化の革命』中尾ハジメ訳、勁草書房、一九六九年

てしまったんだってことに、やっと気がついた。

◉「便所からの解放」

田中　ライヒで少し光が差し込んできて、それが「便所からの解放」につながっていくわけです。結局男の意識の中で、女を母と便所に分ける、つまり性的に惹かれる女と自分の妻にしたい女とに分けて、そういう形で女を分離抑圧することでこの社会は秩序を保ってきたのだと気づく。そこから私のリブが始まった。

北原　「便所からの解放」はどういう状況で書かれたんですか？

田中　運動の最初のころに、集会で女性解放のビラをまいたら、女の人たちが、ビラをください、くださいって、すごい勢いで集まってきた。そのときなにか、鉱脈を当てたみたいな感じ？（笑）がしたの。やっぱりこの道だ、男たちと肩ならべつつ、でもなんかモヤモヤしてたのは私だけじゃなかったんだっ！　みたいな。

　それで勢いを得て一晩で書き上げたのが「便所からの解放」。もうライヒだけを頼りに胸のつかえを一挙に吐き出すように書き上げたの。

北原　みんながビラを「くれくれ！」って手ごたえを感じて……。運動用語は身についていたんですよね？

田中　当時は新左翼の運動の中で身につけた硬い言葉を使うことが結構快で。自分の中を通過してない言葉なのにね。最初は書き言葉でビラを書いてて、リブの運動やっていく中で、だんだん話し言葉で書くようになった。

北原　主語がだんだん「私」ってふうに変わってきたり、「おまんこ」「おまんこ」と連発してくるようになったり。言葉がどんどん変わっていく過程が『リブニュース』●1でわかります。

田中　ちょっとちょっと、「おまんこ」って連発したのは私じゃない。私は江戸っ子、自分でいうのもナンだけどシャイだから、ムキ出しの言葉はときたま使っただけ。でもまあ男や世間の目を気にして生きていくのは金輪際《こんりんざい》嫌だという思いが、過激なことばとなって溢れ出た時代ではあった。

北原　主語が「私」になっていく過程で、美津さんの中でどんな出会いがあったんでしょうか。

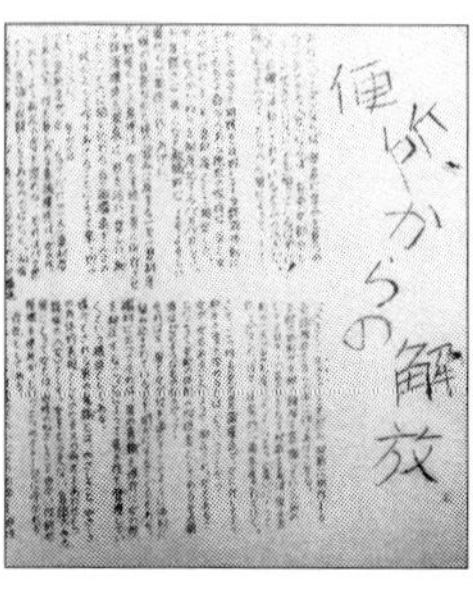

「便所からの解放」一九七〇年

●1――リブニュース「この道ひとすじ」。一九七二年一〇月一日に創刊(五〇〇〇部発行)。以後全部で一八回発行された(忙しくて出せない時は、ミニ版や号外で補った)。

「この道ひとすじ」という名前は、「私たちがやらずに誰がやる！」と日々全力疾走の自分たちに苦笑して付けた、いわばジョーク。

リブ新宿センターの運営資金(約一ヶ月四〇万円)の大部分は、これを集会などで販売、また一ヶ月五〇〇円で定期購読してくれる人に郵送して得ていた。

創刊号は八ページ。その後は最大二四ページの時も。「産める社会を！　産みたい社会を！」「子殺しするには訳がある」「要注意！　産婦人科医のブラックリスト」「男ブタからの解放(マンリブのすすめ)」「私のおしゃれ」「離婚の母の家を作ろう」など盛りだくさんの内容。印刷以外のタイプ、割り付け、イラス

田中　未来は私たちのものだっていう確信をほかの女たちと分かちあえたということが大きかった。

北原　嬉しいですよね。

田中　ライヒ読んだだけなのに、もう自信満々に（笑）。新左翼の運動の中で、変だ変だっていう違和感を、溜め込んでいたのね。

北原　みんながほんとに溜め込んでたんですよね。

田中　その変だ、変だ、をひとつひとつ開いていく作業だったから。もう、思いや言葉がブワーッと一気に溢れたっていうか……

◉リブ新宿センター

北原　『リブニュース』は何人くらいの読者がいたんですか。

田中　わからないけど、模索舎では当時一番売れてたミニコミだった。これを売って一ヶ月分の活動資金の大部分を捻出してました。

北原　米津知子さん●2のところで、『リブニュース』のナマ原稿に触りましたが、当時の情景がウワァっと紙面から伝わってきました。集まってきた女の人たちと話したときに、どんな気持ちになりました？

田中　思い出に残ることですごかったなーと思うのは、やっぱり第一回のリブ合宿●3ね。長野県飯田のタンボの中の結構大きな民宿でやったんだけど、押し入れや廊下までもう、ズラーッと寝ても入りきれないぐらいで、三〇〇人ちょっと集まった。えんえんと自己紹介をやったんだけど、もう、みんなしゃべることしゃべること、止まらない。

北原　すごいですね。止めなかったんですね。集まってきた人の中に、美津さんがリブの中心だっていうふうに思って、会いたいって人もいっぱいいたと思うし、言い出しっぺの美津さんに何か期待する女は多かったのではないですか？

田中　でも、そういう期待は、最初からできるかぎりはぐらかそうって思っていた。合宿は、来た女ひとりひとりが中心になって、あちこちでリブの運動を始めてもらうっていうことを目指してたからね。それに、私の地を出せば大丈夫だという自信はすごくあったし。私ってほんとにスットコドッコイだから。

北原　結果として、全然反対になったわけですよ

トなどはすべて自前で。
　二〇〇八年インパクト出版会によってこのニュース、及び現存するリブ運動のビラ・資料が復刻されている（リブ新宿センター資料保存会編『リブ新宿センター資料集成1 リブニュース この道ひとすじ』『リブ新宿センター資料集成2 パンフレット編／ビラ編』）。（田中、以下同）

●2――一九四八年～。幼くしてポリオを病む。多摩美術大学在学中に思想集団「エス・イー・エックス」を結成。初期の頃からリブ運動に参加。リブ新宿センター運営メンバー。そして一九七四年のモナリザスプレー事件の当事者。
　（モナリザスプレー事件：国立博物館にて開催されたモナリザ展に一日だけ料金無料の障害者デーが設けられた。混雑防止のために障害者はできるだけこの日に来るようにという特別扱い。しかし混雑が大変と言うなら、子連れ、老人、虚弱な人の特別デーもなくてはおかしい。障害者に対するこの親切めかした差別に抗議して、単身彼女は展示されてる絵画のガラス面に赤いスプレーを吹きかけた。むろんガラスがはまっていることを知っての行動だった）

●3――第一回リブ合宿は、「ぐるーぷ闘うおんな」「エス・イー・エックス」などのリブ合宿実行委員会の呼びかけによって、一九七一年八月二一日～二四日に長野信濃平のス↙

ね。そういう地を出せば出すほど、今までない女像だったわけで、リブの中心である田中美津像がどんどん大きくなっていくわけじゃないですか。

田中　人は立派なものとか完璧なものに対して、憧れることはできても愛することは難しいんじゃない？「愛される」という中には「見くびられる」という要素が必ず入ってるものだから、そういうところが自分の強みだとは思っていた。

北原　そういった意味では、美津さんは愛されたんですか？

田中　さあね。ただ、見くびられることに自信があっただけよ。見くびられることを力にできなかったら、いつも毅然とした女のフリをしてなきゃならないし。運動の中では愛される必要は常にあるのね。「人間的でいいやつだなぁ」と思われないと、カンパも集まらないし、集会開いても人が来ないもの。

北原　そうですよね（笑）。ある意味スターですよね。

田中　でも、それは、指導者っていう感じじゃなくて……。私はリーダーシップはあったと思うのね。でも、そういう意味では武田美由紀さん[4]にも米津知子さんにも、方針を示し人をまとめていくリーダーシップはあったと思う。

　運動はとにかく忙しい。中でも私たちはリブの最前線にいて、自立した女を目指しているのだから、金は稼がなきゃならないし、裁判傍聴だ、厚生省へ抗議だと、三六五日やることだらけで。大晦日は大晦日で狭いリブ新宿センター[5]に希望者を募って「一緒に大晦日を過ごす会」なんてやって、元日には朝からビラまき。もうある種の強迫観念、私たちがやらなかったら、誰がやる！　みたいなそんな日々だった。

　当時新左翼だって、「女性解放！」って聞いただけでどっと笑うような意識しかなくてね。今まで「ない」って思われてた差別を、「ある」ってわからせるって、火のないところに煙を立たせるようなことなのよ。運動しながらだから、定職は持てない。美術学校のヌードモデルや、ウエイトレスとかのかつかつな稼ぎで、みんななんとかやっていくわけです。

　性の解放なんていいながら、自分たちは男を見

↙キー宿「ヒュッテ鈴荘」で行われ、全国から一〇代から四〇代までの、子連れを含む約三〇〇人の女が集まった。合宿は「六〇パーセントは用意するが、四〇パーセントは参加者がつくる」ことが予告され、主体性が求められた。後々まで語り草となった、初日の二〇時間かけた自己紹介ティーチイン、自主講座も「家出のススメ」「離婚のススメ」など多数行われた。この合宿がきっかけになって、各地に連絡会、グループ、ミニコミ誌などが誕生した。第二回は一九七二年八月に北海道積丹半島、第三回は一九七三年八月に伊豆式根島で行われた。

●4——一九四八年～。「グループ闘うおんな」の生え抜きメンバーのひとり。一九七二年新しい親子関係を手探りしようと世田谷区祖師谷に、女と子どもの共同体「東京こむうぬ」〈子産み＋コミューン〉が作られる。後に保父も参加したその試みの中心メンバーとして活躍。そのかたわら、母乳のPCB汚染、国鉄やデパート、モナリザ展のベビーカー締め出し等にも抗議、デパートのベビーカー復活を勝ち取る。七五年田中とともにメキシコに渡り、七七年に帰国。沖縄でAサインバーに勤めつつ、元夫原一男監督のドキュメンタリー映画『極私的エロス・恋歌1970』に出演、助産婦の手を借りず、自力出産したことでも知られる。

つけてるひまもなかった。とにかく大変だった。

リブの呼びかけで集まって、「あぁ、あなたもそうだったの……」という共感を通じて人肌の温かさに満たされる。そして、ずーっと女同士優しくしあっていけると思ってメンバーに加わった人たちも多かったと思うんですよね。

北原　そういう人たちに対しては物足りなさを感じたんですね。

田中　いや、そういう人たちにとっては、正月二日からビラまきをやるような過酷な運動っていうのは、負担が大きかったんじゃないか、と思うのね。

でも当時の私は、自分の心にあいた穴しか見えなくて。どうしてもその穴を埋めたかった。私は無価値じゃない！　ダメな女じゃない！　汚れた、ディスカウント台に並んでる女じゃない！　それを証明したいという底なしの沼のような心で生きていたから、身を粉にしてがんばるってことがすごい喜びだったのね。それってまったくのエゴよね。そもそも自分のエゴを満たすことを一番に考える人間はグループなんて作ってはだめなのよ。

それなのに……。

みんなの疲れに気づいていても、行け行けドンドンのリーダーシップしか私は取れなかった。

北原　女どうしの平場《ひらば》な環境を作ろうっていうのは、男の運動に関わってきた人たちが、そうではない場所を作りたいという理想だったんですよね。

田中　そうそう。

北原　意識の中では平場の関係だけども、実際一番表に出たり、働くのが美津さんだとしたら、現実と理想がかけはなれていきますよね。

田中　私が何か提案すると、みんなそれでいいわ、っていうふうになっちゃって。いつもそうだとすごく困惑してくる。自分ひとりで責任負わなきゃいけないわけだから。それに孤独だし……。

北原　でも、はじめはそうじゃなかったんですよね。女との関係に初めて手ごたえを感じていたわけですよね。女どうしの関係に、どんな理想を持っていたんですか？

田中　特に理想があったわけじゃない。グループを民主的に運営するってことは当たり前のことだと思っていて、それが難しいことだなんて思って

●5――一九七二年九月、ウーマンリブ運動の一拠点として東京代々木の2LDKマンション内(一〇畳のダイニングキッチン、八畳の和室、六畳の洋室)に作られた。「ぐるーぷ闘うおんな」、思想集団「エス・イー・エックス」、「闘う女性同盟」、「緋文字」、「東京こむうぬ」の五グループ(総勢二〇人ほど)によって運営されていた。

毎週のティーチイン(話し手として市川房江、寺山修二にも来てもらった)、避妊相談、故中島通子弁護士による法律相談、夫の暴力から逃げたい女のためのシェルター作り、講座「男の殴り方」(戸井十月指導で少林寺拳法を習う)の開催。またメディアの女性差別的表現・売買春であるキーセン観光・優生保護法改悪・刑法「堕胎罪」等への抗議など、多彩な活動を約五年間やり続けて、七七年七月に閉所。

一九七一年八月。第一回リブ合宿。長野県信濃平にて。右が田中美津。撮影・福島菊次郎。

もみなかった。

北原　思ってもみなかった？

田中　うん。みんながそれを望めばなんの問題もなくできることなんだって思ってたから。でも民主主義的関係って、相手が誰であれ、私はこう思う、こうやりたいと言える人たちがいての関係なのよね。

【第二部—聞き手　上野千鶴子】

◉新左翼とリブの分岐

上野　今回私は、リブの運動と歴史をきちんと話してもらいたいと思ってきました。一番気になっているのは、新左翼とリブの分岐は何だったんだろうかということ。

田中　分れ道？

上野　そう。『いのちの女たちへ』には、「十月《とつき》十日《とおか》月満ちて、リブという鬼子が生まれた」と書いてありますね。十月十日新左翼の胎内に孕《はら》まれてたリブって何だったんでしょう。美津さんの始めたベトナムの子どもたちの救援活動では、べ平連と行動を共にしたり、べ平連を名乗ったりしました？

田中　救援活動は自分たちだけでやってたの。それがやがて反戦のグループに変身してからは、べ平連や全共闘の呼びかける集会やデモに参加、べ平連とはいつもつかず離れずの関係だった。

上野　べ平連は、誰でも、自由に名乗ってよかったわけですよね？

田中　うん、でもべ平連って、スマート過ぎるっていうか……。自分のぐるりのことから世界とつながっていくという点では一緒だと思ったけど、泣いてるベトナムの子どもは私なんだという発想から救援活動を立ち上げ、やがて反戦にたどり着いた私とは、持っている言葉が違ってた。べ平連の人ってみんなすーっと当たり前のように「市民」とか「民主主義」とか言ってたでしょ。

上野　そういうのに違和感があった？

田中　そういう言葉と自分がしっくりつながらなくて。「市民」ってものに、女の私は入っていない感じがした。

上野　あの当時は国労の青年部とかが反戦運動を

一九七三年八月。第三回リブ合宿。伊豆式根島にて。左から二番目が田中美津。撮影・松本路子。

やっていて、自分たちのやっていることがそのまま加害につながるから、日本の基地から北爆の飛行機飛ばすなっていう主張をしてましたよね。

田中　そう、日本の繁栄はベトナム戦争に加担することでもたらされてる、私たち市民も沈黙してる限り加害者の側に立つんだという考えよね。それ、言ってることはわかるんだけれど、べ平連のそ「市民」って男でも女でもない存在みたいで、そこにスカスカしたものを感じながら、でも市民って言わないでどう言ったらいいのかわからないから、「私たち市民は……」なんて私もビラに書いていた。

上野　べ平連がかっこいいっていう見方もあるけれど、新左翼からはべ平連ってヌルい・ダルいと見られてましたね。目の前のキャンパスの中では闘争はどんどん武闘化していったでしょ。最初素手で行ってたデモに、今度はヘルメットが加わり、それからゲバ棒が加わってというふうに。ひとつの転機は火炎瓶が登場したことですね。その急速な武闘化のプロセスを目の前で見てたわけですね。

田中　私、学生じゃないから、目の前と言っても街頭で、たとえば御茶ノ水のカルチェラタン闘争のデモに参加したときに目撃したってだけの話だけど。

上野　美津さんは投石しなかったんですか。

田中　しない。火炎瓶放るのを見たりゲバ棒の林立を見たりとか、その程度よ。

上野　自分には関係がないと思っておられた？

田中　いや、関係ないと思わなかったけど、じゃ主体的に武装に関わりたいかというと、そんな気はまったく起きなかった。ヘルメットかぶって、自分で書いたビラをまいたりデモしたり機動隊に追われて逃げたりしてただけ。佐藤首相訪米阻止❖の闘いで羽田に行っても、ヌルい人たちに混ざって、なるべく過激なことをやらず、向こうからも過激にやられないようにと気をつけながらの参加だった。

上野　じゃあ組織にオルグされたこともない？

田中　ゼーンゼン。

上野　そうすると、「新左翼の中から十月十日月満ちて生まれた」という表現は、あなたにとって何を意味するのかしら。

❖佐藤栄作　一九〇一～七五。政治家。元首相（一九六四～七二）。

田中　だって、私の中ではべ平連も新左翼の中に入ってたもの。

上野　はいはい、広い意味ではね（笑）。

田中　私たちの小さな市民反戦のグループの中には明治学院や早稲田全共闘のお兄ちゃんたちもいて、その後過激派のお兄ちゃんたちにも知り合った。いわば市民運動派から過激派まで、幅広く付き合ってきたって感じ。

上野　巻き込まれたことはない？

田中　私の場合は自ら巻き込まれたのね。新左翼の運動が総崩れした後、友人のアパートにある日呼ばれて行ったら赤軍派の若者がいて、「あなたのところにも泊らせてあげて」と頼まれた。戸惑ったけど、「ま、いいか、部屋もふたつあるし、一軒屋だし」と思って泊らせたら、だんだん赤軍派のアジトみたいになってしまって。でも断れたのにそうしなかったんだから、いわば自業自得。今思えば、新左翼の運動って盛り上がりが短かったね。そして壊れるときはだらだらと壊れていった。

上野　運動って高揚期が短く、退潮期が長いものです。

田中　そのダラダラの間に、自称革命家たちと出会った。

上野　新左翼の男と恋愛関係にもなった？

田中　赤軍派になってホヤホヤの関西から上京してきたブントが、別のブントと内ゲバしてるのを日比谷公園の塀の上から見てたことがあった。そのとき傍らにいた早稲田の革マル崩れの男とは短期間同棲もしたけど、赤軍派の革命家諸君とは交流のあった全期間を通じて、恋愛のレの字もなかった。

上野　そうすると、内ゲバもずっと見聞きしてた？

田中　いや、目の前で見たのは赤軍派のそれが最初で最後。

上野　そのとき白シャツ軍団をかっこいいと思ったって書いてましたね。それって武闘派に対する憧れですか？

田中　前にも言ったけど、当時私が心の奥で一番苦しんでいたことは、「母があんなにも怒ることが楽しかったなんて、なんて私は穢《けが》れた子どもなんだろう」ということ。「自分はダメだ」とか「穢れている」という声から逃れたい一心で、世のため他人のためにがんばれば、ダメで穢れた自分も少しは浄化されるかもしれない、と。いわば禊《みそぎ》がしたくてベトナムの子供たちを救援したり反戦運動に参加してたわけね。一に浄化されたい、二に闘うベトナムを助けたいという感じだった。

　禊はまだゼンゼン不十分。それなのに頼みの新左翼ははや終焉に向かってて、この先いったいどうしたらいいか、とウジウジしてるときに白シャツ軍団と出会った。なんだかわからないけどあのお兄ちゃんたち、カッコいいなぁ。革命って一挙にすべてを変えていくようなエネルギーだから、禊にはいいかもしれない、と、漠然とした憧れというか期待を抱いたけれど、根はミーハーの好奇心から出たものだから、武闘がどうのこうのというような次元ではなかった。

上野千鶴子

上野　世界史的に見ると、一九六八（昭和四三）年には世界的に同時多発の学生運動が起こっているのね。その中で一番最初のリブの担い手たちはほとんどが学生闘争世代の女たち、その中で裏切られ傷ついた女たちなのよ。だから「十月十日月満ちて生まれた鬼子」という言葉は、私なんかはズキンと、心が波立たずに読めない言葉なわけ。この言葉に共感した女たちはすごく多いと思う。組織の中に入って、党派の中で男を同志としてそのことによってしたたかに傷ついた女たちは少なくなかった。そういう経験は美津さんにはなかった？
田中　私は大学に行かなかったから、党派の中で傷つくというような体験はしていない。でも結婚するんだったら運動やってない子がいいよなとか、そういうふうな会話はよく見聞きしてたし、また赤軍派と身近に接してわかったことは、彼らにとって私は「都合のいい女」以外じゃないということ。私はそのとき二六歳で仕事は家事手伝い、昼間は仕出し料理屋をしていた親のもとで働き、夜は本郷赤門前の親の持ってた小さなボロ屋に帰ってきて寝るといった生活。

そういう女が受けるのって差別じゃない、区別なのよ。赤軍派の男たちにとって私は下宿屋のおねえさん以上の者じゃなかった。

襖一枚隔てて彼らのおしゃべりを夜ずーっと聞いてるでしょ。そうすると彼らの組織は女たちに電話番させたり、夜の街で稼がせたり、恋人になって貢がせたりしてるってわかってくる。京浜安保共闘と一緒になって連合赤軍を名乗るころにはもう、女は捕えられた同志の救援活動をしていた❖遠山さんしか残ってなかったんじゃない？　雑用に使って次々と潰してしまって。

上野　そんな男たちに、何でそこまで親切にしたの？

田中　知りたかったのよ、彼らがどの程度本気なのか。それに自分の反戦グループは解散しちゃってて、私にはほかにやることもなかったから……

上野　魅力的だったの？

田中　うーん、今思えば彼らの破滅志向、その暗さに魅かれてたのね。私も暗くさすらっていたときだから。運動が退潮していくにつれて、それまでがんばっていた人たちは手近な者同士でひっついて、まるで穴に閉じこもるように二人だけの生活を始めた、次々と。私もそうできないこともなかった。でもそんな気にはまったくなれない。一体どうしたらいいのか、一人取り残されたような気分を抱えて漂っていたの。

自分は価値のない女だ、穢れている女だと思い込んで、「こんな地球ぶち壊れたってかまわない！」というアルカイダのような気分で、長い間生きてきたでしょ。運動やるようになって生まれて初めて仲間と思えるような人たちと出会ってだいぶアルカイダ的気分は収まっていた。でもグループがバラバラになって、面となる仲間を失ったら、またぞろ心の闇からそれが湧いてきて……。

そんなときに赤軍派に会ったのよ。

上野　その当時運動がどんどん武闘化していったでしょ？　革命という中に暴力が含まれるようになると、組織の中では女は戦力にならない……

田中　女は効率が悪い。

上野　……という言い方が流通してたわけ。だからオルグの対象にすらならない。

田中　もっぱら利用する対象。

上野　うん。救対（救援対策）の天使か公衆便所のどちらか。国家権力による暴力は絶対悪だから、それに対抗する暴力は、どんな暴力でも許されるっていうような考え方があったでしょう。

田中　対抗暴力。

上野　その問題が、ずーっと私の根っこになってるのね。後になって、ヒロイズムっていうのは女の敵だって思うようになったけど、そう思うまでには時間がかかった。実際、運動に巻き込まれていく女たちの中には、ヒロイックな革命家を自称する武闘派の男たちに対する憧れがあった。あなたの言う、内ゲバする男たちのかっこよさみたいなものね、仁侠映画が流行ってたけれど、負け戦とわかって死地に赴く男に、男は同一化し、女はそれに魅了された。その種のヒロイズムに男が自ら自己陶酔していき、女がそれを支える側に回るというところから、逃れられる男も女もそんなにいなかったのよ。遠山さんだって、革命家の恋人から始まって、自ら女性兵士を目指したわけでしょ。そういうところは美津さんにはあった？

田中　彼らが醸し出す破滅の匂いには魅かれたけれど、二六歳の私から見ると、赤軍って危ないことに熱中してる子供オトナって感じで、この身を捧げて尽くすには幼すぎた。

上野　そうよ、だから彼らはやくざ映画に拍手していた夢想家たちだった。

田中　それに彼らにとって私は下宿屋のおねえさん。くそっと思いつつ、「私ってダメな女」という元々の自虐も強くなっていった。「こんな私でよかったら……」とその場限りの関係を一度だけ持ったことがあったけど、それだけの話で。

上野　二〇代の一歳、二歳の年の差って大きいからね。それ以前に美津さんはすでに生活者のリアリズムを持っていたっていうこと？

❖**遠山美枝子**　一九四六〜七二。新左翼活動家。同志によるリンチで殺害された。

田中　もちろん、そうよ。女だし、商人の家に生まれ育っているから、人を見る目はシビア。彼らって女を都合よく消費して行くだけだから、そんなのを崇め立てまつっても、「私はダメな女」という自虐の気持ちが一層ひどくなるだけだ……という気づきというか、用心が私には常にあったからね。

「女だから」ということで頭を抑えつけられることがない家に生まれたから、革命家に対する憧れも、対等な関係を持てる人というイメージだったのね。ところが間近で見たらもう、頭でっかちの幼いマッチョ集団でしかなかった。

上野　稚気溢れる、子どもっぽいやくざね。

田中　そう、そう。当時彼らは既に疲れ果ててて、非合法活動なんていっても、結局鼠みたいにうろちょろうろちょろしてるだけの話なのよ。こんな人たちを、権力が一網打尽にするのは難しくないだろうなって、よく思った。

上野　あの当時の公安、すごかったもんね。

田中　ええ、公安の恐ろしさって口じゃ説明しにくいよね。それから、私たちが武装ということに対して持っていたロマンチシズムも、今となっては説明し難いものよね。

上野　それ、美津さんにもあった？

田中　あった。でも武装命の集団を真近に見るようになってから、武装というものに持ってたロマンチシズムは却って色褪せてしまって……。だって彼らの武装ってほとんどイメージだから。その最たるものが「世界同時革命」でしょ。でも、気持ちだけなら私だってアルカイダ化してたから。

上野　場合によっては自爆テロだって……

田中　もし自分のぐるりのことと爆弾投げることがつながってたらそうしたかも。でも幸か不幸かまったくつながらなかったから、リブの方に行った。リブの方も相当アルカイダ化してないとできなかったから（笑）。

上野　爆弾抱いてたかもしれない。

田中　そう、でも男たちが主導する運動では、武装と私のぐるりがつながる可能性ってまったくなかったから。

❖

それでも、永田が「私たちの山岳ベースを見に来ませんか」と、リブセンに電話をかけてきた時には、ちらっと心が動いた。女の革命家ってどんな人たちなんだろうって。会ってみたら、京浜安保共闘って暗くて地味でひたすら真面目。むかし吉永小百合❖が出てた映画『キューポラのある街』に出てくるような人たちだった。今思えばオウム真理教に帰依した、あの青年たちに似ている感じね。

上野　革命といえば、あの当時は共産主義革命のことでしたよね。

田中　たぶんね。でも世界同時革命なんて言ってカッコつけてたって、あとは野となれ山となれの非日常的エロスを夢見てる集団でしかなかった。京浜安保共闘はそれとは違う感じがしたけど。

上野　オルグされるときには、まず、『経済学・哲学草稿』とか『ドイツ・イデオロギー』とかひととおりマルクス主義的な教養のパッケージを読まされる。そういうものは一度も読んだことない？

田中　少しだけエンゲルス❖の、何だっけ……

上野　『家族・私有財産及び国家の起源』でしょ。

田中　そう、その薄い本を読んだことがあるぐらいよ。

上野　じゃあ、革命が社会主義と結び付いてるとはまったく思ってない？

田中　いや、さすがに頭ではそうなんだろうと思ってたわよ。ただ、個人的には自己救済を託す白光の輝き、それが革命って感じだった。

上野　実存的ですね。

田中　私の穢れを抱きとってくれるもの、そして惨めな私が一挙に高みに引き上げられるというエロス、それが私にとっての革命だった。

◉「永田洋子はあたしだ」

上野　永田洋子さんに呼ばれて行ったのは、『十六の墓標』に丹沢ベースって書いてありますね。

田中　じゃそうよ、新宿から電車に乗ったっていう記憶があるから。

上野　彼女はあなたに何を期待してたの。

田中　当時すでに公安に厳しく監視されていたから、自分たちの手足となってくれる人やグループが欲しかったんだと思う。それは百も承知で……

上野　で、わざわざミニスカートをはいて山に行った。

❖**永田洋子**　一九四五〜。連合赤軍中央委員会副委員長。リンチ殺人事件の首謀者として逮捕され、一九九三年に死刑が確定した。
❖**吉永小百合**　一九四五〜。女優。映画『長崎ぶらぶら節』など。
❖**フリードリヒ・エンゲルス**　一八二〇〜九五。ドイツの経済学者・哲学者・社会主義者。『自然弁証法』など。

田中　うん。間違っても革命的だと思われないように、ね。一目で違いをはっきりさせとこうと思って。「なんか凄そう」とか「怖いからおもしろい」というミーハー気分で行っただけだもの。
　でも永田の方は山に一泊泊まりの招待したんだから、これでオルグれたと思っていたかも。帰るときに連絡先の電話番号を教えてくれといわれてね。ヤバいと思ったから、適当な番号を教えた。それで助かったような……

上野　機転を効かせてね。

田中　ミニスカート見てすぐに、こりゃダメだと思うような敏感さがないとね。革命家は気配に敏感でなくちゃ。でも、権力に追い詰められてて、もう藁にもすがるつもりで連絡先を聞いてきたのかもしれないけど。

上野　その後、リンチ殺人が発覚する前に、あさま山荘事件が全国放映されますね。TVの実況中継見てました？　見たときどう思いました？

田中　あれってまだ死体の発掘前だから……

上野　TVを見てたかなりの人が、身を乗り出して見てたと思う。がんばれ、持ちこたえろって。

田中　ドラマチックで興奮した。

上野　どういう気分だった？　応援してた？

田中　応援っていうか、がんばれるだけがんばれっていう気持ちね。それからこの国の人たちの、いわば判官びいき的な気持ちも感じていたから、最後までかっこよくやれよって思った。

上野　かなり銃を持ってましたね。

田中　七丁ぐらいじゃない？　以前に京浜安保共闘が盗んだのが……。人質をとって山荘を乗っ取ったら人質が彼らに好意的になってしまって……

上野　山荘の奥さん。

田中　そのことから、そう悪い人たちじゃないぜみたいな感じで見てる人も多かったんじゃないかしら。なんせ発掘前だから。

上野　銃撃戦で殉職した警官もいますよね。そういう犠牲を出しても、巨大な国家権力に小さな暴力で抵抗するのはOKって思ってた？

田中　殉職した知らない警官より、自分が少しは知っている人たちがなんとか持ちこたえて、権力に一泡吹かせてくれたらいいなっていうぐらいにしか思ってなかった。知ってる人だとやっぱり感

永田洋子『十六の墓標』上（一九八二年）、下（一九八三年）彩流社

情移入しちゃうから。

上野 それってお巡りが親戚だったらとかっていう話と同じレベルに聞こえる。たんに知ってる人を応援したってだけじゃないでしょ。一方が国家権力で、他方は革命家なんだから。

田中 私、赤軍派を見てて、あの人たちの言う革命っていうのは、真面目に考えなくてもいいものだと思ってた。それ以前の大菩薩峠での軍事訓練とやらも児戯に等しいと思っていたし。だから、彼らが革命の延長線上であれをやったというふうにはゼンゼン思ってなくて。追い詰められて見切り発車してしまって、それでもなんとか一泡吹かそうとしてるんだなって、そんなふうにしか思わなかった。

上野 それ以前に彼らが掲げる大義にもうシラけてたってこと？

田中 そりゃ、シラけてますよ。世界同時革命なんて言ったって、実現の可能性がなければ、絵に描いた餅だし。いや、何より彼らの大義そのものに疑いを持っていたからね。彼らが天下を取っても、私にいいような世界には絶対にならないって。

上野 まあ、そうだけど。

田中 でしょ？

上野 それはそうだけど、それに自分からはまっていった人たちがたくさんいたわけでしょ。でも、必ずしも武闘派にならなくてもいい。たとえば、無駄な抵抗しないで人を怪我させないで無傷で出てくればいいのにっていう考え方だってある。そういうふうには思いませんでした？ 警察が家族を呼んで、外から呼びかけさせたでしょ？

田中 うーん。日本はベタベタと優しい国だなと思った。

上野 そうね。

田中 警官が一人殺されても、とにかく全員の身柄確保を目指してたでしょ。七丁の銃で革命ができると思うような彼らの甘さと釣り合った甘さが権力にもあると思った。ここはそういう国だと。

上野 後で赤軍の研究をしたパトリシア・スタインホフ❖というハワイ大学の女性の研究者が、日本政府が犯人射殺をやらないことがわかっていたために、暴力のエスカレートに歯止めがかからなかった。バンバン殺してたらもっと早くに武闘化は

❖**パトリシア・スタインホフ** 一九四一〜。アメリカの社会学者。『日本赤軍派――その社会学的物語』など。

終わってたかもしれない、と言ってる。

田中　これは後から思ったことだけど、敵・味方関係がもっと頑《かたく》なじゃないと、武装革命って無理なんじゃないかな。でも武装闘争が無理な国というのも悪くないかも。武装してドンパチやって、勝てば問題が解決できるというのは危険な幻想。ドンパチはさらなるドンパチを生んでいくだけだから。

上野　今になってそういう言い方って評論家的じゃない？

田中　かもしれないけど、過激派をいわば勝手口から見てきたわけだから、それでどうしても突き放した言い方になってしまうのよ。

上野　山岳ベースに行く前に、すでに革命派の正体見たり、みたいな。

田中　赤軍派に対してはそうよ。

上野　リンチ殺人が発覚したときには、意外でした？

田中　もうもう、意外なんてもんじゃない。すごいショック。忌まわしくて恐ろしくて夜も眠れなかった。なんて馬鹿なことをしたんだっ！　って、ただ立ちすくんだ。山岳ベースを見学したとき、こんな山の中でずーっとテントで過ごすなんて、大丈夫か？　って思ったことを思い出した。主体性なんて条件あってのことだから。

上野　おまけに冬に向かいかけてましたよね。もう、初冬でした。

田中　そう。そういうことを何にも心配してない感じだったから、もう、肉体感覚的に、こいつらに近づいてはいけないという気がした。

上野　美津さんは、自分はカラダで判断する人間だと、ずっと一貫して言ってますよね。運動の中に巻き込まれた人間たちは、精神が肉体を支配できると思ったのよ。

田中　すごい理想主義。

上野　理想主義って、精神が肉体を支配できるっていう信念のこと。ヒロイズムというのは、肉体の恐怖を精神が押さえ込めるっていう思いこみですから。

田中　でも人は「心・技・体」ではなく、「体・技・心」という存在だから……

上野　同情はない？

田中　何ていったらいいか……

上野　後から、あなた一流の言い方で「永田洋子はあたしだ」って言いましたね。まかり間違ったら自分だったかもしれないとか思わなかったんですか。殺したり、殺されたりした人たちに対する恐怖心とか同情とか……

田中　恐怖心はものすごーくあったわよ。だけどそれは、自分も殺されたかもしれないという恐怖じゃない。私は「体・技・心」に手足を付けたような人間だから、彼らと一緒に山岳ベースにいる自分なんて考えられないもの。昔オウムが新聞をにぎわしたときも、彼らの食事を新聞の写真で見て、「これを毎日食べるなんて！　私はオウムに絶対に近づかないな」って思ったもの。

私が恐怖したのは、追い詰められた彼らが、いわば共食いに走ったという、その事実よ。それがたまらなく怖かった。

上野　たくさんの人たちがリンチ殺人の報道を聞いて足元がガラガラ崩れるような思いをしたとき、組織の中にいた連中だったら、あれは私だったかもしれない、そこに私はいたかもしれない、殺される側にいたかもしれないし、もしかしたら殺した側にいたかもしれなかった。そういう、底なしの恐怖心を持った人たちもいましたね。それとは違った？

田中　私は組織の人間じゃないもの。赤軍派の革命兵士に初めて会ったときには、好奇心プラス「革命家って素敵かもしれない」っていう気持ちがあったけれど、永田に誘われて山岳ベースを見に行くころには、もうダメ押しで行ったようなもの。革命家を目指すような人って、女もたぶん頭でっかちだろうなと思いながら。

上野　言葉っていうのは不足、つまり自分の思いを全部伝えられないってこともあるけれども、過剰だってこともある。だから美津さんの「十月十日新左翼の胎内から月満ちて生まれた鬼子」っていう表現や、「永田洋子はあたしだ」って言い方をそのとおり受け止めたら、もしかしたら自分も紙一重の差でそこにいたかもしれないっていうふうに、読者には聞こえます。

田中　そう思うのは、あなただからよ。書き上げた瞬間から言葉は一人歩きする。京大全共闘のバリバリだったあなたから見れば、新左翼のホンの片隅にいただけなのに、「十月十日新左翼の胎内から云々」なんて、表現が大袈裟だと思うかもしれない。でも新左翼の行き着いた果てとしての赤軍派を自宅に泊らせ、ごく身近で彼らを観察するって、当時は非常に危険なことだったのよ。彼らには公安が常時張り付いていたから。こんな地球ぶち壊れてもいい！というような絶望を生きてなければ、私もそんな危ない真似、絶対にしなかった。「俺たちが破防法でパクられるときは、あんたもやられるぜ」と楽しい冗談のように言う彼らを、じーっと穴から眺めるように見ていた。

闇から光はよく見えるのよ。「自分たちは人民の海に隠れて闘う」とかかっこいいこと言いながら、アジトを提供している私を少しも大切に思っていない。そんな革命家なんてナンボのもんか！という怒りから私のリブが始まったと言っても過言じゃない。

私にとって、いわば彼らは最後の白馬の王子だったのよ。『いのちの女たちへ』の中で私はこんなふうに言っている。「適齢期はとっくに過ぎ、女に対しては『新』の字が泣く新左翼の、その正体むきだしに知っていく中で、足に合うはずもないガラスの靴を待ちつづけたアホらしさ、惨めさ、悔しさ。」そういった気持ちが十月十日云々につながっていく。

前にも言ったけど、どういう家に生まれ、どういう親を持ち、どんな容姿で、どんな出会いがあってｅｔｃ．の、自分で選べなかった「たまたま」に、選択や努力といった主体性がプラスされて、だいたい人生は決まってしまう。私と永田の差だって、「たまたま」得た病気の違いが関係してるのかもしれない。私が二〇歳で得た病気は梅毒で――それは女であることや性の問題に絶えず私自身を引き戻す力を持っていた。一方バセドウ氏病の永田には、ヘンに高揚したりイライラしたり、自分をうまくコントロールできない状態がたびたびあったはず。彼女も私も「たまたまの病気」に影響され、「なぜ私だけが――」の孤独を抱えて、そして「この私が惨めでいいはずない！」という怒りから自分の解放を手探りしていったハズ。そういう意味では永田と私は一緒だと思ったのよ。

あのとき彼女はメディアからリンチされていた、鬼畜のような悪女だと。それだから「梅毒」という、あまり他人には知られたくない自分の病気を引き合いに出して、いわば彼女の体の上にガバッと身を伏せるようにして、私は自分の全部で彼女をかばおうと……。永田は鬼じゃない、私とそんなには変わらない人間なんだって言いたくて。

もう日本中が怯えちゃって、新左翼も識者も、誰も一言も発しない、発することができないというような異常な状況だったからね。そんな中で、鬼扱いされてる永田に何か言ってあげたくて、それで……

上野 そういうこと? 自分も永田と同じことをしたかもしれないという共感や同情じゃなくて?

田中 そう、「永田洋子はあたしだ」をもう一度よく読んでみて、そう書いてあるから。何事も自分のぐるりからつなげて考えていく人間だもの、私は。

永田は男並み平等を求めて革命兵士を志すわけだけど、それって結局男という上位の存在から認めてもらうことで獲得していく身分だったのね。

レストランで料理を食べ残したら、ポリ袋に入れて持ち帰ると言っていた現実感覚旺盛な永田。それなのに意気がってるだけの赤軍派の男たちに承認されることを願った。タブン、そこからすべてが狂っていったのよ。

男並みを目指すということは「大義のために私を殺す」という道を行くことだから、イヤリングをしたい自分は排除するしかない。私的な欲望や願望は全部捨てて、いや捨てさせられて突っ込んで行った特攻隊の青年たちと同じように。

革命は建前、イヤリングは本音。イヤリングしながら革命する道もあったのに。いってみれば永田は男並みになるには女でありすぎたのね。そのためにイヤリングしてる女を激しく糾弾したり、足手まといの妊婦を率先して粛清してしまう。殺したのは永田で、殺されたのも永田。

女が男と同じ地位に登ろうとしたら男の三倍の努力がいると言われてる。もし永田が森より三倍

残酷だったとしたら、それは彼女が三倍の努力を己に課したからです。

　大学に行って、男たちと同じ言葉、同じ理屈で物事を理解するように自分を作りあげていたら、私も永田のように男並みになることで何かいいものになれるという幻想を持ったかもしれない。

　大学教育を受けると女は自分の言葉を取り戻すのにすごく苦労するみたいね。リブに参加してきた大学出の女たちは、皆そんなふうだった。

上野　男の使う言語という外国語を学ばされるから。

田中　そう。男たちの言葉は、女には外国語みたいなもの。自分の言葉を持ってないということはすごく大きな問題。永田も自分の言葉で解放を語っていたら、あんなにたやすく男並みの道をたどらなかったでしょうに。

上野　自分を表現する言葉って最初からあるわけじゃない。後からようやく獲得していくもんです。

田中　そうだけど、私と同じで、難しい本に縁のない女のほうが、自分のぐるりのことから考えていきやすい。

上野　ハードルがそんなに高く上がらずにすんだ（笑）。インテリ女は自分でハードルを築き上げるから、越さなきゃいけないハードルが高くなっちゃうのよ。

田中　今思えばね、赤軍派の男たちのまなざし、あれが永田を追い詰めたんじゃないか、と。自分たちと肩を並べようとする女を彼らがどのようなまなざしで見たか、私にはわかる。たぶん、そのまなざしが、過剰に革命兵士になることを彼女に強いたのではないかしら。

　リブを始めてすぐに化粧が媚なら、素顔も媚だ、媚になり得る、と私は気がついた。素顔の女は知的で清楚……という男たちの思い込み、それがある限り、素顔を武器に男をたらしこむこともできるのだから。

　それに気づいたのが私で、気づけなかったのが永田という言い方もできる。気づけなかったから、イヤリングしながら戦って何が悪い……って言えなかったのよ。

　自由や自立を願いつつ、「光は男から」という思いこみから自由になりきれずに、男並み革命家を目指して永田は努力しつづけた。彼女は、総合職について男並みにがんばって、帰宅して一人になると深いため息をついてる女たちの分身です。また切り捨ててきた女を取り戻そうとして、長い髪のかつらを付けて、渋谷丸山町の暗闇に立っていた東電ＯＬ。殺されてしまったあの彼女もまた、永田の分身。切ない話よね。自立した強い女になりたい、と願った。それゆえに永田は精一杯努力し、またそれゆえに道を誤った。願ったことが罪なのか、そんなことはない！　って、私は叫びたかった。それで「永田洋子はあたしだ」といったのよ。

上野　あなたの想像力と共感の射程が、その水準まで広くて深かったということね。それだけでなく、もっと直接的なレベルで本当にそこに私がいたかもしれないっていう、ゾクっとした思いを味わった人たちもいるでしょうね。

田中　そうでしょうね。

上野　それをトラウマに抱えてきた人たちもいる。連赤とその後についてどうしても今回聞きたいと思ってたことのひとつは、歴史の「もしも」はナンセンスだけど、もし連赤がリンチ殺人をしないであさま山荘事件だけを起こしていたら、美津さんの見方は変わった？

田中　あんまり変わらないと思う。

上野　変わらない。

田中　何度も言うようだけど、彼らの説く革命なんてまったく信用してなかったもの。主に赤軍派のことだけど。

ただ児戯に等しい決起でも、これはあくまで権力に抗して世の中を変えたいと志した者たちが犯した間違いであって、ただの残酷で猟奇的な事件とは違う。またオトコ新左翼がいい加減にしてきた事柄が、膿となって今噴出しているのではないか。革命か、反革命か、クロかシロかという発想を乗り越えようとして、結局乗り越えられなかったのだから、新左翼は。イヤリングをしながら戦うというあり方は、クロかシロかという世界観からはみ出してしまう。だから総括せざるをえなかったのよ。

当時は彼らと知り合いだというだけで捕まりそうだった。私も捕まるかもしれない。でも今さら知らない顔はできないと思って、「連合赤軍女性被告救援を通じてコトの本質にいくらかなりとも迫る会」というのを作って……

上野　支援にも行ったし裁判にも行きましたね。

田中　しょうがなくね。最近刑務所から出てきた元赤軍派の人が言うには、自分たちが蜂起すれば民衆が必ず後に続くだろうと考えていたんだって。そのノーテンキぶりに今さらながら驚いた。あれじゃ自滅というか破滅したのも無理はない。

上野　破滅の仕方にもいろいろある。自爆テロのように自己犠牲的な破滅もあるし。リンチ殺人は、最悪の破滅だった。

田中　そうよ。赤軍派の連中が考えていた破滅って甘美な快楽としてのそれだったはず。それはそれで彼らが選んでのことだからいいんじゃないのって思って、シラけた気分で聞いていたんだけど。

上野　9・11の自爆テロの犯人が持っているのもヒロイックな破滅の快楽よ。たとえ何千人を巻きぞえにしようが。

田中　タブンそうね。

上野　連赤のリンチ殺人は考えうる限り最悪の破滅だった。

田中　下宿屋のおねえちゃんが言ったところで何にも変わんなかったと思うけど、あなたたちは特攻隊と同じよ、ってことぐらいは言ってあげればよかった。

上野　死ぬことを覚悟してるから、何でも許されるっていう感じだったよね。

田中　うん、彼らはそう思っていたと思う。一方私は、何をしようと、それは彼らの自己責任と思っていた。破滅したいんならそうしたらみたいな、冷たい気持ちで。

上野　その出来事は、メキシコに行くのにどんなふうに尾を引いたの？

田中　連合赤軍のリンチ殺人が暴露されたのが一九七二（昭和四七）年二月で、その直前に『いのちの女たちへ』を書きはじめて、次々と発掘されていく死体に震えながら、夜もろくろく眠らずに四〇日くらいで本を書きあげたのね。一日に一回寿司屋でキュウリ巻きを食べながら。もう、書きあげたときには栄養失調から軽いトリ目になってしまって。

でもそんなことにかまってる余裕もなく、五月には第一回リブ大会を渋谷の山手教会で開き、そこで出たばかりの『いのちの女たちへ』を売って、そして六月に「永田洋子はあたしだ」を日本読書新聞に書き、九月にリブ新宿センターを代々木に作った。いわば私がパクられたら……という最悪の状況を考えて、それでも運動が潰れないようにと本を書き、みんなにもがんばってもらって拠点となる場を作ったわけね。場があれば運動は残るだろうと思って。

この際言ってしまうと、そんなわけで第一回リブ大会なるものは、お金を集めたい一心で開いた、ほとんどでっち上げ同然のものだったの。『いのちの女たちへ』の原稿書きに追われていたから、私は呼びかけ文を書いただけで、あとはグループの人たちに丸投げしたんだけど、準備する時間も少なかったから、開いたはいいが大会とは名ばかりのアチャーというような集会だった。でもそのときの入場料と私の本の売り上げとカンパで、代々木にリブ新宿センターができたんだから……

とにかくみんな巻き込んで、自分のやったことの後始末を必死でやったわけ。それで、ただでさえ悪い身体が、一層ボロボロになってしまって。持病の慢性腎炎がひどくなって、朝起きてもおしっこが出ない。出てもオレンジ色のおしっこがポトポト出るといった状態に。そうなると気力も体力のうちだから、リブの運動を続けようにも、エネルギーが湧いてこない。それなのに、日本にいる限りは運動から離れたくない自分がいて、このままじゃ死んじまうとわかっていたから……

上野　肉体だけじゃなくて、メンタルなダメージもありましたね。

田中　もちろんそうよ。自由や解放を求めて闘ってる人間が、仲間を殺してしまった。なぜ？　どうして？　もう女の解放どころじゃない。でも彼らの間違いを考えていこうにも気力、体力がないから、ただ絶望感に打ちのめされ、あぁもう生きていきたくないという厭世感が増していくばかり。

そんなときに国際婦人年の集まりがメキシコである、と。で、それに便乗して日本を脱出した。日本にいたら死ぬか狂うかしそうだったから。

でも異国に行っても連赤のことが頭から離れな

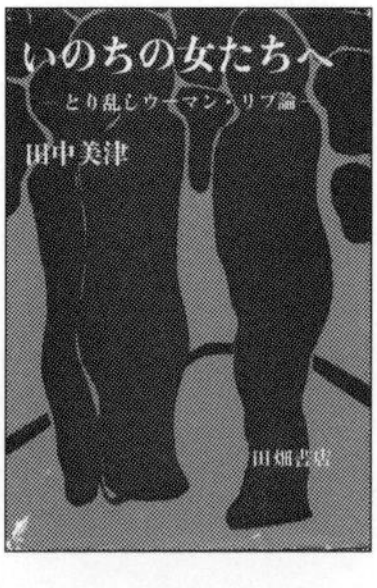

『いのちの女たちへ――とり乱しウーマン・リブ論』田畑書店、一九七二年

い。日本からの新聞や雑誌は見るのも苦痛で、メキシコにいた四年余の間ほとんど何にも見なかった。

上野　革命家の理想主義にあなたは距離を置いていたのに、なぜそんなに打ちのめされたの?

田中　もう単純に、殺した者殺された者の何人かと顔見知りだったからよ。中でも永田たちの山岳ベースを見学しにいったときに、妊婦がいて、その人がとてもいい笑顔で笑っていたのね。あの笑顔は今でも忘れられない。

彼女を見ながら、こんなテントの中でホントに産むんだろうか、山はこれから寒くなるのに……って思った。でも思っただけで何も私は言わなかった。深入りしたくなかったから。

結局胎児ぐるみ彼女は殺されたわけだけど、それを知ったときから、あの子供に対しては自分にも責任があるのではないだろうか……という思いに取りつかれた。それからずーっと、メキシコ滞在中も日本に帰ってきてからも、ずーっとそのことを思いつづけて……

◉日本人と集団主義

上野　一九七二年三月に連赤のリンチ殺人が発覚し、五月に本を書き終え、九月にリブセンを作った。「日本的」という言葉をつけなくても、連赤が集団主義、しかも理想主義を掲げた集団主義というものの最悪の末路だという、ぞっとする気持ちがあったのは、私が学生運動の中で、理念を掲げてどんどん煽り立てていく集団主義の持ってる怖さを肌で感じたからね。他人ごとではないっていう、ボディブローがきいた。美津さんはそのときにリブセンを立ち上げた。私が同時代のリブにどうしても乗れなかった理由は、コレクティブに疑心暗鬼があったから。政治の季節の後に、男たちはコミューンに行った。女たちはコレクティブに行った。あの連赤の後に集団をもう一度組もうと思う人たちの気持ちが、どうしても理解できなかったの。

田中　ちょっと待ってよ。リブセン立ち上げたことをいってるの?　それともコレクティブを組んだことなの?　「連赤の後に集団を作る人たちの気持ちが理解できなかった」っていうけど、私たちがコレクティブを組んでたのは連赤事件のずっと前よ。
　そもそも私たちはひとりで立っていられないからウーマンリブやって面になって、みんなで立とうとしたわけね。そして運動が忙しくて、生活費をちゃんと稼いでいる時間がないから、みんなで暮らそうと。でもそんな台所事情を知られるのはかっこ悪いから、「私たちはコレクティブという生活スタイルを採用してます」ふうに言ってただけ。
　溺れそうだから必死に手を伸ばした。そしたらコレクティブとかリブセンターとか、それに掴まってればなんとかなりそうなモノが見つかった。で、そういうの掴んでやってきましたというだけの話で、最初に主義、思想や戦略、戦術あってのことじゃないのよ。
上野　連赤の人たちもひとりで立っていられない人たちが集団作ったわけよね。私は、集団を組んだ人たちの地獄を見せられた思いをしたわけ。あの当時「連帯を求めて孤立を恐れず」という言い方があったでしょ？　だから一九七二年のあの集団主義の地獄を見た後で、なおかつ集団に希望を託す人たちは、どういう人たちなんだろうと思ったの。
田中　どうもよくわからないんだけど、集団になって活動することイコール集団主義ってことになるわけ？
　くり返しになるけど、反戦とか権利獲得の運動と違って、当時女性解放は公認された正義じゃなかった。やっと灯《とも》った火を何とか消すまいとしたら交代で絶え間なく扇いでる必要があったのね。でも私たちは学生じゃない。元学生はいたけど。学生なら同じキャンパスにいるわけだから、集まって動くということがすぐできる。でも私たちは住まいもバラバラで、少ない人数で効率よく三六五日扇ぎ続けるためには一ヶ所にまとまる必要があったのよ。
上野　私はそのとき集団主義の地獄を体感したのよ。
田中　あなたはほら、一歩先を行く、頭のいい人だから。
上野　アタマじゃなくてカラダで感じたんだって

ば。

田中　ものの見える人の体感と見えない人の体感は違うのかもよ。細々と市民運動してきた者と、スチューデントパワーの一員としてバリバリやってきた者との体感の違い、ということもあるんじゃない？　私の場合、二四歳のときに生まれて初めてデモに参加、やがて安田講堂が落ち自称革命家たちにも幻滅して、こうなったら自分で決起するしかないと思い定めてリブを始めたのが二七歳のときよ。やっとほかの女たちと面になって、孤独から解放されて、さぁこれからというときに連赤事件が起きた。だから集団主義を云々できるほどには私、集団してきたわけじゃない。

　私たちのコレクティブ以外にも、たとえば立川の近くで、米軍兵士が借りてた大きな家で、みんなで共同体を組むとか、七〇年代から八〇年代にかけて結構そういうの流行っていたね。

上野　コミューン型の暮らしをしている人がいっぱいいましたね。

田中　家族からは離れたい、でも擬似家族の暖かさがないと生きていかれないっていうふうな、ひとりでは立てない人たちがいっぱいいたわけで。

上野　コミューンに行った人たちのことも、私は理解できなかった。

田中　私はわかるよ。

上野　連赤の後にそういう集団を選べる人たちの気持ちがわからない。

田中　でも連赤って、集団作ったから失敗したというだけの話じゃないでしょ。コミューンが全部連赤みたいになったわけでもないし。集団主義があなたのトラウマになったのはわかるような気がするけど。

上野　能天気にしか見えなかった。

田中　能天気よ、でも再びバラバラになるよりは、とりあえずでもいいから集まろうとした気持ち、わかるな。連赤や集団主義より、孤独のほうが怖かったのよ。

上野　その後、リブセンの四年間で、あなたは集団主義の問題をいっぱい実感して、自分で作った集団を自分で壊す選択をしたわけですね。その辺の話をして下さいませんか？

田中　私たち、男社会の効率主義を否定するんだけど、リブ運動だって効率がそれなりに必要。限られた人数で火のないところに煙を立たせようという運動だからこそ、効率が問題になってくる。署名にしたって何日までに集めて出さなきゃ意味がないし。でも少ない人数で煙を立てつづけようとすると、もう映画に行くとかデートするとか、個人的なことをする時間なんてほとんどなくなってしまって……

上野 ミニ連赤になっちゃってる。

田中 なる可能性はあった。でも、運動いのちでやってても、こんな毎日追い立てられるような生活は厭だという思いはお互いにあって、そういう気持のほころびがある分、密室状態にはならなかった。辞めたければ辞めることもできたしね。

上野 組織とか党とかいうのはリーダーがいて、命令に従う。スタインホフが、ダッカのテルアビブ空港乱射事件の生き残りの岡本公三❖にリビアまで面会に行って、そのときに彼の言った言葉を本に書いてる。どうしてあんなことをしたんですか？　っていう質問に対して「私は革命兵士です。革命兵士は命令に絶対服従するものです」って。皇軍兵士と同じ台詞なのよ。

田中 恐ろしいね。

上野 組織っていうのはそういう性格を持ってる。

田中 連合赤軍の連中もそう。

上野 それに対して、あなたたちが作ろうとした集団は――ほかのリブの集団もそうだったけど――リーダーを排除することを自覚的にやってたでしょ。組織アレルギーがあったから？

田中 ベ平連から受けとったいいものがあるとするならば、トップと下部を作らない、ゆるやかなつながりこそがいいんだっていう考えで……

上野 じゃあ、ベ平連から学んだ？

田中 学んだと思う。

上野 戦後の反体制運動というのは、前衛党があって、軍隊型組織で、エリート革命家たちがいて、指導される党員や大衆がいて、組織動員されてっていう組織型の運動だった。それに対してアンチを突きつけたのがベ平連。それに影響受けたのね。

田中 受けた、十分。ベ平連は小さいグループの集合体で、外から見ると風通しがよさそうで、そういうのいいなと思った。で、自分たちの拠点も

❖**岡本公三**　一九四七〜。日本赤軍活動家。

新宿リブセンターじゃなく、リブ新宿センターと名付けたのね、「新宿」を強調して。私たちは新宿の近くにある、リブグループのひとつにすぎない。私たちのようなグループがこれからたくさんできてほしいという願いからね。

　でもべ平連には代表の小田実❖さんがいて、鶴見俊輔❖さんも吉川勇一❖さんもいた。そういうすでに自分の輪郭がしっかりしてる人たちの言葉にみんなが耳を傾け、それがなんとなくべ平連の考えになっていくという、そういうちゃんとした大人がいての運動体という感じで、安定感があって、それが羨ましかった。私たちは目くそ鼻くそ、どんぐりの背比べみたいな陣容だったから。

　最年長の私は家事手伝いで、それぞれ学生だったりアルバイトで働いてたり、子育て中の若い母親だったり。八〇年代フェミニズムと比べても、リブに集まった大多数は肩書もたいしたことない、どこにでもいる普通の女たちだった。

上野　リブの団体に代表の名前を聞いたら激怒されたというエピソードは、いっぱいありますね。実際にはそれは建前で、代表はいなくてもリーダーシップをとる人は不可欠なのに。

田中　不可欠よね。

上野　あなたは、最初の思惑とは違う立場に立たされちゃったわけですよね。

田中　リーダー的資質ってあると思うの。明晰で、言葉がわかりやすく、自然にみんなから敬意を持たれるとかの。私はそういうのとは違う。誰よりもミーハーで、面白がりで、自分勝手だったから。

上野　美津さんはカリスマだと思うよ。

田中　カリスマ性は、少しはあるかもしれないけど。

上野　それがあるから、今の職業が成り立ってるのよ。何せあなたには他人を乗せる言葉の力がある。

田中　小泉元首相❖と同じじゃない（一同笑）。

上野　そうよ。言葉の中に過剰さがある。その中に巻き込まれる。さっきの「十月十日」もそれから「永田洋子はあたしだ」にも。

田中　そうかしら。私たちはみな、他人の言葉を、自分のものの見方考え方のフィルターを通して理解する。だから私の言葉をどう感じたかで一番あぶりだされるのは、その人自身じゃないの？

上野　あなたにも、他人を巻き込んで面白がってもらいたいという気持ちがあるでしょ？

田中　それは結果よ。私自身はその時々溢れる思いのままに言ってるだけ。

上野　リブセンも人を巻き込みたいという気持ちから作ったんでしょう？

田中　うーん、巻き込むねぇ……。「これ面白いと思う人この指とまれ」っていう気持ちしかなかったけど。でも、リブセンの運営も厚生省への抗議もひとりでできることじゃないから、結果的には巻き込んだことになるのかしら。

上野　普通はそれをリーダーシップというんです。

田中　ああ、そうなの。でもリーダーって、いろいろな意味でわかりやすくなきゃいけないんじゃないの。私はわかりやすい存在になるって、なんか恥ずかしくて。たとえば、ぱっと見て「リブだからTシャツ、ジーパン、素顔」みたいなのって、すごく恥ずかしい。

上野　江戸っ子のシャイネスですね。

田中　女らしくしろという世間からの抑圧も嫌だけど、「エッ、リブがそんなことやっていいんですか」とか言われるのも嫌だった。私は時にミニスカートをはいたり、ロングスカートにハイヒールでデモしてたけど、当時の写真見たら、私以外はほとんど素顔でTシャツ、ジーパンだった。これでどこがリーダーなんだよと思うのね。

上野　逸脱できることもリーダーの条件なのよ。追随者は逸脱できない。

田中　でも、突出して、いつも浮いてるという感じだったよ。

❖**小田実**　一九三二〜二〇〇七。作家・市民運動家。『ベトナムから遠く離れて』など。

❖**鶴見俊輔**　一九二二〜。哲学者・思想家。『戦時期日本の精神史』など。

❖**吉川勇一**　本書「インタビュー　吉川勇一」参照。

❖**小泉純一郎**　一九四二〜。政治家。元首相（二〇〇一〜〇六）。

上野　みんなそんなあなたに追随したんでしょ。物事を決めるときに、美津さんの言うとおりねって。

田中　それは日本人の狡さというもので、私的にはひとり浮いてるって状態だった。

上野　浮いた人についていくんだから、それだってリーダーシップなのよ。

田中　そうなの？　私は面白がりだから、ああしたい、こうしたいと、ほかの人が思いつく前に言ってしまう。でもそういう人がいると自分は考えないですむから、それでみんながヨシ、それで行こうと。

上野　それを日本的集団主義って言うんじゃない。

田中　それにうんざり。

上野　予期したとおりのことが起きてるわけね。

田中　予期したわけじゃない。やってみたら民主的に会議しようとしても、隣が黙ってるから、自分も言わなくていいんだなみたいな感じになってしまう。昔から日本人ってＫＹなのよ、まわりの空気を読んで行動する。

上野　いまのはまちがい。ＫＹってね、空気が読めないっていうのが正しい意味なの（笑）。

田中　え？　そうなの？

上野　ｎｏｔ ＫＹが、空気が読めること。

田中　じゃ、あえて空気を読まないのはＡＫＹね（一同笑）。

上野　結局は美津さんを仰ぎ見てほかの人たちがついてきちゃったわけね。

田中　そうだけど、面白くないのよ。言うままになってくれるって。赤子の手をひねるような関係だから、効率はいいけど、おもしろくない。

上野　しかも、ストレスを感じながらリーダーをさんざんやって、その上で恨まれたわけね。

田中　そう、平場の関係のはずなのにって、あとから批判された。

上野　主体性がない分だけ責任を他人に転嫁するのね。どんなことが起きてもあの人のせいってことになる。

田中　そう。悪いのはすべてあいつで、私たちは被害者という……

上野　それって、ミニ連赤じゃない？

田中　でもそんなふうに言ったら日本中ミニ連赤

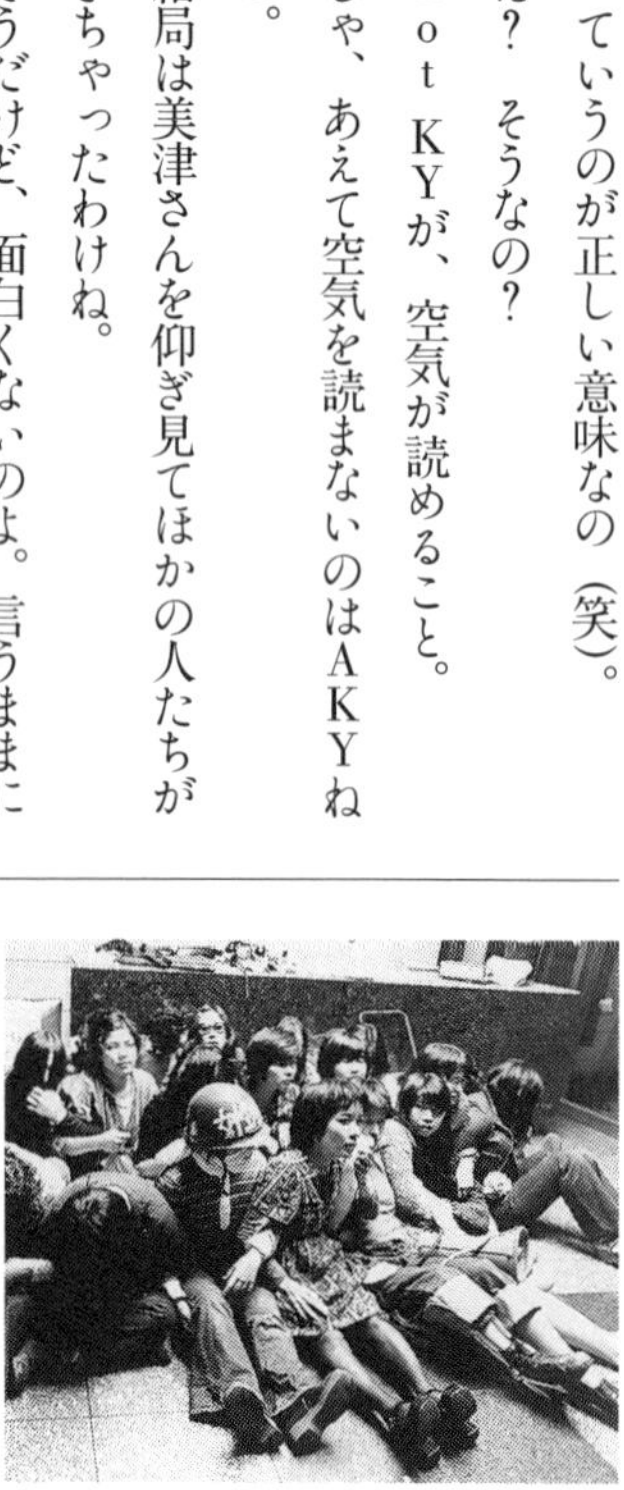

一九七四年優生保護法改悪阻止のために、厚生省のロビーに深夜まで座り込む。このような頑張りが功を奏してか、改悪案は廃案に。前列、ミニスカートで参加しているのが田中美津。撮影・松本路子。

だらけよ。自分を主張すると嫌われる、思っていることを外に出さないようにすれば、人間関係はうまくいく。ということを学校や親、世間から学んでみんな大きくなるんだから。息子が行ってた飯能の自由の森学園だって、クラスの親たちはみんな仲良くが好きだった。日本人は本当に民主的な関係を欲しているのかしら。ベ平連の人たちも本当はどうだったのかしらね。

　私の場合、自分はリーダーなんだと、もっと自覚したらよかったのかも。女一般の解放を考えてリブしたわけではなく、あくまで自分が解放されたくてやっただけ。そういう動機ではみな横一列並びだと思ってた。また男が上、女は下という上下関係に怒ってリブを始めたわけだから、そういう意味でも最初から横一列並びが当然だと。そう思ってれば、自然に横一列になれるもんだと思いこんでたのね。いわばここが間違いのもと。

　そもそも私が言いだしっぺではじまったグループで、それもあって、どんどん私中心にことが動くようになっていった。そうなったらリーダーにほかならないのだから、その自覚を持たなきゃならないのに、気持はあくまで横一列で行きたがってて……。それゆえリーダーなら当然配慮しなくてはいけないこともあるのに、それができなかった。

上野　私は、自分が研究者になった選択はよかったと思ってる。どうしてかっていうと、個人プレーの仕事だから。

田中　私はやっと、いろんなものを潜り抜けて、私の場合グループは組まないほうがいい、組みたくない、グループになると浮いてしまって寂しいってことに気がついた。

上野　集団の呪縛ですね。

田中　頭ぶつけないとわからない、平場の関係がいい、そうできて当然とかの思い込みがあると特に。

上野　当時、リブセンとよく似たコレクティブが日本各地にできましたが……

田中　ほかのリブグループはどんな感じだったのかな。もっとも私たちのグループは一番しんどいところを引き受けていて、常に持ってる力以上のことをやらなくてはならず、仲間との関係をジックリ作っていく余裕もなかったわけだから、簡単には比較できないし、またしてもらいたくないけど。

上野　解散の仕方がどこもスッキリしない。理想を掲げて集団を作って、誰かが祭り上げられて、カリスマになってしまったら、あとはふたつにひとつ。ひとつはリーダーが統制をかけて異端分子を排除していく……

田中　それが連赤。

上野　もうひとつは下位の人たちがリーダーを突き上げて、不満がいっぱいわらわら出てきて分解していく、そのどちらか。リブセンはどうなったんですか、一九七四（昭和四九）年には？

田中　連赤のあとに私の慢性腎炎がひどくなって、肉体的にも精神的にも限界に。で、もはやこれまでとメキシコに飛んで、ハイ、さようならになってしまった。わらわらが出てきたのは、私がいなくなってからです。

上野　あなたが抜けた時には、中心にいたんでしょ？　あなたが抜けると言ったときのまわりの方の反応はどうでしたか？

田中　連合赤軍ショックと慢性腎炎でヨレヨレ、もう私は心ここにあらずの人になっていたからね。メンバーは、それぞれ有能な人たちだったから、私が抜けても、どうってことなかったんじゃない？

上野　糾弾されなかった？　ふーん。じゃ、内部はもう解体してたのかしら？

田中　いや、残ったメンバーでリブセンターは一年くらい続いたよ。リブニュースも一回出たし、ミューズカル●6も何回か上演されたみたい。私が書いた台本を一部手直しして。

上野　「リブの田中」と呼ばれるのはともかく、「田中美津のリブセン」と呼ばれるのは、仲間の女性たちにとっては我慢ならないでしょう。

田中　たぶん「リブの田中」も、「田中のリブセン」も両方ダメだと思うよ。

上野　何で？

田中　田中にばかりライトがあたって、自分たちが影になってしまった。それはリブの理想からいってあってはならないことだ、と。横一列並びじゃなかったということで、未だに何人かの人はひ

『リブニュース——この道ひとすじ』創刊号、一九七二年九月三〇日

●6——ミューズカル「おんなの解放」。リブ新宿センター運営グループを中心に「ドテカボ一座」が結成され、全編喜劇のミューズカルが作られた。女らしさの呪縛や男社会の滑稽さ、子殺し、買春ツアー、アジアへの経済侵略等をテーマに、一九七四年一月渋谷の天井桟敷にて初演。翌年三月までに、各地のグループや大学のサークルに招かれて十数回公演する（その後第二期ドテカボ一座が結成され八〇年まで公演を続けた）。当時8ミリで撮影されたものが二〇〇五年にビデオ化され、現在販売されている。
　画質は粗いが、三〇余年経ても十分笑えるミューズカルに驚く人が多い（入手先：「ドテカボ一座のビデオを見たい会　dotekabo-info@

どく怒っている。
　田中だけがいい目を見たと思っている人もいる。勿論全員がそう思ってるわけじゃなくて、たとえば米津さんとは今でもとっても仲良し。彼女は当時最も私の近くにいた人で、私ががんばれたのは彼女の支えがあったから。いつもビラを書くと一番に彼女に読んでもらっていた。私にとってはホントに大事な人で。でも米津のほうは長い間私に会いたくなかったし、書いたものも読みたくなかったんですって。
　表が自分のために、この男社会を変えたいと本気で思っている私だとすれば、裏は穢れてる自分を浄化したいという欲求につき動かされて、ひたすら世のため他人のためになることをしたいという阿修羅のような私だったからね。そう思うと、米津さんをはじめ、リブセンの皆さん、ホントに申し訳ありませんでした、と。
　でもその一方で、トラウマも時に役に立つのよって言いたいところもある。阿修羅みたいなのがひとりいなけりゃ、あのとき一歩も引き下がらないで、「私たちこそ未来だ！」と主張し続けるなんてできなかったもの、メディアからは袋叩き、頼みの新左翼にもバカにされるような状況の中で。

上野　「リブの田中」っていうのは、あなたが自分からそう名のったわけじゃなくて、メディアがつくりだしたシンボルですよね。

田中　そう、私もリブのひとりに過ぎないのに。阿修羅のリブだったけど。

上野　美津さんはそう思っていても、本を書いたことの効果とメディアがあなたをフレームアップした効果がある。あなたが自分でそう名のらなくても、結果としてそうなっちゃう。

田中　メディアによってフレームアップされることの、羨ましいところとかわいそうなところの両方を見てくれたらいいんだけど。

上野　経験しないとその両方は味わえないから。

田中　「リブの田中」って言われて何か私が得したことがあるかって。普通の男はまずパーッといなくなるし。本当にロクなことなかった。常に色眼鏡で見られるし。

上野　社会現象って個人の気持ちやコントロールを超えるでしょ？　「リブの田中」はメディア現

mail.goo.ne.jp)

一九七六年。メキシコシティーにて。(右から)妊娠中の田中美津、米津知子。

象になってしまって、あなた自身にも責任が取れないことに周囲の人たちがいろんな感情を抱く。そのことはどう思う？

田中　頭にくるけど、知らなければ平気よ（笑）。

上野　不当だと思わなかった？

田中　あのね、人間話しあえばわかるっていうけど、わかるって、すでにわかってるからわかるのよ。

上野　うん、そう。

田中　わかってない人にいくら話しても難しい。

上野　自分の中にわかるタネがある人だけがわかる。

田中　私たちが突出することによって、地方のリブは、時間的エネルギー的な余裕を持ち得た。扇ぎつづけるということをしないですんだからね。私たちもつんのめって運動してなかったら、もっと落ち着いた関係を持てた。映画を見に行く、おいしいものを食べに行く、お互いに悩みを語りあうといったこともできた。

　そう思うと今でもとっても切ない。いい関係を作るって体力や時間的余裕あってのことなのよ、主体性なんかより。

上野　それに、才能もある。あなたはやっぱり、言葉の才能が突出してると思います。それは否定しないでもいいでしょ。

田中　政治も運動も言葉だからね。言葉で人は動かされていく。言葉に力があるっていうことを責められてもどうしようもない。でも言葉の才能が突出してるっていいことばかりじゃないと、もっと自分でわかってたらよかった。

上野　八〇年代には、私はあなたと似たことをよく人から言われた。商業主義フェミニズムのA級戦犯と言われたけれど、私はケツまくってますから、悔しかったら同じくらい売れてみろ、って。

田中　私みたいな言葉を持ってみろ、って。

上野　だから何でそう言わないの？

田中　私も言ってる。私が突出することで、いい思いもしたはず。そのことは考えずに、一方的に被害者だと言い募るのはフェアじゃないよって。なんせ私を糾弾する一方で、「あんな昔から私はがんばっていたのよ」と言いたがる人もいて……

上野　一九七九年にメキシコから日本に帰ってき

てからは、運動や集団に関わりを持たないようにしてこられましたね?

田中 そうでもない。たとえば〈女は夏に冷え症になる〉ってことを広めたくて、「冷え症撃退ビバ!」というグループを作った。『自分で治す「冷え症」』という本を書いたら売れたので、その印税を使って、三年間だけと期限を切ってやった。電車や役所の過剰冷房を調べて改善を要求したり、いろいろやった。冷え症の問題がメディアに頻繁に載るようになったのは、この運動の成果だと思う。

またそのころまだ世に知られてなかった奄美の島唄にハマって、「島唄を聞きたい会」というグループも作った。元ちとせ❖さんなんかが有名になる前ね。これまた三年間寝食忘れてライブを開いた。

上野 それでもリブの再編のようなことはしないようにしてきましたね。そのときの教訓から?

田中 そう、いずれの活動も過去の失敗を生かしたから。どんな目的で、どんなことを、どんなふうにやりたいか最初に話して、それでいいから一緒にやりたいと言ってくれる人がいたら、一個のボールを、みんなで落とさないように上げるために、一人一人が自分の一番得手のところで関わってねって。皆で同じことをするのが平場になることだという思い込みは完全に捨てて……

上野 今度はリーダーになることを最初から引き受けた集団作りだったんですね。

田中 そう、なにごともやる気になったら最後、寝食忘れて熱中するほうだから、どうしても突出して、そして浮いてしまう。浮いてしまうことは寂しいことだけど、そうなってしまう自分を諦めるというか、受け入れられるようになったから……

上野 経営者になることも?

田中 そうね、冷え症撃退の運動も、治療院のスタッフとの関係も似たようなもので、私的には寂しさを引き受けたところからスタートしている。

上野 じゃあ、運動系の集団に近づかないようにしていた?

田中 ほとんど近づいてない。

上野 自分でそういうふうに意識して自制してき

『新・自分で治す「冷え症」』マガジンハウス文庫、二〇〇八年

❖元ちとせ 一九七九〜。歌手。

たということ?

田中　ううん。別に意識はしてないけど、いろいろ痛い思いした果てにやっと、私ってグループを作らない方がいい人間なんだということに気がついたのね。グループを作らないほうがいいし、また必要としていない。

上野　必要としなくなったんですね。

田中　そう、必要としなくなった。なんとかひとりで立てるから。

●リブの達成したこと／達成しなかったこと

上野　リブが何を達成して、何を達成しなかったのかを、後から振り返ってどう思うかとお聞きしたいです。

田中　達成したことなんて、ないんじゃないの。すべてはｉｎｇ（現在進行形）だもの。

上野　メッセージが届いたかなっていう感じはあります?

田中　まあ、届いたような気もするけど。

上野　届いた感はない?　手ごたえはありますか?

田中　私が発したメッセージって、グループを作りたい人たちより、グループは嫌だと思ってる人たちに届いているような……。

上野　両方あると思う。あなたのメッセージを受け取ってグループを作った人もいるし。

田中　そうかなあ。

上野　それから、言葉を送り届けたってことはすごいこと。地方に散らばって孤立していて、蛸壺《たこつぼ》の中に入ってた人にも届いたと思う。声だったら目の前にいる人にしか届かないけど、文字なら遠くにいる人にも届く。それに世代の違う人たちにも、今でも届いています。

田中　リブ始めてスグのころマスコミから年を聞かれて「二六歳です」と。ほんとは二七歳なのに。ああなんてヤツだと自己嫌悪したけど、一歳でも若く見られたい自分もいていいんじゃないか。男や世間がよしとする女のふりをしてると、自分が「どこにもいない女」になるような気がして、その空虚さが厭でリブに決起したのに、リブの旗掲げた位で、年なんて気にしない毅然とした女になったら、またまた「どこにもいない女」になってしまう。

「若く思われたい私」と「年なんてなによの私」。この二つの「私」でリブをやっていこう。○か×か、右か左かではなく、○も×もでいこう。そうでないと自由でなくなるし、自己解放を願いつつ、偽善の人にもなってしまうから。という私のメッセージはいまだに運動してる人たちに共有されてるとは思えない。

　もっとも運動って、クロはダメ、シロがいいと主張するためにやることが多いから、それを担う人たちもとかくクロかシロかになってしまうのよね。私が運動というものに距離を置くようになったのは、そのことも大きく関係している、平場の関係を作る難しさだけでなくね。

上野　結婚しているフェミニストは？

田中　全然いいんじゃない。

上野　全然いい？

田中　人によるもの、どういう結婚かは。

上野　結婚も許容範囲ですか？

田中　だって「結婚している女一般」を生きてる人なんて、どこにもいない。知り合いの夫婦はNHKを辞めた夫が専業主夫してるし。私にとってはいつだって好きな結婚と嫌いな結婚があるだけよ。

　それに人には楽を選ぶ権利があるし。私だって、主義主張から「未婚の母」になったわけじゃない。あの男と一緒に家庭作るんなら、まだしも未婚の母になるほうが楽だと思ったからそうした。だから結婚が楽だと思う人はそうしたらって思う。

　でも結婚って、たぶん楽じゃない。だっておじいさんが死ぬと、おばあさんたちはみんな若返って元気になるもの。あれが何よりの証拠。しかし何事も体験しないとわからない面がある。だから結婚したかったらして、「ダメだ」とわかったらさっさと離婚して敗者復活戦ができるような世の中を皆で作っていけばいいんじゃないか、と。

上野　それって、林真理子さん❖と同じようなネオリベ（新自由主義者）の言い分に聞こえる。

田中　そうなの？

上野　自己決定・自己責任だから。主婦になるのは全然ＯＫ。だけど選んだあなたは自分の選択に責任持てって。

一九七六年八月。メキシコシティーにて。生まれたばかりの息子を抱いて。

❖**林真理子**　一九五四〜。小説家。『不機嫌な果実』など。

田中　でも、人って何かを選ばなきゃ生きていかれないじゃない。それに他人の分まで責任は負えないけど、自分が選んだ人生の責任は、自分が引き受けていくしかないんじゃない？

上野　林真理子さんも同じこと言ってる。林さんもフェミニスト？

田中　たぶん違うと思う。でも林真理子とそこのところは同じでも、すべて同じかどうかはわからない。林真理子は好きか嫌いかと言われたら、好きじゃない。それははっきりしてるけど、ネオリベと同じよって言われてもね。「上野さんみたいな方がレッテル貼りするなんて」と思うだけよ。

レッテル貼りはダメ、人の思考をストップさせるし、時に恫喝にもなるから。

上野　ちょっと挑発してみた。昔は一夫一婦制が癌だって何度も繰り返しておっしゃってますよね。

田中　癌っていうか、人々の意識を縛っているという意味では諸悪の根源よね。性否定文化の源。

上野　結婚願望は、今でも若い女性の間ですごく強い。フェミニズム業界にも既婚の女性はたくさんいます。時々、小倉千加子❖みたいな人が、「嫌いなものは、結婚しているフェミニスト」って一言言っただけで、地雷をふんでぼこぼこ叩かれる。

田中　叩くのは、結婚しているフェミニストでしょ。結婚してることに引け目があるのかも。

上野　小倉さんは間違っているとは言ってないのよ。嫌いって言っただけ。それだけで抑圧的だって非難を受ける。たぶん小倉さんを抑圧的だと言う人は、それを抑圧だと感じるような後ろめたさを自分が持っているからだと思う。

田中　そう、持っているのよ。

上野　小倉さんが抑圧したわけじゃないのに。

田中　小倉さんってすごい。嫌いだってなかなか言えないよね。女性学の学者だって、ほとんどの人が結婚してるんでしょ？　結婚してるフェミは嫌いだって言い切ったら、フェミ業界は急にシーンとしちゃう。はは、ヤバいなぁ。

◉「リブ」と「フェミニズム」の関係

上野　リブとフェミの関係と言うこと自体が、「リブ」と「フェミ」というのを二つに分けていることになりますが……

田中　そう、でもそういう言い方で言わないとわかりにくい場合と、そう言わないほうがいい場合とがある。

上野　美津さんはフェミを戯画化していると思う。

田中　あ、そう?

上野　たとえば、リブとフェミの違いはセクハラ受けたときにバシっと叩き返すのがリブで、「それはね、セクハラっていってね」っていうのがフェミだとかいう言い方するじゃない。

田中　でも、それって結構言い得て妙の類いじゃない?

上野　美津さんもそういうレッテル貼りをしてると思う。「〈川に（すすんで洗濯に）行ってしまう私〉をフェミは問わない」っていうのは、誤解。どうしてかって言うと、フェミニズムの中から出てきたジェンダー研究――「ジェンダー」って言葉はフェミの中から出てきた言葉で、今は美津さんだって使ってる――から出てきた大きな成果は、女性はたんなる被害者じゃなくて能動的な行為者だということ。

田中　加害者でもあると。

上野　そう。それなのよ。

田中　でもリブも、韓国や東南アジアで売買春に走る夫を支えているのは「からだだけの関係にしてね」と思っている妻だと、早くから指摘してたよ。

上野　研究業績がたくさん蓄積されてきて、今では、女に選択肢がなくていやいや主婦になったとかいう言い方はもう通用しない。

田中　あなたの周りではそうなんでしょうね。でも、普通は「ひとりより、結婚するほうが楽かも」っていうくらいの気持ちで、「とりあえず結婚」してるのよ未だに。結婚してる人の四分の一は「できちゃった婚」だそうだし。「川に行ってしまう私」って、世間や親から刷り込まれたままに、無意識に行動してしまう自分を言ってて、国際婦人年以降の運動を考えた時に、「近くに夫がいるのに電話が鳴ると出てしまう自分」を意識化することなく、外では「ワタシ、作る人、ボク、食べる

❖小倉千加子　一九五二〜。心理学者。『結婚の条件』など。

人」を問題にしたということはないんだろうか。

上野　キーセン観光反対とか、慰安婦問題をやってた人たちの中にだって……

田中　そういう人たちだって、自分と夫の関係性は棚にあげてやってきた？

上野　そう。でも、そうじゃない人もいる。

田中　だからそうじゃない人もいるってことを、私はちゃんと言わなきゃいけないのね、わかった。

上野　若い女性の研究者たちが摂食障害の研究をやってる。その人たちには、自分の中に苦しんできた当事者性があるんだ。私はなぜ食べ吐きしてしまうんだろうって。女らしさに抵抗しながら飲み込まれていって、引き裂かれていく自分を、言語化しようという切実な研究を彼女たちはやってる。そういう中から、ちゃんと研究成果が出てきてるのよ。

田中　研究成果を知るには、何読めばいいの？

上野　いろいろある。今は総論より各論。少女マンガとかやおいとか、摂食障害とか、いろんな研究テーマで論文が出てます。

田中　男との関係が難しくなる理由って、男が暗い顔してると、自分が至らないからじゃないかと思って……というより、そういうふうにしか思えなくて、それで気を使ったり、早く帰るように努力したり、夫の好むことしかやらないようにしたり。で、そんなふうに「川へ行ってしまう女」をやり過ぎたあげくに、相手が次第に憎くなる。つまり意識は自立した女なのに、なぜか自由に自分を生きられなくて苦しむ。問題はそこよね。

上野　すごく引き裂かれてるからね。

田中　引き裂かれてる。

上野　学問も時々は役に立つ。そういう問いをちゃんと分析して言葉にするっていう研究をしている人はちゃんと育ってる。学問をそう馬鹿にしないで下さい。

田中　いや、馬鹿にしているなんて。フェミニズムの運動としてそういうのあるの？

上野　自助グループはいっぱいあります。❖ＮＡＢＡとか。

田中　ＮＡＢＡか、ＮＡＢＡには私も二〇年くらい前から関わっている。でも代表の❖鶴田桃エさんとか一部の人はともかく、グループ全体としてはフェミニズム運動やってるという意識はないでしょ。私を講師に呼ぶくらいだから、もちろん関心はあると思うけど。もっと自覚的な、たとえば男女共同参画社会を目指して活動しているグループは、「川へ行ってしまう自分」を問題にしてきたのかしら？

上野 そりゃみなさん、いろんな葛藤抱えてますよ。一方で男女共同参画を唱えながら、家に帰って、せっせとご飯作ってしまう私に、引き裂かれてないとは限らない。

田中 引き裂かれていても、そういうことは個人的なことで、取り組むべきは権利の獲得、法の改正……というように、国際婦人年以降再びなってこなかったかということを、私は問題にしてるのよ。リブは、いわばその対極にある運動だったから。

避妊の相談や離婚したい女に弁護士を紹介したり、優生保護法改悪に反対して国会に馳せ参じたりと、私たちも三六五日いろいろやったけど、でも本音のところでは女性解放一般なんてどうでもよかった。いや、どうでもというのは言い過ぎだけど、私たちは世間や男のまなざしに怯えて縮こまってる自分を救いたい一心で、がんばっただけ。

ミューズカル「おんなの解放」で「私が変われば世の中変わる、世の中変われば私が変わる」と歌ったけど、自分がどう女らしさに自縛されているかという問題、それは決して個人的なことではないから、私が変わることと、世界が変わることを同時に視て行こうとしたわけね。「女は川へ行かねばならない」という外側からの強制と、「自ら川へ行ってしまう」という内側の自縛は実は表裏一体で、だからあなたが変わることが世界を変えることにつながるんだよ、とリブニュースやミューズカルで訴えた。また、「乳母車は駅構内や電車内では使用禁止」という国鉄（当時）に対して抗議活動をしたりと、多彩にがんばった。それに比べるとフェミニズムの運動って、メーリングリストなどを見る限り署名と集会、院内抗議活動と講演などに集約できるような……。

世の動きにこだわるのと同じくらい自分自身にもこだわっているのなら、もう少し多様な運動が生まれてもいいのにって思う。リブに興味を持つ

❖**NABA** 日本アノレキシア（拒食症）・ブリミア（過食症）協会。摂食障害の自助グループ。
❖**鶴田桃エ** 一九六二〜。NABA共同代表。

若い人が今でも結構いて、その人たちが言うには「フェミの運動って退屈なんです」って。リブにくらべると、フェミニズムはたしかに少し退屈かも。言葉も難しいし。ま、私たちと違って、学者主体の運動だからしょうがないと思うけど。

上野　それはそれでやっている人たちがいる。バンドやったり踊ったり。

田中　それフェミの運動としてやってるの？

上野　残念ながら研究者にはいない（笑）。歌って踊っての芸がないから。

田中　今はもう、リブやフェミニズムなど知らなくても、その先に行っちゃってる女たちがいっぱい出てきてるよね。運動だけが世の中変えるわけじゃない。だからここでは問題を限定して、八〇年代以降「川へ行ってしまう女」の問題はフェミニズム運動の中でどんなふうに取り上げられ、また表現されてきたのかということを聞いてるんだけど、そこが私にはよくわからない。

上野　攻守逆転しましたね、運動に興味のないという美津さんが……

田中　前から聞きたいと思ってたのよ。

上野　誰でも葛藤を抱えて生きてます。女性の内面の葛藤は、フェミニズムの重要な主題になってきました。そんな単純に主義主張を唱えてきたわけじゃない。初期には雨後の筍みたいに地方にグループがいっぱいできて、そういう人たちが自分の問題を語りあう自助グループみたいなのを作ったり、パフォーマンスやったりするという動きは山のようにありましたよ。

田中　リブたちの一番の不満なり疑問なりはたぶん、〈個人的なことは政治的なことだ〉という考えが、国際婦人年以降は片隅にやられてしまって、自分を変えるということと世界を変えるということが運動の中でどう連動しているのか見えてこなくなった、ということにあると思うのね。

上野　そうだろうか。爆発的なエネルギーではないかもしれないけれど日常的な活動は確実に拡がった。制度化されたっていうこともあるかもしれないけど。初期の頃は女が蛸壺から這い出るみたいにして集まった時代ってあった。それが女性センターが講座作ってくれて、ただで講師雇ってくれて、そこに出てきた主婦の人たちが赤ちゃん預けて勉強して、みたいな動きが、全国に生まれた。その人たちの中から、劇団作りましょうとか、リサイクル事業やりましょうという動きも出た。たとえば一九九五（平成七）年の北京会議のＮＧＯフォーラムでは、日本の女のパフォーマンス能力と情報発信力の水準の高さは決して世界に引けを取らないと思ったもの。

田中　どうしてそれが北京だけなの？

上野　北京は草の根の日常的な活動の成果。それだけがあったわけじゃない。リブみたいに目につく活動をすることはないかもしれないけど、地方では地道な活動をする人たちがたくさんいました。京都で「女のフェスティバル」をやった時も小さなグループが三〇〇くらい集まった。ものすごい熱気よ。その人たちは学者でも何でもない。美津さんの目につかないだけで、そういう人たちは、草の根に山ほどいる。

田中　じゃあ、なぜ退屈なんだろう、運動としてのフェミニズムって。

上野　美津さんには退屈かもしれないけれど、派手さはなくても、やってる人たちにとっては切実だし、重要な意味を持ってる。美津さんたちの時代には、美津さんたちのやっていることがメディア現象になりえた。花火が上がったみたいな現象を遠くから目にすることができた。それにあなたが言うように、リブセンは全生活を巻きこんだ非日常的なイベントだったんでしょ。草の根の活動は、もっと暮らしに密着していて日常的。珍しくなくなったから誰も報道してくれない。たとえばＤＶシェルターとかフェミニストカウンセリングだって、関係者は昔よりも増えて日常化したから、新聞ネタにもならない。

田中　いや、時代性もあると思うけど、リブ運動に参加してた女たちは、より今に生きてたんだと思う。世の中がどうであろうと、この今、この私が惨めであってたまるか！　という思いはみな強烈にあったから。

　自分と世界をカクメイする、つまり自分のぐるりのことからつなげて世界を視て行く、変えて行く。そうでないと、自分ひとりも解放できない解放運動になってしまう。世のため他人のためにがんばって立派だけど、あんまり幸せそうじゃない……というような人や運動が多すぎるから、そういうものにはなるまいと、私たちは最初から思っていた。そういうところがいまどきの若い人たちを惹きつけているんじゃないかしら。

上野　そこは美津さんの偏見だと思う。女の活動から事業を起こしていった人たちは、夢中になって退屈してるヒマなんかなかったし、それを通じて自分の家族も地域も変えていった。あなたの目からは退屈そうに見える研究だって、新しい主題が次々に現れてみんな夢中になってワクワクしながらやってきたのよ。フェミニズムになってから退屈になったというのはあなたが退屈になったっていうだけで、現場にいる人たちにとってはそうじゃなかった。

◉フェミニズムが達成したもの、達成しなかったもの

上野　それじゃリブじゃなくて、フェミニズムが達成したもの、達成しなかったものに話を移しましょうか。

田中　フェミニズム？

上野　そう。リブだけじゃなくて、リブが始まった七〇年代からもう四〇年間経ちましたね。四〇年間の間に変えようと思って変わったこと、変えようと思ったが変わらなかったことって何だろうか。

田中　変えたいと思わなかったのに変わったこと。

上野　そうそう。それも入れて、その三つ。

田中　そりゃ大変だ。俯瞰《ふかん》したり分析することに私って関心ないから。うーん、まず変えようと思って変えたこと。国際婦人年以降に引き継がれ、変えることができたっていうことはすごくあると思う。

上野　どんなことを評価する？

田中　たとえばさ、外側から押し付けられるジェンダーの問題に関しては、ずいぶん違ってきたと思うよ。「ワタシ、作る人、ボク、食べる人」という形でわかりやすく問題化して、ああいうことが世間のまな板に普通に上がるようになった。国際婦人年という後押しがあったとしても、あれはすごく大きいことだと思う。ただしつこいようだけど、では「自分と夫の関係」を変えていくことと、「世の中変えていくこと」とは同じように大事、という意識が育ったかというと、その点は疑問があるけど。

上野　それから？

田中　私そんなに知らないのよ。

上野　セクハラとDVについての認識の変化は大きいと思いません？

田中　そうだ、セクハラやDVも大きいよね。

上野　痴漢も犯罪になったし。

田中　セクハラが悪いことだと広まった裏には、運動だけでなく、弁護士の角田由紀子❖さんあたりが突出してがんばってくれたおかげもある。彼女はなんせセクハラ裁判一〇戦連勝の人だから。

上野　そうですね。でも彼女個人が闘っただけでなく、仲間たちがいる。

田中　とにかく国連のバックアップが大きかったよね、いろんな意味でね。

上野　うん。それ、認める？

田中　国連が後押ししたから、リブと違ってフェミニズムはお役所も支援するしっかりした女性運動だということで、参加しやすくなり、裾野が一挙に広まった。それはいいことだったんじゃない。

上野　政治的には動きやすかったですね。そのおかげで各地に女性センターが次々にできましたし。

田中　それに従軍慰安婦の問題も本格化したし。これもよかったことのひとつよね。ただ従軍慰安婦やDVやその他エトセトラの問題のほとんどが、七〇年代にすでに気づき問題化されていたことなのよね。〈韓国に行ったらキーセン観光〉という男たちを問題化しようと、リブの女たちは空港でビラまきしたり、夫の暴力から逃げてきた女性のシェルター作りに取り組んだりしてたから。

　そういう意味では八〇年代以降のフェミニズム運動を見て、「おおー、こんな視点が、運動があったか」という驚きは、私にはない。ただ運動主体の問題を抜きにすれば、私たちが取り組んでた問題の多くがその後フェミニズムに引き継がれ、深められ、より世間に広がって、その結果右寄りの人たちを不安に陥れて、フェミ憎しのバックラッシュに走らせるまでになったわけで、「やったね！」って一緒に喜びたいわ。

上野　そう思ってもらって嬉しいわ。「川に行ってしまう私」はなくなってないけど、現実は確実

❖**角田由紀子**　一九四二〜。弁護士、性暴力裁判全国ネットワーク共同代表、NPO法人女性の安全と健康のための支援教育センター代表理事。『性差別と暴力——続・性の法律学』

に変化してる。たとえば、結婚願望は高いのに、結果として、想定外にシングルが増えた。「川に洗濯に行かない」ことを選んだ女たちは例外とは言えないぐらい増えたよね。

田中　誰のことを指してるの？

上野　香山リカさんとか酒井順子さん。男に尻尾振らなくてもすむ人生を選ぶ女たち。その選択肢ができた。

田中　そう、スキルを持って自分の給料だけでやっていかれる人たちが多くなったよね。

上野　もう例外とは言えない。私の世代では、結婚してない女は極めて例外的でした。

田中　肩に力を入れて独身を貫こうと思ってるわけじゃなく、軽やかにひとりを生きる人たちが増えた。

上野　なし崩しシングルで、結果として非婚を通してる。

田中　男もそうなりつつある。

上野　だから、どうしても結婚しなければというふうに思わないですむ。願望はあるけれども自分の願望の水準は下げないで。

田中　そうだけど、願望どおりにいかない自分に気づいて起きる葛藤も多くなっている。あれ、何で私ってこうなの？　本当はノーって言いたいのに愛想よく笑っている私って何？　といったまわりや男とうまくやるために、無意識に自分を裏切ってしまう……ということから来る葛藤はあまり変わっていないのではないか。私が言ってる「川へ行ってしまう私」って他者から承認されることなしには自分を肯定できないという根深い問題につながっている。殴られても別れられない若い人たちのデートDVも、その問題が根っこにあると思う。

上野　葛藤はあっても葛藤の形が変わってると思う。望まないのに変わってしまったものについていうと、いまどきの学生を見てて思うのは、自傷系の女の子が多いこと。痛ましいね。

田中　そう、もうかなり前からの問題だけど、今では普通に見聞きするような問題になってしまってて、家ではいい子やってきて学校の成績もいいというような子が多いのが特徴だね。

上野　そのぐらいだったら、非行でも援交でもアクティングアウトしたほうがましだと思う。攻撃性を向ける対象が見つからないから自分に向かうしかない。

田中　そう、でもあれって快楽につながっているから引き剝がすのがとっても難しいんだよね。

上野　本人はすごくつらい思いをしています。

田中　依存症って、苦痛であるとともに快楽という二面性を持っているのよ。自分に鞭打つ行為を通じて、「私みたいなものも生きてていいんだ」という安堵を手に入れる。

上野　自分を傷つける快楽より、他人を殴る快楽のほうが、快楽という意味ではシンプルな快楽だと思うけど。

田中　ウーン、外に自分を表現しないで、内側に向かってしまうのは、他人の評価やまなざしに怯え、もう一度胎児にもどりたいという願望あってのことかもしれない。

上野　それが強くなった感じがするな。見た目よい子に、ものすごい鬱屈があって。うちの女の子たちもそう。

田中　「うち」って?

上野　東大よ。女の子はリスカ❖と食べ吐き。男の子は引きこもりと対人恐怖。

田中　親子関係はどうなの?

上野　いろいろだけど。わりと干渉的な親で、手のかかった子供たち。

田中　いやぁ親って誰でも本心では「いい子」が欲しいのよ。私もそうだったもの。仕事持ってると、優先順位の一位に子育てを置くことがなかなかできない。成績が悪いとか先生の言うことをきかないような子は、手がかかるし、親に葛藤をもたらすから、それで「こうしなさい、ああしなさい」とつい頭から押さえつけてしまう。いい奥さん、いい母親と思われたい、他人の評価が気になる不安の強い親ほどそう。

上野　そういう抑圧的な家庭で育った子供たちは、昔は反抗とか非行とか、目に見えてわかりやすい逸脱に走ったじゃない。

田中　今はそっちにはいかないんだよね。

上野　今は、仮面よい子のまんま、自傷にいくのよ。そちらのほうが痛ましい感じがする。

田中　痛ましいし、切ない。

❖**香山リカ**　一九六〇〜。精神科医。『結婚がこわい』など。
❖**酒井順子**　一九六六〜。エッセイスト、コラムニスト。『負け犬の遠吠え』など。
❖**デートDV**　結婚していない男女間での暴力行為。
❖**リスカ**　リストカット。手首を切る自傷行為。

上野　次に、望んだけど得られなかったものは？

田中　フランスのように未婚で子供を産み育てるということも自由に選択できる社会、そのための公的なサポートは望んだけど未だに十分には得られてないことのひとつです。サポートがあれば、日本でも未婚で生む人はけっこういるハズ。夫より子どもが欲しいという人多いもの。少子化を何とかしようとしたら、そんな社会にするしかないのに、未だに男の政治家たちは「伝統的な家族」を復活させたがっている。

　すり切れるまで働くのではなく、余裕をもって男共々家事・育児に関われるような社会が欲しい。女たちが望むそんな平等はまだまだだよね。男女雇用機会均等法も全部悪いわけではないけど、男並み平等という方向を強めたことは事実。総合職なら残業も男並みにやれという。若い男たちの給料を女並みの安い給料に近づけるということにも利用されてきた。つまり企業も国際婦人年をうまく利用したわけです。これは私たちが望んでたことでは全然ない。

　育児に参加する男も増えているようだけど、一般に男たちは、女たちが変わったほどには変わってない。リブやっていたころからすでに彼らは「裸の王様」だったけど、今はよりそうなっているような。女たちには視えているものが、男たちには視えない。それゆえ男が身近にいることが、女の幸せの条件じゃなくなってる。

上野　酒井さんの『負け犬の遠吠え』が流行っちゃうという背後には、「女には、自分の努力と能力で獲得する価値と、他人に選ばれることによって獲得する価値の二つがある。今の女には両方ともが必要」という認識。後者の他人つまり男に選ばれる価値の方が高く評価されるから、負け犬論争が起きる。男に選ばれなきゃいけないって、すごいプレッシャーを感じてるから。

田中　でも、勝ち犬になったところで、そのままじゃ一生涯、他者から承認されないと自分が存在してないような不安に苛《さいな》まれていくわけでしょ。

上野　酒井さんの対極にあるモデルが中村うさぎ❖さん。だからあんなに共感呼んでる。彼女は一生涯承認を求めながら、走りつづけてるイタい女のシンボル。

田中　だから、勝ち犬もたいして幸せじゃない。

上野　だからと言ってそれを投げ捨てられるかっていうと、投げ捨てるのはもっと怖い。選ばれてもストレスがたまるし、選ばれないみじめさにはもっと耐えられない。

田中　自分が自分をよしとするって体ぐるみの問題だと思うのね。うさぎさんに会ったことないけど、会わなくてもわかる。彼女、絶対体調よくない人だよ。体調がおかしい人ほど、不安や怒りや厭世感が強くなるもの。

　一億総半病人時代と言われたのはもうだいぶ前のこと。今じゃ健康な人を見つけるのが難しい。病気じゃないから健康、ってわけじゃないからね。そういうことと、依存症が増え、心身症が増え、自殺が増え、不安故に他者から承認されたい願望が強くなってる、また承認されない自分を憎み、してくれない他者を怨んで、遂には誰でもいいから殺してしまうエトセトラの事件が起きてることとは、つながってることだと思う。

上野　私たちの時代よりもっとたいへん。男に選ばれるだけでも十分じゃない。それに加えて、自分の努力と能力で獲得した価値も人に証明しなきゃいけない。両方いるの。片方だけでは十分じゃないっていうプレッシャーがある分、今の女の子たちの重荷は重い。

田中　そうだね。昔は男に承認されてれば、それでよかった。今はもっと大変。それだけじゃ素敵な女とは言われない。

上野　そういう価値観の中で育ってくると、自分で自分を責めるしかない。だけど、こんな状況をもたらしたのはフェミニズムじゃありませんよ。

田中　そう、フェミのせいじゃない。病気になっても一番治りにくいのは、自分のために時間やエネルギー、お金を使えない人たち。意味のあることと、世のため他人のためになるようなこと、また自分を認めさせることができる仕事などだとエネルギーもお金も時間も使える。でも自分のためには花一本買えない。外にいるときは溌剌《はつらつ》と、でも

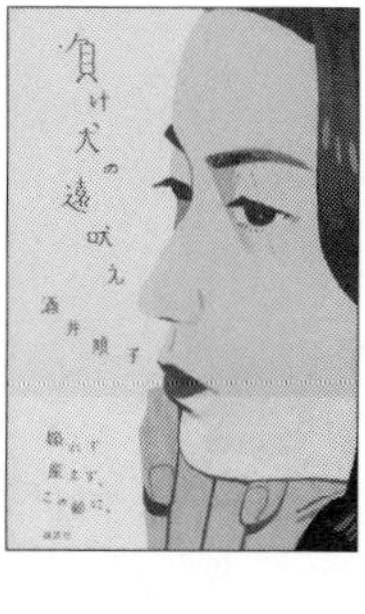

酒井順子『負け犬の遠吠え』講談社、二〇〇三年

❖**中村うさぎ**　一九五八〜。作家。『私という病』など。

うちに帰ってひとりになると虚しさに茫然となる。白立志向の女たちにこの手の隠れ虚無が多いみたいよ。

それもあってか、不安や怒り、虚しさを紛らわそうとして過剰に食べてしまう女たちは、増えることはあっても減る気配がない。だからダイエットは大流行り。また自立して生きるのも大変だから「適当に結婚しちゃおう」という若い女も増えつつある。

男の意識や世の仕組みはそう変わらないのに、女たちは変わった。それゆえ女の自立という光が強くなった分、闇も濃くなってるような気がする。

上野　そうね。子育てのプレッシャーも昔より大きいし。子供がたったひとりかふたりだから子育てに絶対失敗できない。

田中　ヤワラ❖ちゃんがいますからね。母になっても金メダル、みたいなのが。

上野　女でも金メダルを達成できちゃう人たちがいて、達成するための選択肢があるから、がんばらないのはあなたが悪い、ってなっちゃう。

田中　でも、いいと思うものを二つ握ろうとすれば、とかく葛藤が生じる。望んだけれど得られなかったものっていったら、男の承認なんていらないっていう女は、あまり増えなかった。でも、シングルやシングル・アゲインがこんなに増えたっていうのは、それから降りたってことかもしれない。

上野　「おひとりさま」現象が起きましたしね（笑）。

❖**谷亮子**　一九七五〜。柔道家。

年表［一九六一～一九八〇年］

——道場親信

・姜徹編『在日朝鮮韓国人史総合年表』雄山閣、二〇〇二年
・吉川勇一編「ベトナム戦争・ベトナム反戦運動年表（1965年〜1974年のべ平連を中心とした）」小田実『「べ平連」・回顧録でない回顧』第三書館、一九九五年
・城塚登編「年表解説・戦後思潮40年」『世界』一九八五年一二月号
・戦後女性労働運動史研究会編『戦後女性労働運動史年表（1945〜1975）』戦後女性労働運動史研究会、二〇〇二年
・日本平和委員会編「平和運動20年史年表」『平和運動20年運動史』大月書店、一九六九年
・被爆40年と原水爆禁止運動編集委員会編「年表1945〜1985年８月」『ドキュメント1945→1985：核兵器のない世界を No more Hirosima Nagasaki 写真記録』原水爆禁止日本協議会、一九八七年
・法政大学大原社会問題研究所編『新版　社会・労働運動大年表』労働旬報社、一九九五年
・溝口明代・佐伯洋子・三木草子編『資料日本ウーマン・リブ史』全三巻、ウイメンズブックストア松香堂、一九九二〜九五年
・道場親信編「戦後日本思想史年表」コメンタール戦後50年編集委員会編『コメンタール戦後50年（別巻）もうひとつの戦後へ』社会評論社、一九九六年
・道場親信編「戦後日本社会運動史年表1945〜2004」（未発表）
・宮本憲一編『「公害」の同時代史』平凡社、一九八四年
・山根伸洋・柿原泰・大内裕和編「年表　1975〜2000」『現代思想』第二九巻一四号、二〇〇一年

本年表について

1．凡例

①本年表は、「政治・経済」、「社会運動」、「生活・思想・文化」の三つのパートに分かれている。

②事件・出来事等の後の（　）内の数字は、事件、出来事等の期間を表わしている。
（例）7・7　東京サミット（〜9）→7月7日〜9日まで継続

③「生活・思想・文化」内は、下記の順に配列している。
・事件・出来事
・雑誌・新聞の創廃刊
・雑誌・新聞の論文
・新書・文庫の創刊
・単行本（単行本シリーズを含む）　編著者名（姓）の五〇音順

④論文名の後の（　）内は、連載を表わしている。また、単行本、シリーズのタイトルの後の（　）内は、刊行の継続を表わしている。

⑤「『雑誌名』創刊」の後の（　）内は、廃刊の年・月（・日）、および異同である。

2．略称・通称一覧

繰り返し登場する主な団体名等の略称を以下に示す。

沖縄全軍労	全沖縄軍労働組合
原水協	原水爆禁止日本協議会
原水禁	原水爆禁止日本国民会議
公労協	公共企業体等労働組合協議会
国労	国鉄労働組合
社青同	日本社会主義青年同盟
青医連	青年医師連合
全学連	全日本学生自治会総連合
全自連	全国学生自治会連絡会議
総同盟	日本労働組合総同盟
総評	日本労働組合総評議会
炭労	日本炭鉱労働組合
朝鮮総連	在日本朝鮮人総連合会
同盟	全日本労働総同盟
動労	国鉄動力車労働組合
破防法	破壊活動防止法
ベ平連	ベトナムに平和を！　市民連合
マル学同	マルクス主義学生同盟
ASPAC	アジア太平洋協議会
IMF-JC	国際金属労協日本協議会
SALT	米ソ戦略兵器削減交渉

3．参考文献

・新崎盛暉「沖縄同時代史シリーズ年表」『沖縄同時代史』凱風社、一九九二〜二〇〇四年
・飯島伸子編『新版　公害・労災・職業病年表』すいれん舎、二〇〇七年
・岩波書店編集部編『近代日本総合年表　第4版』岩波書店、二〇〇一年
・内海孝・今防人編「戦後史年表1945〜2004年」佐々木毅・鶴見俊輔・富永健一・中村政則・正村公宏・村上陽一郎編『戦後史大事典：1945－2004（増補新版）』三省堂、二〇〇五年
・大沢真一郎「運動のなかの10年・ノート――60年〜70年　やや主観的な資料と年表」『思想の科学』一九七〇年六月臨時増刊号
・鹿野政直『現代日本女性史：フェミニズムを軸として』有斐閣、二〇〇四年

1961(昭和36)年

政治・経済

1・3 米、キューバと国交を断絶
1・8 仏で国民投票、アルジェリア民族自決政策を支持
1・17 アイゼンハワー米大統領、告別演説で「軍産複合体」を批判
1・30 池田首相、衆院本会議で「弱小国並みの中立主義はとらぬ」と発言し問題化
2・14 社会党、「テロ防止法案」作成
2・16 琉球高等弁務官にキャラウェイ就任
2・20 アメリカ国防省、沖縄全基地の維持を要請
2・21 松平国連大使、外務省外交問題懇談会で「国連警察軍への派兵は国連協力の根本をなすもの」と発言、2・23発言撤回
3・6 社会党大会、委員長に河上丈太郎、構造改革論を軸とした新運動方針決定
4・11 イスラエルでアイヒマン裁判開始
4・12 ガガーリン少佐の乗るソ連有人宇宙船ヴォストーク1号、地球一周成功
4・19 米駐日大使としてライシャワー着任
4・21 琉球立法院、代表の国政参加要請を可決
5・4 米、人種差別反対のフリーダムライダーズ、ワシントン出発
5・13 自民・民社両党、政治的暴力行為防止法案提出、62・5・7廃案
5・16 韓国に軍事クーデタ
5・28 アムネスティ・インターナショナル結成
6・3 ケネディとフルシチョフ、ラオス中立化で合意
6・10 韓国中央情報部(KCIA)発足
6・12 農業基本法公布
6・25 イラク首相、クウェート併合を主張
7・25 共産党第八回大会、新綱領決定
8・13 東独政府、「ベルリンの壁」構築開始

社会運動

1・15 長崎造船社研・大正炭鉱共産主義同志会呼びかけで革命的労働者の全国交流会議
1・18 坂本清馬、大逆事件の再審請求
1・21 新島試射場反対支援オルグ九六名上陸、闘争激化(新島闘争)
1・23 貝島炭鉱、合理化反対で二四時間スト
失業と貧乏をなくす国民大行進、3・3東京着
2・10 国労、争議権回復、懲戒処分・刑事弾圧反対などでILOに提訴
2・18 朝日訴訟中央対策委員会結成
3・28 アジア・アフリカ作家会議東京大会(〜30)
3・29 安保改定阻止国民会議、安保条約反対・平和と民主主義を守る国民会議に改組
4・4 沖縄人権協会設立総会
4・28 沖縄復帰協「第一回屈辱の日」祖国復帰県民総決起大会、六万名参加
5・8 山梨県忍野村忍草入会組合、北富士演習場で座り込み開始
5・20 平和経済計画会議結成
6・2 安保反対国民会議、政暴法反対の国会請願、三万五〇〇〇名、以後四波にわたって請願行動
7・8 全学連第一七回大会(〜11)、全自連排除・社学同退場でマル学同単独大会、7・10全自連、全学連再建準備協議会結成
7・19 新日本文学会の共産党員文学者一四名、党に意見書を提出、7・20共産党、党中央を批判した春日庄次郎ほか七名を除名
7 伊江島土地を守る会結成
8・2 総評労働者同志会解散、総評社会党員全国連絡協議会結成
8・8 仙台高裁、松川差戻し審で全員無罪

生活・思想・文化

1・20 東京地裁、サド『悪徳の栄え』をわいせつ文書として、訳者澁澤龍彦と現代思潮社を起訴
1 『現代の眼』創刊(〜83・5)/『朝鮮時報(日本語版)』創刊(〜05・9・16)
大江健三郎「セヴンティーン」『文学界』(〜2)/大岡昇平「『蒼き狼』は歴史小説か」『群像』/三島由紀夫「憂国」『小説中央公論』
大島渚『日本の夜と霧』現代思潮社/岡本太郎『忘れられた日本――沖縄文化論』中央公論社/芝田進午『人間性と人格の理論』青木書店
2・1 右翼少年、中央公論社社長宅を襲い二名を殺傷(風流夢譚事件)
2・12 丹下健三「東京の構造改革計画――明日の1000万都市に備えて」『朝日ジャーナル』
2 佐藤昇「体制の変革と平和共存」『世界』
小田実『何でも見てやろう』河出書房新社/神島二郎『近代日本の精神構造』岩波書店
3・9 福岡県上清炭鉱で坑内火災、七一名死亡
3・15 三島由紀夫『宴のあと』を有田八郎がプライヴァシー侵害と告訴
3 石堂清倫・佐藤昇編『構造改革とはどういうものか』青木新書/憲法問題研究会編『憲法を生かすもの』岩波新書
4・1 国民年金制度発足
アジア・アフリカ研究所設立、所長・岡倉古志郎
4 『国際問題』創刊(〜05・12)/『統一評論』創刊
香内三郎「安保闘争のなかの『ビラ』コミュニケーション」『歴史評論』/『思想』特集「ナ

1961（昭和36）年

8・17 キューバ以外の米州二〇カ国「進歩のための同盟」結成
8・30 ソ連、核実験再開を発表、9・1実験再開
9・1 非同盟諸国首脳会議、ベオグラードで開催
9・18 ハマーショルド国連事務総長墜落死
9・26 貿易為替自由化促進閣僚会議、貿易自由化計画の繰上げを決定
9・30 OECD正式発足
10・17 ソ連共産党第二二回大会（〜31）
10・18 南ベトナムでゴ・ジン・ジェム「非常事態宣言」を発し全権掌握
10・20 第六次日韓会談開始
11・2 日米貿易経済合同委員会（〜4）
11・13 水資源開発公団法、産炭地域振興臨時措置法公布
11・24 国連総会、核兵器使用禁止宣言、アフリカ非核武装宣言採択
11・27 創価学会政治連盟、公明政治連盟と改称
12・12 旧軍人ら内閣要人暗殺計画発覚（三無事件）

8・9 第七回原水爆禁止世界大会（東京、〜14）、「最初に核実験を開始する政府は平和の敵、人類の敵として糾弾されるべきである」との決議を採択
8・14 社会党・総評・日青協・地婦連の四団体、原水協執行部不信任の声明
9・5 東富士演習場での米軍演習に反対して農民決死隊が着弾地点に座り込み
9・9 炭労大会、政策転換闘争方針を正式決定
9 四日市市塩浜地区連合自治会、公害問題で地区住民アンケート
10・7 日本民主法律家協会設立
10・11 春日庄次郎ら、社会主義革新運動準備会結成
10・21 平和委員会、日本平和大会で大衆的基地調査活動開始
10・24 「働かせろ！・食わせろ！」第一回生活保護者全国集会
10・25 旧朝連の財産接収に関し東京高裁で「合憲」判決
11・15 核兵器禁止平和建設国民会議（核禁会議）発足

ショナルなもの――その評価をめぐって」谷川雁『戦闘への招待』現代思潮社／永原慶二『日本封建制成立過程の研究』岩波書店
5 『現代思想』創刊（現代思想研究会、〜11）川喜田二郎「開発工学のすすめ」『中央公論』
6・1 厚生省、国立がんセンター設置
6 『ブレーン』創刊
内田義彦『経済学史講義』未来社／岸上大作『意志表示』白玉書房／森崎和江『まっくら』理論社／『講座・現代のイデオロギー』全六巻（〜62・10）三一書房
7 『鉄道ファン』創刊
『思想』小特集「日本における中立の問題」
岩手県農村文化懇談会編『戦没農民兵士の手紙』岩波新書／大林太良『日本神話の起源』角川書店
8 白鳥邦夫『無名の日本人』未来社
9・16 台風一八号、死者・行方不明者二〇二名、九八万戸被災
9 『試行』創刊（〜97・12）
上山春平「大東亜戦争の思想史的意義」『中央公論』／宇都宮徳馬『日中復交と極東の平和』『世界』／住井すゑ「橋のない川」第一部連載開始『部落』／吉本隆明「言語にとって美とは何か」『試行』（〜65・6）／ライシャワー・中山伊知郎「対談・日本近代化の歴史的評価」『中央公論』
10・26 文部省、全国一斉学力テスト
10 清水慎三『日本の社会民主主義』岩波新書／山中明『戦後学生運動史』青木新書
11・11 日本朝鮮研究所設立
11 伊藤整「『純』文学は存在し得るか」『群像』／『思想の科学』特集「明治維新の再検討」

1961（昭和36）年

生活・思想・文化

梅本克己『唯物論と主体性』現代思潮社／丸山眞男『日本の思想』岩波新書／『グラムシ選集』刊行開始（全六巻、合同出版社、～65・3）
12・21 中央公論社、『思想の科学』天皇制特集号の発売中止決定
12 『文化評論』創刊（～93・3）
憲法調査会小委員会編『日本国憲法制定の由来』時事通信社／鶴見俊輔編『日本の百年』（全一〇巻、～64・2）筑摩書房

1962（昭和37）年

政治・経済

1・20 社会党第二一回大会、構造改革論を戦略路線としない決定
2・1 琉球立法院、国連植民地解放宣言を引用した復帰決議（2・1決議）
2・8 米、在ベトナム軍事援助司令部設置（四〇〇〇名）、3月戦闘参加開始
2・24 憲法調査会、東京で初の公聴会開催、以後地区別の公聴会を開催（～9・28）
3・18 アルジェリアとフランス、エビアン停戦協定調印
3・19 ケネディ米大統領、沖縄援助増額など声明
3・22 軍事政権に抗議して、韓国尹潽善大統領辞任、朴正熙大統領代行に就任
4・26 防衛庁、学校教育における愛国心と国防意識の高揚を求める要望書を作成
5・10 新産業都市建設促進法公布
5・17 大日本製薬、西ドイツで睡眠薬「イソミン」によるサリドマイド禍が問題化したことで出荷中止を決定
6・2 ばい煙排出規制法公布
7・1 アルジェリアで独立を問う国民投票、7・3独立

社会運動

1・25 日朝協会、関東大震災朝鮮人犠牲者調査委員会設置
2・6 広島・アウシュビッツ平和行進団、広島慰霊碑前出発
2・24 社青同・社学同など、憲法調査会公聴会実力阻止闘争（～9・29）
3・6 総評・民主団体中央災害対策協議会、第一回ダム問題全国連絡会議
3・25 板付基地撤去九州大会、一〇万名で基地包囲
3・27 港湾労組共闘会議、港湾労働法制定要求で二四時間スト
3 浦戸湾を守る会結成
4・1 灘生協と神戸生協が合併して灘神戸生協発足
4・5 炭労、政策転換無期限スト中止
4・11 日本宗教者平和協議会結成
4・14 日本婦人会議結成、10・19新日本婦人の会結成
4・20 広島原水協森滝市郎・吉川清、米英核実験抗議で原爆慰霊碑前座り込み
4・21 新日本窒素水俣労組、安定賃金制反対でス

生活・思想・文化

1・23 上田耕一郎「平和運動にみる二つの発想」『エコノミスト』
1・25 日米教育文化会議（～31）
1 『朝鮮研究月報』創刊（64・6より『朝鮮研究』、84・4より『現代コリア』）
国場幸太郎「沖縄の日本復帰運動と革新政党」『思想』／都留重人「高度成長論への反省」『世界』
会田雄次『アーロン収容所』中公新書／『定本柳田國男集』刊行開始（全三一巻・別巻五、～71・6）筑摩書房
2・1 東京都、人口一〇〇〇万を突破
3・1 テレビ受信契約数一〇〇〇万突破
3・5 「女子学生亡国論」『週刊新潮』
4・1 『思想の科学』自主刊行で復刊、中央公論社で廃棄された天皇制特集を復刻
4・2 『公明新聞』創刊
4・20 日本アート・シアター・ギルド（ATG）結成
4 『思想の科学』（第五次・自主刊行、～96・5第八次休刊）復刊／『数学セミナー』創刊
『岩波講座日本歴史』刊行開始（全二三巻、～64・2）

1962(昭和37)年

八幡製鉄、職務給実施
7・23 ジュネーヴ国際会議、ラオス中立宣言に調印
7・27 社会党江田三郎書記長、「江田ビジョン」発表
8・30 戦後初の国産旅客機YS-11、試験飛行に成功
9・12 国産原子炉一号機に点火
9・15 行政不服審査法公布
9・24 中国共産党第一〇回中央委総会で毛沢東、階級闘争強化を指示
10・5 閣議、全国総合開発計画決定
10・12 中印国境紛争(～11・22)
10・13 警察庁、機動隊設置運用基準要綱改正、都道府県警に機動隊設置義務づけ
10・22 キューバ危機(～11・3)
11・9 高碕達之助、廖承志と日中総合貿易に関する覚書調印(「LT貿易」)
11・12 韓国の対日請求権、無償三億ドル・有償二億ドルと決定
12・11 陸上自衛隊島松演習場(北海道)で酪農家が電話線を切断(恵庭事件)
12・26 韓国第三共和国憲法制定

ト(安賃闘争)
4・24 高校全員入学問題全国協議会結成
4・26 全日本労働総同盟組合会議(同盟会議)結成
5・7 第一回科学者京都会議(～9)
5・16 原水協全国理事会、全学連を加盟団体から排除
5・17 東京争議団共闘会議結成
6・19 大学管理運営に関する中教審答申に反対する大学教官ら「大学の自治を守る会」結成
6 京大教官有志、東南アジア研究センター設置反対運動
7・14 学生戦線統一のための全国発起人会議、安保反対・平和と民主主義を守る全国学生連絡会議(平民学連)結成に合意
7・27 全日自労婦人部、失対打ち切り反対決起集会、清水谷公園、一五〇〇名参加
8・6 モスクワ赤の広場で全学連(マル学同)委員長ら、ソ連核実験に抗議デモ
8・24 総評大会、第一次組織方針大綱決定
9・5 ナイキ・アジャックス横浜陸揚げ・輸送阻止総決起集会、横浜埠頭、一〇〇〇名参加
10・21 平和委員会、主要基地包囲抗議行動、二三基地に二三万名参加
10・31 マル学同全学連、大学管理法粉砕全国統一行動、11・1三派連合統一行動
11・7 春闘共闘委「賃金白書」でヨーロッパなみの賃金獲得を主張
11・12 国民文化会議、全国文化活動者会議
11・30 護憲連合、憲法完全実施要求全国活動家会議
12・5 社会党・総評など、原水爆禁止運動一三団体連絡会議結成
12・8 炭労、石炭四法案上程に反対して大手一二

5・17 大日本製薬、サリドマイド系睡眠薬を発売中止
5 『思想』特集「憲法I」(II、6)
井上清『現代日本女性史』三一新書
6・21 司馬遼太郎「竜馬がゆく」連載開始『産経新聞』(～66・5・19)
6 『経済』創刊(～93・3、95・10復刊)／『白夜評論』創刊(～62・12)
多田道太郎『複製芸術論』勁草書房／松浪信三郎『実存主義』岩波新書
8・12 堀江謙一、小型ヨットで太平洋横断に成功
8・4 『週刊TVガイド』創刊
8 『あんかるわ』創刊(～90・12)
坂本義和「平和運動における心理と論理」『世界』／佐々木基一「『戦後文学』は幻影だった」『群像』
『現代史資料』刊行開始(全四五巻・別巻一、～80・2)みすず書房
9・28 京大人文研所員会、フォード財団の援助による東南アジア研究センターの白紙還元を提起
9 桑原史成、東京で水俣病の写真展
10・1 日米知識人会議開催(米ダートマス大学、～6)
10・30 最高裁、吉田石松の再審請求を認める、63・2・28無罪判決
10 家永三郎「大学自治の歴史的考察」『思想』／菅孝行「死せる『芸術』＝『新劇』に寄す」『試行』第六号／清水幾太郎「平和運動の国籍」『中央公論』
11 竹内好・尾崎秀樹ら中国の会設立、63・2『中国』創刊
山本新「近代化における西洋派と土着派」

社会運動

社無期限スト(～20)

生活・思想・文化

『中央公論』

中公新書創刊

高橋和巳『悲の器』河出書房新社／福田恆存『国語問題論争史』新潮社

12 澁澤龍彦「サドは無罪か」『文藝』

1963(昭和38)年

政治・経済

1・9 ライシャワー米大使、原潜寄港承認の申し入れ、政府、「原則的に同意」と発表

1・14 経済審議会、「経済発展における人的能力開発の課題と対策」発表

1・25 ビルマ賠償交渉、純賠償一億四〇〇〇万ドル・借款三〇〇〇万ドルで仮調印、3・29正式調印

2・8 イラクでバース党政権成立、3・8シリアでバース党政権成立

2・10 北九州市発足

2・20 日本政府、GATT理事会で一一条国への移行を通告

『人民日報』で中ソ対立をめぐる論文・演説の掲載開始、中ソ論争激化

3・24 ソウルで学生による対日屈辱外交反対デモ

3・31 中小企業近代化促進法公布

4・10 ローマ法王ヨハネス二三世回状「地上に平和を」

4・30 統一地方選挙、横浜市長に飛鳥田一雄当選、革新自治体の時代始まる

5・8 南ベトナムのフエで仏教徒によるゴ・ジン・ジェム政府反対デモ、8・21戒厳令

5・22 アフリカ独立諸国首脳会議、5・25アフリカ統一機構(OAU)憲章調印

6・20 米ソ首脳間にホットライン設置協定調印

7・9 マレーシア連邦協定調印

7・12 生存者叙勲の復活を閣議決定、新産業都市

社会運動

2・5 国民文化会議、紀元節復活反対声明

2・21 原水協常任理事会、「いかなる国の核実験にも反対」声明採択

2・28 日本原水協常任理事会紛糾、3・1焼津集会中止

3・27 原子力科学者一五四名、原潜寄港反対声明

4・1 日本革命的共産主義者同盟全国委員会、中核派と革マル派に分裂、7・5マル学同系全学連大会で革マル派が中核派を排除

4・28 沖縄返還統一行動、与論島で代表者大会、北緯二七度線上で第一回海上交歓会

5・1 祖国自由往来の実現を要求するメーデー慶祝・在日本朝鮮人中央大会「祖国往来の自由実現」を決議

5・12 福岡地区安保共闘、F105Dの板付配備抗議集会

5・13 日教組・出版労協ほか三六団体で「教科書国家統制粉砕推進会議」結成

5・21 日本科学技術連盟主催、第一回QCサークル大会、仙台、一四九名参加

6・16 安保反対国民会議、米原潜寄港阻止統一行動週間(～25)

6・21 四日市市磯津地区漁民四〇〇名、中電三重火力発電所排水溝を土嚢で封鎖

7・1 四日市市公害対策協議会結成、7・9対策協、公害をなくす市民大会開催

7・14 全沖縄軍労働組合(沖縄全軍労)結成

生活・思想・文化

1・1 フジテレビ、「鉄腕アトム」放映開始

『週刊少女フレンド』創刊(～91・4より『月刊少女フレンド』、～96・10休刊)

1・20 大熊信行「家の再発見――経済学への一つの挑戦」『朝日ジャーナル』

1 高坂正堯「現実主義者の平和論」『中央公論』

湯川秀樹・朝永振一郎・坂田昌一編著『平和時代を創造するために――科学者は訴える』岩波新書

2 増淵竜夫「歴史意識と国際感覚――日本の近代史学史における日本と中国」I(II、6)『思想』

尾崎秀樹『近代文学の傷痕』普通社／日本国際政治学会編『太平洋戦争への道』(全七巻・別巻一、～64・6)朝日新聞社／『世界の文学』(全五四巻、～67・5)中央公論社

3・17 編集部「全学連闘士のその後(TBSラジオ)」『朝日ジャーナル』

3・31 村越吉展ちゃん誘拐事件

4・7 日本近代文学館創立総会

4 飯塚浩二『東洋史と西洋史とのあいだ』岩波書店／森秀人『甘藷伐採期の思想』現代思潮社

5・4 埼玉県狭山市で女子高校生殺人事件(狭山事件)

5・5 『女性セブン』創刊

5・12 『週刊マーガレット』創刊

1963(昭和38)年

一三都市を指定
7・15 米英ソ三国核実験停止会議(モスクワ)、7・25部分核停条約仮調印、8・3調印
海外移住事業団発足
7・29 ドゴール、部分核停条約不参加を表明、7・31中国も条約批判
8・14 韓国、「人民革命党事件」により学生などを逮捕
8・15 政府主催の第一回全国戦没者追悼式(日比谷公会堂)
8・23 防衛庁、地対空ミサイル「ホーク」の北海道配備を発表
8・28 ワシントンで人種差別撤廃、雇用拡大求めるワシントン大行進、二〇万名参加
9・23 池田首相、フィリピン・インドネシア・オーストラリア・ニュージーランド歴訪(〜10・6)
10・15 韓国大統領選、朴正熙当選
11・1 南ベトナム軍事クーデタ、ゴ・ジン・ジェム大統領殺害
11・22 ケネディ米大統領暗殺
12・14 インド対日請求権問題解決の取決署名

7・16 安保反対・平和と民主主義を守る全国学生自治会連合(平民学連)結成大会
8・5 第九回原水爆禁止世界大会(広島、〜7)、「いかなる国の核実験にも反対」「部分核停条約の評価」をめぐって分裂
9・12 松川再上告審で被告全員の無罪確定
10・17 都留文科大学、学内民主化闘争
10・23 総同盟大会、総同盟賃金綱領決定
10・26 在日朝鮮人の人権を守る会発足
12・7 東京地裁、原爆被爆者の国家賠償請求を棄却(原爆投下の国際法違反は認定)
12・15 石油コンビナート反対・二市一町早期合併反対三島市民懇談会結成
12・26 最高裁、砂川事件再上告棄却(被告の有罪確定)

5 『現代のエスプリ』創刊/『プレジデント』創刊
清水幾太郎『現代の経験』現代思潮社
6・1 第一回部落問題研究全国集会(部落問題研究所主催)
6 奥野健男「『政治と文学』理論の破産」/『文芸』『世界』特集「中ソ論争」
『岩波講座 現代』(全一四巻・別巻二、〜64・11)
7・11 老人福祉法公布
7・15 日本初の高速道路、名神高速道栗東—尼崎間開通
7 『太陽』創刊(〜00・12)
安田武『戦争体験——1970年への遺書』未来社
8・1 『週刊少年キング』創刊(〜82・5・14)
8 中野好夫「日本人のなかの沖縄」『世界』
竹内好「アジア主義の展望」竹内編『現代日本思想大系9 アジア主義』筑摩書房
9・5 地下鉄京橋駅で時限爆弾爆発、草加次郎名で犯行予告
9 林房雄「大東亜戦争肯定論」(〜65・6)『中央公論』
倉石武四郎編『岩波中国語辞典』岩波書店/『新しい世界の文学』(全八一巻、〜78・2)白水社
10・10 アイ・バンク、慶大・順天大病院で開業
10・26 原子力研究所、原子力動力炉の発電実験成功
10 「東洋文庫」創刊
添田知道『演歌の明治大正史』岩波新書/丸山邦男「天皇観の戦後史」『現代の発見4 現代の天皇制』春秋社

1963(昭和38)年

生活・思想・文化

11・9 国鉄鶴見事故、死者一六一名
三井三池炭鉱で炭塵爆発事故、死者四五八名
11・21 東京地裁、サド裁判有罪判決
11 『思想』特集「『近代化』をめぐって」
12・8 力道山、やくざに刺される、12・15死亡
12・21 教科書無償措置法公布、広域採択・出版会社指定制
12 竹内好・鶴見俊輔・橋川文三・山田宗睦「座談会・大東亜共栄圏の理念と現実」『思想の科学』
大島みち子・河野実『愛と死をみつめて』大和書房

1964(昭和39)年

政治・経済

1・9 米空軍F105D横田基地に配備
1・30 南ベトナムで第二次軍事クーデタ、2・8グエン・カーン政権
2・15 国連貿易開発会議、プレビッシュ報告書発表
2・29 鉄道建設公団法公布
3・6 中国、最後の日本人戦犯三名を釈放
3・14 文部省、「道徳の指導資料」第一集発行
3・23 国連貿易開発会議(UNCTAD)開催(〜6・16)
4・1 日本、IMF八条国移行
4・19 日中、新聞記者交換・LT貿易連絡事務所の設置の覚書調印
4・25 沖縄援助に関する日米協議委員会・日米琉球技術委員会設置
第一回戦没者叙勲、一万一七七名
4・28 日本、OECD加盟
5・2 ニューヨークでアメリカ初のベトナム反戦デモ

社会運動

1・25 三島市で石油コンビナート対策市民協議会結成
2・8 東京都御蔵島全村民集会、F105D射爆場設置反対決議
2・16 三重県海山町で原発反対三重県民大会
2・20 北海道石狩川沿岸農民三三〇〇名、北海道知事に対し国策パルプへの汚水排出許可取り消しを求める行政訴訟提起
3・10 総評・社会党、日韓会談阻止第一次統一行動旬間(〜20)
3・14 ILO87号条約批准・スト権奪還統一行動中央集会
3・15 石油コンビナート進出反対沼津市・三島市・清水町連絡協議会結成、9・13住民総決起大会(沼津市)に二万五〇〇〇名参加
3・16 福岡地裁、文部省学力テストを教基法違反と判決
3・21 在日韓国人学生ら、韓日会談・法的地位要求貫徹・青年学生中央決起大会

生活・思想・文化

1 『現代の理論』創刊(第二次、〜89・12)
松浦総三「占領軍の言論弾圧」『思想の科学』
2・16 佐藤忠男「白土三平のマンガ発想」『朝日ジャーナル』
2 柴田翔「されどわれらが日々——」『象』七号
宍戸恭一『現代史の視点』深夜叢書社
4・1 一般海外渡航自由化、一人年一回持出外貨五〇〇ドルまで
NETテレビ「木島則夫モーニングショー」放映開始
4 『凶区』創刊(〜70・3)
講談社現代新書創刊
作田啓一「恥の文化再考」『思想の科学』/中根千枝「日本的社会構造の発見」『中央公論』/中村きい子「女と刀」(〜65・2)『思想の科学』
5・11 北杜夫『楡家の人びと』新潮社/庄司光・宮本憲一『恐るべき公害』岩波新書
『平凡パンチ』創刊(〜89・2・23より『ザウル

1964（昭和39）年

5・25 日本、部分核停条約批准
5・30 東京地裁、三無事件に破防法適用して有罪判決
7・3 憲法調査会、最終報告書提出
7・8 漁業災害補償法公布
8・2 ベトナム、トンキン湾事件
琉球民政府、ワトソン高等弁務官着任
8・13 琉球立法院、日の丸掲揚の自由と日本国籍の明示を求める決議
8・15 第二回全国戦没者追悼式、靖国神社で開催
10・15 ソ連共産党中央委・最高会議、フルシチョフ解任、ブレジネフ党第一書記に
10・16 中国、初の原爆実験
11・9 池田内閣総辞職、佐藤栄作内閣発足
11・3 米大統領選、ジョンソン当選
11・12 米原潜シードラゴン号佐世保入港
11・17 公明党結成大会
11・21 社会党社会主義理論委員会、「日本における社会主義への道」発表
12・16 石炭鉱業審議会、石炭産業再建策を答申

東京五輪開会式、聖火入場
（写真提供：共同通信社）

1・8 韓国政府、南ベトナムに非戦闘部隊二〇〇〇の派兵決定
1・10 ILOドライヤー調査団訪日、8・31報告

3・27 原水爆被災三県連絡会議（被災三県連）結成
4・8 共産党、4・17公労協ストを挑発的陰謀として反対声明
4・19 働く婦人の中央集会分裂開催
5・3 憲法問題研究会、憲法改悪反対声明
5・16 国際金属労協日本協議会（IMF‐JC）結成
5・21 共産党、部分核停条約に賛成した志賀義雄・鈴木市蔵を除名、6・30志賀・鈴木、日本のこえ同志会結成、10・1神山茂夫・中野重治除名
6・1 大村収容所で待遇改善を求めスト
6・23 熊本県下筌ダム反対の「蜂ノ巣城」強制収用
7・15 共産党、4・17スト問題で自己批判
8・10 インドシナ軍事侵略阻止緊急中央集会、総評・社会党・共産党ほか、一万八〇〇〇名参加
9・13 沼津市で石油化学コンビナート反対の住民総決起大会に二万名参加
9・25 沖縄県労働組合協議会（沖縄県労協）結成
10・14 国分一太郎・野間宏・丸木俊ら文化人党員、共産党指導部批判声明、11・9共産党統制委員会、一〇名を除名
10・29 琉球政府主席指名阻止のデモ隊六〇〇〇名、立法院を包囲
11・10 総同盟・全労解散大会、11・12全日本労働総同盟（同盟）発足
11・12 佐世保で原潜寄港抗議行動（～13）
12・11 平民学連を解消し全学連再建大会（～13）、委員長・川上徹
1・28 慶応大、学費値上げ反対で全学スト（～2・5）
2・1 原水爆禁止日本国民会議（原水禁）結成

ス』、～89・7・4）
6・1 酒類価格統制撤廃／国立教育会館設置
6・25 関西研究用原子炉、臨界
6 色川大吉『明治精神史』黄河書房
7・1 母子福祉法公布
7 岩田弘『世界資本主義』未来社／日高六郎「戦後の『近代主義』」日高編『現代日本思想大系34 近代主義』筑摩書房
8 『思想』特集「行動科学の現況」／『世界』特集「占領時代――戦後史の出発を顧みる」（鶴見俊輔「占領と日本思想」他）
大江健三郎『個人的な体験』新潮社
9・23 王貞治、五五号のホームラン新記録
9 『月刊漫画ガロ』創刊
竹内好「一九七〇年は目標か」『展望』
10・1 東海道新幹線開業
10・3 日本武道館会館
10・10 東京オリンピック開催（～24）
10 『展望』復刊（～78・8）／『無名鬼』創刊（～74・12）
11・8 パラリンピック東京大会開催（～25）
12・5 マックス・ウェーバー生誕一〇〇年祭記念シンポジウム
12 白土三平「カムイ伝」連載開始（～71・7）『ガロ』
小田実『「難死」の思想』『展望』／『思想』特集「現代とマルクス主義」
林屋辰三郎『町衆』中公新書／堀米庸三『正統と異端』中公新書
1 中野重治「甲乙丙丁」『群像』（～69・9）
岡村昭彦『南ベトナム戦争従軍記』岩波新書／松本清張『昭和史発掘』（全一三巻、

1965（昭和40）年

政治・経済

書発表

1・11 中央教育審議会「期待される人間像」中間答申

対南ベトナム賠償支払終了

1・21 インドネシア、国連脱退

2・7 米、北ベトナム爆撃（「北爆」）開始（ベトナム戦争本格化）、3・7米海兵隊、ダナン上陸、4・27日本政府、北爆を「正当」なものとして支持

2・21 マルコムX暗殺

3・10 米軍、沖縄宜野座村で対ゲリラ戦訓練の際、毒ガス使用、周辺住民に被害

3・26 国鉄輸送力増強第三次長期計画発表

4・3 日韓会談で漁業・請求権・在日韓国人の法的地位についての合意に仮調印

4・8 EEC・ユーラトム・ECSC統合条約調印（EC誕生）

4・17 ワシントンでベトナム反戦デモ、一万名

5・21 山一證券破綻公表、5・28田中蔵相、深夜の記者会見で日銀特別融資を発表

5・27 八郎潟新農村建設事業団法公布

6・2 新東京国際空港公団法公布

6・14 東京都議会、汚職により自主解散決議

6・19 南ベトナム、グエン・カオ・キ政権成立

6・22 日韓基本条約調印、12・18発効、6・23北朝鮮、条約不承認・請求権保有を宣言

7・2 韓国、南ベトナムに一個師団派兵を決定、8・13さらに一個師団増派決定

7・29 嘉手納基地のB52爆撃機三〇機、ベトナムを空爆、8・2佐藤首相、事態に当惑と発言

8・9 シンガポール、マレーシアから独立

8・11 同和対策審議会、「同和地区に関する社会

社会運動

2・13 在京ベトナム人留学生、北爆抗議デモ

2・23 全国出稼者総決起大会

3・6 憲法改悪阻止各界連絡会議（憲法会議）結成大会

3・19 全電通、育児休職制協約締結

3・30 全林野労組、チェンソーによる振動障害（白ろう病）の労災認定要求、5・29労働省、労災認定

4・2 四日市公害患者を守る会結成

4・9 ベトナム紛争介入抗議沖縄県民大会

4・13 高崎市立経済大学、地元優先の依託学生入学に反対してスト（～28）

4・22 ロストウ米国務省政策企画委員長来日、代々木系全学連が羽田で抗議デモ

4・24 ベトナムに平和を！　市民文化団体連合（ベ平連）第一回ベトナム反戦デモ

5・15 沖縄で船員たちが南ベトナムへの米軍用輸送を拒否

5・19 古在由重らベトナム人民支援日本委員会結成

5・20 都留文科大学、市の大学運営方針に抗議デモ

5・22 京都ベ平連発足、以後各地に地域ベ平連結成

6・3 全電通、春闘処分に抗議しパルチザン闘争

6・9 ベトナム侵略反対社共一日共闘、三万七〇〇〇名参加

6・12 家永三郎、教科書検定を違憲として民事賠償提起、10・10遠山茂樹・宗像誠也・阿部知二ら「教科書検定訴訟を支援する全国連絡会」結成

7・8 代々木系・三派系、それぞれ都学連再建大会

生活・思想・文化

～72・10）文藝春秋新社

2・22 北炭夕張炭鉱でガス爆発、死者六一名

2 伊東光晴「保守と革新の日本的構造」『展望』／吉本隆明「自立の思想的拠点」『展望』

森崎和江『第三の性』三一新書／『日本の歴史』（全二六巻・別巻五、～67・3・15）中央公論社／『明治文学全集』（全九九巻・別巻一、～89・2・20）筑摩書房

3・20 映画「東京オリンピック」（市川崑監督、東宝）公開

3 廣松渉「『ドイツ・イデオロギー』編輯の問題点」『唯物論研究』第二一号

開高健『ベトナム戦記』朝日新聞社／竹内芳郎『サルトルとマルクス主義』紀伊國屋新書／山田宗睦『危険な思想家――戦後民主主義を否定する人びと』光文社

4・1 野村総合研究所設立

4 『世界』臨時増刊特集「ヴェトナム戦争と日本の主張」

東野芳明『現代美術――ポロック以後』美術出版社

5・9 日本テレビ、「ベトナム海兵大隊戦記第一部」放映、第二部放映中止

5 朴慶植『朝鮮人強制連行の記録』未来社

6・6 日本サッカーリーグ開幕

6・12 阿賀野川流域で水俣病に似た有機水銀中毒患者が発生していることを植木新潟大教授らが発表（新潟水俣病）

6 丸山眞男「憲法第九条をめぐる若干の考察」『世界』

臼井吉見『安曇野』（全五巻、～74・5・28）筑摩書房／福武直編『地域開発の構想と現実』（全三巻、～7・10）東京大学出版会

1965（昭和40）年

的および経済的諸問題を解決する基本方策」を答申

8・16 韓国軍脱走兵金東希、日本に亡命を求め密入国・自首

8・19 佐藤首相、首相としては初の訪沖（～21）

9・1 インド・パキスタン、カシミールで衝突（印パ戦争）

9・14 防衛庁、「三矢研究」関連で二六名の処分発表

10・1 インドネシアでクーデタ未遂（九・三〇事件）

11・10 日本原子力発電所（東海村）、初の営業用原子力発電成功

上海の「文滙報」、姚文元論文「新編歴史劇『海瑞罷官』を評す」掲載

11・18 政府、新東京国際空港を千葉県富里に内定

11・19 政府、戦後初の赤字国債発行決定

12・10 日本、国連非常任理事国に当選

12・20 米国、琉球政府主席の間接選挙制を決定

12・28 文部省、在日朝鮮人子弟の学校教育について通達（民族学校の不認可など）

7・27 総評民災対、公害闘争の全国活動者会議（～29）

7・30 沖縄・小笠原返還同盟結成

8・1 世界エスペラント大会、東京で開催（～7）

8・14 「戦争と平和を考える徹夜ティーチイン」開催、放送途中で東京12チャンネル中継中止

8・15 国民文化会議、第一回8・15記念国民集会

8・25 新潟県民主団体水俣病対策会議（民水対）結成

8・30 ベトナム戦争反対・日韓条約批准阻止のための青年委員会（反戦青年委員会）結成

9・15 東北大学、無期限全学スト（～9・20）

9・22 お茶の水女子大学、新学生寮管理規定に反対してスト（～10・1）

10・4 部落解放同盟全国大会、運動理論をめぐって対立

10・12 日韓条約批准阻止で社共統一行動、国会請願デモ一〇万名

10・15 日韓条約粉砕青年労働者決起集会

10・17 ベトナム問題に関する数学者懇談会（ベト数懇）結成

10・23 『ベ平連ニュース』創刊

10・24 朝鮮国籍要請者連絡会結成

11・9 日韓条約粉砕国民統一行動、12・8まで五次にわたって実施

11・13 サリドマイド薬害をめぐって二八家族が損害賠償請求訴訟

11・16 ベ平連、ニューヨークタイムズに一ページの意見広告、67・4・3ワシントンポストに意見広告

11・27 海員組合、賃上げで全面スト

12・12 千葉県富里・八街の農民、新国際空港設置反対同盟結成

---

7 小島信夫「抱擁家族」『群像』／吉川勇一「ベトナム戦争と平和の組織」『新世界』／作田啓一・高橋三郎「対談・われらの内なる戦争犯罪者」『展望』／『文学』特集「沖縄の文学」

会田由・飯塚浩二・井沢実・泉靖一・岩生成一監修『大航海時代叢書』（全一一巻・別巻一、～70・10・15）岩波書店／山代巴編『この世界の片隅で』岩波新書

8・26 民主主義文学同盟創立大会、12月『民主文学』創刊

8 加藤周一「中立主義の二十年」『世界』

『明治百年史叢書』（原書房）刊行開始

豊田利幸『核戦略批判』岩波新書

9・28 第一回日本インダストリアル・デザイン会議（～29）

9 大熊信行「日本民族における兵役拒否」『潮』／『中央公論』特集「『大東亜戦争肯定論』批判」

10・21 朝永振一郎、ノーベル物理学賞受賞

10 『宝石』復刊（～70・5、73・10～99・8）

上山春平「日本ナショナリズムの視点」『展望』／小松茂夫「私の体験における朝鮮問題」『展望』／日高六郎「原理としての中立」『世界』

池田大作『人間革命』（全一二巻、～93・4）聖教新聞社／板倉聖宣編著『仮説実験授業入門』明治図書出版／富永健一『社会変動の理論』岩波書店

11・8 日本テレビ、「11PM」放映開始

11・10 日本原子力発電東海発電所、初の営業用原子力発電成功

11 『朝鮮史研究会論文集』創刊

井上光貞『日本古代国家の研究』岩波書店／

1965(昭和40)年

生活・思想・文化

大塚久雄編『マックス・ヴェーバー研究』東京大学出版会
12・4 日本科学者会議発起人総会
12・28 日米民間航空協定改定交換公文調印
12 江口朴郎・岡倉古志郎ほか監修『アジア・アフリカ研究入門』青木書店／西郷信綱『国学の批判』未来社
―― この年下半期から「いざなぎ景気」(〜70年下半期)

1966(昭和41)年

政治・経済

1・3 アジア・アフリカ・ラテンアメリカ三大陸人民連帯会議(ハバナ、〜15)
1・28 最高裁、山林入会権をめぐる「小繋事件」上告棄却、被告全員有罪
2・24 ガーナでクーデタ、エンクルマ大統領更迭
3・11 スカルノ・インドネシア大統領、スハルトに権限委譲
3・25 閣議で明治一〇〇年記念事業を国家規模で行うことを決定、5・11明治一〇〇年記念準備会議発足
3・29 宮本共産党委員等、毛沢東との会談で関係悪化
4・20 日産自動車・プリンス自工合併
5・16 中国で文化大革命発動、8・18天安門広場で一〇〇万人の紅衛兵集会
5・27 日本から韓国へ文化財一三二六点返還
5・30 米原潜、横須賀初入港
6・14 アジア・太平洋地域閣僚会議(ASPAC)開催(ソウル)
商法改正公布
7・1 仏、NATO軍脱退
7・4 政府、新東京国際空港を千葉県三里塚に閣議決定

社会運動

1・18 早大、授業料値上げ反対・学生会館自主管理で無期限スト突入
2・7 富里・八街空港反対同盟、県庁に突入
2・27 第一回物価メーデー
3・21 青年医師連合(青医連)結成
4・26 公労協・交運共闘春闘統一スト、戦後最大規模
5・13 姫路石油コンビナート反対連絡会議結成
5・23 総評幹事会、長期路線委員会設置を決定
6・1 米反戦活動家ハワード・ジン、ラルフ・フェザーストン、講演旅行に来日
6・23 新島米軍射爆場反対連盟結成
6・28 成田市で三里塚新空港反対総決起大会、反対同盟結成、6・30芝山町でも町民大会、反対同盟結成、7・10閣議決定粉砕総決起大会
沖縄で裁判移送撤回闘争
8・11 ベトナムに平和を！　日米市民会議(〜14)
8・27 東京・山谷で暴動
8・29 三里塚反対同盟、一坪共有運動開始
9・1 第二次共産主義者同盟結成
9・3 社青同東京地本大会、主流派・解放派と反主流派・協会派で乱闘

生活・思想・文化

1 宇野弘蔵・梅本克己「対談・社会科学と弁証法」(〜2)『思想』／吉野源三郎「1970年問題について」『現代の理論』
梅本克己・佐藤昇・丸山眞男『現代日本の革新思想』河出書房新社／中尾佐助『栽培植物と農耕の起源』岩波新書
2・3 ソ連無人月探査機ルナ9号、月面着陸
2・4 全日空のボーイング727機羽田で墜落事故、この年、飛行機墜落事故相次ぐ
2 『話の特集』創刊(〜95・3)
上山春平「明治維新論の現代的意義」『展望』
山辺健太郎『日韓併合小史』岩波新書
3・31 人口一億人を突破
3 長洲一二「社会主義第二段階論」『展望』
4・1 メートル法完全実施
4 『新沖縄文学』創刊(〜93・5)
平田清明「マルクスにおける経済学と歴史認識」(〜66・11)『思想』
神谷美恵子『生きがいについて』みすず書房／木戸日記研究会編『木戸幸一日記』(全三巻、〜80・7・10)東京大学出版会／清水幾太郎『現代思想』上下、岩波全書
6・1 一五年型住宅ローン登場

1966(昭和41)年

7・11 広島市議会、原爆ドームの永久保存を決議
8・8 共産党、赤旗紙上で「自主独立」路線明確化
8・12 朝鮮労働党、自主路線強調の論文発表
9・22 防衛庁、南ベトナムへ軍事視察団派遣
9・28 インドネシア、国連復帰
10・1 アメリカでブラック・パンサー党結成
10・9 中国共産党中央工作会議、劉少奇と鄧小平を攻撃
10・24 ベトナム参戦七カ国会議(マニラ)
10・29 アメリカでNOW結成
10 日経連、能力主義管理研究会を発足
11・24 アジア開発銀行設立
11・29 国防会議、第三次防衛力整備計画大綱(三次防)決定
12・1 西独エアハルト内閣退陣、キージンガーCDU-SPD大連立内閣発足
12・9 祝日法改正、2月11日を「建国記念の日」に

1・6 米海兵隊、メコンデルタに侵攻、派兵米軍四七万三〇〇〇名に

9・11 横浜市に篠原・菊名地区新貨物線反対期成同盟結成
9・15 キリスト者、紀元節復活反対デモ(東京・大阪)、9・17国民文化会議など主催の紀元節復活反対国民集会
10・11 日本数学会に参加の数学者、ベトナム反戦集会・デモ
10・13 ラッセルらの国際戦犯法廷に呼応してベトナムにおける戦争犯罪調査日本委員会結成
10・19 ベトナム反戦直接行動委員会、東京・田無の日本特殊金属襲撃
10・21 総評系五四単産、ベトナム反戦統一スト
10・25 日中友好協会分裂
11・3 日本アジア・アフリカ連帯委員会、対中国問題で分裂
11・24 明治大学、学費値上げ反対で無期限スト、67・1・31授業再開
11 イタイイタイ病対策協議会結成
12・7 紀元節復活反対国民集会、日教組・宗教団体など主催
12・9 中央大学、学生会館の管理運営をめぐりスト、12・25学生側勝利でスト解除
12・17 総評民間単産会議結成、二九単産
三派全学連再建大会
12・31 全逓宝樹委員長、反共の労線統一を提唱

1・7 沖縄、教公二法阻止県民共闘会議結成
1・24 赤旗、初めて公然と中国共産党を批判

6・29 ビートルズ来日(~7・3)
6 『思想』小特集「『市民社会』をめぐって」
7 『たま』創刊(~79・2、79・6復刊、~99・12)
永井陽之助「国家目標としての安全と独立」『中央公論』/湯川秀樹「核兵器体系の現状を憂える」『世界』
8・14 鶴見俊輔「米大使館にすわりこむまで」『朝日ジャーナル』
8 江藤淳「成熟と喪失」『文芸』(~67・2)/小田実「平和の倫理と論理」『展望』/『思想の科学』特集「占領と追放」
防衛庁防衛研修所戦史部編『大東亜戦争公刊・戦史叢書』(全一〇二巻、~80・1)朝雲新聞社
9・18 サルトル、ボーヴォワール来日(~10・16)
9 大塚久雄『社会科学の方法』岩波新書/『東ヨーロッパの文学』(全三四巻、~88・5・30)恒文社
10 R・P・ドーア「日本近代化論の再検討」『潮』/山口昌男「人類学的認識の諸前提」『思想』/『思想の科学』特集「運動の低迷を越えるもの」
11・15 『週刊プレイボーイ』創刊
11 『デザイン批評』創刊(~70・11)
『思想』小特集「現代社会と行動科学」
石田英一郎編『シンポジウム日本国家の起源』角川書店
12・9 アジア・アフリカ研究所で分裂、67・2・25中国研究所で分裂
12 多湖輝『頭の体操』光文社

1・1 大仏次郎「天皇の世紀」『朝日新聞』(~73・4・25)

1967（昭和42）年

政治・経済

2・14 中南米一四カ国、中南米非核武装地帯条約（トラテロルコ条約）調印
2・24 沖縄、教公二法廃案協定
3・1 沖縄に関する日米協議委、沖縄船舶に三角旗と日の丸を掲げることに合意
3・21 沖縄に「台風避難」を名目としてB52約三〇機飛来
3・29 恵庭事件札幌地裁判決、自衛隊法の違憲問題に触れず無罪
3・31 国鉄、五万人合理化案提示
4・1 永住権取得の在日韓国人に国民健康保険法適用
4・16 統一地方選挙、東京都知事に美濃部亮吉当選、革新自治体ブーム
4・18 厚生省、新潟水俣病の原因として昭和電工廃水を認定
4・21 政府、武器禁輸三原則表明
4・28 カシアス・クレイ（モハメド・アリ）、米で徴兵宣誓を拒否
5・2 ベトナム戦犯民間法廷（ストックホルム）、米に有罪判決
5・10 東京地裁、都公安条例は違憲と判決
6・5 第三次中東戦争勃発
6・6 閣議で資本取引自由化方針決定
6・17 中国、初の水爆実験
7・20 動力炉・核燃料開発事業団設置、原子力基本法改正公布
7・23 デトロイトで大規模な黒人暴動

当選翌日、主婦たちから握手攻めの美濃部新東京都知事（写真提供：毎日新聞社）

社会運動

1・30 IMF‐JC、賃金闘争連絡会議設置
2・4 共産主義労働者党結成
2・11 初の「建国記念の日」に対し、東大・東教大の学生ら同盟登校、各地で抗議行動
2・16 日弁連、軍政下沖縄における人権問題調査（〜27）
2・19 三里塚反対同盟、初の団結小屋建設
2・22 主婦連、「漂白パン」追放運動
2・24 沖縄で教公二法反対デモ、二万人が立法院を包囲
2・26 「自閉症児親の会」設立大会
2・28 東京・善隣会館で日中友好協会と中国人学生が衝突
3・12 青年医師連合、インターン制度に反対して国家試験ボイコット
3・14 原爆ドーム保存募金、目標の四〇〇〇万円達成（最終金額は六六八〇万円）
3・26 日本基督教団総会、「第二次大戦下における日本基督教団の責任についての告白」発表
5・25 大阪市大医学部、米軍援助資金拒否を決定
6・10 横浜新貨物線反対同盟連合協議会結成
6・12 新潟水俣病患者一三名、昭和電工を相手に損害賠償請求訴訟提起
6・24 社会主義協会分裂
7・1 ベトナム反戦ちょうちんデモの会第一回デモ
7・9 砂川・板付基地撤去大集会、約五万名参加
7・10 韓国原爆被害者援護協会（のち韓国原爆被害者協会）発足
7・14 三井三池炭鉱CO中毒患者家族七〇名、一四五時間坑底座り込み
7・17 久野収・丸山眞男ら、ベトナムに平和の船

生活・思想・文化

1・12 日本血液銀行協会、4月から売血を全廃することを決定
1・22 神島二郎「国家目標の再発見」『朝日ジャーナル』
1 新宿西口広場完成
『現代』創刊（〜09・1）／『現代演劇』創刊（〜75・10）／『COM』創刊（〜71・12）
荒井信一・遠山茂樹・永原慶二・中村政則・三木亘・山田昭次「座談会・『明治百年』と国民の歴史意識」『歴史学研究』／大江健三郎「万延元年のフットボール」『群像』（〜7）／大岡昇平「レイテ戦記」『中央公論』（〜69・7）／森有正「遥かなノートル・ダム」『展望』／『思想の科学』特集「反戦行動の原理」
住谷悦治・山口光朔・小山仁示・浅田光輝・小山弘健編『講座・日本社会思想史』全六巻（〜11）芳賀書店
2・4 政府による初の被爆者実態調査結果公表、生存被爆者二九万八五〇〇名
2・22 『日刊アルバイトニュース』創刊（86・5・6より『an』）
2 『世界革命運動情報』創刊（〜71・4）／『マスコミ市民』創刊
石川淳『至福千年』岩波書店／中根千枝『タテ社会の人間関係』講談社現代新書
『宮本常一著作集』（全五〇巻・別巻二）刊行開始（未来社）
3 林雄二郎「未来学の日本的条件」『中央公論』
石子順造『マンガ芸術論』富士書院／清瀬一郎『秘録　東京裁判』読売新聞社
4・5 小林純岡山大教授、イタイイタイ病の原因を三井金属神岡鉱業所の廃水と発表
4・29 原子力研究所の実験用高速増殖炉臨界

1967(昭和42)年

7・25 住民基本台帳法公布
7・28 一酸化炭素中毒症特別措置法公布
8・1 公共用飛行場周辺航空機騒音障害防止法公布、首相諮問機関として沖縄問題等懇談会設置
8・3 公害対策基本法公布
8・8 新宿駅構内でタンク車と貨車が衝突炎上
8・8 フィリピン・マレーシア・インドネシア・タイ・シンガポール、東南アジア諸国連合(ASEAN)結成
8・26 先進一〇カ国蔵相・中央銀行総裁会議、IMFの特別引き出し権(SDR)創設合意
10・8 佐藤首相、東南アジア歴訪(〜21)
10・9 ボリビア陸軍、チェ・ゲバラの死を発表
10・10 低開発七七カ国閣僚会議、10・24アルジェ憲章採択
10・31 吉田茂国葬
11・15 第二次佐藤・ジョンソン共同声明(小笠原返還)
12・11 佐藤首相、衆院予算委で「非核三原則」を言明
12・12 日米自動車会談(〜13)

を送ろうと呼びかけ
8・28 ベトナムにおける戦争犯罪調査委員会東京法廷
9・1 四日市ぜんそく患者九名、コンビナート六社に対し慰謝料請求訴訟
9・16 原理運動対策全国父母の会結成
10・8 羽田で三派全学連による佐藤訪ベト阻止闘争、京大生山崎博昭死亡、11・12佐藤訪米阻止闘争
10・9 沖縄大学生、学園分離協約の履行を求めてスト
10・10 三里塚で外郭測量阻止闘争
10 米空母イントレピッド号から四人の水兵が脱走
11・2 那覇で沖縄即時無条件返還要求県民大会、一〇万名参加
11・3 千葉県反戦青年委、三里塚で空港反対集会、三派全学連初登場
11・9 水戸巌・浅田光輝・黒田喜夫・羽仁五郎・野村修ら、10・8救援会結成
11・11 エスペランティスト由比忠之進、佐藤政権のベトナム戦争支持に抗議して焼身自殺
11・13 べ平連、米空母イントレピッド号からの脱走兵を国外に脱出させたと記者会見
12 「部族」宣言、カウンター・カルチャー・コミューンの宣言

4 赤塚不二夫「天才バカボン」連載開始(〜73・12)、『週刊少年マガジン』/鶴見俊輔・吉本隆明「対談・どこに思想の根拠をおくか」『展望』/橋川文三「現代知識人の条件」『展望』
5・6 原爆の図・丸木美術館開館
5・19 文部省、日本の大学・研究所に対する米陸軍の資金援助が九六件、三億八七〇〇万円と発表
5 安田武「戦中派・その罪責と矜持」『展望』
植草甚一『ジャズの前衛と黒人たち』晶文社/坂本義和『核時代の国際政治』岩波書店
6・1 京大霊長類研究所設置
6 本多勝一『極限の民族』朝日新聞社
7・2 運輸省、自動車の保有台数が一〇〇〇万台を突破したと発表
8・10 『週刊漫画アクション』創刊(〜03・10・14)
9・3 独身婦人連盟(どくふれん)結成
9・28 三井三池三川鉱で坑内火災、七名死亡、CO中毒者二四二名
9 大城立裕「カクテル・パーティー」『文藝春秋』/『中央公論』特集「革新勢力をどう革新するか」
内村剛介『生き急ぐ――スターリン獄の日本人』三省堂新書/金石範『鴉の死』新興書房
10・15 『朝日ジャーナル』特集「文明破壊者としての自動車」
10 鶴見良行「日本国民としての断念」別冊『潮』/『法律時報』臨時増刊号特集「公安条例――集団行動の自由とその規制」
佐賀潜『民法入門』光文社
11・1 八郎潟干拓地入植開始
11・9 米軍に押収された被爆直後のフィルム返還

1967（昭和42）年

政治・経済

社会運動

生活・思想・文化

11・20 『国際開発ジャーナル』創刊
11・26 朴壽南「奪われた朝鮮人被爆者の人間性」『朝日ジャーナル』
12・31 テレビ受信契約数二〇〇〇万突破
12 『銀花』創刊（70・4より『季刊銀花』）
江上波夫『騎馬民族国家』中公新書／栗原登一『世界革命』三一新書

1968（昭和43）年

政治・経済

1・5 チェコスロヴァキア共産党第一書記にドプチェク就任
1・19 米原子力空母エンタープライズ、佐世保入港
1・21 北朝鮮ゲリラ、ソウルで警官隊と銃撃戦
1・22 米情報収集船プエブロ号、北朝鮮領海で拿捕
1・24 東京都北区区長、米軍王子キャンプに野戦病院が設置されると発表、3・18設置
1・30 米大統領行政命令改正、琉球主席公選に
南ベトナム全土でテト攻勢
2・1 琉球民政府アンガー高等弁務官、琉球政府主席の直接公選を認めると声明
第二回国連貿易開発会議
2・5 嘉手納基地にB52進駐
2・9 国大協、「最近の学生運動に関する意見」発表
2・10 琉球立法院、B52撤去決議
2・16 米政府、徴兵制の強化を発表、熟練労働者・大学院生の猶予廃止
2・29 マクナマラ米国防長官辞任
3・1 日米諮問委員会、那覇で初会合
3・4 政府、壬申戸籍（明治五年式戸籍）の閲覧中止を決定
3・16 ベトナムでソンミ村虐殺事件

社会運動

1・12 水俣市で水俣病対策市民会議結成
1・13 中央大学、学費値上げに反対して全学スト、2・16値上げ撤回
1・18 米空母エンタープライズ佐世保寄港抗議集会、四万七〇〇〇名
1・29 東大医学部自治会、医師法改正に反対して無期限スト
2・11 紀元節復活・靖国神社国営化・明治一〇〇年祭に反対する中央集会
2・19 国労・動労、五万人合理化反対順法闘争
2・26 三里塚空港反対同盟と三派全学連共催の空港粉砕集会
3・8 王子野戦病院反対デモ、一五七名逮捕
3・9 イタイイタイ病患者二八名、三井金属に対し損害賠償請求訴訟
3・10 第五福竜丸の保存を訴える投書（朝日新聞、武藤宏一）
3・15 治安維持法犠牲者国家賠償要求同盟結成
4・1 国際勝共連合結成、名誉会長笹川良一
4・7 王子野戦病院即時移転を求めて主婦一二〇〇名デモ
4・10 山谷解放委員会結成
4・24 沖縄全軍労、労働布令一一六号撤廃と賃上げを求め一〇割年休闘争
4・26 新島射爆場設置反対全国漁民総決起大会、

生活・思想・文化

1・1 高森朝雄原作・ちばてつや画「あしたのジョー」（〜73・05・19）『週刊少年マガジン』
1・9 マラソン選手円谷幸吉自殺
1 同志社大学人文科学研究所編『戦時下抵抗の研究』I・II（69・3）みすず書房
2・20 金嬉老、暴力団員二名を射殺、2・21寸又峡温泉で籠城、2・24逮捕
2 平田清明「社会主義と市民社会」『世界』／『現代の理論』特集「ヨーロッパのマルクス主義」
家永三郎『太平洋戦争』岩波書店／新田義弘『現象学とは何か』紀伊國屋新書
3・17 『朝日ジャーナル』特集「市民運動の高まり」
3・27 厚生省委託研究班、イタイイタイ病の原因を三井神岡鉱業所の廃水中のカドミウムと認定
3 『法律時報』臨時増刊号「沖縄白書」（日本弁護士連合会編）
稲垣足穂『少年愛の美学』徳間書店／北杜夫『どくとるマンボウ青春記』中央公論社／都留重人編『現代資本主義と公害』岩波書店／野坂昭如『アメリカひじき 火垂るの墓』文藝春秋
4・1 東京都公害研究所発足
4・2 都留重人「経済における人間の復位」『エコ

1968(昭和43)年

3・24 国連安保理、イスラエルの停戦違反非難決議
4・4 米、キング牧師暗殺、4・5米各地で黒人暴動
4・5 小笠原諸島返還協定調印
4・27 美濃部都知事、朝鮮大学校認可
5・3 パリ大学ナンテール校で学生と警官の乱闘事件、大学閉鎖、5・13学生と労働者ゼネスト決行(五月革命)
5・11 新宿下落合秘境公園事件、朝鮮民族学校生徒を国士舘高校生徒らが暴行、同様の事件が数年にわたって続く
5・20 原子爆弾被爆者特別措置法公布
5・27 西ベルリンの学生ゼネスト
5・30 消費者保護基本法公布
6・2 米軍板付基地のファントム戦闘機、九大計算機センターに墜落
6・10 大気汚染防止法・騒音規制法公布
6・15 都市計画法公布、文化庁設置
6・17 自民党、安保条約自動延長を了承
6・27 チェコ知識人七〇名、「二〇〇〇語宣言」発表
7・1 核拡散防止条約、ワシントン・モスクワ・ロンドンで調印
7・7 参議院選で石原慎太郎、青島幸男・横山ノックら高位当選
7・18 日米合同委員会で東富士演習場の自衛隊への使用転換協定調印
8・20 ワルシャワ条約機構軍、チェコ侵入
8・24 仏、初の水爆実験
コロンビアのメデジンで第二回ラテンアメリカ司教会議(解放の神学論議)
9・13 アルバニア、ワルシャワ条約機構脱退を声

一五〇〇名
5・16 北九州市米軍山田弾薬庫で弾薬輸送阻止の座り込み、5・24米軍、弾薬陸揚げ中止
5・27 日大全学共闘会議結成、議長秋田明大、6・11大衆団交求め決起集会、五〇〇〇名
6・5 主席公選のため、明るい沖縄をつくる会(革新共闘会議)結成
6・12 韓国民団法的地位委員会「在日韓国人の法的地位及び待遇問題に関する現況と問題点」発表
6・15 東大青医連七〇名、安田講堂占拠、6・17大学当局封鎖解除、6・20九学部スト、6・28全学共闘会議結成
6・17 山谷で労働者二〇〇〇名が暴動
6・26 東京教育大、筑波移転反対でスト
革マル派全学連・反戦青年委、新宿駅前で米軍タンク車阻止集会
7・10 歴史学五四学会が政府の「明治一〇〇年祭」事業に反対声明
8・11 べ平連、「反戦と変革に関する国際会議」(～13)
8・30 チッソ第一組合、大会で「何もしてこなかったことを恥とし、水俣病と闘う」決議
9・16 べ平連、日本人脱走兵清水徹雄について記者会見
9・30 日大闘争で一万人の大衆団交
10・4 四日市公害認定患者の会発足
10月上旬 福岡県でカネミ・ライスオイル中毒事件発覚、10・22～23府県一万四〇〇〇名が症状を訴える
10・10 宗教者平和日本大会(東京山手教会)、六〇〇名参加
10・18 東京・生活クラブ生協設立

ノミスト』
4・6 宮城まり子、「ねむの木学園」設立
4・15 国税庁、日大経理に二〇億円の使途不明金の存在を指摘
4 『季刊パイディア』創刊(～73・1)／『ビッグコミック』創刊
宮崎義一「ドル危機と日本資本主義」『世界』／吉川勇一「市民運動'68の認識」『思想の科学』
石田雄『平和の政治学』岩波新書／本多勝一『戦場の村』朝日新聞社
5・16 十勝沖地震、全壊九二八戸、五〇名死亡
5 大塚食品、初のレトルト食品「ボンカレー」発売
『国文学伝統と現代』創刊(68・9より『伝統と現代』、～69・12)／『少女コミック』創刊
大野晋・大久保正編『本居宣長全集』(全二〇巻・別巻三、～93・9)筑摩書房／東京大学社会科学研究所編『基本的人権』(全五巻、～69・3)東京大学出版会／永原慶二『日本の中世社会』岩波書店
6・10 竹山道雄ら、日本文化会議結成
6 鮎川信夫「歴史におけるイロニイ」『現代の眼』／つげ義春「ねじ式」『ガロ』
金原左門『「日本近代化」論の歴史像』中央大学出版部／遠山茂樹『戦後の歴史学と歴史意識』岩波書店
7・1 郵便番号制実施
7・30 北炭平和鉱で坑内火災、三一名死亡
7 三島由紀夫「文化防衛論」『中央公論』
宇井純『公害の政治学』三省堂新書／谷川健一ほか編『日本庶民生活史料集成』(全三〇巻・別巻一、～84・4)三一書房／西島有厚

1968(昭和43)年

政治・経済

明

10・1 佐藤首相、日大の大衆団交に対し対処の意思を表明

10・9 沖縄に関する日米協議委、沖縄の国政参加に合意

10・23 明治一〇〇年記念式典

10・31 ジョンソン米大統領、北爆停止を宣言

11・6 米大統領選、ニクソン当選

11・10 琉球政府主席選挙で革新統一候補屋良朝苗当選

11・19 嘉手納基地で爆弾を搭載したB52が爆発、五名負傷、二九三戸被害

12・21 毛沢東、紅衛兵の「下放」を指示

社会運動

10・21 国際反戦デー、反代々木系全学連新宿駅占拠、騒乱罪適用(新宿騒乱事件)

10・28 総評幹事会、七〇年安保闘争では反代々木系全学連の参加を認めないことを確認

11・1 東大大河内総長辞任、4月加藤総長代行選出

安中市で公害をなくす会結成

11・7 反代々木系学生二〇〇〇名、首相官邸突入闘争

11・24 三里塚空港粉砕・ボーリング調査実力阻止全国総決起大会、八〇〇〇名

12・7 沖縄、B52撤去・原潜寄港阻止県民共闘会議(いのちを守る県民共闘)発足

12・13 東大、七学部代表団結成

12・25 東大法学部学生大会でスト解除決議

生活・思想・文化

『原爆はなぜ投下されたか』青木書店/羽仁五郎『都市の論理』勁草書房/益田勝実『火山列島の思想』筑摩書房

8・1 大阪部落解放研究所設立、70年春部落解放研究所と改称

『週刊少年ジャンプ』創刊

8・18 バス二台土砂崩れで飛騨川に転落、一〇四名死亡

8 『情況』創刊(〜76・12、第二期90・7〜00・8、第三期00・10〜)

『暮らしの手帖』特集「戦争中の暮らしの記録」

9・26 厚生省、熊本水俣病の原因をチッソ水俣工場廃水中のメチル水銀と断定、科技庁、新潟水俣病の原因を昭和電工廃水中のメチル水銀と断定

9 旗田巍「日本人の朝鮮人観」『世界』

10・11 東京プリンスホテルでガードマン射殺事件、その後連続射殺事件、69・4・7永山則夫逮捕

10・15 カネミ・ライスオイル事件で製造元に営業停止

10・17 川端康成、ノーベル文学賞受賞

10 『遠くまで行くんだ』創刊(〜74・10)/『季刊フィルム』創刊(〜72・12)/『部落解放』創刊

『世界』特集「沖縄は主張する」

高橋徹編『叛逆するスチューデント・パワー』講談社/高見圭司編著『反戦青年委員会』三一新書/日本大学文理学部闘争委員会書記局編『叛逆のバリケード』日本大学文理学部闘争委員会/『吉本隆明全著作集』全一五巻(〜75・12)勁草書房

11 地婦連、一〇〇円化粧品「ちふれ」発売

1968（昭和43）年

小田実・鶴見俊輔編『反戦と変革』学藝書房／三一書房編集部編『資料戦後学生運動』(全七巻・別巻一、〜70・11)三一書房／遠山茂樹『明治維新と現代』岩波新書／みすず書房編『戦車と自由』(全二巻、〜12)みすず書房
『PROVOKE』創刊(〜69・8)
12・10 川端康成、ノーベル文学賞受賞
東京府中市で三億円強奪事件
12 『合同救援ニュース』創刊(69・4より『救援』、〜83・12)
吉本隆明『共同幻想論』河出書房新社

1969（昭和44）年

1・11 琉球米民政府、総合労働布令公布
2・6 米カリフォルニア州知事レーガン、UCバークレー校に非常事態宣言
2・14 日本原研で技術者五名が「死の灰」に被曝する事故
3・2 中ソ国境で武力衝突(ダマンスキー島事件)、7・8八岔島(ゴルジンスキー島)でも衝突
3・10 佐藤首相、沖縄施政権返還につき「核抜き・基地本土なみ」の条件で交渉すると言明
3・31 政府、出入国管理法案上程、8・5廃案
4・1 中国共産党九全大会、4・14林彪を毛沢東の後継者と規定した党規約決定
4・18 政府、米軍立川基地の拡張中止を決定
4・25 水俣病補償処理委員会発足

東大闘争。安田講堂にこもる学生に放水、強制排除にかかる機動隊（写真提供：毎日新聞社）

1・6 沖縄いのちを守る県民共闘会議、B52撤去を求め2・4ゼネスト実施を決定、2・1中止決定
1・10 東大七学部集会、七学部代表団、加藤総長代行と「確認書」調印
1・17 沖縄全軍労、総合労働布令撤廃総決起集会
1・18 東大安田講堂封鎖解除の強制執行(〜19)、お茶の水では「カルチェラタン」闘争、1・20東大入試中止決定
1・30 四日市で公害反対全国連絡協議会結成
2・4 沖縄県民共闘会議、B52撤去要求総決起大会、五万五〇〇〇名参加
2・7 靖国神社問題懇談会結成
2・21 静岡県富士川町、富士川火発建設反対期成同盟結成、3・7いのちとくらしを守る会結成
2・28 新宿西口地下広場で初のフォーク集会
3・1 京大で大学の要請なしに機動隊二三〇〇名が構内制圧
3・5 べ平連など、ベトナム反戦と反安保のための六月行動委員会結成

1 多木浩二「万博反対論」『展望』／松田道雄「革命と市民的自由」『展望』／山口昌男「道化の民俗学」『文学』(〜8)
石牟礼道子『苦海浄土』講談社／山之内靖『マルクス・エンゲルスの世界史像』未来社／『大塚久雄著作集』(全一〇巻、〜70・2)岩波書店
2・26 『夕刊フジ』創刊
2 廣松渉「世界の共同主観的存在構造」『思想』
島尾敏雄『琉球弧の視点から』講談社／外山滋比古『近代読者論』みすず書房
3・2 山本義隆「攻撃的知性の復権」『朝日ジャーナル』
3・9 高橋和巳「教授会の少数意見・孤立の憂愁を甘受す」『朝日ジャーナル』
3 『日本のなかの朝鮮文化』創刊(〜81・6)
最首悟「ノンセクト・ラジカルの思想」『情況』／『思想』特集「近代朝鮮と日本」／『情況』臨時増刊号「反乱は拡大する——東大・日大闘争の意味するもの」／『世界』特集「試練に立つ大学の自治」

1969(昭和44)年

政治・経済

5・22 ベトナム参戦国会議(バンコク)、日本は不参加
5・23 政府、初の公害白書発表
5・24 政府、大学運営に関する臨時措置法案を国会に提出
5・26 東名高速道路全通
5・30 新全国総合開発計画決定
西独、ハルシュタイン原則放棄
6・8 南ベトナム共和国臨時革命政府樹立
6・9 第四回アジア太平洋協議会(ASPAC)、伊東市で開催
7・2 東京都公害防止条例公布
7・10 同和対策事業特別措置法公布
7・24 大学臨時措置法を衆院文教委で強行採決、8・3参院本会議で抜き打ち採決、8・7公布
10・21 西独首相に社民党ブラント党首を選出
11・13 米でベトナム反戦統一行動(~15)
11・17 佐藤首相訪米、11・21佐藤・ニクソン共同声明、72年沖縄施政権返還に合意
11・24 米ソ、核拡散防止条約(NPT)批准
11・26 政府与党で米の生産調整(減反)方針を協議、農林省も新規開田打ち切りを決定
12・15 米軍、沖縄からのメースB撤去を発表
公害健康被害救済措置法公布
12・22 石原産業の長年にわたる硫酸海洋投棄、四日市海上保安部により摘発

社会運動

3・29 救援連絡センター発足
3・31 小田実ら、大村収容所解体デモ
4・2 最高裁で58年の勤評反対一〇割休暇闘争に対し無罪判決
4・15 熊本で水俣病を告発する会結成
4・23 東京地裁、松川事件に関して元被告に慰謝料支払命令
4・28 沖縄デー、社共総評の統一集会、一三万名、新左翼系、銀座・有楽町一帯占拠・各地でゲリラ、警視庁は中核派に破防法を適用
5・3 自主憲法制定国民会議結成
5・20 立命館大学全共闘学生、わだつみの像破壊
5・21 社会党、「住民の公害白書」発表
5・29 大学を告発する全国教官報告集会
6・1 大泉市民の集い、米軍朝霞基地前でスピーカーによる「反戦放送局」開設(~8)
6・5 沖縄全軍労二四時間スト
部落解放同盟中央本部、石川青年救対本部設置
6・8 新左翼系、ASPAC粉砕闘争(伊東)
6・14 熊本水俣病患者、チッソに対し賠償請求訴訟(第一次訴訟)提起
6・15 べ平連・新左翼党派・全共闘、反戦・反安保・沖縄闘争勝利6・15統一集会
6・19 韓国居留民団と中華民国居留民団、出入国管理法粉砕合同決起大会
6・25 『告発』創刊(熊本・水俣病を告発する会)、73・9『水俣』と改題
ベトナムの平和と統一のためにたたかう在日ベトナム人の会(べ平統)結成
6・27 韓青同・韓学同、入管法反対の断食闘争
7・1 忍草母の会、着弾地点に座り込み再開
7・7 長沼ナイキ訴訟提起

生活・思想・文化

萩元晴彦・村木良彦・今野勉『お前はただの現在にすぎない』田畑書店
4・1 司馬遼太郎「坂の上の雲」(~72・9・25)『文藝春秋』
4 『ニューミュージックマガジン』創刊(80・1より『ミュージックマガジン』)
倉橋由美子『スミヤキストQの冒険』講談社／潮見俊隆・山田昭・林茂夫編『安保黒書』労働旬報社／東大闘争全学共闘会議編『砦の上にわれらの世界を』亜紀書房
5 平田清明「マルクス研究におけるフランス語版『資本論』の意義」(~6)『思想』／『思想の科学』特集「反大学の思想」
石田英一郎『日本文化論』筑摩書房／岡本雅美・村尾行一採録『大学ゲリラの唄――落書東大闘争』三省堂新書／平岡正明『ジャズ宣言』イザラ書房／『岩波講座　世界歴史』(全三〇巻・索引一、~74・11)／『現代漫画』(全一五巻、~70・7)筑摩書房
6・12 原子力船むつ進水
6 『海』創刊(~84・5)
柄谷行人「〈意識〉と〈自然〉――漱石試論」『群像』／高橋和巳「わが解体」(~10)『文藝』
小田実・鈴木道彦・鶴見俊輔編『脱走兵の思想』太平出版社／久野収・鶴見俊輔編『思想の科学事典』勁草書房／三島由紀夫・東大全学共闘会議駒場共闘焚祭委員会『討論・三島由紀夫vs東大全共闘〈美と共同体と東大闘争〉』新潮社／山本義隆『知性の叛乱』前衛社
7・14 東京教育大評議会、筑波研究学園都市移転を決定
7・20 アポロ11号月面着陸

1969(昭和44)年

7・10 第五福竜丸保存委員会発足
7・20 総評大会、反戦青年委凍結を決定
7・26 新宿西口フォーク集会を機動隊が排除
8・7 反戦のための万国博(ハンパク)(〜11)
8・28 共産同赤軍派結成
9・5 全国全共闘連合結成、日比谷公園、三万四〇〇〇名
9・7 裁判研究会(のち、水俣病研究会)結成、70・8『水俣病に対する企業の責任』刊行
9・18 芝浦工大で埼玉大生が内ゲバで死亡(初の内ゲバ殺人)
9・24 反戦自衛官小西誠「アンチ安保」創刊、11・1逮捕
9・28 三里塚国際空港粉砕全国総決起集会、一万名参加
10・10 べ平連・新左翼、安保粉砕・佐藤訪米阻止統一行動
10・19 創価学会系学生組織、新学生同盟結成
10・21 国際反戦デー、新宿に「自警団」結成される
11・5 山梨県大菩薩峠で武闘訓練中の赤軍派五三名逮捕
沖縄復帰協、即時無条件全面返還を求め「網の目行進」開始
11・13 沖縄復帰協、佐藤首相訪米反対県民集会、一〇万名、11・16各地で訪米抗議集会
11・26 全国スモンの会結成
公害被害者全国大会
11・30 原水禁、新潟県柏崎で初の全国規模の反原発学習会
岡山で森永ヒ素ミルクの子どもを守る会結成
12・15 伊丹空港周辺住民、夜間離着陸禁止と賠償請求訴訟提起

7 『ユリイカ』復刊/『諸君!』創刊/『破防法研究』創刊(〜92・3)
阿部知二『良心的兵役拒否の思想』岩波新書/梅棹忠夫『知的生産の技術』岩波新書
8・4 TBSテレビ、「水戸黄門」放映開始
8・22 『週刊ポスト』創刊
8・27 映画「男はつらいよ」第一作封切り
8 大江健三郎「沖縄ノート」(〜70・6)『世界』
庄司薫『赤頭巾ちゃん気をつけて』中央公論社
9 『日経ビジネス』創刊/『日本思想史学』創刊
折原浩『危機における人間と学問』未来社
10・8 プロ野球永易選手、八百長で永久追放
10 上山春平編『照葉樹林文化』中央公論社
11・23 池袋パルコ開店
11 『AMPO』創刊(〜00・6)
竹内芳郎『国家の原理と反戦の論理』現代評論社/松田政男『テロルの回路』三一書房/
渡辺清『海の城』朝日新聞社
12・1 住友銀行、全国初のATM設置
12・6 日本広告学会創立
12 新崎盛暉編『ドキュメント沖縄闘争』亜紀書房/井上清『部落の歴史と解放理論』田畑書店/鹿野政直『資本主義形成期の秩序意識』筑摩書房

1970(昭和45)年

政治・経済

1・5 在沖米軍、基地労働者第二次解雇通告
共産党、公明党による「出版妨害」について声明
2・3 政府、核拡散防止条約調印
2・16 国鉄、運輸大臣に再建一〇カ年計画を提出、3・20マル生運動開始
2・20 政府、総合農政の基本方針を了承
3・3 沖縄復帰準備委員会発足
3・18 カンボジアでクーデタ、シアヌーク失脚
3・19 東西ドイツ首脳、初の会談(エルフルト)
3・23 江田社会党書記長、「新江田ビジョン」提出
4・1 米マサチューセッツ州、宣戦布告なき戦争には参加する義務なしとの州法制定
4・16 米ソ戦略兵器削減交渉(ＳＡＬＴＩ)本会談開始
5・1 米北爆再開、カンボジア侵攻
5・7 沖縄住民の国政参加特別措置法公布、11・15国政参加選挙
5・18 航空機の強奪等の処罰法公布
5・25 厚生省水俣病補償処理委員会、患者互助会一任派とチッソに斡旋案提示
6・1 公害紛争処理法公布
6・5 沖縄復帰協定作成交渉開始
6・22 日米繊維交渉開始(ワシントン)
6・23 日米安保条約自動延長
7・14 閣議、日本の呼称を「ニッポン」に統一
7・28 閣議、中央公害対策本部設置
9・22 米上院、大気汚染防止法(マスキー法)可決
10・7 防衛庁、沖縄返還後の第一次防衛計画発表、10・21中曽根防衛庁長官、第四次防衛力整備計画の概要を発表
10・20 政府、初の防衛白書公表
10・25 チリ大統領選、アジェンデ当選、11・3人

社会運動

1・8 沖縄全軍労、解雇撤回を求め四八時間スト
1・26 新潟水俣病共闘会議結成
2・13 静岡県浜岡町で浜岡原発設置反対総決起大会
3・12 社会党、日中友好協会(正統)・反戦青年委との関係を解消する運動方針案了承
総評、第一回地域住民運動経験交流全国集会(～13)
3・22 カネミライスオイル被害者を守る会全国連絡会議結成
3・31 日航機よど号ハイジャック事件
4・5 安保拒否百人委員会による東京数寄屋橋での座り込み
4・10 広島で在日韓国人原爆犠牲者慰霊碑除幕式
4・23 アムネスティ・インターナショナル日本支部設立準備会
5・7 同盟、公労協ストを非合法ストと非難
5・22 医療生協医師団、新宿区牛込柳町で鉛公害報告集会
5・27 水俣病患者家庭互助会一任派、補償処理委員会の斡旋受け入れ
6・6 部落解放同盟正常化全国連絡会議発足、76・3・15全国部落解放運動連合会(全解連)と改称
6・14 六月行動委・新左翼系、インドシナ反戦と反安保の6・14大共同行動
6・23 総評・社・共、安保条約廃棄宣言全国統一行動、全国で七七万四〇〇〇名参加
7・7 盧溝橋事件三三年・日帝のアジア再侵略阻止人民集会、華青闘「7・7告発」
7・17 東京地裁、第二次家永教科書訴訟に関し、検定不合格の取り消し判決
8・4 革マル派学生海老原俊夫を中核派がリンチ

生活・思想・文化

1・4 山田慶児「科学技術と価値の世界」『朝日ジャーナル』
1・16 寺山修司呼びかけ、「あしたのジョー」力石徹の告別式
1 藤子不二雄「ドラえもん」連載開始『小学一～四年生』
2・9 厚生省、LSDを麻薬に指定
2・11 東大宇宙航空研究所、初の国産衛星「おおすみ」打上げ成功
2・12 シャープが液晶電卓発売
『同時代演劇』創刊(～73・11)
2 花崎皋平「希望の原理としてのマルクス主義」『中央公論』
奥平康弘『表現の自由とはなにか』中公新書／津村喬『われらの内なる差別』三一新書／沼正三『家畜人ヤプー』都市出版社
3・8 幼方直吉・小島麗一・載国煇・加藤祐三・波多野宏一・マーク・セルダン「討論・批判にゆれる『アジア研究』」『朝日ジャーナル』
3・14 日本万国博覧会、大阪千里丘陵で開幕、テーマは「人類の進歩と調和」(～9・13)
3・20 『an・an』創刊
『季刊人間として』創刊(～72・12)
3 天野道映・岡田隆彦・高梨豊・多木浩二・中平卓馬・森山大道『まずたしからしさの世界をすてろ』田畑書店／城塚登『若きマルクスの思想』勁草書房／曽野綾子『誰のために愛するか』青春出版社
4・8 大阪天六駅でガス爆発事故、七九名死亡
4 吉田喜重「見ることのアナーキズム」『早稲田文学』
5 星野安三郎「国民の抵抗権と自衛隊」『世界』／松下圭一「シビル・ミニマムの思想」

1970（昭和45）年

民連合政権樹立
12・14 ポーランドの北部都市で暴動
12・15 ハイジャック防止条約採択
12・18 公害対策基本法改正法ほか公害対策一四法成立
12・25 日本鋼管、扇島移転問題で横浜市と公害防止協定締結

により殺害
8・9 総評大会、市川誠議長・大木正吾事務局長選出
田子の浦へドロ公害追放沿岸住民抗議大会、四二〇〇名参加、8・11知事と製紙会社を告発、8・29漁船一四四隻海上デモ
8・18 川本輝夫ら水俣病未認定に関する行政不服審査請求
8・22 侵略＝差別と斗うアジア婦人会議大会（〜23）、法政大学
9・11 日生協・主婦連など、カラーテレビの不買を提起
9・14 東京湾汚染抗議・公害追放神奈川県漁民大会、漁船二〇〇隻で海上デモ
9・30 千葉県三里塚、第三次強制測量阻止闘争（〜10・1）
9 大分県臼杵市で大阪セメント誘致派の市長リコール運動始まる
10・3 国立の町づくりを考える会、都に対し歩道橋建設決定取消の行政訴訟
10・12 東大で公開自主講座「公害原論」開始（〜85・3・27）
10・21 女性解放準備会・ぐるーぷ闘う女の呼びかけで女性解放集会・デモ、東京京橋、二〇〇名参加
10・25 神奈川県住民運動連絡会議結成
11・1 総評「公害追放月間」（〜30）
11・11 労戦統一世話人会初会合
11・14 リブ討論会「性差別への告発」
11・25 三島由紀夫ら「楯の会」メンバー、陸自東部方面総監部乱入
11・28 大阪でチッソ株主総会、水俣病患者ら一株株主一三〇〇名が江頭社長を追及

『展望』
イザヤ・ベンダサン『日本人とユダヤ人』山本書店／森崎和江『闘いとエロス』三一書房／『日本思想大系』（全六七巻、〜82・5）岩波書店
6 『環境破壊』創刊（〜86・12）／『昴』創刊（79・5より『すばる』〜）／『季刊辺境』（〜89・7、第三次終刊）
清水知久・和田春樹・古山洋三編著『米国軍隊は解体する』三一新書／広末保『悪場所の発想』三省堂／宮岡政雄『砂川闘争の記録』三一書房
7・18 東京杉並区で光化学スモッグ発生を確認
泉靖一「旧植民地帝国大学考」『中央公論』
7 大江健三郎『核時代の想像力』新潮社／週刊新潮編集部編『マッカーサーの日本』新潮社／三菱長崎造船社研・藤田若雄編『新左翼労働運動10年』I・II（70・11）三一書房
8・2 東京の銀座・新宿・池袋・浅草で歩行者天国開始
8・22 自動販売機が全国で一〇〇万台突破
8 井上俊「死にがいの喪失」『思想の科学』
中野好夫・新崎盛暉『沖縄・70年前後』岩波新書
9・22 日弁連公害シンポジウム、「環境権」の立法化提案
9 大江健三郎『沖縄ノート』岩波新書
10・20 高橋和巳「内ゲバの論理はこえられるか」『エコノミスト』（〜11・3）
10 『季刊現代と思想』創刊（〜80・7、四〇号）／『月刊地域闘争』創刊（88・1より『月刊ちいきとうそう』、92・12より『月刊むすぶ』）／『映画批評』創刊（〜73・9）

1970(昭和45)年

政治・経済

社会運動

11・29 総評と公害被害者団体で初の公害メーデー
12・3 韓国被爆者孫振斗、原爆症の治療を求めて密入国・逮捕
12・7 原水禁、マーシャル諸島被曝者調査団を派遣(~17)
12・8 朴鐘碩、日立製作所の就職差別に対する訴訟提起、74・6・19勝訴
12・18 京浜安保共闘、板橋交番を襲撃し活動家一名射殺
12・20 沖縄コザ市で暴動
12・31 沖縄県国頭村での米軍射爆演習に抗議し村民阻止大会、七〇〇名、農民決死隊が着弾地へ進入し演習延期

生活・思想・文化

11 吉田健一『ヨオロッパの世紀末』新潮社
鶴見俊輔「方法としてのアナーキズム」『展望』/『文学』特集「朝鮮文学」
市川白弦『仏教者の戦争責任』春秋社/大熊信行『日本の虚妄』潮出版社/桑原史成『水俣病・写真記録1960-1970』朝日新聞社/のら社同人編『壊死する風景』のら社
12 『新沖縄文学』第一八号 特集「反復帰論」(第一九号でも「続・反復帰論」、71・3)
金達寿『日本の中の朝鮮文化』講談社/『叢書わが沖縄』(全六巻・別巻一、~72・9)木耳社

1971(昭和46)年

政治・経済

1・8 ヨルダン政府軍、パレスチナ・ゲリラを攻撃
1・13 沖縄で毒ガス撤去作業始まる
鉄道建設審議会で東北・上越・成田新幹線建設を答申
1・20 最高裁、自作農創設に不適な旧自創法買収地を地主に返還する判決
3・3 米、フリーダム・ボールト作戦(沖縄・韓国・米本土を結ぶ軍事演習)
海自護衛艦、房総半島沖で初の日米合同訓練
3・24 むつ小川原開発株式会社設立
3・31 最高裁、青法協加盟の裁判官・修習生の再任・任官拒否
4・11 統一地方選、大阪府知事に黒田了一革新統一候補当選
4・15 外務省外交史料館開館
4・16 昭和天皇、広島原爆慰霊碑に初の献花
4・20 在日韓国人留学生徐勝・俊植兄弟、反共法

社会運動

1・12 ラルフ・ネーダー訪日
1・22 全軍労・全駐労、初の統一スト
2・12 大分県臼杵市で風成地区の女性たち、ボーリング用の筏に乗り込み、座り込み(~15)
全国出稼者組合連合会結成
2・13 地婦連、再販商品の不買運動開始
2・16 総評・社会党ブロック、日中国交回復国民会議結成
2・17 京浜安保共闘、栃木県真岡市の銃砲店で猟銃一一丁を強奪
2・22 千葉県三里塚で第一次強制代執行(~3・6)、逮捕者四六一名、負傷者一四二七名
2・23 四日市公害と戦う市民兵の会『公害トマレ』創刊
2・27 横浜新貨物線反対同盟、飛鳥田革新市長に対抗する市長候補を運動から出すことを決定、3・14市長の態度変更により立候補見送り
4・10 大泉市民の集い、日本資本の南ベトナム進

生活・思想・文化

1 『創造の世界』創刊(~99・12)
福島壽郎「『戦後雑誌』発掘」(~12)『ちくま』/『思想の科学』特集「思想史としての戦後文学史」
朝日新聞社経済部編『くたばれGNP』朝日新聞社/飛鳥田一雄編『自治体改革の実践的展望』日本評論社/早乙女勝元『東京大空襲』岩波新書
2 久場政彦「復帰――国政参加と沖縄」『中央公論』/真木悠介「コミューンと最適社会」『展望』
土居健郎『「甘え」の構造』弘文堂/中岡哲郎『技術の論理・人間の立場』筑摩書房/『南方熊楠全集』(全一〇巻・別巻二、~75・8)平凡社
3・1 『週刊FM』創刊(~91・4・14)
3・26 多摩ニュータウン入居開始
『朝日ジャーナル』特集「ミニコミ'71――奔流する地下水」

1971（昭和46）年

違反として韓国情報部により逮捕と発表
4・30 苫小牧東部大規模工業基地開発基本構想まとまる
5・25 産業構造審議会「七〇年代の通産政策」中間答申発表
5・31 環境庁設置法公布
6・13 ニューヨークタイムズ紙、ペンタゴン秘密文書を入手、公開
6・17 沖縄返還協定調印
7・1 国立公文書館開館
7・15 ニクソン訪中発表
8・15 米、金ドル交換停止発表
8・24 琉球立法院、国際海洋博の沖縄開催要請決議
9・2 アラブ連合・シリア・リビアでアラブ共和国連邦結成を発表
9・8 中国共産党副主席林彪、クーデタ失敗
9・27 天皇・皇后、訪欧に出発、コペンハーゲンで一行に糞尿団投擲
9・28 美濃部東京都知事、ごみ処理の危機を訴え
10・9 防衛庁、沖縄軍用地使用料を六・五倍引き上げることを決定
10・25 国連総会、中華人民共和国の国連代表権を決定
11・16 衆院予算委で社会党楢崎議員が米軍岩国基地での核兵器貯蔵を追及
11・17 衆院沖縄返還協定特別委、協定を強行採決
12・3 インド・パキスタン戦争（～12・17）
12・6 朴正熙韓国大統領、国家非常事態宣言
12・31 公用地暫定使用法ほか沖縄復帰関連国内四法公布

出に抗議するデモ、五〇名
4・14 沖縄全軍労、三〇〇〇人解雇に反対して四八時間スト
4・25 浦和市民連合の小沢遼子、浦和市議に当選
4・28 沖縄デー、全国一六二カ所で八〇万人が集会・デモに参加
5・5 5・5横田基地を止めろ第一次行動、風船と花火で米軍機飛行阻止
5・13 私鉄春闘二四時間スト
5・14 名古屋高裁、津地鎮祭への公金支出違憲判決
5・19 沖縄で返還協定反対の二四時間ゼネスト、七万五〇〇〇名参加
5・26 チッソ株主総会で水俣病患者・家族・支援者が「一株株主」として会社の姿勢を追及
6・9 高知市で高知パルプの廃液垂れ流しに抗議して市民がマンホールにコンクリート流し込み
6・15 全国全共闘主催、沖縄返還協定調印阻止集会、集会中に内ゲバで分裂
6・23 共産党宮本委員長、「プロレタリア独裁」を「ディクタツーラ」と言い換えることを表明
6・30 イタイイタイ病第一次訴訟地裁判決、原告勝訴
7・15 東京江戸川区の区長と住民、羽田離着陸機の航空騒音に対し上空飛行禁止の仮処分申請
革命左派・共産同赤軍派が合同して連合赤軍結成
7・20 臼杵市大阪セメント海面埋立差し止め訴訟、原告勝訴
8・21 第一回リブ合宿（～24）、長野県飯山
8・22 陸自朝霞駐屯地で自衛官刺殺（赤衛軍事件）

3 『市民』（第一次）創刊（～74・4）亜紀書房編集部編『性差別への告発』亜紀書房／宇井純『公害原論』（全三巻・補巻三、～74・9）亜紀書房／北山修『戦争を知らない子供たち』ブロンズ社／永山則夫『無知の涙』合同出版／松本健一『若き北一輝』現代評論社
4 『青い海』創刊（～85・6）／『自主講座』創刊（78・4より『土の声・民の声』～83・12）多田道太郎「管理社会の影」『展望』／田中義久「私生活主義批判」『展望』
高階秀爾『ルネッサンスの光と闇』三彩社
5・7 和田春樹「さあ、ここで戦争の機械をとめよう」『朝日ジャーナル』
5・14 群馬県で連続女性殺人事件容疑の大久保清逮捕
5 『季刊社会思想』創刊（～74・1）高野悦子『二十歳の原点』新潮社／『林達夫著作集』（全六巻、～72・1）平凡社
6・5 京王プラザホテル開業
6・20 『ｎｏｎ・ｎｏ』創刊
6 伝習館救援会編『伝習館・自立闘争宣言』三一新書／『沖縄県史』第九巻各論編8「沖縄戦記録1」琉球政府
7・20 日本マクドナルド第一号店、銀座三越内に開店
7・30 空自機、岩手県雫石町上空で民間機に衝突、乗客一六二名死亡
7 『季刊沖縄経験』（大江健三郎・大田昌秀編、～73・11）創刊／『季刊公害研究』創刊（92・9より『環境と公害』）／『プレイガイドジャーナル』創刊（86・4より『ぷがじゃ』、～88・9）

1971(昭和46)年

政治・経済

社会運動

9・16 千葉県三里塚で第二次強制代執行(〜20)、警官三名死亡、戦後唯一の民家の強制収用
9・25 沖縄青年委員会四名、皇居突入し火炎瓶投擲
9・29 新潟水俣病第一次訴訟地裁判決、原告勝訴
10・8 公労委、静岡鉄道管理局のマル生運動を不当労働行為と認定
10・19 沖縄青年同盟三名、衆院本会議で爆竹破裂
11・1 江東区住民、ゴミ公害反対対策会議結成
11・10 沖縄返還協定批准反対ゼネスト、復帰協主催の返還協定反対県民集会
11・14 中核派、渋谷暴動、機動隊員一名死亡
11・19 沖縄返還協定強行採決糾弾統一行動、全国九三〇カ所に五三万二〇〇〇名参加
12・6 水俣病患者ら、東京・チッソ本社で座り込み開始(〜73・7・12)
12・9 沖縄、権利と財産を守る軍用地主連合会(反戦地主会)結成
12・18 土田警視庁警務部長宅で小包爆弾テロ、爆弾テロ続く

生活・思想・文化

8 講談社文庫創刊
部落問題研究所編『水平運動史の研究』(全六巻、〜73・1)部落問題研究所出版部
9・28 東大宇宙航空研究所、国産初の科学衛星「しんせい」打上げ成功
日清食品、カップヌードル発売
9 内田義彦『社会認識の歩み』岩波新書/中岡哲郎『工場の哲学』平凡社/新田次郎『八甲田山死の彷徨』新潮社/松田壽男『アジアの歴史』日本放送出版協会
11・20 にっかつロマンポルノ第一作「団地妻 昼下りの情事」公開
11 『季刊労働運動』創刊(〜85・4)
向井孝「暴力論ノート」『思想の科学』/『世界』特集「沖縄返還協定批判」
栗原幸夫『プロレタリア文学とその時代』平凡社/高畠通敏『政治の論理と市民』筑摩書房/福田歓一『近代政治原理成立史序説』岩波書店
12 もろさわようこ『おんなの戦後史』未来社

1972(昭和47)年

政治・経済

1・30 北アイルランド・ロンドンデリーでカトリック系住民と軍が衝突
2・18 経済同友会「七〇年代の社会緊張の問題点とその対策試案」発表
2・21 ニクソン米大統領中国訪問、2・27上海コミュニケ発表
3・7 自衛隊、立川基地へ深夜強行移駐
3・15 日本経済調査協議会、「新しい産業社会における人間形成」発表
3・21 通産省、PCBの生産中止を通達
4・4 外務省機密文書漏洩事件で外務省事務官・毎日新聞記者逮捕

社会運動

1・7 チッソ五井工場(千葉)、水俣病患者らに労組員が暴行、カメラマンのユージン・スミス重傷
全国公害弁護団連絡会議結成
1・22 志布志湾公害反対連絡協議会ほか、石油コンビナート進出阻止住民集会
1・28 全国民労協結成
1・30 高知市で高知パルプ裁判支援会議結成
土呂久公害被害者の会結成
2・19 長野県あさま山荘に連合赤軍五名が籠城、銃撃戦(〜28)、3・7同志リンチ粛清発覚、一三名死亡

生活・思想・文化

1・24 グアム島で元日本兵横井庄一発見・保護
1 『面白半分』創刊(〜80・12)
大江健三郎「再び日本が沖縄に属する」『世界』/『現代詩手帖』臨時増刊号「荒地——戦後詩の原点」
2・3 札幌冬季オリンピック(〜13)
2 『あごら』創刊/『国家論研究』創刊(〜83・2)
清水知久「観光帝国主義」『展望』
久野収『平和の論理と戦争の論理』岩波書店
3・17 『朝日ジャーナル』特集「大村収容所の二〇年」

1972(昭和47)年

4・6 米、限定北爆再開
4・10 生物兵器禁止条約調印
4・12 韓国中央情報部、詩人金芝河を連行
5・12 米沖縄民政府解散
5・15 沖縄施政権返還
5・22 ニクソン米大統領訪ソ、5・26 SALTI調印
5・23 優生保護法改正案国会上程
5・26 OECD閣僚理事会、公害防止費用の汚染者負担原則採択
6・5 第一回国連人間環境会議、ストックホルム(〜16)
6・11 田中通産相、「日本列島改造論」発表
6・17 米民主党本部盗聴事件(ウォーターゲート事件)
6・22 大気汚染防止法・水質汚濁防止法改正公布、公害無過失責任を規定
7・4 韓国・北朝鮮首脳、南北平和統一に関する共同声明発表
7・6 佐藤内閣総辞職、7・7田中角栄内閣成立
7・21 美濃部都知事、朝鮮総連都本部を実質的な外交機関と認め免税措置
7・22 拡大EC一〇カ国とEFTA五カ国で自由貿易地域結成協定調印
9・5 ミュンヘンオリンピックの選手村でパレスチナゲリラがイスラエル選手宿舎を銃撃
9・7 イスラエル、レバノン侵攻
9・14 むつ小川原開発を閣議了承
9・20 神戸地裁、堀木訴訟判決、原告勝訴
9・23 マルコス・フィリピン大統領、全土に戒厳

連合赤軍事件・同志のリンチ殺人が発覚（写真提供：毎日新聞社）

水俣病患者の自主交渉を支援する市民の会結成
2・25 べ平連、岩国に反戦喫茶「ほびっと」開店
3・7 孫振斗、福岡地裁に被爆者手帳の交付を求める行政訴訟提起
3・11 労戦統一民間単産連絡会議初会合
3・18 保坂展人、東京麹町中学に内申書裁判提起
4・1 安中カドミウム公害被害者、賠償請求訴訟
4・3 動労、運転保安を求め無期限ATS闘争
4・20 韓国居留民団、朴政権との関連をめぐり分裂
4・24 火炎びん使用等処罰法公布
4・27 反戦自衛官五名、自衛隊沖縄配備などに反対声明、5・4全員懲戒免職
国労・動労・私鉄等ゼネスト
5・5 第一回ウーマン・リブ大会
5・9 小田実ら、キム・ジハ救援委員会結成
5・10 社会党相模原総支部、米軍相模補給廠前に監視隊設置
5・15 沖縄処分抗議県民総決起大会(那覇)
5・28 釜ヶ崎暴動
5・30 アラブ赤軍三名、テルアビブ空港で銃乱射、二六名死亡
6・2 広島で被爆二世対策連絡会議結成
6・3 若手研究者による瀬戸内海汚染総合調査団(星野芳郎団長)、「瀬戸内海汚染総合調査報告」を発表
暴力手配師追放釜ヶ崎共闘会議(釜共闘)結成
6・9 国労・動労、米軍燃料タンク車増発に反対し順法闘争
6・14 中絶禁止法に反対しピル解禁を要求する女性解放連合(中ピ連)結成

3・21 奈良県高松塚古墳で装飾壁画発見
3 木村敏『人と人との間』弘文堂／本多勝一『中国の旅』朝日新聞社
4・16 川端康成自殺
4 『考える高校生』創刊(91・4より『ジュ・パンス高校生版』、〜06・2)／『言語』創刊
西川潤「第三世界の構造と動態」『世界』
石牟礼道子編『わが死民――水俣病闘争』現代評論社／田中美津『いのちの女たちへ』田畑書店／都留重人『公害の政治経済学』岩波書店
5・13 大阪千日デパートで火災、一一八名死亡
5 鶴見俊輔「リンチの思想」『展望』／山本義隆「理性の錯乱――「全共闘」の総括のための序」『情況』／『潮』「特別企画・日本で中国人は何をされたか――強制連行された中国人と加害者日本人一〇〇人の証言」
富村順一『わんがうまりあ沖縄』柘植書房
6・22 『面白半分』誌、「四畳半襖の下張」掲載により摘発
6・23 二風谷アイヌ文化資料館開館
6・29 法政大学沖縄文化研究所設立
6 有吉佐和子『恍惚の人』新潮社／大城立裕『同化と異化のはざまで』潮出版社／田中角栄『日本列島改造論』日刊工業新聞社
7・10 『ぴあ』創刊
7 稲垣真美『兵役を拒否した日本人』岩波新書／金石範『ことばの呪縛――「在日朝鮮人文学」と日本語』筑摩書房
8・2 カシオ計算機、パーソナル電卓発売
8 『ロッキングオン』創刊
岡本恵徳「『日本国家』を相対化するということ」『世界』／『思想の科学』「主題・思想に

1972(昭和47)年

政治・経済

令布告

9・25 田中首相訪中、9・29日中共同宣言、国交回復

10・3 中央公害対策審議会、自動車排ガス規制措置を答申

10・17 朴韓国大統領、非常戒厳令を公布し「維新体制」を宣言

11・6 タイ全国学生センター、日本製品ボイコットを決定

11・16 政府、米空母ミッドウェーの横須賀母港化承認

12・17 米、全面的な北爆再開

12・21 東西ドイツ、基本条約調印

社会運動

7・24 四日市ぜんそく訴訟地裁判決、原告勝訴

7・27 北海道伊達市で伊達火力発電所建設に反対し、環境権を掲げた訴訟提起

8・4 社会党員ら、米軍相模補給廠から搬出されたベトナム向け戦車を座り込みで阻止、三カ月にわたって戦車搬出を止める

8・16 ヒ素ミルク事件で森永乳業が救済責任を認める

8・23 相模原に「ただの市民が戦車を止める会」発足

8 武田美由紀ら、「東京こむうぬ」開設(~75・3)

9・8 日朝国交正常化国民会議結成

9・17 青森県六ヶ所村、むつ小川原開発反対の村民総決起集会

9・27 民青同盟大会、「新日和見主義」幹部の処分

9・30 リブ新宿センター開所

10・15 福岡県豊前市で豊前火力誘致阻止総決起集会

水俣病を告発する会、「水俣病センター」構想発表

リブ・グループ、優生保護法改正に反対する全国同時デモ

10・30 新幹線公害反対住民組織の全国大会

11・5 国民総背番号制に反対しプライバシーを守る中央会議結成

11・7 沖縄復帰協主催、自衛隊沖縄配備反対総決起集会

11・8 早大生川口大三郎を革マル派が殺害、内ゲバ激化

相模補給廠からの戦車搬出阻止行動に一万名参加

11・21 東京高裁、メーデー事件無罪判決、確定

生活・思想・文化

おける年令」

大田昌秀『沖縄のこころ』岩波書店/作田啓一『価値の社会学』岩波書店

9 『草の根通信』創刊(~04・6)

星野芳郎「日本列島改造論批判」『中央公論』

奥崎謙三『ヤマザキ、天皇を撃て!』三一書房/精神科医全国共闘会議編『国家と狂気』田畑書店

10・1 法政大学沖縄文化研究所創設

10・19 フィリピン・ルバング島で元日本兵小野田寛郎ら発見、地元警官隊と銃撃戦、74・3・10小野田下山

10 『詩と思想』創刊(~75・2)/『リブニュース この道ひとすじ』創刊(~76・2)

『思想の科学』「主題・思想としてのからだ」

11・3 占領史研究会設立

11・5 上野動物園でジャイアントパンダ初公開

11 『季刊現代史』創刊(~78・9)/『原発斗争情報』創刊(87・3より『原子力資料情報室通信』)

原田正純『水俣病』岩波新書/丸山眞男「歴史意識の『古層』」丸山編『日本の思想6 歴史思想集』筑摩書房/『岩波講座 現代都市政策』(全一一巻・別巻一、~73・11)

12 『思想の科学』「主題・アジアを考えるために」

石原吉郎『望郷と海』筑摩書房/思想の科学研究会編『日本占領 共同研究』徳間書店

1973(昭和48)年

1・24 環境庁、宮崎県土呂久鉱山のヒ素中毒を公害病と認定
1・27 米政府、徴兵制の終了を発表
1・28 ベトナム和平協定発効
2・6 社会党大会、全野党共闘の運動方針決定
2・14 大蔵省、為替相場を変動相場制へ移行
2・24 古河鉱業、足尾銅山閉山
3・29 ベトナムの米戦闘部隊撤退完了
4・4 最高裁、刑法の尊属殺規定を違憲と判決
4・25 最高裁、公務員の争議行為禁止を合憲と判決
4・30 米、ウォーターゲート事件に関連して大統領側近四名の辞任発表
5・11 田中首相、小選挙区制導入を声明
6・1 ASPAC常任委、次回閣僚会議の無期延期を発表、ASPAC自然消滅
6・4 経団連・日商など五団体、途上国への投資行動指針を決定
6・23 朴韓国大統領、北朝鮮との国連同時加盟を提案
7・3 全欧安全保障協力外相会議、ヘルシンキ(〜7)
7・25 資源エネルギー庁設置、9・7エネルギー白書発表
8・2 『人民日報』孔子批判論文掲載、「批林批孔」運動開始
8・8 東京で金大中拉致事件、8・13金大中、ソウルの自宅付近で解放
8・21 チリで反政府スト、9・11軍部クーデタ、アジェンデ大統領自殺
9・8 ソ連反体制物理学者サハロフ、記者会見で体制批判派が精神病院に隔離されていると発表

1・1 連合赤軍リーダー森恒夫、東京拘置所で自殺
1・20 水俣病第二次訴訟提起
1・22 売春問題と取り組む会結成
2・10 公労協、スト権奪還で半日拠点スト
2・15 伊丹空港周辺住民、飛行差止めと損害賠償を公害等調整委員会に申請
2・24 三井金属神岡鉱業所からのカドミウム排出被害農民、補償協定書調印
3・13 埼玉県上尾駅で順法闘争に対する乗客暴動(上尾暴動)、六〇〇〇名、4・24首都圏各地で乗客の暴動、国電マヒ
3・15 松下竜一ら、豊前火力絶対阻止・環境権訴訟を進める会結成、8・21建設差止請求訴訟提起
3・18 砂川反対同盟呼びかけで全国住民運動総決起集会
3・20 熊本水俣病第一次訴訟地裁判決、原告勝訴
3・22 水俣病患者家族東京交渉団、補償・生活保障をめぐりチッソ本社と直接交渉開始
3・26 優生保護法改正案国会再提出阻止のためリブ活動家二五〇名が厚生省前に座り込み
4・10 森永ヒ素ミルク民事訴訟提起
4・30 京都ベ平連解散集会
5・10 空港公団、成田二期用地収用のための強制測量、5・11反対派の抵抗により中止
5・14 忍草母の会、北富士演習場での自衛隊実弾演習に対し着弾地点への座り込み
5・15 総評・社会党、共産党、公明党ほか、小選挙区制粉砕全国統一行動
5・19 東京都江東区議会、埋立地への杉並区のゴミ搬入拒否を決議(ゴミ戦争)
6・14 伊達火力発電所強行着工に対し、住民抗議発表

1・5 加藤周一『日本文学史序説』『朝日ジャーナル』(〜79・10・26)
1 映画「仁義なき戦い」公開(東映、深作欣二監督)
『近代麻雀』創刊(〜87・12)/『現代思想』創刊(青土社)
『現代の理論』「特集・共同体・市民社会・社会主義」
源了円『徳川思想小史』中公新書/『主婦とおんな——国立市公民館市民大学セミナーの記録』未来社
2・5 東京・渋谷のコインロッカーで赤ちゃんの死体発見
2 『ひと』創刊(〜98・3)
大江健三郎「状況へ」/小田実「状況から」『世界』
大熊一夫『ルポ・精神病棟』朝日新聞社/林景明『台湾処分と日本人』旺史社
3 小沢遼子『よそもの連合太平記』筑摩書房/小松左京『日本沈没』光文社/東京大空襲・戦災誌編集委員会編『東京大空襲・戦災誌』(全五巻、〜74・3)東京空襲を記録する会/水野忠夫『マヤコフスキイ・ノート』中央公論社
4 『談』創刊
飯沼二郎『見えない人々 在日朝鮮人』日本基督教団出版局/井上俊『死にがいの喪失』筑摩書房/城戸又一ほか編『講座・現代ジャーナリズム』(全六巻、〜74・3)時事通信社
5・3 沖縄特別国体(若夏国体)開幕
5 見田宗介「まなざしの地獄」『展望』
『知里真志保著作集』(全四巻・別巻二、平凡社、〜76・7・6)

1973(昭和48)年

政治・経済

9・14 GATT東京会議、多角的貿易交渉開始を謳った東京宣言採択
9・18 国連総会、東西ドイツの加盟を決定
10・5 米空母ミッドウェー、横須賀入港
10・6 第四次中東戦争勃発(〜10・22)
10・8 イタリア共産党書記長ベルリングェル、「歴史的妥協」政策発表
10・14 タイ10月学生革命
10・17 湾岸六カ国、石油の二一%値上げを発表、OPEC一〇カ国石油担当相会議、イスラエル支持国家への石油減産を発表
10・23 エクソン・シェル、原油価格三〇%値上げを通告、第一次オイルショック

第一次石油ショック、トイレットペーパー入荷を伝えるはり紙(写真提供:毎日新聞社)

12・18 韓国梨花女子大学生、金浦空港でキーセン観光反対デモ
12・22 国民生活安定緊急措置法・石油需給適正化法公布

社会運動

行動
6・16 べ平連系「何がベトナム復興だ、おマエにそんなことがいえるのか、ひどい暮しだ、おマエのせいだ、ケイダンレン・デモ」、一三〇〇名
6・18 有明海・不知火海沿岸漁民、水銀垂れ流しの即時中止を要求して海上デモ
6・25 水銀・PCB汚染に対し全国漁民一斉抗議行動、7・6東京で公害被害危機突破全国漁民総決起大会、二〇〇〇名参加
7・9 水俣病患者第一次訴訟派と自主交渉派、補償協定調印
7・13 労戦統一民間単産連絡会議解散
7・21 基地対策全国連絡会議結成
8・13 韓国民主回復統一促進国民会議日本支部(韓民統)結成
8・20 カネミ油症被害者の全国集会第一回会合
8・23 鶴見俊輔・小田実ら金大中救援声明発表、金大中救援運動広がる
8・27 伊方原発設置取消・執行停止の行政訴訟
9・7 長沼ナイキ訴訟地裁判決で自衛隊違憲判決(福島判決)
9・21 日本キリスト教協議会婦人委員会、韓国からのキーセン観光抗議に応え声明
9・23 沖縄、CTSに反対する「金武湾を守る会」結成
9・29 東北・上越新幹線現在計画反対北区区民協議会総決起大会
9 合成洗剤追放西日本集会
10・7 米空母の母港化に反対する横須賀市民の会ほか、ミッドウェー母港化反対集会、三万名
10・14 宮城県女川で原発設置反対総決起大会

生活・思想・文化

6・4 中沢啓治「はだしのゲン」『週刊少年ジャンプ』に連載開始(〜74・9・23)
6 『終末から』創刊(〜74・10)
中公文庫創刊
長岡弘芳『原爆文学史』風媒社
7 松沢弘陽『日本社会主義の思想』筑摩書房
8 原田伴彦『被差別部落の歴史』朝日新聞社
9・10 日本平和学会創立
9 大澤正道編『われらの内なる天皇制』太平出版社/水田珠枝『女性解放思想の歩み』岩波新書
10・24 ローマクラブ東京大会(〜27)
10 『世界』特集「金大中氏事件——何が問われているか」、T・K生「韓国からの通信」(〜83・12)
千田夏光『従軍慰安婦』双葉社/守田志郎『小さい部落』朝日新聞社
11 『女・エロス』創刊(〜82・6)/『正論』創刊
武田美由紀「自虐の子育てをするな!」『思想の科学』/『情況』特集「天皇制」
五島勉『ノストラダムスの大予言』祥伝社/前田愛『近代読者の成立』有精堂出版
12・6 国連総会、国連大学本部の日本設置を決定
12 鎌田慧『自動車絶望工場』現代史出版会/柴谷篤弘『反科学論』みすず書房

1973（昭和48）年

10・31 沖縄人民党、日本共産党への合流を決定
10 アジア太平洋資料センター（PARC）設立
11・6 被団協、国家補償に基づく援護法制定を要求する中央大行動（〜10）
11・11 高砂市民の会主催の緑地問題研究会で「入浜権」のことばが生まれる
11・22 金武湾を守る会・沖縄中部地区労共催、CTS阻止中部地区大会、四〇〇〇名参加
11・28 第五福竜丸平和協会設立
森永ヒ素ミルク中毒事件差戻し審、徳島地裁で元製造課長に禁固三年の判決
12・25 キーセン観光に反対する女たちの会、羽田でビラまき

1974（昭和49）年

1・7 田中首相、東南アジア五カ国歴訪、1・9バンコクで反日デモ、1・15ジャカルタで反日暴動
2・13 ソ連、作家ソルジェニーツィンを国外追放
4・3 韓国、学生運動再燃
4・10 政府、公務員スト権問題で閣僚協議会設置
4・11 内閣総理大臣官房同和対策室設置
5・18 インド、初の核実験
5・25 自民党、衆院本会議で靖国法案を単独可決、参院で審議未了廃案
5・29 法制審議会、刑法改正案を答申
5・31 国際協力事業団（JICA）設置
7・2 中央選管委員長、企業ぐるみ選挙に対し異例の警告
7・11 韓国非常軍法会議、民青学連事件で「人民革命党」七名に死刑判決
7・22 美濃部東京都知事、韓国人被爆者に被爆者手帳交付
8・8 ニクソン米大統領、ウォーターゲート事件

1・15 第一回韓国問題キリスト者緊急会議
1・26 べ平連解散集会
樋口恵子ら、家庭科の男女共修をすすめる会結成
2・3 名古屋市内沿線住民、新幹線公害訴訟団結成
2・5 総評臨時大会、国民の生活保障を掲げた「国民春闘」方針決定
2・8 苫東開発反対派住民、北海道苫東港審議会に乱入、流会
2・21 キーセン観光に反対する集会
2・25 新潟空港公害対策協議会、ジェット機増便差止などを要求し行政訴訟提起
3・10 安保破棄東京実行委、関東計画反対・基地撤去横田大集会、一万三〇〇〇名参加
3・30 名古屋新幹線公害訴訟提起
4・7 水俣病センター相思社設立
4・18 日本の対韓政策を正し韓国民主化闘争に連帯する日本連絡会議（日韓連帯連絡会議・日

1 『新地平』創刊（〜89・11）
野添憲治「花岡事件の人たち」（〜9）『思想の科学』／『新沖縄文学』第二五号　特集「沖縄学」
3・7 ユリ・ゲラー来日・TV出演、超能力ブーム
3・25 総合研究開発機構（NIRA）発足
3 川田侃・石田雄・武者小路公秀・関寛治・豊田利幸・西川潤「シンポジウム・日本における平和研究の方向とその展望――第一回日本平和学会から」『世界』
なだいなだ『権威と権力』岩波新書／松下竜一『暗闇の思想を』朝日新聞社
4・8 三百人劇場落成
4 柄谷行人「マルクスその可能性の中心」（〜9）『群像』
東京大学社会科学研究所編『戦後改革』（全八巻、〜75・7）東京大学出版会／『伊波普猷全集』（全一一巻、〜76・10）平凡社
5 『磁場』創刊（〜80・1）／『野生時代』創刊

1974(昭和49)年

政治・経済

で辞任、後任にフォード副大統領
8・13 航空審議会、関西新空港予定地として泉州沖を答申
8・15 韓国朴正熙大統領狙撃、夫人死亡
9・16 フォード米大統領、ベトナム戦争中の脱走兵・徴兵忌避者に恩赦
10・6 アメリカ上下院合同原子力委員会公聴会で、核持ち込みに関するラロック退役海軍少将の証言公表
10・14 国連総会、PLOをパレスチナ人民代表として招請
10・22 社会党、立花隆の「田中角栄研究」をもとに首相の金脈を国会追及
11・26 田中首相、閣議で辞意表明、12・9三木武夫内閣成立
12・14 国連総会、「侵略」の定義採択
12・18 岡山県水島コンビナートで重油四万キロリットルの流出事故

社会運動

韓連連、青地晨代表)結成
5・10 公害等調整委員会、足尾鉱毒事件で被害者救済案提示、5・11妥結
5・18 日本消費者連盟結成
6・8 小田実呼びかけによる第一回アジア人会議(~15)
7・2 新幹線公害に反対する全国連絡協議会結成
8・1 水俣市で水俣病認定申請患者協議会結成
8・4 日韓キリスト者連絡会議結成
8・14 東アジア反日武装戦線、昭和天皇暗殺「虹作戦」未遂
8・23 第一回九州住民闘争交流団結合宿(水俣、~25)、三三団体二〇〇名参加
8・24 青森県むつ湾漁民、原子力船むつの出力試験航海に抗議し漁船二〇〇隻の海上デモ
8・30 東アジア反日武装戦線、三菱重工爆破、八名死亡、三八五名負傷、以降、爆破事件続く
9・5 沖縄、金武湾を守る会、屋良知事を相手に埋立免許無効確認請求訴訟提起
9・7 新潟水俣病未認定患者の会結成
9・22 反火力全国住民運動交流会、豊前市で開催、反火力運動全国連絡会議結成
9・28 富山化学の公害輸出をやめさせる実行委員会、日本化学の重クロム酸ソーダ製造プラントの韓国・蔚山進出に抗議するデモ
10・16 沖縄、県道一〇四号線越え米軍実弾射撃演習の着弾地点に座り込み(~17)
11・22 兵庫県八鹿高校事件
11・23 国連に核兵器完全禁止国際協定の締結を要請する原水協代表団出発、12・4国連に要請行動
良心的軍事費拒否の会結成

生活・思想・文化

松尾尊兊『大正デモクラシー』岩波書店
6・7 国立民族学博物館法公布、77・11・15開館
6 『月報公害を逃すな!』創刊(86・6より『反核太平洋パシフィカ』、96・2より『パシフィカ』、~00・4/6)/『花とゆめ』創刊
文春文庫創刊
宇沢弘文『自動車の社会的費用』岩波新書/創価学会反戦出版委員会編『シリーズ・戦争を知らない世代へ』(全五六巻、~79・10)第三文明社
7・11 国電新宿駅他で初の「禁煙タイム」
7 津村喬『メディアの政治』晶文社/松浦玲『日本人にとって天皇とは何であったか』辺境社/灰谷健次郎『兎の眼』理論社
8 釜共闘・山谷現闘委編集委員会編『やられたらやりかえせ!』田畑書店
9・1 原子力船むつ、放射能漏れ事故
9 安丸良夫『日本の近代化と民衆思想』青木書店
10・14 長嶋茂雄巨人軍引退
10 山上たつひこ「がきデカ」連載開始(~80・12)、『週刊少年チャンピオン』
阿部謹也『ハーメルンの笛吹き男』平凡社
11 井上澄夫「僕らは公害輸出と闘い始めた」『展望』/宇井純「住民運動として自立へ」『展望』/立花隆「田中角栄研究——その金脈と人脈」『文藝春秋』/『青い海』特集「戦後沖縄の重要論文集」
高橋悠治『ことばをもって音をたちきれ』晶文社/山中恒『ボクラ少国民』(全五巻・補巻一、~81・12)辺境社
12・26 インドネシア・モロタイ島で台湾人元日本兵「中村輝夫」救出

1974(昭和49)年

12・29 東京できれいな川といのちを守る合成洗剤追放全国集会、七〇〇名参加
12・2 横浜新貨物線反対同盟、飛鳥田市政との訣別・横浜市からの分離独立を宣言
12・5 統一労組懇発足
12・18 国際婦人年日本大会準備会結成

12 『海峡』創刊
農地改革資料編纂委員会編『農地改革資料集成』(全一六巻、~82・3)御茶の水書房

1975(昭和50)年

4・13 統一地方選挙、神奈川県知事に長洲一二当選
レバノン内戦始まる
4・17 カンボジア、クメール・ルージュ、プノンペン占領 4・30ベトナム解放勢力、サイゴン解放
6・19 国際婦人年世界会議(メキシコシティ、~7・2)
6・30 日韓議員連盟結成
7・20 初の自民党議員訪朝団、北朝鮮訪問(~27)
7・27 共産党・創価学会、相互不干渉・共存の一〇年協定(「創共協定」)を公表
7・28 政府、「昭和」後の元号について公式制度連絡調査会議開催
7・30 全欧安保協力首脳会議(ヘルシンキ、~8・1)
7 東京都が買収した江戸川区の日本化学跡地で六価クロム汚染発覚
8・5 政府、日本赤軍のクアラルンプール事件に関して「超法規的措置」による活動家釈放
8・15 三木首相、「私人」として靖国参拝
9・30 天皇・皇后訪米(~10・14)
10・31 昭和天皇、記者会見で原爆投下をめぐり「こういう戦争中であることですから、広島市民には気の毒ですがやむを得ないことと私は思っています」と発言

1・13 水俣病認定患者五名、チッソ水俣工場担当重役を殺人・傷害罪で告発、76・5・4熊本地検、業務上過失致死障害罪で起訴、79・3・22熊本地裁で有罪判決
国際婦人年をきっかけとして行動を起こす女たちの会発足
1・15 小野十三郎ら呼びかけ、差別と闘う文化会議結成
1・23 同盟大会、「社会契約的運動論」提唱
1 新左翼系労働運動活動家、全国労働組合活動家会議(全労活)発足
2・4 総評大会、原水禁運動の統一を呼びかけ
2・5 沖縄でCTS建設阻止県民総決起大会
2・22 新潟地裁、小西反戦自衛官無罪判決
3・11 東京大空襲を記録する会・都教組など、東京大空襲三〇周年の集い
3・14 革マル派、本多延嘉中核派議長を殺害、内ゲバ全面化
4・26 沖縄金武村で米兵による女子中学生暴行抗議村民大会、一〇〇〇名
5・17 井出孫六ら、金芝河の釈放を求めて銀座で四八時間ハンスト
5・19 社会党・長崎県評でむつ母港化阻止長崎県共闘会議結成
東アジア反日武装戦線一斉逮捕
5・26 千葉川崎製鉄公害訴訟提起

1・3 藤田省三「〝昭和〟とは何か——元号批判」(~1・24)『朝日ジャーナル』1・3・10合併号
1 『ビックリハウス』創刊(~85・10)
北沢洋子「なぜ国連で〝日本〟を告発したか」『潮』/武藤一羊「根拠地と文化」『展望』/『現代の眼』特集「天皇の戦争責任について」(~8)
2 『季刊三千里』創刊(~87・5、五〇号)
ダグラス・ラミス「イデオロギーとしての英会話」『展望』
奥村宏『法人資本主義の構造』日本評論社/菅孝行『天皇論ノート』田畑書店/村上泰亮『産業社会の病理』中央公論社/横塚晃一『母よ! 殺すな』すずさわ書店
3・10 新幹線東京—博多間全通
3 『軍事民論』創刊(~03・2)
市川浩『精神としての身体』勁草書房/原田伴彦『被差別部落の歴史』朝日新聞社/宮崎省吾『いま、「公共性」を撃つ』新泉社
4・5 フジテレビ「欽ちゃんのドンとやってみよう!」放映開始
4・19 劇団天井桟敷、東京高円寺付近で街頭劇「ノック」上演
4 有吉佐和子『複合汚染』新潮社/磯崎新『建築の解体』美術出版社/伊藤雅子『子どもからの自立』未来社

1975(昭和50)年

政治・経済

11・10 国連総会、シオニズム批判決議
11・15 第一回先進国首脳会議(サミット)、仏ランブイエ
11・22 国土庁、「過疎白書」発表
12・1 三木首相、公労協スト権スト批判声明
12・26 文部省、主任制公示
12・27 石油備蓄法公布

沖縄海洋博・アクアポリスと会場全景(写真提供:毎日新聞社)

1・8 中国周恩来首相死去
1・27 衆院本会議代表質問で民社党の春日一幸、共産党の戦前のスパイ査問事件の調査を要求
1・31 国鉄、75年末のスト権ストに関する処分

社会運動

6・11 総評、平和委へ原水禁運動の統一問題協議のための七者懇談会の開催について申入れ、6・25七者懇発足、7・31七者懇、「座長共同試案」をめぐって合意不成立、休会
7・16 墨東から公害をなくす区民の会、東京都江戸川区の日本化学による六価クロム不法投棄を告発
7・17 海洋博のため訪沖中の皇太子夫妻に対し、ひめゆりの塔前で火炎瓶投擲
8・4 日本カトリック正義と平和協議会、金芝河の「良心宣言」を公表
9・29 行動を起こす会、ハウス食品の「ワタシ作る人、ボク食べる人」CMが、性別役割を固定化して描くものとして中止を要望、10・27中止
10・26 佐世保市で原子力船むつ母港化阻止佐世保大集会、一万四〇〇〇名参加
11・22 国際婦人年日本大会
11・26 公労協、スト権奪還スト突入(〜12・4)
11・27 伊丹空港騒音訴訟高裁判決、夜間飛行禁止と将来請求を認める、12・12運輸省、午後九時以降の国内線発着便を廃止
12・22 クロロキン全国統一訴訟
12・27 宮崎県土呂久地区の慢性ヒ素中毒患者一一名、住友金属鉱山に対する損害賠償請求訴訟提起

1・20 日本安楽死協会結成
2・3 第二一回NGO軍縮特別委員会、被爆問題国際シンポジウムの開催を決定
2・15 横田基地公害訴訟団結成、4・28米軍機夜間飛行禁止訴訟提起

生活・思想・文化

5・24 日本放送作家組合・新聞労連・民放労連など「第一回国語と差別を考えるシンポジウム」開催
5 東海精器、一〇〇円ライター発売
毎日新聞社編『一億人の昭和史』(全六九巻、〜80・11)毎日新聞社
6 安達生恒・長須祥行・松永伍一編『講座・農を生きる』(全五巻、〜10)三一書房
7・11 育児休業法公布
7・19 沖縄海洋博開催(〜76・1・18)
7・28 柳田國男生誕百年記念国際シンポジウム(東京、〜29)
7 『エピステーメー』創刊(〜79・7、第二期84・12〜86・5)
8 井上清『天皇の戦争責任』現代評論社/色川大吉『ある昭和史』中央公論社/竹内敏晴『ことばが劈かれるとき』思想の科学社/竹中労『琉歌幻視行』田畑書店
9 朴慶植編『在日朝鮮人関係資料集成』(全五巻、〜76・12)三一書房
10・28 『日刊ゲンダイ』創刊
10 矢野暢『「南進」の系譜』中公新書
11 『社会評論』創刊
大沼保昭『戦争責任論序説』東京大学出版会
12・10 三億円事件時効
12・14 国鉄最後の蒸気機関車、室蘭本線で最終運行

1・31 鹿児島市で日本初の五つ子誕生
1 加藤晴康・坂野潤治・松沢哲成「大正デモクラシー神話の再検討」『知の考古学』第六号/高木仁三郎「原発反対運動のめざすもの」『情況』/渓内謙「現代社会主義の省察」

1976(昭和51)年

2・1 アリコジャパン、日本初の疾病保険開始
2・4 米上院外交委員会でロッキード事件が露見
仏共産党大会、プロレタリア独裁を放棄
2・6 野党四党、衆院予算委でロッキード事件追及開始、5・14衆院ロッキード問題特別調査委設置、5・19参院同委設置
2・14 国鉄、国労・動労に対しスト権ストの損害二〇二億円賠償請求
2・18 江田社会党副委員長・矢野公明党書記長・佐々木民社党副委員長ら「新しい日本を考える会」発起人会
2・19 フォード米大統領、第二次大戦中の日系人強制収容命令を無効とする大統領宣言
3・1 韓国でのキリスト者祈禱会で知識人一二名が「民主救国宣言」発表
3・23 国際人権規約発効
4・5 天安門広場で群衆が警官・軍と衝突（第一次天安門事件）
5・1 農林水産業など特定四業種以外の一〇〇％資本自由化完了
5・24 日本、核拡散防止条約批准
5・31 外務省、戦後初の外交文書公開
第一回国連人間居住会議（〜6・11、バンクーバー）
6・10 南アでソウェト蜂起
6・13 河野洋平・西岡武夫・田川誠一ら自民党離党、6・25新自由クラブ結成
7・27 東京地検、ロッキード事件で田中元首相を逮捕
9・6 ソ連ミグ25戦闘機、函館空港に強行着陸、パイロット亡命希望
9・9 中国共産党主席毛沢東死去
9・29 川崎市議会、全国初のアセスメント条例可

2・16 沖縄で公用地法違憲訴訟支援県民共闘会議（違憲共闘）結成
3・26 琵琶湖総合開発環境権訴訟団、開発工事事前差止提訴
3・27 『週刊ピーナツ』創刊
4・1 住民図書館開館
4・9 新潟県国営福島潟干拓地で農家が政府方針に反して米作付強行
4・20 国労・動労・私鉄四八時間スト
4・21 憲法問題研究会解散
4 旗田巍・堀田善衛・金達寿・日高六郎ら、NHKに朝鮮語講座の開設を要望する会結成、署名運動開始
5・22 部落解放同盟、狭山闘争の一環として全国一斉同盟休校
6・6 全国公害被害者総行動デー
6・10 第五福竜丸展示館、東京夢の島に開館
6・20 在日韓国人「政治犯」を支援する全国会議結成
7・20 原水禁、「原発黒書」発表
7・23 総評大会、議長に槙枝元文・事務局長に富塚三夫選出
7・27 石田原爆訴訟、広島地裁で原告勝訴
9・8 厚木基地周辺住民、米軍機夜間飛行禁止と賠償請求訴訟提起
9・14 沖縄県サトウキビ要求価格貫徹農民大会、

田中角栄前総理、ロッキード事件で東京地検に出頭（写真提供：毎日新聞社）

（〜78・5）『世界』／吉野源三郎「戦後の三十年と『世界』の三十年」『世界』
坂部恵『仮面の解釈学』東京大学出版会
2・2 NET「徹子の部屋」放映開始
2 竹宮恵子「風と木の詩」連載開始、『週刊少女コミック』／玉野井芳郎「エコノミーとエコロジー」『思想』
市川房枝・丸岡秀子他編『日本婦人問題資料集成』（全一〇巻、〜81・7）ドメス出版／大森荘蔵『物と心』東京大学出版会／川崎浹『ソ連の地下文学』朝日選書
3 『平和研究』創刊
大蔵省財政史室編『昭和財政史』（全二〇巻、〜84・6）東洋経済新報社／戸塚秀夫・中西洋・兵藤釗・山本潔『日本における「新左翼」の労働運動』上・下（4）、東京大学出版会
4 地方小出版流通センター発足
『別冊宝島』創刊
金一勉「朝鮮人の『日本名』」『展望』
村上陽一郎『近代科学と聖俗革命』新曜社
5・18 中央自動車道全面開通
5 『本の雑誌』創刊（88・5より月刊）
栗原彬「民衆理性の存在証明」『思想の科学』／福田歓一「国民国家の諸問題」『思想』／『思想の科学』「主題・昭和を超える思想」
森崎和江『からゆきさん』朝日新聞社
6 講談社学術文庫創刊
思想の科学研究会編『共同研究　集団』平凡社／平野謙『「リンチ共産党事件」の思い出』三一書房
7 『季刊日本思想史』創刊
グループ1984年「腐敗の研究」『文藝春

1976(昭和51)年

政治・経済

決

10・6 タイ、学生デモを武力弾圧

10・8 原子力委員会、放射性廃棄物処理の基本方針決定

10・22 中国、江青ら「四人組」逮捕

10・29 政府、「防衛計画の大綱」決定

11・3 米大統領選挙、民主党カーター当選

11・5 政府、防衛費をGNP一%以内にすると決定

11・10 天皇在位五〇年記念式典、日本武道館

12・24 福田赳夫内閣発足

1・7 チェコの反体制知識人二五七名の署名による「七七憲章」発表

2・8 社会党大会、江田副委員長と社会主義協会の対立激化

3・4 仏・伊・西の共産党、ユーロ・コミュニズム

社会運動

一万五〇〇〇名

10・7 電機労連・鉄鋼労連など政策推進労組会議結成

10・13 最高裁、財田川事件で再審請求受け入れ、84・3・12無罪判決確定

10・31 社・共ほか、自衛隊朝霞観閲式抗議集会

11・23 光文社争議解決

12・18 「被爆の実相とその後遺・被爆者の実情に関する国際シンポジウム」(NGOシンポ)日本準備委員会結成

2・21 上代たの・中野好夫・藤井日達・三宅泰雄・吉野源三郎の五氏、「広島・長崎アピール――被爆の実相究明のための国際シンポジウムを前にして」発表、統一呼びかけ

2・24 弾圧と闘う反公害住民運動全国集会、反弾

生活・思想・文化

秋』/『別冊宝島』2「新版道具としての英語」

田村紀雄編『ミニコミの論理』学陽書房/村上龍『限りなく透明に近いブルー』講談社

8・1 『POPEYE』創刊

8・20 新幹線こだま号に禁煙車登場

8 『情況』特集「学校の死滅」

日高敏隆『エソロジーはどういう学問か』思索社

9・25 地域主義研究集談会発足

9 現代風俗研究会発足

10・16 映画「愛のコリーダ」公開(大島渚監督)

10・29 山形県酒田市大火、一二〇〇棟焼失

10 武田清子「天皇観の相剋」(～77・6)『世界』/中上健次「枯木灘」『文藝』(～77・3)/良知力「48年革命における歴史なき民によせて」『思想』

11・12 連載企画「現代社会主義論争」、『朝日ジャーナル』(～77・9・9、二四回)

11・29 丸山千里日本医大教授、「丸山ワクチン」の認可申請

11 山口昌男「天皇制の深層構造」『中央公論』

大野晋・柴田武編『岩波講座　日本語』(全一二巻、別巻一、～78・3)/堺屋太一『団塊の世代』講談社/丸山眞男『戦中と戦後の間』みすず書房

12 川田順造『無文字社会の歴史』岩波書店

1・4 品川駅近くの電話ボックスなどに毒入りコーラ放置、二名死亡

2 『ソシオロゴス』創刊/『労働情報』創刊

佐藤誠三郎・公文俊平・村上泰亮「脱『保革』時代の到来」『中央公論』

1977(昭和52)年

路線を宣言
3・22 韓国大法院、民衆救国宣言事件の上告棄却、金大中ら有罪確定
3・23 裁判官弾劾裁判所、三木首相にニセ電話をかけた鬼頭基判事補を罷免
3・26 江田三郎、社会党を離党し社会市民連合結成を表明、5・22江田急死、10・29社会市民連合結成
4・14 米、韓国から核ミサイル撤去すると発表
4・26 中山千夏ら革新自由連合結成
4・30 アメリカ・シーブルックで原発敷地占拠行動、一四一四人逮捕
5・6 成田空港公団、反対同盟の鉄塔二基を抜き打ち撤去
5・15 沖縄地籍明確化法審議中に公用地暫定使用法期限切れ、5・18同法案成立
6・8 関東と中部の一二都県警、東海大地震を想定した災害訓練
6・30 東南アジア条約機構(SEATO)解散
7・1 海洋二法実施(領海一二海里、漁業専管水域二〇〇海里)
8・12 中国共産党第一一回全国代表大会、文化大革命終結を宣言
8・18 福田首相、訪問先のマニラで東南アジア外交三原則(福田ドクトリン)発表
9・5 西ドイツ赤軍、シュライヤー誘拐・殺害
9・27 横浜市緑区の民家に米軍ファントム機が墜落、母子が死亡
11・4 第三次全国総合開発計画策定
11・19 サダト・エジプト大統領、イスラエルを訪問し平和共存を主張
11・25 国連総会、イスラエルのパレスチナ占領非難決議

圧センター設立を決議
3・3 経団連会館を右翼四名が襲撃、人質を取り篭城の末一一時間後に投降(経団連事件)
佐世保でむつ受入れ絶対反対漁民総決起集会、一万名
3・9 部落解放同盟、「地名総鑑」等を購入した企業に対し差別図書購入全企業中央糾弾会
4・9 NGOシンポ推進団体連絡会議結成
4・25 基地確保新法案阻止沖縄県民総決起集会、一万名
5・8 三里塚鉄塔撤去抗議集会で、機動隊のガス弾により支援学生東山薫殺害
5・15 沖縄で公用地法期限切れに伴い反戦地主の土地立ち入り
5・19 森滝市郎原水禁代表委員と草野信男原水協理事長、「5・19合意」
6・13 原水爆禁止統一実行委員会発足
7・21 被爆の実相とその後遺・被爆者の実情に関する国際シンポジウム(〜7・30)
8・3 1977原水爆禁止統一世界大会(広島、〜6)
8・9 最高裁、狭山事件の上告棄却、石川被告の無期懲役確定
9・4 新潟県柏崎で原発阻止集会、柏崎・巻原発反対県民共闘会議結成
9・28 日本赤軍、日航機をハイジャックしてダッカ空港に強行着陸、獄中活動家の釈放を要求、10・1「超法規的措置」で活動家出国
10・20 全金ペトリカメラ支部、自主生産開始
10・24 全国初のサラ金被害者の会発足、大阪弁護士会館
10・29 東京スモン訴訟和解成立
11・15 国連に核兵器全面禁止を要請する署名運動

3 真木悠介『現代社会の存立構造』筑摩書房
4 『アジアと女性解放』創刊(〜89・10)
『思想の科学』「主題・日常意識としての天皇制」
池田満寿夫『エーゲ海に捧ぐ』角川書店/篠原一『市民参加』岩波書店
5・1 『クロワッサン』創刊
5・2 大学入試センター設置
5・20 『朝日新聞』紙上で「新中間階層論争」(〜8・24)
5 岩波新書黄版刊行開始
加藤周一、M・ライシュ、R・J・リフトン『日本人の死生観』上下(10)、岩波新書/真木悠介『気流の鳴る音』筑摩書房
6 岸田秀『ものぐさ精神分析』青土社/『田中正造全集』(全一九巻・別巻一、〜80・8)岩波書店/山下恒男『反発達論』現代書館
7 『琉球弧の住民運動』創刊(〜84・9)
中山茂「等身大の科学と国家大の科学」『思想の科学』
柳父章『翻訳の思想』平凡社
9・3 王貞治、世界記録となる七五六本目のホームラン、9・5国民栄誉賞受賞
9 加納実紀代「〝大御心〟と〝母心〟──〝靖国の母〟を生み出したもの」『思想の科学』/田口富久治「先進国革命と前衛党組織論」『現代と思想』二九号(不破哲三と多元主

王貞治、756号本塁打で世界一に両親と（写真提供：毎日新聞社）

	1977（昭和52）年	1978（昭和53）年
政治・経済	11・30 米軍立川基地全面返還 12・13 社会党大会、飛鳥田一雄委員長に選出 12・17 衆院予算委で日韓癒着問題を集中審議 12・31 カンボジア、ベトナムと断交、軍事衝突続く	1・10 総理府、初の「女性白書」発表 1・24 ソ連原子炉衛星コスモス、大気圏内に落下 3・16 イタリア「赤い旅団」、モロ首相を誘拐・暗殺 3・26 社会市民連合と田英夫らが合流して社会民主連合結成 3・28 政府、成田空港の開港延期、5月20日開港を決定 3・30 通産省、自動車の輸出を四五〇万台以内に自主規制方針 5・13 新東京国際空港の安全確保に関する緊急措置法（成田新法）公布、5・20成田開港 5・23 第一回国連軍縮特別総会（ニューヨーク、〜7・11） 7・14 横浜市で「地方の時代」シンポジウム 7・19 自衛隊栗栖統幕議長、緊急時における自衛隊の超法規的活動の可能性を言明、7・28更迭 7・27 福田首相、防衛庁に有事法制の研究を指示 8・12 日中平和友好条約調印、10・23発効 8・15 福田首相、靖国公式参拝
社会運動	推進連絡会議結成 12・3 動労千葉地本、成田空港へのジェット燃料輸送反対で減速闘争 12・17 東京中野区で中野の教育をよくする会結成、教育委員の準公選制運動、78・8・4二万三〇〇〇名の署名を区選管に提出 12・23 原水禁統一実行委、年内の新統一組織結成を断念	1・14 早大で学費値上げ反対スト 2・5 東京・埼玉新幹線反対共闘会議結成 2・6 三里塚、横堀要塞鉄塔を強制撤去 2・18 嫌煙権確立をめざす人びとの会結成 2・25 一六年ぶりの統一ビキニデー中央集会 3・3 朝鮮総連、チームスピリット反対集会、一万六〇〇〇名 3・10 カネミ油症統一訴訟地裁判決で原告勝訴 3・11 地名を守る会結成 3・26 成田空港で反対派支援セクトが管制塔を占拠・破壊 4・20 西淀川公害第一次訴訟提起 5・16 国連に核兵器完全禁止を要請する日本国民代表団、国民への訴えを発表 6・30 青山学院大で原理研＝勝共連合一掃集会 7・6 学者文化人と紀元節問題連絡会議、元号法制化反対声明 7・12 核兵器完全禁止・被爆者援護をめざす国民（NGO）懇談会結成 7・24 岩井章、労働運動統一懇談会設立の呼びかけ
生活・思想・文化	義論争） 10 今西錦司『ダーウィン論』中公新書 『思想』特集「文化の記号論」 上野英信『出ニッポン記』潮出版社／小林秀雄『本居宣長』新潮社 11 『銃後史ノート』創刊（〜85・8） 高畠通敏編『討論・戦後日本の政治思想』三一書房／日本近代文学館編『日本近代文学大事典』（全六巻、〜78・3）講談社／森嶋通夫『イギリスと日本』岩波新書 12 『社会思想史研究』創刊	1・24 江藤淳「戦後の文学は破産の危機」『毎日新聞』、本多秋五らと「無条件降伏論争」 1 鴨武彦「国際政治の変容と日本外交」『世界』 2 『運動史研究』創刊（〜86・2） 田中了、D・ゲンダーヌ『ゲンダーヌ――ある北方少数民族のドラマ』現代史出版会 3・18 東京原宿のブティック「竹の子」開店 3 『反原発新聞』創刊 『思想の科学』「主題・非国語としての日本語」 玉野井芳郎ほか編『地域主義』学陽書房／毛利健三『自由貿易帝国主義』東京大学出版会 4・6 東京・池袋にサンシャイン60完成 4・10 国立水俣病研究センター開所 4 宮崎市定「天皇なる称号の由来について」『思想』 反原発事典編集委員会編『反原発事典』I・II（79・4）現代書館 5 『新沖縄文学』第三八号　特集「『琉球処分』一〇〇年」 岸本重陳『「中流」の幻想』講談社

1978(昭和53)年	
9・17 サダト・エジプト大統領、ベギン・イスラエル首相、キャンプデービッド合意 10・4 原子力安全委員会設立 10・17 靖国神社、A級戦犯一四名を合祀 11・9 ガイアナで「人民寺院」集団自殺事件 11・11 無限連鎖講(ネズミ講)防止法公布 11・13 同和対策事業特別措置法改正公布 11・27 日米安保協議委員会、「日米防衛協力のための指針(ガイドライン)」決定 12・6 福田内閣総辞職、12・7大平正芳内閣発足 12・15 東京中野区で教育委員の準公選条例公布 12・25 ベトナム軍、カンボジアに侵攻 12・26 イランで反王制デモ激化	1・1 米中、国交回復 1・7 カンボジア、プノンペン陥落、1・11ヘン・サムリン政権成立 1・8 米グラマン社が海自の早期警戒機導入に際し不正取引があったことが発覚
8・13 全軍労、全駐労と組織統一を決定 9・9 総評・社会党など、有事立法粉砕全国共闘会議結成 10・11 総評など、元号法制化反対連絡会議結成 11・13 総評、郵政マル生粉砕中央共闘会議発足 原理運動を憂慮する会発足 12・4 国民総背番号制に反対しプライバシーを守る杉並の会、二万八〇〇〇の署名で電算規制条例を求める直接請求	1・20 私たちの男女雇用平等法をつくる会、全国集会 2・13 沖電気解雇事件、解雇無効訴訟 3・9 中立労連と新産別で全国労働組合総連合結成
6 『IS』創刊(〜02・9) 坂本義和「軍縮の政治学」『世界』/清水幾太郎「戦後を疑う」『中央公論』 網野善彦『無縁・公界・楽』平凡社/川満信一『沖縄・根からの問い』泰流社 7・30 沖縄で交通方式の変更(自動車は左車線に) 7 『アニメージュ』創刊 大西巨人『神聖喜劇』(全五巻、〜80・4)光文社/蔵田計成『新左翼運動全史』流動出版/杉原泰雄『人民主権の史的展開』岩波書店/竹内好『方法としてのアジア』創樹社 8・26 日本テレビ、第一回「24時間テレビ 愛は地球を救う」放映 8 『国際政治』第五九号「非国家的行為体と国際関係」 駒尺喜美『魔女の論理』エポナ出版 9・18 八重洲ブックセンター開店、書店大型化 9・19 埼玉県稲荷山古墳の鉄剣から文字を発見 10 『世界』特集「地方の時代」 磯田光一『思想としての東京』国文社/金時鐘『猪飼野詩集』東京新聞出版局/『角川日本地名大辞典』刊行開始(全四七巻・別巻二、〜90・12) 11・21 江川投手と巨人軍、電撃契約、「空白の一日」問題 11 三宅一志『差別者のボクに捧げる!』晩聲社 12 『季刊福祉労働』創刊	1・11 中小出版社八〇余、再販制廃止に反対し出版流通対策協議会結成 1・13 初の共通一次試験実施 1・25 大岡信「折々のうた」連載開始、『朝日新聞』 2・20 太安万侶の墓誌、奈良市で出土

1979(昭和54)年

政治・経済

1・16 イラン国王、エジプト亡命、2・1ホメイニ師、イラン帰国(イラン革命)
2・17 中越戦争(〜3・16)
3・4 韓国、金大中ら「民主救国宣言」
3・26 イスラエルとエジプト、平和条約に調印
3・27 OPEC臨時総会、原油九・一%値上げ決定(第二次オイルショック)
3・28 アメリカ、スリーマイル島原子力発電所で大量の放射能漏れ事故
3 西独で「緑の人びと(緑の党)」結成
4・1 養護学校義務化
4・2 ミクロネシア・ベラウ諸島制憲会議、非核憲法草案を発表
5・4 英、保守党サッチャー政権成立
6・12 元号法公布
6・18 米ソ、SALTII調印
6・28 東京サミット開催(〜29)
7・18 ニカラグア革命
7・20 国連難民会議(ジュネーヴ、〜21)
8・3 経済審議会、新経済社会七カ年計画答申
9・7 カーター米大統領、MX配備決定
9・26 大平首相、一般消費税の導入を断念
10・16 滋賀県議会、合成洗剤追放条例制定
10・17 大平総理の政策研究会報告書提出
10・26 韓国朴大統領暗殺
11・4 イラン米大使館占拠事件
11・16 槙枝総評議長、共産党抜きの連合政権発言

東京サミット。迎賓館の庭に集まった各国首脳（写真提供：毎日新聞社）

社会運動

3・30 動労千葉地本、動労千葉結成
3・22 殉職自衛官の護国神社合祀を違憲とする山口地裁判決
5・16 NGO懇談会総会、「原水禁運動前進のために」アピール発表
6・3 世界初の反原発デー、日本では二〇カ所以上でデモ・集会
6・25 沖縄革新勢力、CTS反対県民会議結成
8・13 米軍機関銃被弾事件に抗議し名護市で市民大会、二〇〇〇名
8・28 米軍上陸演習フォートレス・ゲイルに抗議し沖縄革新政党・団体、県民総決起大会
10・1 アジア環境協会、第一回アジア地域環境問題NGOセミナー開催(〜5)
10・2 一般消費税の導入を絶対に許さない国民総決起集会
10・24 核兵器禁止・軍縮をめざす政府・NGO対話集会
10・31 部落解放同盟など、狭山事件再審要求総決起大会、三万五〇〇〇名
11・19 富塚総評事務局長、総評幹部として初の国際自由労連大会出席
11・30 総評反原発地方代表者会議(〜12・1)
12・14 公害から奄美の自然を守る郡民会議、徳之島への核燃再処理工場建設に反対して集会

生活・思想・文化

2 『夜想』創刊(〜99・7)
幼方直吉「単一民族の思想と機能」『思想』
原ひろ子『子どもの文化人類学』晶文社／『昭和万葉集』(全二〇巻・別巻一、〜80・12)講談社
4 名古屋テレビ「機動戦士ガンダム」放映開始
進藤榮一「分割された領土」『世界』
『噂の真相』創刊／『広告批評』創刊
5・8 NEC、パソコンPC-8001発表
5 『SFアドベンチャー』創刊(〜93)
『別冊宝島』「マンガ論争!」

朝永振一郎『物理学とは何だろうか』上・下(79・11)岩波新書／中村雄二郎『共通感覚論』岩波書店
6 『世界から』創刊(〜92・3)
岩波ジュニア新書創刊
アサヒグラフ編『にっぽんコミューン』朝日新聞社／エズラ・ヴォーゲル『ジャパンアズナンバーワン』広中和歌子・木本彰子訳、TBSブリタニカ
7・1 ソニー、ウォークマン発売
7 『インパクト』創刊(82・2より『インパクション』)
8 村上泰亮・公文俊平・佐藤誠三郎『文明としてのイエ社会』中央公論社
9 『思想』特集「社会史」
河合雅雄『森林がサルを生んだ』平凡社
10・26 TBS「3年B組金八先生」放映開始
10 『季刊クライシス』創刊(〜90・1)
『思想の科学』臨時増刊号「主題・方法としての聞き書」
11・18 第一回東京国際女子マラソン
11 『ムー』創刊

1979（昭和54）年

12・12 NATO外相・国防相会議（ブリュッセル）、戦域核の近代化、中距離核ミサイルパーシングII、巡航ミサイルのヨーロッパ配備とINF交渉を同時に行うとの「二重決定」
韓国、「粛軍クーデタ」で全斗煥将軍が全権掌握
12・24 アフガニスタンにソ連軍進駐、12・27クーデタでカルマル政権成立

水戸巌「死刑廃止論ノート」『インパクト』第三号
大江健三郎『同時代ゲーム』新潮社／蓮實重彦『表層批評宣言』筑摩書房／山口定『ファシズム』有斐閣選書

1980（昭和55）年

1・10 社公両党、連合政権構想に正式合意
国連緊急特別総会、1・14アフガンからの全外国軍即時撤退決議
1・25 イスラエル軍、シナイ半島から三分の二撤退
2・1 政府、モスクワ五輪参加は適切でないとJOCに通知、5・24JOC、不参加決定
2・7 東京高裁、狭山事件再審請求棄却
2・26 海自、環太平洋合同演習（リムパック80）に参加（〜3・18）
3・17 産業構造審議会、大国としての国際貢献などを謳った八〇年代の通商産業政策を答申
4・2 自民党、「スパイ防止法案」要綱了承
5・16 衆院本会議、社会党提出の大平内閣不信任案可決、5・19国会解散
5・18 韓国光州市のデモ、全市を占拠、全土に非常戒厳令、5・27戒厳軍光州突入・武力制圧
5・22 飛鳥田社会党委員長、非武装中立棚上げ表明
5・28 農用地利用増進法公布
5・31 韓国、国家保衛非常対策委員会委員長に全斗煥就任、8・27全斗煥、大統領就任
6・12 大平首相、心筋梗塞で死去
6・18 米上院、日本車輸入に関わる「自動車問題

1・17 関電高浜原発増設のための公開ヒアリング抗議集会、各地の公開ヒアリング阻止闘争続く
1・25 横須賀市民グループなど、リムパック80参加のため出港する護衛艦に抗議して海上デモ
3・28 総評・原水禁、スリーマイル原発事故一周年全国集会
3・29 情報公開法を求める市民運動発足、主婦連・日消連など
4・6 福岡県田川市民、筑豊再建・産炭地切り捨て反対決起集会、三〇〇〇名
4・21 総評・社会党など、スパイ防止法案反対緊急各界代表者会議
5・7 アセスメント条例の制定を求める直接請求運動をすすめる会、都内各選管に三二万二〇〇〇名の署名簿提出
5・14 進歩と革新をめざす大阪懇話会（大阪革新懇）発足、以後各地で革新懇結成
5・21 水俣病患者、国・熊本県に賠償請求訴訟
5・22 総評幹事会、統一労組懇を分派活動と規定
6・1 子どもたちに世界に！ 被爆の記録を贈る会、「10フィート映画運動」開始
6・2 韓国問題キリスト者緊急会議・日韓連連、

1 『80年代』創刊（〜90・2）
米沢嘉博『戦後少女マンガ史』新評社
『社会運動』創刊
2 向田邦子「思い出トランプ」『小説新潮』（〜81・2）／『別冊宝島』「精神世界マップ」
『アイヌ史資料集』（第一期全七巻・補巻一、第二期全八巻、〜84・10）北海道出版企画センター
3・6 早稲田大学商学部入試漏洩事件
3・7 『とらばーゆ』創刊（07・11より『月刊とらばーゆ』、〜08・4）
3 村上春樹「1973年のピンボール」『群像』
萱野茂『アイヌの碑』朝日新聞社／田川建三『イエスという男』三一書房
4・15 日本記号学会設立
4・20 『Sports Graphic Number』創刊
4 『月刊リサイクル』創刊（88・5より『くらしの木』、〜97・6）
後藤基夫・内田健三・石川真澄「座談会・戦後保守政治の軌跡」『世界』（〜81・4）
NHK取材班編『シルクロード』（全一二巻、〜84・10）日本放送出版協会／日本の空襲編集委員会編『日本の空襲』（全一〇巻、〜81・10）三省堂

1980(昭和55)年

政治・経済

決議案」可決
7・9 パラオ諸島、住民投票で非核憲法採択
7・17 鈴木善幸内閣発足
7・22 国連パレスチナ問題緊急特別総会(~29)、全占領地からのイスラエルの無条件撤退を決議
8・8 レーガン大統領、中性子爆弾の生産を決定
8・14 ポーランド、グダニスク造船所でスト、8・22政労初交渉
8・15 閣議、徴兵制は違憲の統一見解
9・9 イラン・イラク戦争勃発
9・22 ポーランドで自主管理労組「連帯」発足
9・26 ロンドンで「抗議して生き残れ」一〇万人デモ
11・4 米大統領選挙、共和党のレーガン当選
11・16 マルチン・ニーメラーなど署名の「クレーフェルト宣言」発表
12・2 総合安全保障関係閣僚会議初会合
12・12 最高裁、免田栄死刑囚の再審決定

社会運動

韓国軍事クーデター抗議・民主化闘争支援集会
7・11 金大中氏救出日本連絡会議結成、一万名、9・17死刑判決緊急抗議集会、12・10金大中を救う緊急国際会議(東京、~11)
7・14 国連婦人の一〇年NGOフォーラムにアジアの女たちの会など代表派遣
7・21 総評大会、社公中軸路線確認、統一労組懇を批判
8・5 在日朝鮮人被爆者連絡協議会結成
9・3 伊藤律、中国から三〇年ぶりに帰国
9・10 在日朝鮮人青年韓宗碩、外国人登録に際し指紋押捺を拒否
9・30 労働戦線統一推進会発足
10・13 三里塚反対同盟、二期工事阻止・空港廃港を求め東京行動
11・1 市民運動全国センター準備会設立
11・15 良心的軍事費拒否の会、軍事税不払確認訴訟
11・29 アジアの女たちの会ほか、日本男性による買春観光反対集会
12・7 戦争への道を許さない女たちの集会、東京・山手教会
12・22 小田実ら呼びかけ、反安保・憲法実現市民集会、日本はこれでいいのか市民連合(日市連)結成

山口百恵引退（写真提供：毎日新聞社）

生活・思想・文化

5・7 富士通、日本語ワープロ「マイ・オアシス」発売
6・1 日本女性学会設立
6 『技術と人間』特集「ソフト・エネルギー・パスの可能性」
津野海太郎『ペストと劇場』晶文社／村松友視『私、プロレスの味方です』情報センター出版局
7・3 失踪中のイエスの方舟二六名発見
7 『BRUTUS』創刊
清水幾太郎「核の選択——日本よ、国家たれ」『諸君!』
唐木順三『「科学者の社会的責任」についての覚え書』筑摩書房
8 柄谷行人『日本近代文学の起源』講談社／内閣官房『大平総理の政策研究会報告書』(全九冊、~9)大蔵省印刷局
9 井上輝子『女性学とその周辺』勁草書房／大野晋・丸谷才一編『日本語の世界』(全一六巻、~86・3)中央公論社／師岡佑行『戦後部落解放論争史』(全五巻、~85・12)柘植書房
10・15 山口百恵引退
10 『軍縮問題資料』創刊
江藤淳『一九四六年憲法——その拘束』文藝春秋
11 『ビッグコミック・スピリッツ』創刊
大江健三郎・中村雄二郎・山口昌男編集代表『叢書・文化の現在』(全一三冊、~82・7)岩波書店
12・8 ニューヨークでジョン・レノン暗殺
12 村上泰亮「新中間大衆政治の時代」『中央公論』
高良倉吉『琉球の時代』筑摩書房／馬場伸也

『アイデンティティの国際政治学』東京大学出版会／日高六郎『戦後思想を考える』岩波新書

岩崎稔［いわさき・みのる］一九五六年生まれ。東京外国語大学教授（哲学、政治思想史）。『アメリカという記憶』（訳書、未來社）、『継続する植民地主義』（共編著、青弓社）、『戦後思想の名著50』（共編著、平凡社）など。

上野千鶴子［うえの・ちづこ］一九四八年生まれ。東京大学教授（社会学）。『家父長制と資本制』、『生き延びるための思想』（以上、岩波書店）、『おひとりさまの老後』（法研）など。

北田暁大［きただ・あきひろ］一九七一年生まれ。東京大学准教授（理論社会学、メディア史）。『広告の誕生』（岩波書店）、『嗤う日本の「ナショナリズム」』（NHKブックス）、『カルチュラル・ポリティクス 1960/70』（共編著、せりか書房）など。

小森陽一［こもり・よういち］一九五三年生まれ。東京大学教授（日本近代文学）。『日本語の近代』『レイシズム』（以上、岩波書店）、『日露戦争スタディーズ』（共編著、紀伊國屋書店）など。

成田龍一［なりた・りゅういち］一九五一年生まれ。日本女子大学教授（日本近現代史）。『〈歴史〉はいかに語られるか』（NHKブックス）、『歴史学のポジショナリティ』（校倉書房）、『日露戦争スタディーズ』（共編著、紀伊國屋書店）など。

瓜生吉則［うりゅう・よしみつ］一九七一年生まれ。立命館大学准教授（メディア論、文化社会学）。『マンガの居場所』（共著、NTT出版）。

小熊英二［おぐま・えいじ］一九六二年生まれ。慶應義塾大学教授（歴史社会学）。『単一民族神話の起源』『〈日本人〉の境界』『〈民主〉と〈愛国〉』（以上、新曜社）など。

北原みのり［きたはら・みのり］一九七〇年生まれ。ラブピースクラブ代表。『はちみつバイブレーション』（河出書房新社）、『フェミの嫌われ方』（新水社）、『オンナ泣き』（晶文社）など。

今防人［こん・さきもり］一九四二年生まれ。日本大学教授（宗教学、社会学）。『コミューンを生きる若者たち』（新曜社）、『社会運動と文化形成』（共著、東京大学出版会）など。

新城郁夫［しんじょう・いくお］一九六七年生まれ。琉球大学（日本文学、沖縄文学、ポストコロニアル研究）。『沖縄文学という企て』『到来する沖縄』（以上、インパクト出版会）。

杉田敦［すぎた・あつし］一九五九年生まれ。法政大学教授（政治理論）。『権力（思考のフロンティア）』『境界線の政治学』『政治への想像力』（以上、岩波書店）など。

福岡愛子［ふくおか・あいこ］一九五〇年生まれ。東京大学大学院人文社会系研究科博士課程在籍（社会学）。『文化大革命の記憶と忘却』（新曜社）。

松井隆志［まつい・たかし］一九七六年生まれ。大学非常勤講師（社会学）。

道場親信［みちば・ちかのぶ］一九六七年生まれ。和光大学准教授（日本社会科学史、社会運動論）。『占領と平和』（青土社）、『社会運動の社会学』（共編著、有斐閣選書）、『抵抗の同時代史』（人文書院）など。

室井尚［むろい・ひさし］一九五五年生まれ。横浜国立大学教授（情報文化論、美学）。『巨大バッタの奇蹟』（アートン）、『哲学問題としてのテクノロジー』（講談社）、『情報宇宙論』（岩波書店）など。

戦後日本スタディーズ②……60・70年代

岩崎稔・上野千鶴子・北田暁大
小森陽一・成田龍一　編著

2009年5月30日　第1刷発行

発行所──株式会社紀伊國屋書店
東京都新宿区新宿3─17─7
出版部（編集）電話＝03（6910）0508
ホールセール部（営業）電話＝03（6910）0519
〒153-8504　東京都目黒区下目黒3─7─10

ISBN 978-4-314-01051-1　C0021　Printed in Japan
定価は外装に表示してあります

インタビュー・鼎談撮影──高村雅代
印刷・製本　中央精版印刷